本書相關評論

巴勒斯坦是三個主要一神教：猶太教、基督教（包括天主教、東正教和一般台灣所稱的基督教）和回教的搖籃，也都是亞伯拉罕的後裔。這是人人都知道的常識，以其中一個宗教作為題材寫作的書太多了。像凱倫・阿姆斯壯(Karen Armstrong)這樣出入於三個宗教之間，三個教一起介紹的書卻不多。

她不但能寫，而且寫得那麼好，材料又那麼豐富，是很少讀到的。本書的翻譯也同樣維持那麼高的水準，是值得一讀的好書。

——神學博士・牧師　**周聯華**

阿姆斯壯女士帶引我們走向另一山頭，
她的書堪稱為宗教學不可或缺的導航書。
她置放了三大一神教關於「神」的所有的重要資料，
從巴比倫到迦南，從以色列到耶穌時代，然後穆罕默德登場，

加上希臘哲學、佛教、印度教、神秘主義以及當代存在主義等資料，
使三大一神教之神觀有極寬廣的幅度。
讀她書的人，驚嘆加讚嘆，佩服她超人的毅力和智力，
因她能把重要的信仰思想言簡意賅地介紹，
一針見血的品評，她實能站在巨人的肩上發言。

——輔大宗教系所主任　陸達誠

我們若想認識外國文化，不能錯過其宗教部分，這是簡單清楚的道理。
這本書是最具代表性，也最有挑戰性的一個例子。
長期以來，國內缺少介紹猶太教與回教的書刊，
即使是介紹基督教的，也少有跨越派別佳作。
至於剖析三教的同時，還能適時對照佛教與印度教的，更是絕無僅有。
我相信，這本書將會成為熱愛求知的人所珍惜的寶貝。
它像工具書一般使人信賴，又像歷史故事一般引人入勝，

同時也像哲學書一般激發思維。
閱讀本書而毫無所獲，則是一件無法想像的事。

——台大哲學教授　**傅佩榮**

作者在本書中採取歷史的、比較的角度，重視語意分析，
以生動有趣、深入淺出的筆法，清楚地敘述猶太教、
基督宗教、回教，這三個一神論傳統的歷史演變。
在比較過程中，作者尤其要指出，東方宗教，如佛教，對內在原則之重視；
而異教徒的宗教寬容精神遠勝一神信仰。
在這樣的比較視野之下，
作者似乎更傾向於同情對神的內在性與非位格性的重視，並提倡宗教寬容。
此外，作者並重視性別均衡，一方面同情女性神明，
推崇男性神、女性神均衡的精神，
另一方面也接受神本身應超越男女性別區分的看法。
在穩健之中，作者多少加進了目前一些女性主義者的反省。

我認為，宗教不但要能寬容，也要能相互開放，進而相互交談，相互豐富。我想本書的一些觀念，也可以為此提供了一些基礎的認識。相信讀者閱讀本書，當能獲益非淺。

——政大哲學教授　**沈清松**

阿姆斯壯女士超絕而智慧地站在岸邊，對那些在神聖大海中翻覆、掙扎甚至滅頂的人，賦予極為清晰的解釋。她寫出了一本可讀性極高的佳作……阿姆斯壯女士擁有令人耀眼的能力；她可以把冗長複雜的主題化約成基本的概念，而不至於過度簡化。

——**《週日時報》**（*Sunday Times*）

在她動人的解說中，阿姆斯壯女士顯現出一種虔敬的好奇心和寬大包容的心靈……凡是對伊斯蘭所知甚微，或是對近來在伊斯蘭世界爆發的基教派事件感到震驚的人，

都會從阿姆斯壯女士讚揚伊斯蘭教對神與社會本質的種種辯論中，
得到特別的收穫。

——**大主教魯恩西**（Robert Runcie），**《週末電訊》**（*Weekend Telegraph*）

只有那些自認已完全了解的人，
才不會對阿姆斯壯探索神的心靈之旅著迷。

——**《經濟學人》**（*The Economist*）

阿姆斯壯的書有許多可貴之處。這位曾為天主教修女、聰明得令人敬畏的女性，
對於猶太教和伊斯蘭教的知識多得足以令猶太及穆斯林學者敬重……
每當她處理基督教神秘主義、不可知論和非正統教義等論題時，
也都能提供極有價值的洞見。

——**《泰晤士報》**（*The Times*）

教會與宗教思想的歷史發展在本書中得到仔細謹慎的編年記載。

——**《伯明罕郵報》**（*Birmingham Post*）

凱倫·阿姆斯壯這本書的範圍是十分龐大的。然而主題的處理卻充滿想像力、學術的洞見，而且非常易於閱讀。

——《**牛津時報**》（*Oxford Times*）

《神的歷史》一書的研究異常嚴謹……它最吸引人之處在於它不涉及神學的論辯之爭。

——《**約克郡郵報**》（*Yorkshire Post*）

凱倫·阿姆斯壯將她修女的誓約儉約、貞節與服從，轉換為學者的紀律——辛勤的研究、精確和超然的好奇心。

——《**新政治家與社會**》（*New Statesman & Society*）

非常易讀而且必須一讀……凱倫·阿姆斯壯涉獵廣博，無所遺漏地賦予我們一本書中所能找到有關一神歷史範疇最詳實的評介。

——**安東尼·柏吉斯**（Anthony Burgess），《**觀察家**》（*The Observer*）

她在人們了解的事物上推陳出新，對那些不熟悉的事，
則提供了清晰地介紹……奧古斯汀說：「渴望使心靈深刻。」
這就是貫穿這本理路清晰著作的主題，最後並以希望做結。

——羅伯特・魯恩西（Robert Runcie），**前坎特伯里**（Canterbury）**大主教**

富權威性而出色之作……不凡地研究，
是包羅萬象宗教史的精采之作……內容完整，
充滿智慧，而且極為易讀。

——《克寇斯評論》（*Kirkus Review*）

除了提供許多宗教的歷史之外，
阿姆斯壯也討論了與這些宗教有關的許多哲學家、
神秘家和改革家……這是一本卓越而且具教育意義的書。

——《圖書館期刊》（*Library Journal*）

這部嚴謹、深刻的比較歷史……
無懼地呈現宗教概念生根、開花與轉變的政治社會基底。

——《出版家週刊》（*Publishers Weekly*）

一本值得讚賞且令人印象深刻的綜合之作，
為成千非神職人員的讀者提出洞見，並令他們感到滿意。

——**《華盛頓郵報書的世界》**（*The Washington Post Book World*）

本書是對神的探索這歷史上最難掌握之謎、最令人著迷而博學的研究。
凱倫·阿姆斯壯是個天才。

——**威爾遜**（A.N. Wilson），**《耶穌的一生》**（*Jesus: A Life*）**作者**

另有《觀察家》、《財金時報》、《碑訊》、《衛理公會記事》、《時代週刊》、《倫敦週日時報》等
多篇評論，因篇幅有限而省略。

新世紀叢書

當代重要思潮・人文心靈・宗教・社會文化關懷

經典名著

神的歷史

A HISTORY OF GOD

基督宗教的神
伊斯蘭教的神
神祕主義者的神
哲學家的神

凱倫・阿姆斯壯(KAREN ARMSTRONG)◎著
沈清松◎校訂/蔡昌雄◎譯

紐約時報暢銷書 THE NEW YORK TIMES BESTSELLER

編輯說明①

本書出版過程，承周聯華牧師、輔仁大學前校長李振英神父、現任宗教學研究所所長陸達誠神父、台灣大學哲學系、所傅佩榮教授、政治大學哲學系、所沈清松教授、聖家堂司鐸于士錚神父提供了宗教學學術與知識上的寶貴意見。

周聯華牧師並贈送《英漢宗教學字典》、沈清松教授特携書稿在其維也納旅次完成本書之校訂工作。

譯者蔡昌雄先生，目前攻讀宗教學博士學位，除具宗教學識背景外，文字亦十分生動流暢，同時虛心採納各家意見，益增本書之正確性。

特此說明，並致謝忱。

編輯說明②

這是本書發行一個月後的再版，除訂正少部分的錯誤外，亦對譯文補充說明一、二：

Christianity一詞有其歧義性，在本書中一般譯為「基督宗教」或「基督教」（採其廣義），泛指天主教、東正教、聖公會與基督教……等以基督為崇拜中心的宗教。「基督教」一詞亦用以指稱宗教改革後出現的新教或誓反教（Protestantism）。

至於本書一六八頁等Godhead一詞係採用沈清松教授的譯法翻譯為「原神」，指稱「神的根源」或「根源性的神」之意。

中華民國八十五年十二月

神的歷史

【目錄】

〈序〉①

每一代人必須體驗「神」成為他們自己的「神」

周聯華

為了寫序我匆匆地讀了一遍《神的歷史》。這本書對我的衝擊很大，我的心情可以用「一則以喜，一則以悲」來形容。喜是喜在愛讀比較嚴肅一點的讀物的朋友有一本好書，而且又是有關神的。悲是悲在教會沒有人才、天主教沒有出版教宗的傑作《跨越希望的門檻》（雖然譯者和校訂者都是神父），基督教沒有出版像《神的歷史》一類有關神的書。我們沒有人力、財力和時間來介紹這麼重要的作品，使我十分慚愧，也要向立緒文化事業有限公司所有的同仁致敬。

巴勒斯坦是三個主要一神教：猶太教、基督教（包括天主教、東正教，和一般台灣所稱的基督教）和回教的搖籃，也都是亞伯拉罕的後裔。這是人人都知道的常識，以其中一個宗教作為題材寫作的書太多了。像凱倫・阿姆斯壯(Karen Armstrong)這樣出入於三個宗教之間，三個教一起介紹的書卻不多。她不但能寫，而且寫得那麼好，材料又那麼豐富，是很少讀到的。我沒有讀到全書的原文，但是為了趕出版的時間，我讀到兩章尚未譯完的原作。我發覺可讀性很高，文筆十分流暢，本書的翻譯也同樣維持那麼高的水準，是值得一讀的好書。雖然作者介紹了許多國內讀者不熟識的人物，她假定我們知道他們的觀念和主張，所以她沒有討論得很詳細，對某些讀者會讀得很累。但是喜歡讀書的人是不在乎的，正好趁此機會多認識幾位高人和他／她們的高見。

信仰是非常個人的事，每一個人信仰的經歷不同，也因此他的立場、觀點，和研究的方向和前提也就不同了。凱倫在小時候「虔信許多宗教，但不大信仰『神』。」到了八歲，開始背誦天主教教義問答功課的時候，雖然要回答「神」是什麼，但是她「不得不承認，……覺得冷冰冰的。」及至她進了修道院，那間修道院有關「神」的學習「幾乎不佔任何重要地位。學習重點似乎都集中在宗教中次要的細節和周邊的層面上。」她竭盡所能的祈禱，她「從未曾見過先知與神祕家口中所描述的『神』。」全書的前提從這裡出發，因此她否定「人格化的『神』」，否定「神」的客觀存在，「每一代人必須創造適於他們自己的『神』形象。」而我的經驗與凱倫完全不同。我是中國傳統信仰背景下的產物，要是我不知道「神」客觀的存在，要是我沒有經過九年的尋找，在禱告中與他主觀的契合，我決不會信仰他，更不願把一生奉獻給他。因此，「神」不是人格化的「神」，而是有「位格」的「神」。每一代人必須體驗「神」，成為他們自己的「神」。我相信《跨越希望的門檻》的作者，若望保祿二世，一定也同意我的觀點的。

讀書不可能讀每一本都是你同意的書，那是不可能，也不需要的，根本就沒有這樣的書。我再說《神的歷史》是一本值得一讀的好書，尤其她所搜集的材料來支持她的主題這一項上是十分出色的。

〈序〉②

宗教學不可或缺的導航書

張達誠

這是一本非常可愛的書，一位女性描繪一位「男」性神祇，右腦試圖修正左腦的成品，作者用輕鬆的筆調敘述不輕鬆的話題，贏得廣大讀者群的回應，高居英文暢銷書排行榜一年之久，讀之，可知實至名歸，偉哉，阿姆斯壯女士。

二十世紀歐洲二次世界大戰幾乎摧毀了四千年的精神堡壘：許多信念與信仰不翼而飛，整套理論被解構，虛無主義橫行，「神」被宣稱死亡，倫理之基礎動搖，人要往那裡去？

一群猶太領袖在奧斯威茨審判「神」，定以「殘酷和背叛」之罪，並認為後者沒有酌情減刑的條件，故判他應受死刑。這是本書第十章之尾聲（第六一四頁）。不過作者在故事後加了幾句話：「猶太教士宣讀了判決書，然後他抬起頭說：審判結束，晚禱的時候到了。」

很機巧，也很幽默地，作者把「這個神」與另一個「神」作了區分。被處死的是「這個神」，但他們回去向另一位「神」繼續表示忠誠。作者要說：我們對「神」所製造的觀念，我們給「神」取的名，都非「神」自己，因此「神」的觀念有所變動是非常正常的事，只要變得好，「神」是不會死的。在本書導論及末章〈「神」有未來嗎？〉，作者坦誠地交代撰寫本書的目的，此非他，乃要告訴我們：「每一代人必須創造適合於他們自己的神意象」（第七頁），而身處二十一世紀前夕的我們，應當參考四千年來神的歷史，「創造一個充滿生機的新信仰」（第六五四頁）。

阿姆斯壯女士是美國人，信天主教，曾入修院修道七年（一九六二至一九六九），學了許多天主教神學，但因缺乏切身體驗，始終未入信仰的堂奧。當她擴大自己的研究範圍，涉獵了大量伊斯蘭教和猶太教的典籍之後，她對神有了比較全面的了解，也走出理論，試圖與理論建構者之偉大心靈契交，她在這些宗教家的信仰根源處，找到了那位超言說的神聖者，她不描繪祂，但從頭再把有關祂的理論細訴一遍，並鼓勵新時代的人類與她一起完成創造新神的巨業。在這樣一個大氣派的思想脈絡上，她置放了三大一神教關於「神」的所有的重要資料，從巴比倫到迦南，從以色列到耶穌時代，然後穆罕默德登場，加上希臘哲學、佛教、印度教、神秘主義以及當代存在主義等資料，使三大一神教之神觀有極寬廣的幅度。讀她書的人，驚嘆加讚嘆，佩服她超人的毅力和智力，因她能把重要的信仰思想言簡意賅地介紹，一針見血的品評，她實能站在巨人的肩上發言。

由於作者早期對宗教的經驗偏向抽象與客觀式的理論，因此，她的書就發展出宗教另一向度，強調美、藝術、音樂、想像力、具象語言、女性主義、神秘經驗的重要性。宗教不能被哲學取代，天人合一及「無」的體驗都超越言說。卡巴拉教聖徒路里亞(I Luria 1534-1612)用「收縮或退縮」的方式解說上帝內產生非他的地方，「一個他可以藉自我啟示兼創造的過程來填補的虛空」(第四四一頁)。這種對神的理解可與新約之「神」自空(Kenosis)對照，是了解「神」之洞見，值得大家注意。有關女性主義，作者一面指出「神」人格化之後，難逃被定為男性之命運，而各宗教偏向父權也其來有自。作者提出《神曲》作者但丁與女友比亞翠絲的邂逅(第三九一頁)及伊朗神秘家阿拉比與妮匝姆的關係(第三九〇頁)來說明對女性之美及愛的神往，可助男性直通「神」，這是「神」自顯(Epiphany)的一種方式。

人類忍受苦難的事實是「神」存在之最大考驗。何以全善全能的神不能造一個更好的世界？也不能減少眾生之苦？然而作者似乎沒有招架「惡」之詰難的能力，大概她要把這難題留給其他神學家罷。

其實，神的歷史就是猶、基、伊三大一神教的神學史。要把神的歷史寫下去，就需要此三宗教之大德大智繼續詮釋及演繹符合新時代的神學，這樣才能滿足宗教「消費者」的需要，而神的歷史不致於中斷，神也不必死亡了。

阿姆斯壯女士帶引我們走向另一山頭，她的書堪稱為宗教學不可或缺的導航書，尊意

〈序〉③ 人神交流關係的歷史

傅佩榮

根據統計，美國人百分之九十九相信「神」的存在，但是他們所相信的是否同一個神，則是頗有爭議的問題。擴大範圍來說，世界上真正的無神論者不多，人們總會以某種方式將自己的命運聯繫到未知的力量上，或者在終究要歸於幻滅的生命中，把握一些永恆的質素。如果明確界說「神」的意義，或許可以減少這一類的爭議。

譬如，我們界說「神」為：不能不存在者，依其本質就須存在，存在之本身。這是非常哲學化也非常西方化的定義，聽起來冷冰冰的，只能擺在學院教室裏讓人討論。不過，這個定義可以引伸為：神只有一位，他是萬物的來源或創造者，同時也是萬物的歸宿與目的。人是萬物之一，而且是萬物之靈，因此可以感受、覺悟、體驗、認識神的存在，進而合理安排回歸神界的歷程，由此形成源遠流長的宗教傳統。

事實上，宗教是人類文化中不可或缺的一環，以致有人的地方就有神的蹤跡。這種關係十分密切，已經到了因果難分的地步：究竟是神創造人，還是人創造神？答案是：人不能創造自己，所以把創造權推向神；另一方面，人也設法創造他所能接受的神。人所創造的神必定有著千百種面貌，由此構成豐富的內涵與多變的歷史。我們不能倒果為因，以為神真的「如人所說」。

為了釐清思緒，我們要指出，人類所說的神，無不具備以下三種性質，就是：關係性、功能性、辯證性。所謂「關係性」，是指神與人之間必有某種關係。譬如，亞里斯多德在哲學系統中所安立的神，既不能聆聽凡人的禱告，也不能賜福於凡人，卻只能沈緬於觀想自身的世界，保持超然獨立的姿態，永遠如此。這樣的神是不會有信徒的。反之，猶太人的神從亞巴郎開始，就深深介入人間的際遇，有時到了煩擾不堪的程度。即使在科學昌明、理性主義盛行的今天，人們對於個人生死、人類前途、地球結局等關鍵問題，也多半希望神來干預，以免墮入不可知的絕望深淵。宗教是「人神關係之體現」：在神方面，本性永恆一致；在人方面，想法因時因地而改變；兩者的關係有如化學實驗一般，總是隨著人這一方面的變動而產生新奇的狀況。神之所以有歷史，完全是人所造成的。

其次，就功能性來說，是指我們無法得知神的本體，只能由其作用來描述神。神有什麼作用呢？凡是人的理性所無法解釋的，以及人的心靈所深切需要的，都可以推給神來因應。譬如，創世與造人，這是兩大工程，當然出自神的傑作。科學家可以爭論宇宙源於黑洞或爆炸，人類出於猿猴或突變，但是「為什麼終究是有而不是無？」「為什麼萬物存在，而不是萬物不存在？」如果沒有神的運作，這一類的問題無法得到說明。再就人心來看，試問：人有自由嗎？人必須負責嗎？人又能負責到什麼程度？人間的災難、罪惡、痛苦與不義，難道只是偶然的命運，或者竟然還有圓滿的理由？這些問題一方面引出神的存在，同時也質疑神的正義，由此構成複雜的人神感情，最後則落實於人的自我承擔上。自我承擔的力量太強，就會造成神的退隱，甚至神的死亡；但是，真正的神是與死亡絕緣的，因為會死的是人。這也是為什麼在尼采宣稱「神死了」之後，神照樣以鮮活的姿態存在著。人可以解放心靈，但是無法漠視心靈的需求。心靈的最深需求是「意義」，否則一切歸於虛無。能夠為意義提供基礎的，不是神就是神的化身。

所謂「神的化身」，是名異而實同的永恆真實，如猶太人的耶和華，回教徒的阿拉真主，基督徒的上帝或天主，佛教徒的涅槃化境，中國人的天、道、太極，印度教徒的梵天等等，每一派宗教都有自己的稱呼，而其表現的功能大體不外乎：以神為「主宰、造生、載行、啟示、審判」這幾種作用的主體。主宰是統攝全局的力量；造生與載行是針對自然界萬物而言；啟示與審判則是專為人類而設。各宗教中的神的化身，也許會偏重這些功能中的一、二種，但是不可能全無蹤跡。

然後，神人之間還有辯證性的一環。所謂辯證性，特別是就認識的效果而言。我們所認識的都是相對於我們而存在之物。神是絕對的，無法成為被認識的對象，因此任何名稱與表述都是暫時的，一旦肯定就要隨之否定，否定之後再向上提升到不同層次，如此進行，永無止境。以中世紀大學者聖多瑪斯為例，他寫了大部頭的神學著作之後，對於神的概念只能望洋興嘆，歸結為一句心得：我們所能知道的只是「神不是什麼」，而不是「神是什麼」。但是，就在這種否定語氣中，神的真相得到彰顯。《老子》開宗明義所說的「道可道，非常道」，也是面對真實本體之類似的心得。不可說並不等於不存在。「言語道斷，心行處滅」之後，永恒真實才有可能煥發光采。各宗教在教義、儀式、戒律方面，難免各持己見，互有長短，但是論及修行，則皆以「密契合一」的妙境為巔峯。如果對於神的辯證性稍有體認，不難明白其中的道理。

以上所分析的三種性質，雖然是不同宗教中的神所共有的特色，但是表現最為明確也最為周全的，無疑是「一神教」(Monotheism)。歷史上最徹底的三大一神教是：猶太教、基督宗教（包括天主教、東正教與新教），以及回教（或伊斯蘭教）。凱倫・阿姆斯壯女士以《神的歷史》為名，剖析三大一神教中，神概念的演變。在外行人眼中，三教都篤信一神，在信仰的源流上也有一些親緣關係，如果勉強要談差異，大概只是特定民族在特定歷史背景所作的調適吧。但是，在阿姆斯壯女士筆下，四千多年的故事有如一幅大型壁畫，線索繁富、人物鮮明、動盪起伏又暗合規律，終於塑成完整的構圖。我們在閱讀本書時，既可以欣賞作者的豐富學識與正確解說，也可以補充及修正自己殘缺不全的觀念，更可以且讀且思，不斷發出「原來如此」的讚嘆。

「神的歷史」可以說是「歷史中的神」，也可以說是「人神交流關係史」。只談人而不談神，將無以解釋所有關鍵性的事件，就像只由外表紀錄人間的變化，不可能探知這些變化的真正緣由。只談神而不談人，則是根本辦不到的事。這本書作了最佳的示範，它分別敘述了「太初，一神，異邦人之光，基督徒三位一體的神，回教徒統一的神，哲學家的神，神祕家的神，改革者的神，啟蒙運動，神的死亡，神的未來」等主題。這是跨越宗教的綜合探討，沒有基本的知識、深刻的理解、檢別的智慧、會通的能力，根本無法勝任。

不僅如此，這種著作還須激發讀者的興趣，考慮到可讀性的因素。根據歐美所見的評論，幾乎無不極力推崇本書的「可讀性」。在專家眼中，類似的題材最可貴的就是可讀性。即使如此，我在閱讀本書中譯本時，一方面體認了譯者的努力與精采表現，同時也覺察它對國人而言仍然是不易讀的作品。原因或許是三大教的歷史與人物對我們仍屬陌生，或許是有關教義的敘述過於專業。不過，在這方面，我願與國人共勉：「正因為困難，所以值得嘗試。」

我們若想認識外國文化，不能錯過其宗教部分。這是簡單清楚的道理。這本書是最具代表性，也最有挑戰性的一個例子。長期以來，國內缺少介紹猶太教與回教的書刊，即使是介紹基督教的，也少有跨越派別的佳作。至於剖析三教的同時，還能適時對照佛教與印度教的，更是絕無僅有。我相信，這本書將會成為熱愛求知的人所珍惜的寶貝。它像工具書一般使人信賴，又像歷史故事一般引人入勝，同時也像哲學書一般激發思維。閱讀本書而毫無所獲，則是一件無法想像的事。

〈序〉④

從永恒到變遷

沈清松

《神的歷史》是由出自阿姆斯壯(Karen Armstrong)女士，一位還俗修女，也是一位宗教思想史家之手的名著。本書曾連續一年名列紐約時報暢銷書排行榜。作者從自己多愁善感、多變的一生中體會到，「神」的概念是隨著人在歷史中的變遷而形構的，與其強調上帝本身客觀無私的存在，不如敘述人們如何隨著自己的變化與需要來構想「神」，更來得有趣。

因此，本書寫的不是神本身的歷史，而是人如何在歷史中因應自己的需要而形構「神」的概念。因此，本書的主旨在呈現「神」概念的歷史性、相對性和實用性，並在其中揭露「神」概念的演進。與其說它寫的是神本身的歷史，不如說它寫的是「神」概念的歷史。正如作者在導論中說的，「本書不是神這個不可名狀且超越時間變化真實的歷史，而是人類從亞伯拉罕迄今對祂感受方式的記載。」

然而,我們必須區別「真實的本身」(Reality Itself)與「構成的真實」(Constructed Reality)。本書作者也注意及此,也因此她在本書導論中指出,她在孩童時代毫無疑問接受的教義,確是經由人「長期建構的」,可是,此一建構物卻非神本身。就如同梅瑟請求見耶和華一面,耶和華卻回答他說,「你不能見到我的面,因為沒有人能見到我還活著」,「人類只能在神靈顯現之後捕捉被稱為耶和華榮光的餘光」,這揭示了人所創造的有限的神的影象與神本身的差異。然而,在此差異中,作者更強調神概念的歷史面,特別強調其人性面、實用面,能有效地防止絕望並激發希望。然而,她並不去碰觸神本身。

作者在本書中採取歷史的、比較的角度,重視語意分析,以生動有趣、深入淺出的筆法,清楚地敘述猶太教、基督宗教、回教,這三個一神論傳統的歷史演變。其中精要地討論了猶太教自亞伯拉罕至《舊約聖經》的每一重要階段,基督宗教自初期基督徒經中世紀,回教自穆罕默德至中世紀的哲學反省,並接上十三世紀基督宗教哲學神學高峰,以及其後神的概念在近代經由哲學家、啟蒙運動,直至「上帝死亡」思想,甚至進而追問神的概念有否未來。作者特別重視其中不同族群的人們對於神的內在與超越、位格與非位格、神自身及其現身的關係的想法的義理及其流變。

作者不但認為神的概念有其歷史性,而且有其空間性。例如她對於雅各夢見天梯的解讀,是認為雅各因為睡在一間通往神界的石頭上,因而夢見天梯。這是以特定地點為通神之門，可稱為空間性神聖顯現的說法。我曾與英國劍橋大學的《聖經》學者溫特教授(Prof. Winter)討論此事，他卻提出另一種心理學的解釋，認為當時雅各正面臨在家庭中與兄長衝突，且有殺身之禍，因而夢見天梯正是一種心理上找尋出路的表現。我個人認為，無論是空間性顯聖或個人心理性的解釋，都無法闡明此類敘述文的普遍意義。其實，在各種宗教經驗的敘述文、神話、童話故事中，皆有類似雅各夢見天梯那種「上去——下來」，或神話學大師坎伯(Joseph Campbell)所謂「上去——取得某物——下來」的普遍結構。我提出這點，旨在說明宗教理論的多元性，並不一定限制於阿姆斯壯女士所言空間性神聖顯現的解釋。

然而，作者並不局限於時空視野，她也採取比較的方法。本書雖以回教、猶太教、基督宗教等三大一神信仰為主，但作者在論及源起時，取之與馬杜克神崇拜相比較；在軸心時期，取之與印度教、佛教、希臘哲學相互比較。在比較過程中，作者尤其要指出，東方宗教，如佛教，對內在原則之重視；而異教徒的宗教寬容精神遠勝一神信仰。在這樣的比較視野之下，作者似乎更傾向於同情對神的內在性與非位格性的重視，並提倡宗教寬容。此外，作者並重視性別均衡，一方面同情女性神明，推崇男性神、女性神均衡的精神，另一方面也接受神本身應超越男女性別區分的看法。在穩健之中，作者多少加進了目前一些女性主義者的反省。

作者對於宗教應具備寬容精神，及其所謂神本身應超越性別區分的看法，我頗能表贊同。不過，關於內在與超越，位格與非位格的問題，作者似乎受東方宗教（如佛教）的影響，傾向於同情內在與非位格的想法。這點是可以再細緻一些加以思考的。即使佛教一方面主張內在的原則，所謂覺悟就是自證其內在佛性。但另外一方面，自大眾部起，也有以佛為全知、全能、無所不在，而且是永恆之神的想法。正如《異部宗輪論》所說，「如來色身實無邊際，如來威力亦無邊際，諸佛壽量亦無邊際。」「一剎那心相應般若知一切法」。這點也顯示，從宗教心理看來，人內心終究有與超越的神交談的傾向。也因此，當一個佛教徒進入佛殿，敬禮佛像，其本意應在於以佛之光明，映照我內本有佛性之光明，而不在於敬禮一超越的神明。然而，在佛教徒內心，應仍存在著與一超越的神明的關係，以及與之交談的傾向。

其實，宗教經驗正隱含此一與超越界交談的需要。猶太教與基督宗教的《聖經》中所謂盟約，也是交談的形式之一。如果宗教本質就在於此一交談，則對於神的位格與非位格問題，也必須再加思考。我們可以說，神是位格的，這個意義在於神是有意識的、精神的，他既能夠認識，也能夠愛。但我們也可以說神不是位格的，這個意義是說，神並不是像我們人類的意識和精神那樣的位格之意。神認知一切，但他的認知並不像我們的認知。神愛一切生命，但他的愛並不像我們的愛這般。因此，根據肯定之路，可以說神是存有，是位格。然而按照否定之路，我們也應該說，神是無，是非位格，因他不像我們所設想的那般地存有或位格。神既內在於人與萬物，但又超越人與萬物，如果缺少此一超越向度，人容易自我膨脹，甚至自我封限。

以上這些想法是可以再思考和討論的。阿姆斯壯女士在本書中所採取的歷史的、比較的進路，頗有益於鼓舞宗教間的交談。我認為，宗教不但要能寬容，也要能相互開放，進而相互交談，相互豐富。我想本書的一些觀念，也可以為此提供了一些基礎的認識。相信讀者閱讀本書，當能獲益非淺。

1996年10月8日序於指南山麓

〈譯者序〉

以史為鑑，創造二十一世紀新信仰

一九九三年本書在英國及美國兩地出版後，立即引起了廣泛的迴響，並榮登紐約時報暢銷書之列。一本嚴肅討論老掉牙概念的書，竟能如此廣受歡迎，除了反映出當前西方社會對心靈意義的渴求外，作者客觀處理這個題材的寫作態度，兼容並蓄地照顧到現代多元文化背景下各次級團體的關懷，才是本書成功的最主要因素。

這是一本關於世界三大一神宗教歷史的書。原著作者凱倫・阿姆斯壯(Karen Armstrong)以她切身的宗教修持體驗和淵博的宗教史知識，試圖在對照猶太教、基督教和伊斯蘭教一神觀念演變的基礎上，重新反省檢討西方這個代表終極真實與意義的符號，在過去四千年人類歷史中的功過得失，並喚起有識之士，共同思考它對當前普遍瀰漫著深沈無意義感的世俗社會，所能提供的撥亂反正之道。

一九九三年本書在英國及美國兩地出版後，立即引起了廣泛的迴響，並榮登紐約時報暢銷書之列。一本嚴肅討論老掉牙概念的書，竟能如此廣受歡迎，除了反映出當前西方社會對心靈意義的渴求外，作者客觀處理這個題材的寫作態度，兼容並蓄地照顧到現代多元文化背景下各次級團體的關懷，才是本書成功的最主要因素。例如亞洲宗教中的印度教與佛教，雖然不是本書討論的主題，但它們對終極真實的看法不時出現在全書的各個角落，或拿來與三大一神教對比，或甚至作為可資借鏡的對象。此外，身為女性的作者在現代婦女神學的洗禮下，也特別關注女性在傳統三大一神教中的地位，並適時對父權心態的神學觀念提出針貶。

然而貫穿全書的主旨，乃是作者企圖以相對客觀的人文主義觀點，把絕對超越的一神概念，當成是人類歷史經驗來考察的構思。在這個宏觀比較的架構下，傳統上易流於獨斷陳述的一神概念，卻顯現出它的開放性與多元性；換言之，從歷史的角度而言，一神概念允許不同文化和地域的人，在不同的歷史時期，依不同的需要而對它作出不同的定義和理解。就這點而論，本書的主題內容雖然局限在西方三大一神教的範圍，但在基本的精神上，卻是以整體人類文化的終極關懷為依歸的。

全書以猶太人從巴比倫時期的異教偶像崇拜，逐漸轉型到史無前例的真正一神概念為開端。接著討論基督教與伊斯蘭教，如何在這個革命性觀念的基礎上，重新塑造適於他們自己社會和政治環境需求的一神概念。在舖陳過三大一神教的基本理念與架構後，作者開始轉向三大宗教後期的發展情形，從古典哲學、中世紀神祕主義，到宗教改革、啟蒙時期，以至現代的懷疑主義，每一章節均兼顧三大宗教在同一時期不同發展方向的對比介紹。在書末結語討論到一神概念的未來時，作者除了闡明終極意義探求的必要性外，並強調以史為鑑對創造二十一世紀新信仰的重要性。

有關本書翻譯上的處理原則，有幾點需要在此向讀者說明。首先，是有關一神概念的譯名問題。由於教界逐漸不用俗稱的「上帝」一詞，基於此一趨勢，本書乃以「神」作為行文中代表終極真實的一神概念。不過要附帶說明的是，在英文中代表終極真實的「一神」(God)與異教的「眾神」(gods)是以大小寫來區分，非常清楚明瞭。但在中文裏，「神」可以概括以上兩個概念，以致在不同的文脈系絡中，必須以「一神」與「眾神」或「神祇」來加以區別，才能避免理解上的困擾。這一點希望讀者在閱讀時能夠留意。至於本書書名譯為「神的歷史」，而非「上帝的歷史」，除了前述的因素外，乃是考慮到前者涵括了「一神」與「眾神」，較能周延地反映出本書真實內容的緣故。

和此相關的另一個問題，是有關「神」的代名詞的譯法。基本上，本書有關「神」的代名詞一律譯為男性的「他」，或無生命的「它」，而非一般教界所慣用的「祂」。這是遵照作者在導論中的說明，為突顯傳統父權社會對「神」的概念的偏見，因此大部分皆沿用英語中的男性代名詞「他」，有時在指涉非人格化的「神」時，則以無生命的「它」稱之，例如猶太教的卡巴拉神秘家即曾用此稱呼神性。

由於本書專有名詞源出多種外語，主要有希伯來語，希臘語、阿語和拉丁語等。有關這些名詞的譯法，皆以該詞在上下文系絡中的英譯為準，並附上原文。由於原文名詞的涵義豐富，在不同的地方會有不同的譯法出現，也請讀者留心分辨。有關教界的人名與地名，基本上參照道聲出版社出版的《英漢宗教字典》，但凡涉及不同宗教的專有名詞時仍依該教用法為準，而當該字典中部分與目前普通為社會沿用的譯法相左時，亦酌予修正。書中的《聖經》引文並不一定按普及的中譯本譯出，基本上是譯者自己的詮釋。原著有專有名詞小字典，但因中譯本已將相關語彙的解釋融入內文，並在必要的地方加註，所以略去。

最後，對幾位在本書譯作過程中，提供協助的先生女士，譯者要在此一併致謝。首先要感謝于士錚神父細心的校讀。他在專有名詞上提供的專業校正，使得許多譯名更接近教界通行的用法；同時他更善意地修正若干譯者初稿時錯誤疏忽之處，沒有他的匠心，本書不可能以現在的面貌呈現於讀者。其次，學養深厚的沈清松教授亦撥冗校讀，提供了許多寶貴的意見，使本書的準確性和可讀性增色不少，譯者十分感激。而天普大學的同窗蔡源林先生，在伊斯蘭教的專有名詞譯法方面所提供的協助，以及史坦•格勞斯沃德（S.D. Groswald）先生借閱的猶太教名詞百科大全，都使譯作過程省力不少。最後要感謝內子侃如對編輯格式和專有名詞的全盤校對，以及精神的支持和鼓勵。

導論

INTRODUCTION

當我還是個孩子時，我虔信許多宗教，但卻不大信仰神。因為相信一套敘述命題和驅使我們去相信這些命題的信仰，是有區別的。我隱約相信神的存在；也相信聖餐禮中基督的臨在、各種聖事的效力、永恆地獄的光景以及靈魂淨化的客觀真實。然而我卻不能說，由於相信這些宗教對終極真實的看法，使我對塵世生活的美好或慈善產生太大的信心。童年時期的羅馬天主教，反而是令我感到相當驚駭的信仰。喬哀斯(James Joyce)在《青年藝術家的畫像》(*Portrait of the Artist as a Young Man*)一書中說得好：「我傾聽自己受獄火之罰的佈道。」事實上，地獄似乎比神更有力而真實，因為我可以憑想像捕捉到它的影像。而神則好像一個陰影下的人物，是由抽象的思想而非具體的意象來定義。

大約八歲大時，我必須記誦要理問答中的答案，以回答下列問題：「神是什麼？」「神是至高無上的聖靈，他自己單獨存在，而且是完美、無限的。」這些說法對我一點影響也沒有，而且我不得不承認，直到現在它還是讓我覺得冷冰冰的。這個定義似乎總是讓人覺得異常枯燥、誇大而傲慢。自從著手寫這本書後，我更相信它是不正確的。

隨著年齡漸長，我體會到宗教不只是恐懼而已。我閱讀聖徒的傳記、形上詩人，艾略特(T. S. Eliot)以及某些神祕主義者簡潔的作品。雖然神仍然和我有距離，但是我開始被禮拜儀式之美所感動。我覺得突破障礙接觸到他是可能的，而且此一神勢將改變全體受造的實在界。

為了達到這個目標，我進了一個修會，成為一個初學的年輕修女，學習到有關信仰的許多事。我鑽研護教學(apologetics)、《聖經》、神學和教會史，也考查修道生活的歷史，並且詳細討論修會的會規，這一切都必須背誦。

非常奇怪的是，神在這些學習中幾乎不佔任何重要地位。學習重點似乎都集中在宗教中次要的細節和周邊的層面上。我竭盡所能祈禱，試圖使自己的心和神契合，但他就像是個嚴厲的監工：不是監督我是否違犯清規，就是令人巴望得無影無蹤。我對有關聖徒的記載讀得愈多，愈覺得失敗挫折。我沮喪地發現，如果我的感覺和想像中，曾有任何宗教體驗的話，那真是渺小得微不足道。偶爾激起的奉獻感，是因為咏唱格里高里聖歌(the Gregorian Chant)和禮拜儀式的美感，所自然引起的共鳴。但是卻沒有任何來自超越自我的經驗發生。我從未瞥見過先知與神祕家口中所描述的神。我們談論耶穌遠超過談論「神」，但耶穌純粹是歷史人物，其出現與晚期的古代社會密不可分。

我也開始對教會某些教義產生重大疑問。怎麼可能有人確知耶穌是降生成人的神？這個信仰的意義又是什麼呢？《新約聖經》中精細卻充滿內在矛盾的三位一體(the Trinity)教義是真實的，還是像其他許多宗教文獻一樣，只是神學家在基督死於耶路撒冷數世紀後所編造的呢？

最後我懊悔地離開了修道生活。然而一旦卸下失敗與挫折的重擔，我卻發現自己對神的信仰已悄悄溜走。雖然我已盡最大努力使他影響我，但是他從未對我的生命真正造成衝擊。既然我不再對他感到罪惡和不安，他便因為距離的遙遠而變得不真實了。

但是我對宗教的興趣仍然持續不斷，而且還製作了許多有關早期基督教歷史，以及宗教經驗本質的電視節目。我對宗教史的了解愈多，早年的不安與懷疑就愈得到證實。我在孩童時期毫無疑問接受的教義，確實是長期人為建構而成。科學似已揚棄神是造物者的說法，而研究《聖經》的神學家也已證明，耶穌從未自稱是神聖的神之子。

身為一位癲癇患者，我知道自己某些瞬間的心象只是神經失常造成的。那麼聖徒的心象與狂喜的忘我境界，會不會也只是精神錯亂的奇想呢？神似乎是異常的精神迷亂，是某種由人類自己創造的產物。

儘管曾擔任修女多年，我不認為自己對神的體驗是獨特的。我對神的概念是在孩童時期形成的，卻沒有像其他領域的知識一樣持續成長。雖然我已修正童稚時對聖誕老人的單純觀點，而且也比幼稚園時期更能成熟地了解人類困境的複雜性，但是早期對神混淆不清的概念，卻沒有得到更進一步的修正和發展。沒有我這種特殊宗教背景的人，也許會發現他們對神的概念仍然停留在孩提時期。因為多年來我們不僅把幼稚的事拋到一邊，同時也把早年的神揚棄了。

宗教世俗化

然而我對宗教史的研究顯示，人類是精神性的動物。事實上，靈智人(Homo sapiens)也就是宗教人(Homo religiosus)這是一個可以辯論的問題。自有人類以來，便有崇拜神祇的活動；當他們創造藝術作品的同時，也創造了宗教。這並非只因為他們要安撫強大的自然力量，這些早期的信仰所表達的驚奇與奧祕，似乎一直是人類在這個美妙而又可怕的世界中，所具有的重要經驗內涵。儘管血肉之軀的痛苦是不可避免的，但宗教就像藝術一樣，試圖要找出我們生活的意義與價值。也像人類其他的活動一樣，宗教有可能被濫用，但它似乎一直是我們生活中不可或缺的一部分。宗教並沒有被擅於操縱的國王與神職人員附加上世俗的性質，它完全是出於人性的自然。事實上，當前的宗教世俗化乃是一項全新的實驗，在人類歷史上是前所未有的。我們現在還看不出它如何能行得通。

我們也可以說西方的自由人文主義，並不是自然產生，而是像藝術或詩文的賞析一樣，必須靠學習才能開發得到。人文主義本身乃是一種無神的宗教——當然並非所有的宗教都是崇拜神祇的。我們的世俗倫理理想，有它自己一套對心性的規範和訓練，並且扮演了原本由比較傳統的宗教所擔負的角色：賦予人們尋找生命終極意義信仰的手段。

神是創造性想像的產物

當我開始研究猶太教、基督教及伊斯蘭教，這三個一神教信仰對神體驗與概念的歷史時，原以為會找出神不過是人類需要與欲望投射的結論。我認為「他」會反映出每個社會發展階段的恐懼與渴望。我的臆測並非完全沒有根據，但是我對某些研究發現感到十分震驚，要是我能早在三十年前宗教生活開始時就學習到這些觀點就好了。

假如我能從三大一神教信仰中學習到，不要寄望神從天而降，而應小心翼翼在自己心中創造出他的意義來，那麼我或許不至於那樣焦慮不安。其他的猶太教士，基督教牧師和伊斯蘭教的索菲神祕家，可能會指正我不可把神當成是某種「客觀存在」的真實；他們也可能會警告我，不要把它當成可由一般理性思考過程經驗到的客觀事實。他們可能會告訴我，從某個重要的觀點而言，神就像富含啟發能力的詩詞和音樂一樣，乃是創造性想像的產物。某些受人敬重的一神教人物或許會悄然而堅定地告訴我，神並非真正存在，但「他」卻是世界上最重要的真實。

本書不是神這個不可名狀且超越時間變化真實的歷史，而是人類從亞伯拉罕迄今對他感受方式的記載。人類對神的概念有時空局限的歷史性，因為不同族群在不同時期使用此同一概念所表達的意義皆略有差別。某一族群人類在某一代形成的一神概念，可能對其他族群的人毫無意義。事實上，「我相信神」一語並沒有任何客觀的意義，它就像由某個社群公告的宣言一樣，只有在特定的情境中才有意義。因此「神」一詞並未包含任何不變的概念在內；相反地，這個詞彙涵蓋了一系列不同的意義，有些甚至是互相矛盾或排斥的。假如神這個概念不具有這樣的彈性，它便不可能存在迄今，並成為人類最偉大的概念之一。當神的某個概念失去它原有的意義與關聯時，新神學便會悄悄揚棄它，且取而代之。基教派信徒會加以否認，因為基教派是反歷史的：亦即它相信亞伯拉罕、摩西與後期的先知經驗神的方式，與今日的人們完全一樣。但如果我們看看三大一神宗教，就可以清楚地了解到，客觀的「神」觀點並不存在：每一代人必須創造適於他們自己的神意象。同樣的情況也適用於無神論。「我不相信神」一語，在不同歷史階段的意義皆略有不同。歷史上被稱作「無神論者」的人，總是否定某些神聖的概念。

今日無神論者否定的「神」，是否就是先知的神、哲學家的神、神祕家的神、或是十八世紀自然神教信仰者的神呢？這些神祇都曾在不同的歷史時期，為猶太教徒、基督徒、伊斯蘭教徒的《聖經》與《古蘭經》尊奉為神。本文將使我們了解，它們彼此間是極不相同的。無神論往往是一個轉型的過程：猶太教徒、基督徒和伊斯蘭教徒都被他們同時代的異教徒稱作「無神論者」，因為他們接受了一套對神聖與神的超然存在的嶄新概念。現代無神論者對「神」類似的否定，是否也反映出我們對「神」的概念，已不再適於當代的問題了呢？

一神概念的落實與活用

儘管宗教有它的「彼岸」（otherworldliness）色彩，但卻是十分實際的。我們在下文將可了解到，神的概念能否「落實活用」，比它能否符合邏輯或科學更重要。一旦不再有效，它便會改變——有的時候會出現極端不同的東西。這個現象並未困擾大多數的一神論者，因為他們很明白，他們對神的概念只是過渡的，並非神聖不可侵犯。這些概念純粹是人造的——它們不可能不是如此——而且它們與其象徵的無可名狀的終極真實，有相當的距離。某些人發展出相當大膽的論調，以強調概念與真實間的差異。某位中古時期的神祕家甚至激進地說，這個被誤稱為「神」的終極真實，《聖經》甚至沒有提到過。在人類的整個歷史中，我們都曾經驗到出世精神的某一面向。事實上，能以這種方式構想超越的概念，乃是人類心靈的主要特質之一。

不論我們如何詮釋它，人類此一超越的經驗一直是生活中的事實。並非所有的人都把它看成是神聖的：後面我們會提到，佛教徒便否認他們的心象與靈感是來自一個超自然的神；他們把這一切視為人性的自然。不過所有的主要宗教都同意，此一超越的經驗絕非普通的言語概念所能表達。一神論者稱此超越經驗為「神」，但他們卻對此預留重要的但書。

例如，猶太教徒被禁止直接稱呼神的聖名，伊斯蘭教徒絕不可試圖以視覺意象描繪聖靈。這些規定都是為了提醒教徒，我們稱為「神」的真實遠超過所有人類的表達方式。

宗教史不是尋常意義的歷史，神的概念並非以線性的型式，從某一點演化出最後的概念來。科學的概念是以這種方式運作，但藝術與宗教的概念並非如此。誠如愛情詩歌中既定的主題一般，人們談論神的主題也一再重複。事實上，我們會發現，猶太教、基督教與伊斯蘭教對神的概念極為相似。儘管猶太教徒與伊斯蘭教徒都認為，基督教三位一體與道成肉身(Incarnation)的教義幾近褻瀆，他們也對這些具爭議性的神學議題，提出自己的一套看法。然而，每種對普遍性議題的解釋都略有差異的事實顯示出，試圖表達「神」的意義的人類想像力，是人為而不實的。

因為這是個非常龐大的主題，所以我謹慎地把討論的範圍限定在猶太教、基督教與伊斯蘭教所崇拜的神，儘管偶爾我會提及異教徒、印度教和佛教的終極真實概念，以凸顯一神教的觀點。神的概念似乎與許多獨立發展的宗教概念非常接近。不論我們對神的結論為何，這個概念的演化史必能讓我們了解人類心靈的某些重要質素以及靈感的本質。儘管目前西方社會的基調乃是傾向世俗的，但是神的觀念仍然影響著數以百萬計人們的生活。最近的調查顯示，百分之九十九的美國人說他們相信神：問題是在既有的許多神中，他們相信哪一個？

神話學與宗教

神學往往讓人覺得枯燥而抽象，但神的歷史卻是充滿感情而熱烈的。與其他某些終極概念不同的是，它最初是伴隨痛苦的掙扎與壓力而產生的。以色列的先知們是以四肢扭曲的肉體痛苦，來經驗他們的神，並以由此而生的憤怒與歡樂來豐富他們的生活。一神論者稱為神的真實，往往是他們在某種極端的情況下經驗到的：在山頂、黑暗、憂傷、被釘十字架和恐怖中等等。西方的一神經驗似乎特別偏向創痛式的。是什麼原因造成這種固有的傷痛呢？

其他的一神論者以光和變形(transfiguration)來描述終極真實。他們使用非常大膽的意象，來表達他們經驗到的真實的複雜性，這點遠遠超過正統神學。近來大眾對神話學的興趣漸漸復甦，顯示一種以較富想像力的方式表達宗教真理的普遍渴望。已故美國學者喬瑟夫・坎伯(Joseph Campbell)的神話學著作，廣受大眾歡迎：他研究人類永恆的神話主題，把古代的神話與那些仍然在傳統社會發生作用的神話加以連貫。一般認為，三大一神教缺乏神話與詩文式的象徵系統。

然而儘管一神論者原本拒絕接受鄰近異教徒的神話，但這些神話往往在後來又悄悄地滲回到信仰中。神祕家曾見到神在女人身內降生成人，便是一例。虔誠地論及神的性別，並將女性的特質引介到神性中，則是另一個例子。

這是我所遇到的一個難題。因為這個神開始是個不折不扣的男神，一神論者通常以「他」來稱呼。近年來，女性主義者反對這樣的用法。這是可以理解的。因為此處我將記錄的是稱神為「他」的族群的思想與見解，因此我使用傳統的男性稱謂，不過偶爾也會在適當的地方以「它」來稱呼。但值得一提的是，以男性稱謂為基調的神學討論，在英語中是頗有問題的。在希伯來文，阿拉伯文與法文中，文法上的性別賦予神學論述一種性別上的對待與辯證，因此提供了一種在英語中缺乏的平衡。在阿拉伯文中阿拉（*al-Lah*，神至高無上的名號）在文法上屬陽性用語，但是表示神神聖而無法理解本質的字——阿達特（*al-Dhat*）——便是陰性用語。

所有有關神的談論都在無法克服的語言困難下，顯得顛簸而窒礙難行。然而當一神論者否定語言表達超越真實能力的同時，他們對語言又抱持著極為肯定的態度。猶太教徒、基督教徒與伊斯蘭教徒的神——就某種意義而言——是會說話的神。他們所宣示的道（Word）在三種信仰系統中，都扮演關鍵角色。神宣示的真理塑造了我們文化的歷史。我們必須決定，「神」這個字今日是否對我們具有任何意義。

作者註：因為我們觀察的神的歷史乃是站在猶太教、伊斯蘭教及基督教的觀點，因此傳統西方使用的紀元前（BC）與紀元後（AD）符號並不適當（譯者註：因為是以耶穌基督降生為準）。因此我便援引另一種系統，亦即「BCE」（Before the Common Era，共同紀元前）和「CE」（Common Era，共同紀元）。

太初…

1

原始的一神教

太初，人類造了一位神，他是造物主，是天地的統治者。他不由意象代表，也沒有廟堂或祭司來為他服務。他太過尊貴崇高，因此人類對他的崇拜便顯得極不相稱。漸漸地他便從子民的意識中淡出。他變得如此遙遠，以致他的子民決定不再要他。據說他最後便消失了。

這是威赫曼・史密特神父(Father Wilhelm Schmidt)在一九一二年出版的《一神概念的源起》(*The Origin of the Idea of God*)一書中提倡，而廣為人知的一個理論。史密特認為在人類開始崇拜多數神祇之前，已經有原始的一神教存在。最初他們只認識一個無上崇高的神祇，他創造了世界並從遙遠之處統治人類的事務。對這個「神」(High God，有時也稱作蒼天之神，因為他與天有關)的信仰，仍然是許多非洲土著部落宗教生活的特色。他們以祈禱接近神；相信他在監視著他們，並對犯錯的行為加以處罰。

然而奇怪的是，他在他們的日常生活中卻無影無蹤：他沒有特別的崇拜者，也從未以偶像的形式被描繪出來。部落的人說，他是無法以言語形容的，而且不能被人類的世界所玷污。某些人說他已經「走開了」。人類學家認為這個神變得十分遙遠而崇高，以致他實際上已被較低級的神靈或更容易接近的神祇所取代。史密特的理論更進一步指出，在古代時期也是一樣，「至高神」(the High God)已被更具吸引力的異教徒眾神廟所取代。因此，在最初的時候只有一個神。假如這是真的，那麼一神教便是人類為解釋生命的奧祕與悲劇，最早演化出來的概念之一。它同時也指出這個神所必須面對的某些問題。

我們無論如何都不能證明這個說法。目前已有許多關於宗教起源的理論。然而人類似乎不斷地在創造神祇。當某個宗教概念不再能滿足他們的需要時，它便會被替換。就像蒼天之神一樣，這些概念在毫不聲張的情況下靜悄悄地消失了。在我們這個時代，許多人會說，被猶太教、基督教、伊斯蘭教崇拜了好多世紀的神，也已經變得像蒼天之神一樣遙遠。某些人則公開宣稱神已死。他確實正從愈來愈多人的生活中消逝，特別是在西歐。他們認為在意識中有個原本屬於神的位置，現在已形成「真空地帶」(God-shaped hole)，儘管他在某些領域似乎無關緊要，但卻在我們的歷史中扮演關鍵的角色，同時也是各個時代中最偉大的人類概念之一。

要了解我們所失去的——也就是說，假如他真的逐漸在消失的話——我們需要知道人類開始崇拜神時，是如何的崇拜他，他的意義為何，以及他是如何被蘊釀構思而成。要達到這個目標，我們必須回到古代的中東，因為我們對神的概念便是在大約一萬四千年前於此逐漸誕生的。

今天宗教看起來似乎與我們無關的原因之一，是我們不再有被看不見的精神世界環繞的感受。我們的科技文化教育我們，把注意力集中在眼前的物理和物質世界。這種觀察世界的方法已經達致了偉大的成果。其中的一項結果便是，我們把遍及傳統社會每個生活層面的「精神性」或「神聖性」的意義完全刪除在外，好像它本來就應該如此。但它卻一度是人類對世界經驗中最主要的成分。在南海群島(the South Sea Islands)，他們稱此一神祕的力量為瑪那(*mana*)；也有人把它看成是幽靈或靈魂；有時它被認為是一種非人的力量，類似某種形式的放射線或電波。一般相信它存在於部落酋長、樹木、石塊或動物身上。拉丁人在神聖的樹叢中經驗到神靈(*numina*)；阿拉伯人感覺到大地上佈滿了鬼神(*jinn*)。

人們很自然地想要與此一真實接觸，而且想從中得益，但是也有人只是欣羨。當他們將這些神祕的力量，人格化成與風、太陽、海及星星有關並富人性的神時，所表達的正是他們與神祕精神世界和周遭環境的密切感。

對「神祕聖靈」的感覺

德國宗教史學家魯道夫・奧圖(Rudolf Otto)在一九一七年出版的重要著作《神聖的觀念》(*The Idea of the Holy*)中，相信對「神靈」的感覺，乃是宗教的基礎。它先於任何想解釋世界起源或找出倫理行為基礎的欲望。人們以不同的方式感應神祕的精神力量——有時它會激發狂野、發酒瘋式的興奮感；有時則是深沈的平靜；有時人們對生命中每個層面固有神祕力量的顯現，感到恐懼、敬畏與卑微。當人們開始創作神話和崇拜神祇時，他們並非尋求一種對自然現象的正確解釋。具象徵意義的故事、洞穴繪畫與雕刻，乃是為了表達他們的驚奇，以及嘗試將此無所不在的神祕與他們自己的生命連繫起來；事實上，推動今日詩人、藝術家與音樂家的也是類似的動力。例如在舊石器時代，當農業正在發展時，母性女神的崇拜便是把改變人類生活形貌的土地神聖感表達出來。

藝術家把母性女神雕刻成裸體、懷孕的塑像，考古學家在整個歐洲、中東及印度都曾發現。偉大母神的意象在後來的數世紀，一直保有其在想像上的重要性。和天空之神一樣，她也被納入後期的眾神廟中，與較古老的神祇並列在一起。她通常是最有力量的神祇之一，比形象較模糊的蒼天之神更有力量。她被古代蘇美人稱為伊娜娜(Inana)，巴比倫人稱為伊施他爾(Ishtar)，在迦南地稱作愛娜特(Anat)，在埃及稱作伊西絲(Isis)，在希臘稱作阿芙羅黛娣（Aphrodite，愛神）。而這些文化中極為相似的故事，則用來表達她在人們精神生活中扮演的角色。這些神話並非要人們以表面的意義來了解，而是因為要描述的真實過於複雜，不得不採用隱喻來表達，否則以其他方式表達便難以讓人了解。這些戲劇化而又富於啟發性的神祇與女神故事，幫助人們表達出他們對周遭強力但不可見的精神力量的感受。

事實上，古代的人們相信只有親身參與神聖的生活，才能成為真正的人。塵世的生活必然脆弱不堪，而且籠罩在生命必死的陰影下。如果人類仿傚神祇的行動，那麼他們便能一定程度地分享神祇的力量與效用。因此諺語有云：神已指示人類如何建造他們的城市與廟堂，這些建築只不過是他們在天國的家的縮影。神祇的神聖世界——誠如神話中所詳述的——並非只是人們應該嚮往的理想，而是人類自身存在的原型；我們處於天國下方世界的生命，就是依照這個原始的型態而鑄模的。塵世裏的每件事物於是被認為是天國中某種相對事物的複製品。

這種看法不僅提供了大多數古代文化中神話、儀式和社會組織的靈感來源，而且繼續影響著當代較為傳統的社會。例如在古伊朗，塵世(*getik*)中的每個人或物體，被認為在神聖真實(*menok*)的原型世界中，皆有其相對應的另一半存在。這個觀點很難讓處身現代世界的我們接受，因為我們認為人類最高的價值乃是自主與獨立。然而著名的引用語「一切動物交合之後都垂頭喪氣」(*post coitum omne animal tristis est*)仍然表達了我們共同的經驗：亦即在熱烈的企盼之後，我們往往會有總是無法掌握某種更偉大事物的失落感。模仿神的行為自然是個重要的宗教概念：在安息日(the Sabbath)休息或者在聖週星期四(Maundy Thursday)洗某人的腳，其行為本身不具任何意義，但因為人們相信上帝曾做過這些動作，所以變得意義重大而神聖。

類似的靈性精神也是古代美索不達米亞平原一帶人民的特質。在底格里斯及幼發拉底河谷，亦即今日伊拉克境內，早在紀元前四千年前便已有被稱為蘇美人的民族定居，他們建立了文明世界(Oikumene)最偉大的文化之一。在他們的城市如吾珥(Ur)、伊勒赫(Erech)及基許(Kish)中，蘇美人發明了楔形文字，建造了稱作滋格勒特(Ziggurat)令人嘆為觀止的寶塔式廟宇建築，同時演化出一套相當可觀的律法、文學與神話。不久後該地區便被閃族的阿卡迪亞人(the Akkadians)入侵，他們也採用了蘇美人的語言文字和文化。後來大約在紀元前二千年，亞摩利人(the Amorites)征服了這個蘇美—阿卡迪亞文明，而在巴比倫建立了他們的首都。大約在五百年後，亞述人在附近的亞述城定居下來，而且在紀元前八世紀左右征服了巴比倫。巴比倫的傳統也影響了古以色列預許之地——迦南地的神話與宗教。

和其他古代民族一樣，巴比倫人也將他們文化上的成就歸功於神祇。是神祇把他們自己的生活形式揭露給巴比倫人神話構想中的先祖。因此巴比倫城本身便是天國的意象，它的每個廟堂都是天上宮殿的複製品。這種與神聖天國連繫的觀念，在紀元前七世紀便已奠立形成的新年節慶(The New Year Festival)中，每年為人們所舉行，並不斷傳承下來。每年四月在聖城巴比倫的慶典，莊嚴肅穆地為國王加冕，並為他來年的統治奠下合法基礎。

然而政治上的穩定要能長久，前提是政治必須成為更長久有效的神祇政府的一部分才行。因為是神祇在創造世界時，把世界從太初的混沌中理出秩序來。因此，這個為期十一天的神聖節慶，便讓參與的人透過儀式中的動作脫離塵世時光，進入神聖而永恆的神的世界。代罪的羊被宰殺以祛除老舊逝去的一年；公開對國王羞辱以及為狂歡會上的國王加冕等儀式，便是太初混沌的重現；一個嘲弄戲謔的戲碼，重新呈現了眾神對抗毀滅勢力的鬥爭。

這些象徵性的動作因此具有聖禮(Sacramental)的價值；它們使得巴比倫人能夠融入這個神聖的力量(*mana*)中，並以此為基礎建立他們自己偉大的文明。文化總讓人覺得是脆弱不堪的建構，隨時會因受到混亂或解構力量的攻擊而瓦解。在四月節慶第四天的下午，神職人員與唱詩班排列整齊，魚貫進入神靈所在之地詠唱創世紀的史詩(*Enuma Elish*)，慶賀眾神擊敗混沌的勝利。這個故事並非生命在地球上物質起源的事實解說，而是嘗試以細緻的象徵意義，說明生命的偉大奧祕，並釋放出它的神聖力量。

神話與象徵

對創世作確實的解說是不可能的，因為沒有人親見這些無法想像的事件：神話與象徵因此是描述這些事件唯一合適的方式。簡短的檢視巴比倫人的創世史詩，可以使我們對後來形成的創世主概念的精神有若干了解。儘管《聖經》與《古蘭經》後來對創世畢竟採用了不同形式的解釋，但是這些奇怪的神話從來不曾完全消失，只不過是披上了一層一神教術語的外衣，又重新在後期進入神的歷史罷了。

故事以眾神自己的誕生為開端，我們在下文會提到，這個主題將在猶太教和伊斯蘭教的神祕主義中扮演重要角色。據巴比倫史詩記載，最初眾神是從一個無形而滿是水的荒地——它本身便是神聖的物質——中，成雙成對地浮現出來。在巴比倫人的神話中——和後來《聖經》中的神話一樣——並沒有從無中生有的創世概念。這對古代世界的人而言，是極為陌生的概念。在眾神與人類存在以前，這個神聖的物質已經永恆存在了。巴比倫人開始想像這個最初神聖的物質時，他們認為它一定類似美索不達米亞平原上的沼澤荒地，經年不斷的洪水似乎時時刻刻威脅要毀掉人類脆弱的文明。在巴比倫人的創世史詩中，混沌並非火紅的烈焰或煮沸熱騰騰的龐然大物，而是有若一團紊亂不堪的泥濘，分不清楚界限、沒有可辨認的事物，一片混亂：

「當甜與苦
混在一塊，沒有編織的蘆葦，
也沒有弄混清水的燈芯草，
此時的衆神沒有名號、沒有特質、沒有未來。」

——巴比倫創世紀

然後三個神祇便從原初的荒地上浮現出來：阿普蘇神（Apsu，被認為是河中甘泉），他的太太查瑪特神（Tiamat，鹹海），以及姆姆神（Mummu，混沌的子宮）。然而這些神祇充其量只不過是早期較低級的神，仍需要進一步發展。「阿普蘇」和「查瑪特」可被翻譯成「深淵」、「空虛」或「無底的斷層」。他們和原初的無形原質慣性一樣，尚未發展出清楚而可資辨識的形貌來。

因此，其他一系列的神祇從他們身上浮現出來，這個稱為流出（emanation）的過程，將在我們神的歷史中變得非常重要。隨著神靈逐步演進，新的神祇一個接一個成對出現，每一對神祇都比前一對要更確切定形。最初出現的是拉姆神（Lahmu）和拉罕姆神（Lahamn），他們的名字意思是「淤泥」：因為水與泥土仍混在一起。接下來出現的是安歇爾神（Ansher）和其沙爾神（Kishar），分別代表天空和海洋的領域。然後是亞奴神（Anu，天）與依亞神（Ea，地）的來到，至此便完成了演進的過程。神靈的世界於是有了天空、河流和大地，彼此涇渭分明地區隔開來。

但是創世的過程才剛剛展開：混沌與分解的力量只能透過不斷痛苦地掙扎，才能被控制住。年輕、有活力的神祇開始對抗他們的雙親，但儘管依亞神的力量大過阿普蘇神與姆姆神，他卻無法前進對抗查瑪特神，因為查瑪特神製造出一整群畸形的怪獸為她作戰。幸虧依亞神有個好孩子：馬杜克神（Marduk），亦即太陽神，是整個神靈譜系中最完美的典範。在眾神集合的一次大聚會上，馬杜克神答應和查瑪特神作戰，但條件是要讓他成為他們的統治者。他經歷一場漫長而危險的戰役後，才極為困難地斬殺了查瑪特。在這個神話中，創造的過程乃是一場掙扎，必須艱苦地克服一連串極為怪異的事件才能完成。

聖城的觀念

最後，馬杜克神站在查瑪特神龐大的屍體上，並決定要創造一個新世界：他把她的身體截為兩半，用來造成天空的拱門和人類的世界；接著，他設計了使萬物各歸其位的規律。秩序一定得完成，但是勝利還未完全到來。秩序必須逐年靠特別的禮拜儀式重新建立。因此眾神在新的世界中心巴比倫聚會，而且建造了一座可以進行天上禮儀的神廟。這就是奉祀馬杜克神的偉大寶塔式神廟，「這座地上的神廟，乃是無限天國的象徵」。當這座廟完成時，馬杜克神高坐在正中央，其他的眾神則高呼：「這是巴比倫，神的可愛的城，你親愛的家！」然後他們舉行儀式，「宇宙由此建立結構，隱藏的世界得以顯露，而眾神也在宇宙裏各居其位。」這些律法與儀式的規約適用於任何人；甚至眾神也必須遵守，以確保受造物的生存。

這個神話表達的是文明的內在意義，巴比倫人了解這點。他們清楚知道，是他們的祖先建造了寶塔式神廟，但是創世紀史詩裏的故事說明，他們相信只有當神聖的力量參與其中，他們富創意的建築才能長久。他們在新年節慶咏唱的禱文儀式，早在人類尚未存在前便已被設計好了：它所寫下的乃是事物的自然本質，就連眾神也得遵從。神話同時也表達了他們的信念，他們相信巴比倫是聖地，是世界的中心，是眾神之家，這個概念幾乎在所有古代的宗教系統中都佔有重要地位。聖城的觀念，亦即相信人類可以在那兒與存在力量密切接觸的想法，在三大一神教中都很重要。

人類的起源

幾乎是在事後想到的情況下，馬杜克神才創造了人。他捉住「金固」（Kingu，查瑪特神癡呆的配偶，是她在打敗阿普蘇神後所創造的），並加以斬殺，然後以神的血和塵土混合塑造出第一個人。眾神觀看此景，既震驚又欣羨。然而在這個人類起源的神話解釋中，有某些幽默的地方。它認為人類起源絕不是創世的最高峰，而是從最愚蠢、最差勁的一個神祇衍生出來的。但這個故事另有一個重點。由於第一個人是從某個神祇身上的物質創造產生，因此不論程度是如何有限，他都分享到神聖的本質。人與神間沒有任何鴻溝。自然世界、人類與眾神本身都分享同樣的本質，而且是從同樣神聖的物質中衍生出來的。異教徒的視域是全體的。眾神並未與人類分隔開來，獨立存在另一個本體的世界中；換言之，神性與人性基本上並無不同。因此不需要神的特別啟示，也不需要由天上傳付律法到塵世來。神與人面臨共同的困境，唯一的差別是，神的力量較大而且不朽。

這種整全的視域觀點並非僅限於中東地區，而是古代社會共通的特點。在紀元前六世紀，品得(Pindar)在他論奧林匹克比賽的頌詞中，表達了希臘人對這個信仰的看法：

「族類只有一個，
神與人是同一族類；
由同一個母親所生，我們同樣呼吸。
但每件事裡力量大小的不同
使人神有別；
對於自視為黃銅色天空的人而言，
可以永遠立足生存。
而在偉大的心靈中，我們可以
像神的軀體一般不朽。」

——品得頌集(*The Odes of Pindar*)，VI，1—4

品得不把運動員看成只是獨自追求個人最佳的成就，而要他們向所有人類成就典範的神挑戰。人不是只能無助地和神保持距離，像奴隸一樣卑屈地模仿神，而是可以把他們潛在的基本神性活出來。

創造乃是神聖的

馬杜克神與查瑪特神的神話，似乎也影響到迦南人。他們也有一個關於掌管暴風與土壤肥沃的神祇巴力—哈巴德(Baal-Habad)的類似故事。這個神祇常常在《聖經》裏毫無恭維地被提到。巴力神與掌管海河的神亞姆—納赫(Yam-Nahar)間的戰爭，在紀元前十四世紀的碑文上有記載。巴力與亞姆都和迦南人的至高之神(High God)伊勒(El)住在一起。在伊勒的會議上，亞姆要求把巴力遞交給他。因為得到兩件神奇武器之助，巴力打敗了亞姆；當他正要殺掉亞姆時，阿希拉(Asherah,伊勒之妻，眾神之母)為亞姆提出辯護說，斬殺一名囚犯是不名譽的事。巴力因此感到羞愧而放過亞姆。亞姆代表的是海洋與河流常以洪水威脅土地的不友善一面，而暴風神巴力則使得土地肥沃。在同一神話的另一版本中，巴力斬殺了七頭龍——羅騰(Lotan)，在希伯來語中稱作巨靈(Leviathan)。幾乎在所有的文化中，龍所象徵的都是潛伏、未成形和未分化的力量。巴力因此以極具創造力的行動，阻止了世界退化回到最初無形的混沌狀態，眾神並建造了一座奉祀他的美麗宮殿以為報償。

因此在最早期的宗教中，創造乃是神聖的。我們仍然使用宗教的語言來描述具創意的「靈感」，因為它重新塑造真實而且帶給世界嶄新的意義。

倒轉的過程

但是巴力卻經歷了一個倒轉的過程：他死去並且下降到死神或貧瘠之神莫特(Mot)的世界。當天空之神伊勒聽到他兒子的遭遇時，便從寶座上走下來，悲哀地穿上粗麻布，並且深深長長地在自己臉頰上切砍，但他卻無法救贖他的兒子。巴力的妹妹兼愛人愛娜特女神離開神的世界，去尋找她的孿生胞兄，「想念他就像母牛想小牛，或母羊念小羊一樣」。當她找到他的屍體，她為巴力舉行了一個葬禮，捉住莫特，用劍劈殺他。而且依照把玉米播種到土地前的處理過程，分解他、燃燒他並磨碎他。類似的故事也在描述其他偉大的女神如伊娜娜、伊施他爾和伊西絲的事蹟中出現，她們都曾尋找死去的神，而且把新生命注入土壤中。愛娜特女神的勝利，則必須在年復一年的祭祀慶祝中不斷重現。後來巴力又恢復生命，而且重回愛娜特的懷抱（我們不敢確定這點，因為我們的資料來源不完整）。

這種以兩性結合象徵全體與和諧的神性崇拜，古代的迦南人是以儀式中進行性交的方式來慶祝。透過以儀式仿傚神祇的方式，男人與女人共同承擔對抗絕種的責任，並確保世界的生機與繁榮。某個神祇死亡，女神出尋死去的神祇，然後勝利地返回神的世界，是許多文化中經常出現的宗教主題；這些主題也會在迥然不同的三大一神教中再度出現。

根據《聖經》的說法，這個一神教開始於亞伯拉罕，他大約在紀元前十二到十九世紀間離開吾珥，最後在迦南地定居下來。我們沒有亞伯拉罕同時代的資料，不過學者認為他可能是紀元前三個千年末，從美索不達米亞平原前往地中海沿岸一帶流浪的人的領袖之一。依據美索不達米亞和埃及一帶的資料，這些游民中的某些人被稱作阿必魯人(Abiru)、哈皮魯人(Apiru)或哈必魯人(Habiru)。他們說的是西部的閃族語，希伯來語便是其中的一種。他們不像在現今敘利亞一帶的貝都因人(Bedouin)，是依季節變化、驅趕牲口，逐水草而居的正規游牧民族；他們很難歸類劃分，也因此常與保守的政權起衝突。他們在文化上的地位通常要優於沙漠民族。他們中的某些人是外籍傭兵，有的則變成政府雇員、有的是商人、僕人或工匠。某些人致富後便會設法取得土地，並定居下來。

在《舊約》創世紀關於亞伯拉罕的故事中，他是所多瑪(Sodom)王的傭兵，並且常和迦南地的政權及其周邊地區起衝突。最後當他的妻子撒拉(Sarah)死亡後，亞伯拉罕便在今日以色列西岸的希伯崙(Hebron)買了塊土地。

從《舊約》創世紀對亞伯拉罕及其子孫的描述中可以看出，在現今以色列的迦南地有三波主要的早期希伯來移民墾居潮。其中一波是與亞伯拉罕和希伯崙有關，大約發生在紀元前一八五〇年。第二波移民潮則與亞伯拉罕的孫子雅各有關，他後來被重新命名為以色列；他定居在示劍城(Shechem)，是現今以色列西岸阿拉伯的那布魯斯城(Nablus)。《聖經》告訴我們，雅各的兒子們分別成為以色列十二個部落的祖先，在迦南地經歷一段嚴重的飢荒以後，遷移到埃及。第三波的希伯來移民潮發生在自稱亞伯拉罕後裔的部落從埃及來到迦南地的紀元前一千二百年。他們自稱曾被埃及奴役，而後被他們領袖摩西稱作耶和華的神祇所解放。在他們被迫進入迦南地之後，他們便與當地的希伯來人和平共處，而成為後人所知的以色列人。《聖經》裏很清楚地指出，我們所知道的古代以色列人，乃是由眾多種族團體在對摩西的神耶和華效忠的原則下組合而成。不過我們要知道《聖經》的故事乃是在數世紀後的紀元前八世紀左右才記載下來的，當然這些記載都是依據以前的口傳故事而作的。

最早的《聖經》作者

在十九世紀期間，有些德國的《聖經》學者發展出一種批判的研究方法，把《舊約聖經》的前五部書——創世紀、出埃及記、利未記、民數記及申命記——所依據的四種不同資料來源加以分辨出來。這些章節乃是後來在紀元前五世紀左右，才校對編輯成為我們所知的《摩西五書》(Pentateuch)。這種批判方式的研究可說十分嚴厲，不過到目前為止尚未有更令人滿意的理論可以解釋，為什麼《聖經》中的主要事件如創世紀與大洪水，會有兩種完全不同的說法，而為什麼有時候《聖經》的解釋會自我矛盾。

我們可以在創世紀與出埃及記中發現兩位最早的《聖經》作者，他們的寫作時間大約是在紀元前八世紀左右，不過有人認為時間更早於此。其中一位被稱作「耶」典，因為他稱他的神為「耶和華」（Yahweh）；另一位則被稱作「伊」典，因為他喜歡用較正式的聖名「伊羅興」（Elohim）。到了紀元前八世紀，以色列人已分裂成兩個不同的王國。「耶」典是在南方的猶大王國寫作，而「伊」典則來自於北方的以色列王國。我們會在第二章中討論《摩西五書》的另兩個資料來源「申」典（申命紀）和「祭」典（祭司）對以色列古代歷史的解說。

從下文中我們會知道，就許多方面而言，「耶」典與「伊」典的《聖經》解釋和他們中東一帶鄰族的宗教觀點一致，他們的解說中顯示，到紀元前八世紀時，以色列人已經開始發展出一套自己獨特的宗教觀。以「耶」典的解釋為例，它從描述創世紀開始其神的歷史，但與巴比倫人的創世紀史詩比較起來，就顯得十分的漫不經心：

> 「耶和華神造天地的時候，野地還沒有草木，
> 田間的菜蔬還沒有長起來，因為耶和華神還沒有降雨在地上，
> 也沒有人耕地。但有霧氣從地上升騰，滋潤遍地。
> 耶和華神用地上的塵土（*adāmah*）造人（*adām*），

將生氣吹在他鼻孔裏，他就成了有靈的活人。」

——創世紀2：5—7

這是個全新的開始。不像與他同時代在美索不達米亞平原與迦南地異教徒一樣強調史前的創世過程，「耶」典的解釋重點卻放在日常的歷史時間。以色列對創世過程開始感興趣，是在紀元前六世紀「祭」典的《聖經》，才寫出現在《聖經》第一章中的偉大內容來。「耶」典的《聖經》解釋對於耶和華是否是天地的唯一創造者這點交代不清。而引人注意的是，「耶」典已認識到神與人的差別。人並非像他的神是由同樣的神聖要素所組成的，雙關語的人(*adām*)所指示的，是屬於地(*adāmah*)的。

和鄰族異教徒不同的是，「耶」典《聖經》不認為與眾神神聖最初的時代相比，世俗的歷史有任何褻瀆、遜色或空洞之處。他在交代史前時代的事件時皆草草了事，直到他描述神話時期末包括洪水與巴別塔(the Tower of Babel)等故事，和以色列人民歷史時，才開始著墨較多。這突然開始於《舊約》第十二章，當後來被改名為亞伯拉罕（眾民之父）的亞伯蘭(Abram)，被耶和華命令離開他在哈蘭（Haran，今土耳其東部）的家，遷往靠近地中海的迦南地。據說他教徒的父親他拉(Terah)，已經將家族從吾珥往西遷移。如今耶和華告訴亞伯拉罕，他將有個特別的命運：他將成為一個強國之父，他的子民將比天上的繁星還多，而且有一天他的子孫將會擁有迦南地。「耶」典對亞伯拉罕受召的解說，奠下來這個神未來歷史的基調。在古代中東地區，神聖的神靈是在儀式與神話中經驗。馬杜克、巴力與愛娜特等神祇，被認為不應涉入他們子民的日常世俗生活中，因為他們的行動已經在神聖的時候表現過了。

然而以色列的神，卻在實際世界發生的事件中，展現他的力量。他是此時此地的無上命令者。他第一次展現自己時，便下了一道命令：亞伯拉罕要離開他的人民，並遷移到迦南地去。

誰是耶和華

然而，誰是耶和華？亞伯拉罕崇拜的神和摩西一樣嗎？或者他只是名字不同的同一個神呢？對於今日的我們而言，這是個極重要的問題，但有意思的是，《聖經》在這個主題上似乎刻意模糊，而且兩個答案相互矛盾衝突。「耶」典的《聖經》說，人類自亞當的孫子開始便崇拜耶和華，但在紀元前第六世紀「祭」典的《聖經》卻認為，以色列人從來沒有聽過耶和華，直到他在「烈焰下的荊棘叢」(the Burning Bush)中出現於摩西面前為止。「祭」典的《聖經》讓耶和華自己解釋說，他確實和亞伯拉罕的神是同一個，可見這是個頗具爭議性的問題。他告訴摩西，亞伯拉罕稱他為伊勒沙代(El Shaddai)，而不知道他的聖名叫做耶和華。這個說法上的差異似乎並沒有讓《聖經》的作者與編者感到不安。「耶」典《聖經》

從頭到尾稱他的神為耶和華；當他寫作《聖經》之時，耶和華「已是」以色列的神，這對他而言是最重要的一件事。以色列人的宗教態度是十分務實的，他們不大像我們那樣擔心有關對玄想細節的臆測。但我們不應該遽而假定亞伯拉罕或摩西和我們相信的是同一個神。

我們因為對《聖經》故事及後來的以色列歷史十分熟悉，所以我們很容易把我們對後來猶太系統宗教的知識，投射回到早期的歷史人物身上。因此，我們往往會假定以色列的三個祖先人物——亞伯拉罕，他的兒子以撒(Isaac)和他的孫子雅各(Jacob)——都是一神教者，亦即他們都只相信一個神。這似乎與事實真相不符。事實上，把這些早期希伯來人看成是與他們迦南地鄰族類似的異教徒，恐怕更為正確。他們極可能相信馬杜克、巴力及愛娜特等神祇的存在。他們所崇拜的神祇可能不盡相同；亞伯拉罕的神，以撒的「敬畏者」(Fear)或「同族者」(Kinsman)，以及雅各的「大能者」(Mighty One)，可能是三個不同的神祇。

我們可以更進一步說，亞伯拉罕的神極可能是迦南地的蒼天之神伊勒。該神祇以他傳統名銜之一的「山之伊勒」自我介紹給亞伯拉罕。在其他地方他被稱為「至高神伊勒」(El Elyon)或「伯特利的伊勒」(El of Bethel)。迦南地蒼天之神的名字是以希伯來文的以色拉—伊勒(Isra-El，即以色列)或以希瑪—伊勒(Ishma-El)流傳下來。他們體驗他的方式與中東一帶的異教徒並無太大不同。我們可在下文中了解到，幾世紀後的以色列人會覺得耶和華的神靈是個令人恐怖的經驗。例如在西奈山上，他在令人敬畏、震撼的火山爆發中出現在摩西面前，而以色列人必須和他保持距離。

比較說來，亞伯拉罕的神伊勒則是個十分溫和的神祇。他以朋友的姿態出現在亞伯拉罕之前，有時甚至以人形出現。這種稱作神靈顯現(epiphany)的現象，在古代異教徒世界中是十分普通的事。儘管原則上神不應對人世直接干預，但在神話時代某些特殊的人物則可面對面與他們的神接觸。在史詩《伊里亞德》(*Iliad*)中俯拾即是這種神靈顯現的例子。神與女神分別出現在希臘人與特洛伊人(Trojans)的夢中，因為夢裏人與神世界的界線不是那樣明顯。在《伊里亞德》史詩尾端，特洛伊人的最後一位國王普萊姆(Priam)被一位丰采出眾的年輕人引導到希臘人的船上，後來他才知道這位年輕人就是赫密士神(Hermes，希臘神祇，司學藝、商業與辯論)。當希臘人回顧他們英雄的黃金歲月時發現，他們一直與眾神緊密的連繫著，在他們看來，神與人的本性畢竟是相同的。這些神靈顯現的故事所表達的乃是異教徒對宇宙人生的整體觀。也就是說，當神性與自然和人的本性沒有本質上的差異時，它不需大張旗鼓的儀式，便可以被人經驗到。

世界各處都有神，人可以毫無預期的在任何時候、任何角落，或在路過的陌生人身上經驗到眾神的存在。一般人似乎相信這種在生活中與神接觸的事是可能的。這或許可以解釋使徒行傳(the Acts of the Apostles)中，為何聖徒保羅和他的弟子巴拿巴(Barnabas)，會奇怪的被住在今日土耳其一帶的路司得族人(Lystra)誤認為宙斯神和赫密士神。

同樣的情況發生在以色列人身上，當他們回顧歷史上的黃金歲月時，便認為亞伯拉罕、以撒和雅各所信仰的乃是他們所熟悉的神。伊勒神就像是部落酋長或頭目一樣的給他們友善的建議；他引導他們在沙漠中游牧，告訴他們和誰結婚，而且在夢中和他們交談。他們偶爾可以以人形看到他，但這個觀念卻為後來的以色列人所禁止。在創世紀第十八章中，「耶」典《聖經》告訴我們，神在接近希伯崙的幔利(Mamre)一地的橡樹旁，出現在亞伯拉罕面前。當時正是一天中最熱的時候，亞伯拉罕舉目看見三個人正朝著他的帳棚走來。他以典型的中東待客之道堅持要他們坐下休息，自己則忙著準備食物給他們。在交談的過程中，其中一人是由他的神（也就是「耶」典所稱的「耶和華」）化身的祕密，便很自然的流露出來為亞伯拉罕所知。另兩個人則是天使的化身。並沒有人特別對這個神靈現露的事感到驚訝。

在「耶」典《聖經》寫作的紀元前八世紀，沒有以色列人會以這種方式「看見」神，大多數的人都會覺得這是令人震驚的觀念。與「耶」典《聖經》同期創作的「伊」典《聖經》則認為這則老故事中有關祖先亞伯拉罕和神間的親密關係不恰當。當「伊」典《聖經》敘述亞伯拉罕或雅各與神之間的關係時，他便與這則故事保持距離，設法讓這些老傳說不要那麼擬人化。因此他會說神透過天使和亞伯拉罕溝通。「耶」典作者不同意「伊」神作者過於拘謹的看法，而在他的敘述中保留了這些帶有古代風味的神靈顯現故事。

雅各也經驗到許多次神靈顯現的事件。有一次他決定返回哈蘭，從眾多親戚中擇偶成婚。在他第一段的旅程裏，某天他以一塊石頭為枕，睡在靠近猶大河谷的路斯(*Luz*)。當夜他夢見天地間伸展出一座天梯來，天使們便由此穿梭來往於人間與神界。這使我們聯想到馬杜克神寶塔式神廟的頂端，懸浮於人間與天國之間，人類可藉此見到他的神。雅各夢到在天梯的頂端見到伊勒神，他祝福雅各並重複他對亞伯拉罕的承諾：雅各的子孫會成為一個強國並擁有迦南地。下文中我們會了解，他同時作了一個令雅各印象深刻的承諾。異教徒的宗教通常都是有地域性的：某個神祇只有在特定的區域才有管轄權，而且當你前往其他國度時，最好能崇拜當地的神祇。但是伊勒答應雅各，他會在雅各離開迦南地，到陌生地域流浪時，繼續保護他：「我與你同在；不論你往哪裏去，我必保佑你的平安。」這個早期神靈顯現的故事顯示，迦南地的蒼天之神開始帶有一種比較普遍的意義。

當他醒過來，雅各了解到他在無意中已經於夜裏去過人與神可以對話的聖地：「真正的耶和華就在這裏，而我卻從不知道！」是「耶」典的作者讓他說出這樣的話來。他心裏充滿了異教徒遇到聖靈神聖力量時的驚奇：「這個地方是多麼令人敬畏啊！這就是神之家(*beth El*)，這就是天國之門。」他本能地以他時代與文化的宗教語言表達他的體驗：巴比倫，眾神的居所，就是「眾神之門」（*Bab-ili*）。雅各決定以當地傳統異教徒的方式，使此一聖地神聖化。他把曾用來當枕頭的石頭直立起來，並用油澆灑來淨化它。因此該地便不再稱為路斯，而稱為伯特利(Beth El)，亦即伊勒的居所。豎立的石頭乃是迦南地土地崇拜的共同特徵，我們可從下文知道，此一崇拜在伯特利一直興盛到紀元前八世紀。雖然後來的以色列人猛烈譴責這種宗教，但是伯特利(Beth-El，貝詩—伊勒）的異教徒神殿卻在早期的傳說中與雅各和他的神密切相關。

實用主義的態度

在雅各離開伯特利之前，他已決定將他在那兒遇到的神，變成他的伊羅興(*elohim*)：這是一個特殊用語，代表神可以對人有意義的任何事物。雅各決定假如伊勒（或耶和華，「耶」典《聖經》中的稱呼）真的可以在哈蘭照顧他，那麼他便是有效力的。他提出一項交易：為了回饋伊勒特別的保護，雅各將接受他成為他的伊羅興——唯一的神。以色列人對神的信仰是非常務實的。亞伯拉罕與雅各都相信伊勒，因為他提供他們益處；他們並不是坐下來沈思，以證明他的存在；因此伊勒不是個哲學的抽象概念。在古代世界，神靈乃是生活裏不證自明的事實，而只要某個神祇能夠有效的傳遞這樣的訊息，他就證明了自己的價值。這種實用主義的態度在神的歷史中一直是個重要的因素。人們會不斷採用某個神性的概念，因為它對他們有幫助，而不是因為它得到科學證據或哲學論證的支持。

多年後雅各與他的妻子和家人從哈蘭回來。當他重新進入迦南地時，他經驗到另一次奇異的神靈顯現事件。在西岸的雅博淺灘（the ford of Jabbok），他遇到一個整夜與他糾纏的陌生人。就像大多數的神靈一樣，到了天亮前他說，我必須離去，但雅各捉住他不放，堅持他一定要告訴他姓名，否則就不讓他走。在古代的世界裏，知道某人的姓名表示你在某方面可以控制對方，而這個陌生人似乎不大願意透露這項訊息。後來雅各開始覺察到，這個奇怪遇到的對手根本就是伊勒自己：

「雅各於是請求說：『我求你，告訴我你的名字。』但是他回答說：『為什麼問我的名字？』然後他便祝福雅各。雅各提到毘努—伊勒（Peni-El，是伊勒之臉的意思）的地名，並說：『因為我曾在那兒親身見過伊勒，而且因此獲救活了下來。』」

——創世紀32：30—31

這次神靈顯現比較接近史詩《伊里亞德》中類似事件的特質，而與後期猶太一神教的神靈顯現大異其趣，因為這種與神性的密切接觸在當時乃是個褻瀆的概念。

神是部落神祇？

儘管這些早期的故事顯示，猶太教的先祖們接觸他們神祇的方式，與他們同時代的異教徒大致相同，但他們確實也引介了某種新的宗教經驗。《聖經》從頭到尾都稱亞伯拉罕為「信」者。今天我們傾向把信仰定義為在理性上對教義的贊同，但誠如我們所見，《聖經》作者並不認為對神的信仰是抽象的或形而上的信念。當他們讚賞亞伯拉罕的「信德」時，他們並不是稱揚他的正統性（意指接受一套對神的正確神學見解）而是他對神的信任感，而是像我們說對某個人或某個理想有信心一樣。在《聖經》中，亞伯拉罕是有信仰的人，因為他相信神會實踐他的諾言，雖然這些諾言似乎很荒誕。在亞伯拉罕妻子撒拉不孕的情況下，他怎麼可能成為偉大民族的創始人呢？撒拉可以懷孕生子這個概念確實荒誕不經，因為她已停經，所以當他們聽到神這個承諾時，都失聲而笑。在他們的兒子終於奇蹟式的誕生後，他們便將他命名為以撒，意思是「可笑的人」。然而當神做出可怕的要求，命令亞伯拉罕把他唯一的兒子獻祭給他時，原本的笑劇卻變得酸楚起來。

以人獻祭神祇在異教徒世界是很平常的儀式。頭一胎所生的孩子，通常被認為是神透過所謂神的律法（*droit de seigneur*）的行為，而使母親受孕的結晶。在懷胎的過程中，神的能量因此而虛耗。為了補充能量和確保既有神靈的循環不竭，第一個孩子得回歸它的神靈父母。然而以撒的例子十分不同。以撒是神所賜的禮物，並不是他自然所生之子。因此沒有理由需要拿來被獻祭，也沒有需要補充能量。事實上，祭子之舉對被允諾將成為一國之父的亞伯拉罕而言，是十分荒謬的。這個神祇在人們的認知中，開始展現他與古代世界中其他大多數神祇的不同之處。他不必承擔人們的困境；他不需要從人身上得到能量。他身處不同的世界而且可以要求任何他想要的事物。亞伯拉罕決定相信他的神祇。他和以撒出發前往需三天旅程才能到達的摩利亞山(the Mount of Moriah)，後來這裏成為耶路撒冷的神殿所在。以撒在完全不知情的情況下，甚至必須攜帶燔祭自己的燃木。直到最後一刻，當亞伯拉罕真地把刀拿在手上時，神才憐憫地對他說這只是對他的試驗而已。亞伯拉罕已證明他值得成為強國之父，他的子孫將如天上繁星和海邊的沙粒一樣眾多。

但是對現代的聽眾而言，這是個恐怖的故事：它把神描繪成一個專制而善變無常的虐待狂，所以許多現代人在孩童時期聽到這個故事便很自然拒絕接受這個神祇。神帶領摩西及以色列子孫爭取自由，而逃離埃及的出埃及記神話，同樣也讓現代人無法接受。這個故事是大眾耳熟能詳的。埃及法老王不願意讓以色列人走，所以為了迫使他就範，神降災十次以懲罰埃及人。尼羅河變成血水；蝗蟲與青蛙到處蹂躪成災；整個埃及驟然陷入一片伸手不見五指的黑暗中。最後神施懲以最嚴重的瘟疫：他派遣死亡天使去殺死所有埃及人的長子，卻放過希伯來奴隸的孩子。於是法老王決定放以色列人離開埃及，但是後來他又改變心意，派遣軍隊尾隨追逐他們。他在現今紅海處追上他們，但是神打開紅海並讓以色列人通過，他們連鞋子也沒沾濕就獲救了。當埃及人沿著以色列人的足跡而行時，神卻關閉了海水，淹死了法老王和他的軍隊。

這是個殘暴、偏狹而嗜殺的神祇：他是戰神，被稱作萬軍之主的耶和華。他是極端偏狹的，只對自己所喜愛的人有感情，不過是個部落神祇罷了。假如耶和華一直都是這樣殘酷的神祇，他愈早消滅對大家愈好。我們今日所讀《聖經》中出埃及記最後一章的神話故事情節，很明顯並不是要強調這確實是歷史上發生的事。但是對古代中東地區不覺得神將大海一分為二有何奇怪的人而言，這個故事確實傳達了明確的訊息。但不同於馬杜克與巴力的是，耶和華被說成確實在塵世的歷史中分開了物理意義的海。他們並不是想要以實證的態度來說明。當以色列人重述出埃及記的歷史時，他們並不像今日的我們那樣重視歷史的真實性。相反的，他們乃要將原始事件的意義闡揚出來，不論其意義究竟為何。某些現代學者認為，出埃及記的故事乃是迦南地農民成功推翻埃及領主及其在迦南地的聯合勢力的神話解釋。這在當時一定是非常稀有的事件，對親身參與的人而言，一定也留下難以磨滅的印象。它是受壓迫者對抗強權的非凡經驗。

在下文中我們會知道，儘管出埃及記這個神話故事在三大一神宗教中都很重要，但是耶和華並未一直以殘忍、兇暴之神的姿態出現。以色列人後來竟不知不覺地把他轉型成一種超越、慈悲的象徵，聽來也許令人吃驚，但事實卻是如此。只是出埃及記的血腥故事會不斷的賦予某些危險的神性觀念和復仇神學靈感的來源。

下文我們將會談到，在紀元前七世紀時，「申」典《聖經》作者使用舊神話來闡明可怕的神的選民神學；此一神學觀念曾在不同時期的三大信仰歷史中扮演致命的角色。就像任何人類的觀念一樣，神這個概念也會被利用或濫用。神的選民與神聖選擇的迷思，從「申」典《聖經》作者的時代，直到不幸成為今日流行的猶太教、基督教和伊斯蘭教基教派，往往成為狹隘的部落神學的靈感來源。然而「申」典《聖經》同時也保留下來一神教歷史中，與出埃及記同樣重要，而更發揮正面功能的另一種詮釋；它所述及的乃是站在弱勢及受壓迫者立場的神。在申命記第二十六章，我們可以看到可能在「耶」典及「伊」典《聖經》故事前，便早已寫下的出埃及記解釋。以色列人被訓令獻出第一批收成成果給耶和華的祭司，並作了如下肯定的陳述：

「我的先祖原是個流浪的亞蘭人(Aramaean)，一路流亡到埃及寄居。他們原本人口稀少，但在那裏卻成了又大又強，人數很多的國族。埃及人虐待我們，不讓我們平和的過活，並將奴隸般的苦工加在我們身上。於是我們哀求我們列祖的耶和華。耶和華聽見我們的聲音、看見我們所受的困苦、勞碌與壓迫。於是他就用強力的手和伸出的臂膀，以可怖的事、神蹟及奇事，帶領我們出了埃及。他將我們帶到這裏（迦南地）並把這盛產牛奶與蜂蜜的土地賜給我們。現在我將耶和華賜給我們土地上初熟的農產獻出。」

——申命記26：5—10

歷史上激起第一次成功農民運動的神，乃是革命的神。在三大宗教信仰中，他乃是社會正義觀念的靈感泉源，但必須附帶說明的是，猶太教徒、基督教徒和伊斯蘭教徒往往沒能在生活上實現這個理想，而把他變成一個保持現狀的神。

以色列人稱耶和華為「我們列祖的神」，但他可能是完全不同於他們先祖崇拜的迦南地至高之神伊勒的神祇。在他成為以色列人的神之前，他可能是其他民族的神祇。在他早期出現在摩西面前時，耶和華不斷重複而且不厭其煩的強調，雖然他原本被稱作「山之伊勒」，但他確實是亞伯拉罕的神。耶和華的此一堅持或許可以對有關摩西的神是誰的早期辯論，提供某種程度的反響。據說耶和華原是個戰神，火山之神，是現今約旦之地的米甸(Midian)所崇拜的神祇。我們永遠無法知道以色列人從何處發現耶和華，假如他真的是個全新神祇的話。這對今日的我們而言，是個很重要的問題，但它對《聖經》的作者而言，卻不是關鍵。在異教徒的古代歷史中，眾神往往會相互混合，或者某一地區的神被另一族人認同為該族的守護神。我們唯一能確定的是，不論他的出處為何，出埃及記使得耶和華確定成為以色列的神，而且摩西也使以色列人相信，耶和華就是為亞伯拉罕、以撒和雅各所敬愛的神伊勒。

我就是我

所謂的「米甸理論」(Midianite Theory)——意指耶和華原是米甸人的神祇——今天已不大為一般人所相信，不過摩西確實是在米甸頭一次經驗到耶和華的。據記載，摩西是因殺害某個惡意對待以色列奴工的埃及人，而被迫逃離埃及。他避難到米甸並在那裏結婚。有天當他照料看管他岳父的羊群時，看到了一個奇怪的景象：荊棘叢起火燃燒卻未被燒毀。當摩西趨前查看究竟時，耶和華便呼叫他的名字，摩西便回答說：「我在這裏！」(*hineni!*)這是每個以色列的先知在遇到要求他們完全注意與忠誠的神時的一貫反應：

「不要再靠近了！」(神)說：「把你的鞋子脫下來，因為你所踩的乃是聖地。我是汝父的神，」他說：「是亞伯拉罕的神、以撒的神和雅各的神。」摩西蒙上臉，因為怕看到神。

——出埃及記3：5—6

儘管此處耶和華說他確實是亞伯拉罕的神，但他很明顯的與像朋友般坐下來和亞伯拉罕共餐的神是截然不同的。他讓人覺得恐怖，而且堅持與人保持距離。當摩西問他的名字和信物時，耶和華卻以一則雙關語回覆。在下文中我們會了解，這則雙關語對後來幾百年一神教徒的修行影響深遠。不願直接說出自己名字的耶和華回答說：「我就是我！」(*I Am Who I Am, Ehyeh asher ehyeh*)這是什麼意思呢？他絕不是像歷來的哲學家所說的，認為自己是個獨立自存的存有(self-subsistent Being)。希伯來人當時並沒有這種形而上的概念，此一概念的形成需要近二千年的時間。此處神似乎意指某種更直接的意思。

我就是我(*Ehyeh asher ehyeh*)這句話，乃是希伯來人刻意用來表達某種模稜兩可、不知所以狀態的習慣用語。《聖經》中的用語如「他們去了他們去的地方」意思是說，「我完全不知道他們去了哪裏。」所以當摩西問他是誰時，神回答的真正意思是：「不用管我是誰！」或是「管你自己的事吧！」此處並未有涉及神之本質的討論，而且絕對無意像異教徒以重複神名的方式來操縱他。耶和華是不受條件限制者：我將成為我將成為的。他會百分之一百成為他所選擇的，而且不會提出任何保證。他只是承諾會參與他子民的歷史。出埃及記的神話故事在後期的歷史中，將被證明有決定性的影響力，因為它能激起對未來的希望，即使在不可能的情況之下也是如此。

西奈山的故事

然而這種對神的威神之力的新體認，卻要付出一定的代價。古代的蒼天之神給人的感覺，一向是遠離世俗的；較後期的神祇如巴力、馬杜克和母性女神們(Mother Goddesses)則較接近人類，不過耶和華卻再一次開啟了人與神性世界的鴻溝。這點在西奈山的故事中具體而清楚地呈現出來。當他們到達西奈山，以色列人被要求洗淨他們的衣裳，並與該山保持距離。摩西必須警告以色列人：「要謹慎小心，不可觸碰山的邊界，凡觸碰山的邊界者，必被處死。」人們退避山外站立，而耶和華則在火焰與雲氣中降臨西奈山：

「到了第三天早上，山上有雷聲、閃電、密佈的雲和巨大的號角聲，營地中的百姓都因而顫抖。於是摩西率領族人出營迎接神，站在山腳處。整個西奈山完全籠罩在霧氣中，因為耶和華是在火中降臨。山上的煙霧往上飛騰，如同燒窰一般，整座山都在劇烈的搖動著。」

——出埃及記19：16—18

摩西獨自前往山頂接受神頒佈的十誡版。和傳統異教徒對神性看法不同的是，摩西並未親身經驗到萬物本質中秩序、和諧與正義的原理，這次「律法」是由上而下頒授下來。歷史中的神可以促使人們對他運作的塵世，投以較大的關注，但與塵世疏離的可能性也是同時存在的。

在紀元前第五世紀編輯成書的出埃及記最後版本中，提及神與摩西在西奈山訂立了一個盟約（這件事應該是發生在紀元前一千二百年左右）。學術研究對於這點一直存在著爭議：某些批評者認為，盟約一直到紀元前第七世紀才在以色列中變得重要。但不論確切的時期為何，盟約的觀念可以讓我們知道，彼時以色列人還不是一神教徒，因為這個觀念只有在多神的背景下才有意義。以色列人並不認為西奈山之神耶和華是「唯一」的神祇，他們只是在盟約中承諾，不理會其他的神祇而只崇拜他一個。在整個《摩西五書》中，很難找到有關一神信仰的一字一句。即使從西奈山傳下來的十誡，也把其他神祇的存在視為理所當然：「除了我以外，你不可有其他的神。」崇拜單一神祇幾乎是史無前例的一步。埃及法老王亞肯亞頓(Akhenaton)曾經只崇拜太陽神而忽略埃及其他傳統的神祇，但這政策立刻被他的繼任者改變。忽視神靈的一個可能來源似乎是件蠻勇的行為，後來的以色列歷史說明，他們極不願放棄對其他神祇的崇拜。耶和華證明他在戰爭方面的專長，但他卻不是滋養大地之神。當他們在迦南地定居下來，以色列人本能地轉向崇拜迦南地的主神巴力，他從無始以來便使穀物得以滋長。先知們要求以色列人遵守盟約，但大多數人繼續以傳統方式崇拜巴力，阿希拉和愛娜特等神祇。

事實上，《聖經》也告訴我們，當摩西在西奈山上時，其他的族人卻轉而重回傳統迦南地的異教懷抱。他們製作了一隻代表伊勒傳統芻像的金牛，而且在他面前舉行古代的禮儀。把這個崇拜地方神祇的活動與西奈山敬畏接受神諭的事件作一鮮明對比，可能是《摩西五書》最後版本編者，試圖要藉此指出以色列當地分裂的痛苦。類似摩西等先知傳授耶和華的崇高宗教，但大多數人要的是較古老的禮儀，其中蘊含了把神祇、自然與人類視為一體的整體觀念。

但是以色列人在出埃及後，「已」答應接受耶和華為他們唯一的神，而先知則在往後不斷提醒他們這項盟約。他們已承諾將耶和華當成他們的伊羅興單獨崇拜，而他則反過來承諾他們是他的特殊子民，並且能夠享受他對他們獨特而有效的保護。耶和華曾警告假如他們違背誓約，他將毫不留情地摧毀他們。以色列人畢竟已進入盟約的約束中。我們在約書亞書(the Book of Joshua)中發現，可能是早期慶賀以色列與它的神訂立盟約的貢獻。在中東政治裏，盟約常被用來結合兩個黨派的正式條例。它遵循既定的形式。盟約的文獻會先介紹最強一方的領袖，然後會追溯雙方關係的歷史直到訂約之時。最後，則陳述盟約的期限條文、條件以及不遵守盟約所累積的處罰。

整個盟約觀念中最基本的要素就是必須要絕對忠誠。紀元前十四世紀赫特族(the

Hittite)國王墨西里斯二世(Mursilis II)與他的諸侯杜匹・塔薛(Duppi Tashed)間的盟約中，國王要求「不得投向他人。你的先祖們進貢到埃及；你不能如此……我的朋友就是你的朋友，我的敵人就是你的敵人。」《聖經》告訴我們當以色列人到達迦南地，和他們的親族住在一起時，所有亞伯拉罕的子孫都與耶和華訂立了盟約。慶典儀式是由摩西的繼承人約書亞主持，他代表耶和華。盟約所遵循的是傳統的模式。首先介紹耶和華；他與亞伯拉罕、以撒和雅各接觸的情形也被重新提到；然後便說到出埃及記的故事。最後約書亞規範訂定盟約中的條文，並要求群聚一堂的以色列人正式的同意：

> 「現在你們要敬畏耶和華，誠心實意的侍奉他，將你們列祖在大河（約旦河）那邊和在埃及所侍奉的神除掉，去侍奉耶和華。但你們若不願侍奉耶和華，今天就可選擇你要侍奉的神，不論是你們列祖在大河那邊所侍奉的神，或是你們現在所居住的亞摩利人(Amorites)的神。」
>
> ——約書亞記24：14—15

於是以色列人在耶和華與迦南地其他傳統的神祇間作了抉擇。他們毫不猶豫。其他的神祇無法和耶和華相比；從來沒有一個神祇像耶和華一樣，那麼有效地保護他的崇拜者。他強而有力的介入他們的生活，已毫無疑問的證明耶和華擔負了作為他們的「伊羅興」（唯一的神）的職責，因此他們會單獨崇拜他而除去其他的神祇。約書亞警告他們，耶和華極端地嫉妒。假如他們不履行盟約的條文，他會摧毀他們。然而他們仍然堅定的選擇耶和華作為他們的「伊羅興」。「現在你們要除掉你們當中外邦的神！」約書亞高喊：「誠心歸向以色列之神——耶和華！」

耶和華崇拜

我們在《聖經》中可以看出，以色列人並未忠誠履行盟約。他們在戰爭時代便記起它，因為那時他們需要耶和華戰爭的本事來保護，但在承平時期他們便以原來的方式崇拜巴力、愛娜特和阿希拉。雖然耶和華崇拜就其歷史上的偏見而言，有本質性的不同，但它常常以舊有異教徒的名詞來表達它的概念。當所羅門王在他父親大衛王從耶布斯人奪來的耶路撒冷城，為耶和華建造一座神殿時，其結構和迦南地眾神廟十分相似。它由三個正方形區域所組成，最高處是所謂神靈之地的一個小圓錐形房間，裏面裝有約櫃（the Ark of the Covenant，即摩西十誡石版），以及以色列人在荒原流浪時期伴隨他們的移動式祭壇。神殿內部是代表迦南地神話中太初時期的芋海（Yam，即今紅海）的巨大黃銅水盆，和代表滋養大地之神阿希拉崇拜的二座四十呎長、不需外物支撐的石柱。以色列人繼續在古代的神殿中崇拜耶和華。這是他們從迦南人在伯特利、示羅(Shiloh)、希伯崙(Hebron)、伯利恆、但恩(Dan)等地經常舉行異教徒慶典的神殿中繼承而來。這個神殿很快便成為一個特別的地方，然而我們將在下文中知道，那裏仍然有極不正統（非屬一神信仰）的活動。

以色列人開始把該神殿看成是耶和華的天國在塵世的複製品。秋季他們有自己一套「新年節慶」，先是贖罪日的祭羊儀式，接下來是在五天後慶祝一年農作物收成開始的住棚節(the Feast of Tabernacles)。有一種流傳的說法是，《聖經》裏某些詩篇(psalms)乃是在耶和華神廟的神堂祭上，慶祝他登基而寫的，這就好像馬杜克神的登基典禮在重新肯定他在太初時降服混沌的功績一般。所羅門王本身便是個不同信仰的融合者，他有許多異教徒妃嬪，分別崇拜她們自己的神，而且他也與其他信仰異教的鄰族和平共存。

耶和華崇拜最終會被流行的異教信仰吞沒的危險，是一直存在的。這在紀元前第九世紀後半期，變得特別明顯。在紀元前八六九年亞哈王(King Ahab)繼承了以色列的北方王國。他的妻子耶洗別(Jezebel)，也就是現今黎巴嫩所在的推羅(Tyre)和西頓(Sidon)城國王之女，是個熱誠的異教徒，意圖把整個國家轉變為信仰巴力與阿希拉宗教。她引進巴力神教的神職人員，該教在曾被大衛王佔據而不甚熱衷耶和華崇拜的北方人中，迅速的吸引一批信眾。亞哈王仍然忠於耶和華，但並不限制耶洗別的多神信仰。然而在他任期末，當一場嚴重的旱災襲擊當地時，一位叫做以利亞 (Eli-Jah，意思是「耶和華是我的神！」) 的先知，開始在該地區遊走，他身披毛茸茸的斗篷，腰繫皮帶，極力譴責對耶和華不忠的人。他把亞哈王和其子民召喚到加密山(Mount Carmel)上，觀看一場耶和華與巴力間的比試。

在那裏他當著巴力教四百五十位先知的面，暢言高論地對人民發表演說：他說你們還要在兩大神祇間猶豫多久呢？然後他要來兩隻公牛，一隻給他自己，一隻給巴力教的先知們，兩隻牛分別被擺放在祭壇上。他們分別求助自己的神，然後看誰的神能夠從天降下大火來燒毀祭品。「我們同意！」人們大聲回應。巴力神教的先知們一整個早上都呼喚著他的名字，在他們祭壇四周跳著蹣跚的舞步，並在狂叫中用劍和矛砍傷自己。但是「卻毫無音訊，毫無反應。」以利亞譏諷說：「再大聲一點叫吧！」他呼喊道：「他是個神：他一定是有事纏身，太忙，或者去旅遊了；他也許睡著了，但會醒過來的。」但卻毫無動靜：「沒有聲音、沒有反應，也無任何訊息。」

接下來便輪到以利亞了。當他在祭壇四周挖掘一個壕溝時，人們也都圍繞在旁；他將水灌滿壕溝，以使火更難點燃。然後以利亞便呼喚耶和華。頃刻間火便從天而降，燒毀了祭壇與公牛，火勢並且蔓延到整個壕溝中的水。人們於是跪伏在地：「耶和華是神」，他們高喊著，「耶和華是神。」以利亞不是一個寬容的勝利者。「捉住巴力神教的先知！」他命令說。沒有任何一個人得以倖免於難：他把他們帶到附近的山谷中，成群的加以屠殺。異教信仰通常不會要把自己的宗教強加在他人身上——耶洗別是個有趣的例外——因為在眾神廟中永遠有空間讓另一個神並排入祠。

這些早期的神話故事顯示出耶和華信仰從一開始便採取暴力鎮壓和否定他人信仰的手段，這個現象我們將在下一章中更詳細的檢視。在大屠殺後，以利亞登上加密山頂，把頭置於兩膝間坐著祈禱，並不時派遣僕人觀察天邊。後來僕人帶回消息說，海上浮起像人手的一小片雲，以利亞要他前去警告亞哈王趕快回家，否則將被雲雨阻擋。幾乎就在他講話的同時，天空便因暴風雨雲霧的遮蓋而漆黑，並降下傾盆大雨。在欣喜若狂下，以利亞捲起他的斗篷和亞哈王的馬車並肩而跑。藉著呼風喚雨，耶和華取代了暴風之神巴力的功能，並且證明他滋養大地的本事和戰爭一樣。

因懼怕對巴力神教先知的屠殺會引起反彈，以利亞逃到西奈半島，並到耶和華向摩西顯靈的山上避難。在那裏他經驗到新的耶和華顯靈。他被告知站在岩石的縫隙中，以便保護自己，不受神靈的衝擊：

「那時耶和華從那裏經過。在他面前強風大作，崩山碎石，耶和華卻不在風中。風後有地震，耶和華卻不在其中。地震後起火，耶和華也不在火中，火後有微小的聲音。以利亞聽見，就用外衣蒙上臉。」

——列王紀上19：11—13

與異教神祇不同的是，耶和華不在任何自然的力量中，而是在另一超越的領域中。他是在有聲沈默的矛盾中，以幾乎聽不到的微細聲音顯現自己。

以利亞的故事包含了猶太聖典中，對過去歷史所作的最後一個神話解釋。在整個文明世界(Oikumene)中，變遷是個普遍的現象。紀元前八百年到二百年，被稱作是軸心的時代(the Axial Age)。在這期間所有主要的文明地區，都創造出可傳之後世的重要新思想信仰。新的宗教信仰反映出變動的經濟與社會狀況。由於某些我們並不完全了解的原因，所有主要的文明都朝著大體平行的方向發展，即使在沒有商業接觸的時期也是如此(例如中國與歐洲的隔絕時期)。由於經濟的繁榮，商人階級隨之興起。權力從國王與教士，神廟與王宮，轉移到市場上。新興的財富促進了智識與文化的興盛，同時也啟迪了個人的良知。不平等與剝削的現象，隨著城市裏變遷速度的加劇而愈益明顯；人們也因此了解到，他們的行為可能影響到好幾世的後代。個別地區獨樹一幟的發展出面對這些問題與關懷的思想信仰，例如中國的道家與儒家，印度的印度教與佛教，以及歐洲的哲學理性主義(Philosphical rationalism)。雖然中東地區並未發展出一致的解決方案，但在伊朗與以色列，祆教徒與希伯來的先知們則分別演化出不同型態的一神教來。也許會讓人覺得奇怪，就像同時期其他偉大的宗教見解一樣，「一神」這個觀念竟是在市場經濟富侵略性的資本主義精神下發展出來的。

在下一章檢視改革後的耶和華神教之前，我將簡短的討論一下這些新發展中的兩支。印度的宗教體驗雖然也是沿著相似的路線發展，但因它強調的重點不同，適足以凸顯出以色列人一神觀念的特性和問題所在。柏拉圖與亞里斯多德的理性主義也很重要，因為儘管希臘的神與他們的神十分不同，三大一神教的教徒都在二者的理念上著墨，並且試圖將其融入他們各自的宗教體驗中。

印度的宗教體驗

紀元前十七世紀，來自現今伊朗一帶的雅利安人入侵印度河谷地區，並征服了當地的土著民族。他們把自己的宗教觀念強加在當地土著身上，這點我們可在《梨俱吠陀經》(*Rig-Veda*)讚誦文集的表達中窺見。書中可見許多與中東地區神祇同樣價值，並代表富有權力、生命與人格特質的大自然本能力量的記載。然而也有跡象顯示有人開始覺察到，眾神可能只是一位超越一切的絕對神靈的顯現。就像巴比倫人一樣，雅利安人也非常清楚，他們的神話並非對真實的確切描述，只不過表達出連眾神自己也無法適切解釋的奧秘罷了。他們試圖想像眾神與這個世界是如何從原初的混沌中演化生成，其結論是沒有人能——甚至神也不能——了解的存在奧祕：

「誰知道世界何時生成，
何時開始擴展發散，
是出自神的安排部署，亦或是毫無章法，
只有在最高天界監造世界的神靈才知道。
或許他也不知道！」

——《梨俱吠陀經》10：29

吠陀教並不嘗試解釋生命的起源，或是針對哲學的問題提出特別的答案。相反的，整部《吠陀經》乃是為了幫助人們與存在的驚奇與恐懼，妥協共存而設。其中提出的問題比回答的要多，它的目的在於使人們保有一種對生命奧祕驚奇敬畏的態度。

到了紀元前八世紀，也就是「耶」典與「伊」典《聖經》作者寫作他們的編年紀事時，印度半島上社會與經濟條件的變化，使得古老的吠陀教不再符合需要。原土著民族在雅利安人入侵後被壓抑了幾百年的宗教觀念又重新浮現，並引發了一波新的宗教渴求。由於相信人的命運是由人的行為力量決定的業力觀，再度引起廣泛的興趣，使得人們不願將自己不負責任的行為責怪眾神。神祇逐漸被視為是唯一超越的真實(Reality)的象徵。吠陀教一向以祭祀禮儀為主，但是古印度宗教修持瑜伽（Yoga）以特殊的注意力集中，訓練控制心靈力量之修行的復甦，表示人們對著重外在儀式的宗教開始不滿。犧牲祭祀與禮拜儀式是不夠的，他們還要發掘這些禮儀的內在意義。我們在下文中會指出，以色列的先知們也有同樣的不滿。在印度，神不再被視為是崇拜者身外的其他存在；相反的，人們所尋求的乃是一種對真理的內在了解。

眾神的地位在印度不再那樣重要。因此他們將會被比神位階還高的宗教導師所超越。這是對人性價值極度肯定，以及意欲掌握命運的表現，這乃是印度宗教對人類提出的偉大見解。印度教的新興教派與佛教並不否定神的存在，也不禁止人們崇拜神祇。在他們看來，這類的壓抑與否定是有害的。相反的，印度教徒與佛教徒卻尋求新的方式來超越眾神。在紀元前第八世紀期間，宗教的聖者開始在稱作《阿蘭若書》（*Aranyakas*）和《奧義書》（*Upanishads*）的論文中闡述這些議題。這些宗教論文集的全稱是吠壇多（*Vedanta*），意思是吠陀的終結。愈來愈多的《奧義書》不斷產生，直到紀元前五世紀末，就有二百卷問世。要把印度教一般化是不可能的，因為它刻意避免系統化，而且不認為單一的詮釋可以涵蓋全面。不過《奧義書》確實演化出一種對神性（godhood）的獨特概念，認為神性超越眾神，但卻可在與我們密切相關的萬事萬物中發現。

在吠陀教中，人們在犧牲祭祀的儀式中體驗到神聖的力量。他們稱此神聖力量為梵天。

祭司階級（稱作婆羅門）也被認為擁有此一神聖力量。因為祭祀禮儀被視為宇宙的縮影，梵天的意義逐漸變成支撐萬物的力量。《奧義書》鼓勵人們在萬事萬物中開發對梵天的體認。梵天的字義是天啟的過程，意即萬物存在隱含基礎的揭露。任何發生的事都是梵天的表現，真正的洞見乃是存在於千差萬別事象上的知覺統一。某些《奧義書》認為梵天是個人力量，但其他大多數的《奧義書》則嚴格地認定梵天是非人格的力量。梵天不能被稱作「祢」；它是個中性的名稱，不是男性，也非女性；它也不是可經驗到的某種至上神祇的意志。梵天不與人類對話。它不能與人見面；它超越所有人類的活動。它也不會以私人的方式對我們反應，原罪不能「冒犯」它，而且它也不能被說成是「愛」我們，或「生氣」。感謝或讚賞它創造世界，是完全不適切的作法。

假如神聖的力量不是無所不在的支撐著「我們的」存在，啟發「我們的」心靈，那麼它便完全與「我們」疏離隔絕。瑜伽的修行方法使人們覺察到一個內在的世界。下文將會提到，這些有關姿勢、呼吸、節食與精神集中的訓練，也曾在其他的文化中獨立發展出來，而且似乎因此產生出一種覺悟或光照的經驗；各文化對此經驗的詮釋有異，但卻似乎是人性的自然本質。《奧義書》認為此一自我的新面向經驗，與支撐維繫世界其他部分的神聖力量完全相同。每個個體的永恆原則稱為真我(Atmān)，這是異教信仰舊有全體觀點(holistic vision)的新版本，是把存在於我們內在與外在神聖的「同體生命」(One Life)，以新的詞彙重新發掘出來。《錢多迦奧義書》(*Chandoga Upanishad*)是以鹽的寓言來解釋這個觀點。有個叫做史瑞塔克圖(Sretaketu)的年輕人已學習《吠陀經》達十二年之久，對自己相當的自信。他的父親烏達拉卡(Uddalaka)問了一個他無法回答的問題，然後再進一步教導他完全被他忽略的宇宙基本真理。他要他的兒子放一點鹽到水裏，然後在第二天早上來向他報告結果。當他的父親要他把鹽拿出來時，史瑞塔克圖無法做到，因為鹽完全溶解掉了。烏達拉卡開始質問他下面的問題：

「請你在這端啜飲一下？它像什麼？」他問道。

「鹽。」

「在中間啜飲一下。它像什麼？」

「鹽。」

「在另一端啜飲一下。它像什麼？」

「鹽。」

「把它扔掉，然後再來見我。」

他依言而行，但是（這並沒有使鹽變得不一樣）它仍保持原狀。

「他的父親」告訴他說：「我親愛的孩子，你確實不能在此時此地察覺到神

(Being)的存在，但它同時也就『存在於』此時此地。這個宇宙最基本的質素就是它的自我(Self)，那就是真實，那就是真我。那就是『你』，史瑞塔克圖！」

真我使神不至於成為一個「客觀存在」的外在真實或偶像，那只是我們自己恐懼與欲望的投射罷了。因此在印度教中，神並不如我們所想像的，是外加於這個世界外的存有(Being)，但也不等同於這個世界。我們不可能以理智了解這個境界。它只能以某種超越語言概念所能表達的經驗(*anubhara*)「顯露」(revealed)給我們知道。梵天是「那不能以言語形容，卻使我們能以言語表達的東西……它是那不能以心思考，卻使心能夠思考的東西。」要和這種遍在宇宙、內在的神溝通或想要以它作為思考的對象，是完全不可能的事，因為這只有使它成為一個思想的客體。這個終極真實只能在回歸體認超越自我的忘我境界中才能覺察到；神

會讓那些了解它是超越思想的人，體認到它的存在，而不是那些自以為可以用思想捕捉到它的人。博學多聞之士，對它無知，簡單質樸的人反而能了解它。
只有在忘我的覺醒中，才能打開永恆生命之門。

因此儘管我們看不到它，梵天卻是無所不在，而真我則是我們內在生命的永恆基礎。

就像神祇一樣，理性並未被否定，而是要超越它。梵天或真我就像一首樂曲或詩歌一樣，不能用理性來解釋。要能創作和鑑賞藝術必須以智性為基礎，但它們所帶來的體驗卻超越純粹的邏輯或大腦的功能。這個觀點也將是整個神的歷史的基本主題。

個人超脫世俗的理念在瑜伽士的修行中具體表現出來，他們離開家庭、拋棄所有的社會關係與責任，以尋求覺悟，是把自己置身在另一個存在的領域中。大約在紀元前五三八年，有個叫做悉達多・喬答摩的年輕人，離開他美麗的妻子、孩子和他在加毘羅衛城[Kapilavashtu，約在貝那勒斯(Benares)北方一百哩處]的豪華家園，而成為行乞托缽的苦行者。他因為被人生苦難的景象所震撼，而意欲找出終止隨處可見的存在痛苦之道。他跟隨許多印度教的精神導師學習，並修持嚴厲的苦行共達六年之久，卻毫無進展。這些印度教師父的道理不能說服他，而他的禁欲苦修只有使他日益絕望。直到他完全放棄這些修行方法，某夜在他達到極度忘我的精神狀態中，終於澈悟了。整個宇宙為之歡喜，大地震動，花朵從天而降，香風吹拂，天界眾神也為之鼓舞。就像異教信仰的看法一樣，此處眾神、自然與人類也是和諧地結合在一起。從苦難中解脫，達到涅槃境界，終結痛苦，於是有了新的希望。喬答摩成了佛陀，亦即覺者。最初魔鬼馬拉(Mara)誘惑他，希望他永住涅槃極樂的境界中，勸他不要出來說法，因為沒有人會相信他所說的話。但是另兩位泛神傳統中的神——大梵天(Maha Brahma)和提婆神(Lord of the *devas*)釋提桓因(Sakra)——請求佛陀將他澈悟的法門教導眾生。佛陀同意了。在後來的四十五年裏，他的足跡踏遍整個印度，傳播他澈悟的道理：在這個苦難的世界裏，只有一件事是恆常不變的。那就是法(Dharma)，亦即如何正確生活的真理，唯有它能使我們從痛苦中解脫出來。

這和神毫無關係。由於他的文化背景，佛陀雖未明言但也相信諸神的存在，但他並不認為他們對人類有太大用途。他們也被困在痛苦和流動的三界中；他們並未幫助他成就正覺；他們就和其他眾生一樣，在生死的輪迴中，最終還是要消失無蹤的。然而在他生命中數個關鍵時刻——例如當他決定說出他澈悟的道理時——他感覺到神在影響他，而且在當中扮演了積極的角色。因此佛陀並不否定眾神。只是認為涅槃的終極真實比眾神的位階要高。當佛教徒在靜坐中經驗到喜悅或某種超越的感覺，他們並不認為這是由於與超自然的存在接觸而來。這類意識狀態是出於人性的本然；每個人只要依正確的方式生活和學習瑜伽術，都可以達到這樣的境界。因此佛陀不要他的弟子們依靠他力的神祇，而要靠自力救度。

當他在澈悟後於貝那勒斯的鹿野苑遇到他最初的弟子們時，佛陀依據一切皆苦的基本事實，建構起他自己的真理系統。他的理論完全環繞著痛苦的事實而組成；人生是顛倒扭曲的。萬事萬物皆在無意義的遷變中來來去去。沒有任何事物具有永恆的意義。宗教都是從某些不對勁的感覺開始的。古代的異教信仰由此發展出一套相關的神話來，其中包括人類的世界，以及與之相應、能將力量傳遞給人類的神聖、原型世界，佛陀的教化相信人是可以從苦難中解脫出來的，只要人能以對有情眾生慈悲的方式生活，言行能溫柔、誠懇而確實，並且避免接觸能蒙蔽心智的物品如毒品或酒精。佛陀並沒有說他發明了這個真理系統。他只說是他「發現」了這個真理：「我已見到過去諸佛走過的真理之路。」與異教信仰道理相通的是，這個真理也是與生命自身固有的基本結構密不可分。它所以是客觀的真實，並非因為它可以被邏輯證明，而是因為很認真的以這種方式生活的人，都會發現它是有效的。一個宗教成功與否往往是以其實際的功效，而非哲學或歷史的證明為標準。數千年來世界各地的佛教徒確實感受到這種生活方式所產生的超越意義。

業力把人類束縛在無盡痛苦的生死循環之中。但是假如能改變自我中心的態度，人類便能改變他們的命運。佛陀把再生比喻作點亮燈燭之火，然後第二個燈燭又被同一火焰點亮，這個過程會持續下去直到燭焰熄滅為止。假如臨終的人仍然對生命懷有錯誤的態度，繼續燃燒生命之焰，則他一定會點亮下一盞燈。但如果火被熄滅了，則痛苦的循環便會停止，而達到涅槃之境。「涅槃」的字義是「冷卻」、「熄滅」的意思。然而它並不只是個負面、消極的狀態，而是在佛教徒生活中扮演著類似神的重要角色。誠如孔斯(Edward Conze)在

《佛教的本質與發展》（*Buddhism: its Essence & Development*）一書中所解釋的，佛教徒常常用和一神教相同的意象，來描述代表終極真實的涅槃：

> 根據一般的了解，涅槃是永恆的、穩定的、不滅的、不動的、無老死、無生成變化的；它是力量、喜悅和幸福、是安全的避難所、不可攻擊的安全；它是真正的真理和無上的真實；它是「至善的目標」，是我們生命唯一的極致，是永恆、隱密而不可理解的「平靜」。

某些佛教徒可能會反對這個類比，因為他們認為「神」這個概念太局限，以致不能表達他們心目中的終極真實。主要的原因在於有神論者狹隘的把「神」定義為和我們無甚差異的一種存在。就像《奧義書》的宗教哲人一般，佛陀堅持不能以其他的人類事物標準來界定或討論涅槃。

達到涅槃境界並非如一般基督徒所認為的，等於「進入天國」。佛陀一向拒絕回答有關涅槃或其他終極真實的問題，因為這些問題是「誤導的」或「不適當的」。我們無法界定涅槃，因為我們的文字概念和感官的遷變世界緊密相連。只有經驗才是可靠的「證明」。他的弟子們能了解涅槃的存在，乃是因為他們在生活中修習善法的緣故。

比丘們，法是不生、不變、不造作、不經合成的。比丘們，假如法非如此，就沒有從生、變、造作與合成中解脫的道路了。但因為法是不生、不變、不造作、不經合成的，所以便有從生、變、造作與合成中所解脫的道路。

——《讚誦》（*Udana*,8.13）

他的弟子們不應臆測涅槃的性質。佛陀所能做的，只是提供他們過渡到「遙遠彼岸」的筏。當他被問道達到涅槃境界的佛是否還有來生時，他以此為「誤導的」問題為由而拒絕回答。這就好像問當火「熄滅」後去哪個方向一樣。把佛陀說成存在於涅槃中，和把他說成不存在，同樣是錯誤的。因為「存在」一詞與我們所了解的狀態毫無關連。我們在下文中會了解，數千年來三大一神教對神「存在」的問題，作了相同的回應。佛陀所要告訴我們的是，語言無法處理超越概念與理性的真實。和前面所提過的道理一樣，他並非否定理性，而是強調清楚而正確的思考與使用語言，是很重要的。然而就終極的意義而言，他認為個人的神學或信仰就如參與的儀式一般，是不重要的。它們可能很有趣，卻不是最究竟的事情。唯一重要的乃是完善的生活；假如佛教徒能依教奉行，他們將會發現法是真實的，即使他們不能以邏輯的語言來表達這個真實。

柏拉圖的看法

希臘人是另一種類型，對於邏輯與理性有著強烈的興趣。柏拉圖（大約紀元前427-346）一生所關懷的都是認識論和智慧的本質等問題。他早期著作大部分都在為蘇格拉底的立場辯護。蘇格拉底是以激發思考的問題，迫使人們澄清自己的觀念，他後來因不敬神和腐化青年的罪名被起訴，並於紀元前三九九年秋被判處死刑。他對舊有的祭典和宗教神話感到不滿，認為是格調低俗而不適當的，這點和印度人觀念不無相似之處。

柏拉圖同時也受到紀元前第六世紀哲學家畢達哥拉斯的影響，而畢氏則受到經由波斯與埃及傳來的印度思想的影響。他相信靈魂是墮落、污染的神靈，被困在如墳墓般的身體中，而且注定要經過不斷再生的循環過程。他的理論所述說的乃是人類共有的客居塵世的不實感。畢氏認為靈魂可以藉由儀式的淨化而得到自由，因為這可使靈魂得與宇宙的秩序和諧共鳴。柏拉圖也相信在感官世界之外，有神聖、不變真實的存在，而靈魂則是墮落的神靈，失去了它的本質而囚困在身體中，但可由心靈理性力量的淨化而重新恢復其神性。在著名的洞穴神話中，柏拉圖把人類在地球上的生活描述成黑暗而晦澀，人們只能經驗到永恆真實在洞穴牆上閃爍搖曳的陰影。但人類可以藉著接納神性之光，而逐漸使自己脫離黑暗而臻於覺悟自由之境。

後期的柏拉圖雖然不再倡導永恆形式或理型之說，但這些觀念卻成為許多一神論者試圖表達一神概念時的重要關鍵。這些永恆理型是穩定的、不變的真實，可以被心的理性力量所了解。它們比我們感官經驗到變動不居的物質世界更完整、更永恆、更真實。這個世界的事物只是「參與」或「模倣」神界中永恆形式的回音罷了。我們的每個普遍概念如愛、正義與美等，都有一個相對應的理型存在。而最高的形式乃是善的理型。柏拉圖是把古代神話的原型轉化成哲學的形式。他的永恆觀念乃是神話中神性世界的理性說法，從神性世界的角度來看，塵世事物只不過是它的陰影罷了。

儘管真美或至善的概念在某些地方似乎代表著最高真實，但他並未討論神的本質的問題，只局限在由觀念構成的神性世界。柏拉圖認為神性世界是靜止不變的。希臘人把運動與變化看成是次級真實的標識，因為有真實本性的東西總是保持一樣，永恆而不變。因此，最完美的運動乃是圓，因為它會不斷的轉向而回歸到自己的原點。因此，環繞而行的天體便是在模倣神性世界，是最趨近完美的運動。這種把神性看成絕對靜止的意象，儘管和動態、創新的天啟式一神概念幾乎完全不同（在《聖經》中神甚至改變他的心意，例如他因後悔造了人類而決意以洪水毀滅人類），卻對三大一神教徒產生莫大的影響。

柏拉圖學說中的神祕主義傾向，是和一神論者意氣相投的。柏拉圖的神聖形式並非客觀的真實，而是可在自我中發現的。在他戲劇化的《饗宴篇》對話錄中，柏拉圖告訴我們如何將對美麗軀體之愛淨化，轉變為對純粹精神之美心醉神迷的沈思。他藉由蘇格拉底的導師狄奧提馬(Diotima)之口解釋，這種精神之美是獨一無二的，永恆而絕對的，與我們在這個世界經驗到的事物截然不同：

首先，此一精神之美是永恆的；它既不會從無到有，也不會消逝；既不盈滿也不衰退；其次，它既不是部分美而部分醜，也不是一時美而一時醜，也不是這裏美而那裏醜，它不依照持有人的不同而改變；再者，此一精神之美也不會出現在像手或臉的美，或任何其他肉體的美，或者像思想或科學之美，或者是像任何需要依賴其他事物而存在的美，不論它是存在於有生命的東西、土地、天空或者任何其他事物中；他會把它視為絕對、自身單獨存在、唯一的而永恆的。

簡言之，像精神之美的這個理型，與許多有神論者口中的「神」有許多相似之處。然而儘管它具有超越性，理型可在人心中發現。我們現代人對思想的體驗是把它看成一種活動，是一種我們「從事」的事情。柏拉圖把它視為是某種發生在心中的事物，思想的對象乃是沈思者智性中作用的真實。像蘇格拉底，他視思想為一種了解某些我們一直知道卻忘記事物的回憶過程。由於人類是墮落的神靈，因此神性世界的形式是在其身心內，可以被理性

「觸摸」到的；這裏所謂的理性，不只是一種思考或是大腦的活動，而是一種對存在於我們身心內的永恆真實的直觀領悟。這個概念對歷史上三大一神宗教曾產生極大的影響。

亞里斯多德的看法

柏拉圖相信宇宙基本上是理性的。這是真理的另一個迷思或想像的概念。亞里斯多德（紀元前 384-322 ）更向前邁了一步。他是第一位對邏輯思考重要性高度評價的人，它被視為所有科學的基礎，而且相信藉著此一方法可以了解整個宇宙。亞氏除了在《形上論》〔*Metaphysics*，此一名詞由其編者所創，他把此章放於物理學之後（after the *Physics: meta ta physika*）而得名〕十四篇論文嘗試以理性了解真理外，他也研究理論物理和以經驗為基礎的生物學，而且一樣優秀。但他卻對其智性聰明十分謙遜，堅稱沒有人可以對真理作出完整的了解，但每個人都可以對人類集體的了解提供微小的貢獻。他對柏拉圖學說的評價有許多爭議存在。他似乎強烈反對柏拉圖「形式是超越」的觀點，不認為它們有先天獨立的存在。亞氏主張，形式只有當它們存在於我們世界中具體的、物質的事物時，才有其真實性。

儘管他的途徑傾向現實世界，而且專注於科學的事實，亞氏對宗教與神話的本質與重要性，卻有相當敏銳的了解。他指出，加入各式神祕宗教的人不需要知道任何事實，而是去「經驗某種情緒和以某種特定的人生態度生活。」因此他著名的文學理論——悲劇使得恐懼與憐憫的情緒得以淨化——等於是一種再生的經驗。原本是宗教節慶部分內容的希臘悲劇，並不必然代表對歷史事件的客觀敘述，而是試圖要揭露更嚴肅的真理。事實上，歷史相對於詩歌和神話而言，是微不足道的。「其中前者是描述發生的事實，而後者則描述可能發生的事。因此詩歌比歷史更哲學、更深刻；因為詩歌所敘述的是普遍真理，而歷史則是敘述特殊事件。」歷史上可能有阿奇力斯(Achilles)或伊底帕斯(Oedipus)，也可能沒有，但相對於我們在荷馬及蘇弗克里斯(Sophocles，希臘悲劇詩人，大約紀元前495-406）史詩中經驗到的角色性格而言，他們是否存在過的事實便顯得無關緊要，因為這些角色性格所表達的乃是一種不同的真理，一種更深刻的人生真理。

亞氏對悲劇淨化(*katharsis*)的解釋，乃是對宗教人(Homo religiosus)一直以直觀方式了解的真理提出一種哲學的說法。這個真理就是：以象徵、神話或儀式的方式，表達日常生活中不能忍受的事，可以將它們救贖和轉化為純淨甚至可喜之事。

亞氏的一神概念對後期的一神教徒有深遠的影響，特別是西方世界的基督徒。在《物理學》(*Physics*)一書中，他檢視真實的本質、宇宙的結構與本質。他發展出一種等於古時創世流出說(emanation accounts of creation)的哲學理論。依此古老神話的傳說，生命的存在是有不同層級的，每一個層級的生命都是由上一層的生命賦予形式，而且改變下一層級的生命形式；但是和此古老神話傳說不同的是，在亞氏的理論中，當生命的層級愈遠離其源頭時，其發散的力量愈弱。在此層級頂端的，是被亞氏視為神的不被動的推動者(the Unmoved Mover)。這個神是純粹的存在，而且是永恆、不被動和精神性的。神是純粹的思想，當思想者思考自己時，一種思想者與思想合一的永恆瞬間於是產生，這是知識最高的思考對象。由於物質是有缺陷而必朽的，因此在神或較高層級的存在中是沒有物質的。不被動的推動者形成宇宙中所有的運動與活動，由於每個運動必有其因，因此便可以追溯至一個單一的源頭。他以一連串的引力過程啟動這個世界，因為所有的生命存在都被帶領向「存有」(Being)的本身。

人是享有優勢的生命層級。人的靈魂有天賦的才智，這使得人與神有血緣之親，同時也是神聖本質的分享者。這種近乎神性的理性能力，使他高於植物與動物。然而有如身體與靈魂一般，人是整個宇宙的縮影，同時包含最基本的物質和理智的神性在內。藉由淨化自己的智性，而使自己不朽和神聖，乃是人類的責任。智慧(*sophia*)乃是人類最高的德性；它得在沈思(*theoria*)哲學的真理中才能表達出來。就好像在柏拉圖的學說中，這個哲學真理藉著模倣神自身的活動，而使我們變得神聖。這裏所指的沈思並非純粹是邏輯思考，而是在出神入化的自我超越下，經訓練所產生的一種直觀。然而極少人能有這種智慧，大多數的人只能達到在日常生活中，運用洞視與智性的實踐之知(*phronesis*)的境界。

儘管不被動的推動者在他的理論系統中佔有重要地位，但亞氏的神卻少有宗教意涵。

他並未創造這個世界，因為此舉牽涉到變化與時間的活動，與神不動的特質不符。即使所有的事物都渴求他，這個神仍然對宇宙的存在保持無動於衷的態度，因為他不能去沈思任何比他次級的存在。事實上他不論如何都不能引導這個世界，也不能改變我們的生活。甚至神究竟知不知道宇宙的存在都是個未知數，雖然宇宙的存在是由他發散而出，必須以他的存在為前提。這樣的一個神是否存在，其實是個枝節問題。

亞氏在晚年可能也放棄了此一神學說法。如同軸心年代的人一般，他和柏拉圖都關心個人的良知：至善的生活及社會正義等問題。不過他們的思想是菁英式的。無論是由柏拉圖的形式所組成的純粹世界，或是亞里斯多德的冷漠之神，對於一般必朽的凡人生活而言，卻毫無任何影響，這個事實乃是後來尊奉他們學說的猶太教從和伊斯蘭教徒必須要面對的問題。

因此在軸心年代的新思想信仰中，人類生命中包含有某種重要的超越質素這個觀點，是為大家所共同接受的。我們討論過的許多賢哲對此超越性的詮釋莫衷一是，但他們都同意它對發展成為完美的人，具有關鍵的作用。他們並未完全拋棄古代的神話，只是重新加以詮釋以協助人們超越這些神話。在這些重大思想信仰形成的同時，以色列的先知也發展出他們自己因應變遷環境的一套想法，最後的結果便是耶和華成為「唯一的」神。但是暴躁易怒的耶和華，如何能符合其他這些有關神的崇高意象呢？

一神

2

ONE GOD

耶和華是聖靈

在紀元前七四二年，猶大王族的一員在耶路撒冷，所羅門王所建的神廟中見到耶和華。當時是以色列人的多事之秋。猶大國王烏西雅(Uzziah)當時已死去，由他的兒子亞哈斯(Ahaz)繼承王位，他鼓勵臣民在耶和華之外也崇拜異教諸神。以色列的北方王國正處於接近無政府的狀態，在耶羅波安王二世(King Jeroboam II)死後，在紀元前七四六到七三六這十年間已有五位國王即位，同時提革拉•毘列色王三世(King Tigleth Pilesar III)及亞述王(King Assyria)正渴望地覬覦他們的土地，那是他過去汲汲想要加入擴增的帝國版圖。在紀元前七二二年，他的繼任者撒更王二世(King Sargon II)，征服了北方王國，而且驅逐境內的居民，當小王國猶大恐懼自己的存亡問題時，北國以色列的十個部落被迫同化，並在歷史上消失。以賽亞(Isaiah)於烏西雅王逝世後不久在神廟中祈禱時，他可能感應到各式各樣的預兆；而他同時或許也不安的察覺到，神廟奢華儀式的不恰當處。以賽亞可能是統治階級的一員，但是他擁有民粹和民主的觀點，對於窮人的苦難極為敏感。在至聖所之前發出犧牲動物的惡臭，而香煙充滿聖所時，他擔心以色列的宗教已失去它的完整性和其內在意義。

突然間他似乎看到耶和華，坐在代表天廷在塵世複製品的神廟正上方天空的王位上，也就是代表天廷神廟的正上方。耶和華的隨從佈滿了神殿，他由兩名位階最高的六翼天使陪同。他們用羽翼遮住自己的臉以免直視他的臉。他們彼此交互輪流的大聲歌唱：「聖哉！聖哉！聖哉！萬軍之耶和華，他的光榮充滿全地。」在他們的歌聲震動下，整個神廟似乎搖撼起來，而且充滿煙霧，把耶和華包圍在一團無法穿透的雲彩中，就好像在西奈山上把他和摩西隔絕開的雲霧一樣。我們今日在使用「聖」這個形容詞時，通常指的是一種道德卓越的狀態。但是希伯來文*kaddosh*一詞卻與這層道德意義毫無關係，它的意思是「他者」（別異的），代表極端分離之意。耶和華在西奈山上的神靈已經很明顯的突出人與神界的極端差距。現在六翼天使們都喊叫著：「耶和華是別異的！別異的！別異的！」以賽亞曾經歷過神定期降臨人們身上，並使人們充滿迷戀而恐懼的超自然感應。在他的經典名著《神聖的觀念》（*The Idea of the Holy*）一書中，魯道夫・奧圖（Rudolf Otto）把這種超自然的恐懼經驗描寫成既神祕恐怖又令人迷戀（*mysterium terrible et fascinans*）：它是恐怖的，因為它以極為震撼的方式出現，把我們從安定的常態中分割出來，而說迷戀則是因為它會散發出令人無法抗拒的吸引力。

這種被力量震懾的經驗完全不是理性所能解釋的，奧圖將它與被音樂或情慾震懾的經驗比擬，因為它所產生的情緒反應不能以適當的言語或概念來表達。事實上，這種對神靈全體的感應甚至不能說是「存在」的，因為它在我們日常的真實中無處可覓。軸心時代的新耶和華仍然是「萬軍之神」，但已不純粹只是萬軍之神。他也不只是某個部落的神祇，只一廂情願的偏袒以色列人。他的光榮不只局限在預許之地(the Promised Land)，而是充滿了整個地球。

以賽亞沒有像佛陀那樣經歷到悟覺的寂靜與喜悅。他並未成為人們完美的教師。相反的，他卻因充滿了死亡的恐懼而大聲叫喊道：

我有禍了，我喪亡了，
因為我是個嘴唇不潔的人，
而且住在嘴唇不潔的人民中間，
又因我的雙眼看見了君王萬軍之耶和華。

——以賽亞書，6：5

在被耶和華超越的神聖震攝時，他唯一注意到的是他自己的不當和祭禮不淨之處。和佛陀或瑜伽士不同的是，他並未透過一連串的靈修鍛鍊，事先預備好經歷此一體驗。它是淩空而降，他完全被它強有力的衝擊所搖撼了。其中一個六翼天使帶著一塊燃燒的木炭飛向他，淨化了他的嘴，以便使他能說出神的話。許多先知要不是不願，就是不能代表神發言。當神將摩西這個先知之祖，從燃燒着的荊棘叢中召喚出來，並命令他做傳訊給法老王及以色列子民的使者時，摩西當場抗議，因為他是「拙口笨舌的人」。神在斟酌他的口吃障礙後，允許由他的哥哥亞倫(Aaron)代替摩西傳話。有關先知故事中這個常見的主題，顯示出代傳神諭的困難。先知們不熱衷於宣佈神諭，而且也對擔負吃力不討好的任務意興闌珊。由以色列的神轉化成代表超越力量的象徵，並非是平靜祥和的過程，而是夾帶著痛苦與掙扎。

印度教徒從未把梵天描述成偉大的國王，因為他們的神不能以人類的字眼來描繪。我們千萬要小心，不要把有關以色列人看法的故事，過度從表面文義上做解釋，因為它所試圖要描述的乃是不可描述的境界，而以色列人本能的回歸他們族人的神話傳統，以便讓他人了解究竟在他身上發生了什麼事。《詩篇》通常把耶和華描述成端坐在神廟中的國王，就像巴力、馬杜克和道根(Dagon)等鄰族的神祇一樣，被供奉在十分類似的神廟中。然而在這些神話的意象之下，有一個對終極真實相當特殊的概念開始在以色列出現：亦即把與神在一起的經驗視同與某一位格者相遇一般。儘管他是令人恐懼的「他者」，耶和華可以說話，以色列人也可以回答。這在《奧義書》中的聖哲看來，也是無法想像的，因為與梵天和真我相會對談，乃是一種擬人化的描述，與事實不符。

先知的工作

耶和華問道：「我要派誰？誰是我的信使？」就像他之前的摩西一樣，以賽亞馬上回答說：「我在這裡！請派遣我！」這段故事的重點不在於使先知覺悟，而在於交付他一份實際的工作。先知主要的工作乃是代表神，但是此一超越的經驗所帶來的卻不是像佛教中知識的傳授，而是行動。先知的特質不在於神祕的啟廸，而在於服從。正如大家所料，這個訊息絕不簡單。耶和華以慣有的閃族矛盾陳述告訴以賽亞，以色列人將不會接受這個訊息。所以當他們拒絕神諭時，他不要震驚。他所要告知族人的神諭是：「要不斷的聆聽神諭，但不要去理解它；要不斷觀看神諭，但不要去體會它。」七百年後，當人們不願聆聽其同樣困難的訊息時，耶穌便引述了這段話。人類不能忍受太多的現實。在以賽亞時代的以色列人，正瀕臨戰爭與滅種的邊緣，而耶和華給他們的又不是好訊息。他說他們的城市會被蹂躪，鄉野會被破壞，而且居民會流離失所。以賽亞在世時親睹紀元前七二二年北國的覆滅，以及十個部落被放逐。在紀元前七〇一年西拿基立（Sennacherib）王國以亞述人軍隊入侵猶大王國，圍攻它四十六座城市或堡壘，打敗守衛軍官，驅逐二千人，並把猶大國囚禁在耶路撒冷，「有如籠中之鳥」。以賽亞的任務就是無情地警告他的人民，這些即將發生的災難：

整個國家都要廢棄，
如果境內十個人中還剩一個人，
那人也要被消滅，

他要像橡樹一樣被砍除，
卻留著殘枝。

——以賽亞書6：13

任何精明的政治觀察家都不難預見這些災難。但以賽亞訊息中讓人感到冷酷的，乃是他對此一形勢的分析。摩西時代偏袒以色列人的神把亞述人看成是敵人；而以賽亞的神卻把亞述人當成他的工具。把以色列人放逐，蹂躪國家的不是撒更二世(Sargon II)和西拿基立王國，而是「耶和華把他的子民趕出去的」。

這是軸心時代先知們所傳達訊息的主要重點。以色列的神原本是以在具體事件中顯現，而非僅出現在神話或儀式中的方式，和異教徒的神祇加以區隔。現在新的先知們堅稱，政治災難和勝利所顯現出的乃是神成為主和歷史的主人。所有的國家都在他的掌握中。亞述人到頭來也將遭到悲慘命運，只因為它的國王們並不了解，他們只不過是更偉大存有手中的工具罷了。

自從耶和華預言亞述國終將滅亡後，以色列人對未來便懷抱著一絲希望。但沒有以色列人願意接受，是因為自己短視的政策與剝削的行為而造成政治毀滅這樣的說法。沒有人會高興知道耶和華是在紀元前七二二年與七〇一年亞述人成功戰役背後的主謀角色，正如同他當年帶領約書亞、基甸(Gideon)與大衛王的軍隊一樣。他心裏到底是怎麼看待攻擊自己的選民這件事呢?在以賽亞描繪的耶和華中並沒有滿足願望這回事。耶和華並不提供人們萬靈丹，而是被用來喚醒人們面對艱難的現實。先知如以賽亞並不以把人們帶回神話時代的遵從古式清規為依歸，反而試圖要使他的同胞面對歷史真實發生的事件，並把它們看成是與神恐怖的對話。

慈愛才是最重要的職責

如果說摩西的神是勝利者，那麼以賽亞的上帝則充滿了苦難。當到了以賽亞的時代，先知的預言便以哀嘆的形式做為開端，一點也不討好與神訂下盟約的選民。母牛和驢子還知道他們的主人，但「以色列人什麼也不知道，我的人民什麼也不懂。」耶和華在神廟中完全被動物的犧牲祭祀所推翻了，他對小牛的油脂、公牛和山羊的血，以及由大肆宰殺牲畜所發出的血腥氣味作嘔。他無法忍受他們的祭禮、新年慶典和朝聖禮。這震撼了以賽亞的傳道對象，因為在中東，這些異教儀式乃是宗教的本質。異教的神祇需要依靠這些祭典更新他們壞朽的能量;他們享有的特殊地位部分也仰賴祭祀他們廟堂的宏偉。現在耶和華卻說，這些根本毫無意義。就像文明世界的其他聖哲一樣，以賽亞深感僅有外在的清規律法是不夠的。以色列人必須發掘他們宗教的內在意義。耶和華需要的是慈愛而非祭祀的犧牲：

你們不斷增加祈禱，
我也不願聆聽。
你們的雙手沾滿了血腥，
你們把自己洗乾淨，
不要叫我看見你們的壞事。
停止做惡，學習行善，
伸張公義，幫助受壓迫的人，
對孤兒要公道，為寡婦辯護。

——以賽亞書1：15—17

先知們發現慈愛才是他們最重要的職責，這個認識逐漸成為軸心時代主要宗教的特色。在這個期間文明世界發展出的新宗教觀點都極力主張，真正的宗教精神在於如何成功地將宗教經驗與日常生活整合起來。只將戒律清規局限在廟堂或超時空的神話世界中是不夠的。在覺悟以後，人必須回到日常世界，學習如何將慈愛帶給所有的生物。

先知們的這個社會理想自西奈山摩西後的耶和華崇拜中已隱約存在。出埃及記的故事已強調神是站在弱者和受壓迫者這邊的。不同的是，現在以色列人被當作壓迫者而受到譴責。在以賽亞先知式預言之時，混亂的北方王國已有兩位先知傳播相似的訊息。第一位是阿摩司(Amos)，不像以賽亞的貴族出身，他是位原住在南方王國境內泰喀(Tekoa)一地的牧羊人。

大約在紀元前七五二年，阿摩司突然接到一道將他派到北方以色列王國的神諭。他急忙跑到貝詩—伊勒的古神殿中，以注定毀滅的預言搗亂了那裏的儀式。貝詩—伊勒的神職人員亞瑪謝(Amaziah)企圖把他趕走。我們彷彿可以聽到他在傲慢譴責這個粗魯牧人的語調中所透露出的優越感。他很自然的把阿摩司想像成江湖術士一類的人物，四處雲遊占卜為生。「滾開吧，先知！」他鄙夷地說。「滾回猶大國去；去那裏討生活，說你的預言吧！我們貝詩—伊勒不需要任何預言；這是皇家的神殿，是全國家的廟堂。」阿摩司一點也不羞怯地挺直身體，以輕蔑的口吻回答說，我並非占卜家，而是從耶和華那兒得到直接的授命：「我不是先知，也和眾先知們毫無關係。我是個看顧無花果樹的牧羊人。只因耶和華把我帶離羊群，並對我說：『去！把預言告訴我的子民，以色列人。』」這麼說來貝詩—伊勒的人民是不願意接受耶和華的訊息囉？很好，耶和華有另外一個預言給他們：他們的妻子會被迫流落街頭，他們的孩子會被屠殺，而男人們則會在遠離以色列的流放途中死去。

神的選民

作為一個先知，必定是孤單寂寞的。像阿摩司這樣的人物必須獨立行動；他自己過去的生活節奏和責任都打破了。這不是他選擇要做的事，而是事情找上了他。他似乎是被震脫了正常的意識狀態，不再像平常那樣控制自己。他被迫要說出預言，不論他願意與否。誠如阿摩司所說：

> 獅子咆哮的時候，誰不心驚膽戰呢？
> 主耶和華講話的時候，誰能不傳播他的話？
>
> ——阿摩司書3：8

阿摩司並不像佛陀一樣，進入無我的涅槃寂靜境界；相反的，耶和華佔據他的自我，把他抓到另一個世界。阿摩司是第一個強調社會正義與仁愛的重要性的先知。和佛陀一樣，他敏銳地覺察到人類的苦難。在阿摩司的預言中，耶和華是被壓迫者的代言人。是為沈默無能、受苦的窮人伸張正義者。就我們現在所知，在他預言的第一句話中便說，耶和華在耶路撒冷他的神廟中，念及包括猶太和以色列等所有近東國家所遭遇的苦難時，便發出令人驚恐的吼聲。以色列人就像異邦人(the Gentiles)一樣的壞；他們或能漠視窮人遭受的殘忍待遇與壓迫，耶和華卻做不到。他注意到每一件詐欺、剝削，和令人驚心動魄的殘酷事件。「耶和華以雅各的榮譽起誓：『我絕不忘記你們所做的每件事。』」當耶和華稱揚以色列而羞辱異邦人時，他們真地還有勇氣面臨主的日子(The Day of the Lord)的降臨嗎？他們即將面臨一番驚恐：「耶和華的日子對你們有什麼意義？它的意思是黑暗而非光明！」他們認為自己是神的選民嗎？他們完全誤解了盟約的本質，它代表的是責任而非特權：「聽著，以色列子民，耶和華的這項預言是譴責你們的！」阿摩司高喊道：「是譴責我從埃及帶出來的整個民族：

> 在全球所有的民族中，我只選上了你們，
> 正因為你們許多的罪，我一定要懲罰你們。」
>
> ——阿摩司書3：1—2

盟約中明言，所有的以色列子民是神的選民，因此會加以善待。神並非只是干預歷史獨寵以色列，而是捍衛社會正義。這是他在歷史中扮演的角色，如果有必要，他也可以動用亞述人的軍隊，在他自己的土地上執行正義。

一點也不奇怪，大多數的以色列人都拒絕先知邀請去和耶和華對話的提議。他們偏好的要不是在耶路撒冷神廟，就是在迦南地舊有的大地崇拜中，以祭典為主，要求不那麼嚴格的崇拜禮儀。打破族裔界線，強調仁愛的宗教一直只有少數人信奉，大多數的人僅希望在猶太會堂，教堂、神殿及清真寺中進行高雅的禮拜儀式。古迦南地的宗教在當時的以色列仍然十分盛行。在第十世紀，耶羅波安王(King Jeroboam)一世在但恩(Dan)和貝詩—伊勒兩地的神殿中設置了兩隻祭禮用的公牛。

我們在與阿摩司同時代的何西阿(Hosea)先知預言中，可以看到兩百年後的以色列人，仍然在當地舉行豐年祭禮和神聖性交禮等儀式。某些以色列人顯然認為，耶和華像其他神祇一樣有個妻子。近來考古學家從出土的碑文中，發現有獻給「耶和華及他的阿希拉（Asherah，迦南地女神之一）」等字樣。何西阿對以色列人不遵守與上帝的盟約，崇拜巴力等其他神祇的行為，特別感到不安。就像所有新的先知一樣，他所關切的是宗教的內在意義。誠如他讓耶和華昭示的話：「我要的是愛，不是祭禮犧牲；是對神的知識，而非屠宰牲畜。」他這裏所指的是不是神學的知識，這裏知識(*daath*)這個字，是來自希伯來文的動詞知道(*yada*)，帶有性的涵義。因此「耶」典《聖經》作者說，亞當「知道」他的妻子夏娃。在古老的迦南地宗教中，雖然巴力曾與土地結婚，而人們也以為其芻像舉行儀式慶祝，但是何西阿堅稱，自與神訂約以來，耶和華已取代巴力的地位，與以色列人結婚了。他們必須了解是耶和華而非巴力帶給土壤肥沃的生機。他仍然把以色列人當成戀人般的追求，意志堅決的要把她從引誘她的巴力手中引誘回來：

> 當那天到來——耶和華說——
> 她會叫我「我的丈夫」，
> 她不會再叫我「我的巴力」。
> 我不會再讓她叫巴力諸神的名字，
> 他們的名字是不准再喊叫了。
>
> ——何西阿書2：18—19

阿摩司攻擊社會邪惡，何西阿則在以色列宗教缺乏內省這點上著墨。有關神的「知識」，隱含有必須超越外在禮儀，以內在方式接近並依戀於耶和華的意思。

何西阿與歌蔑

何西阿所提供我們的，乃是先知們如何發展其一神意象的驚人洞見。在他的先知生涯剛展開時，耶和華似乎對他發出震撼性的命令。他告訴何西阿去找個妓女（*esheth zenunim*）

結婚，因為整個國家已經「完全變成拋棄耶和華的婊子」。但是事實上，神並未命令何西阿到大街上尋找妓女。*esheth Zeunim*（原意是「婊子妻子」）要不是指關係雜亂、淫蕩的女人，就是指大地崇拜中神聖的妓女。基於何西阿對大地崇拜儀式的擔憂，他的妻子歌蔑(Gomer)似乎可能已成為巴力崇拜聖禮的職事人員。因此，他的婚姻便代表了耶和華與缺乏正確信仰的以色列之間關係意義的標記。何西阿與歌蔑共有三個孩子，分別以具預言性及象徵意義的名字命名。他們的大兒子叫做耶斯列(Jezreel)，是以一個著名的古戰場命名的，女兒叫做羅路哈瑪（Lo-Ruhamah，是不蒙憐憫的意思），小兒子則叫做羅阿米（Lo-Ammi是非我子民的意思），在他出生的時候，耶和華已經廢除了與以色列人的盟約，說道：「你們不是我的子民，我也不是你們的神。」

我們在後面要了解，先知們通常會被啟發演出一些精心設計的滑稽劇，以證明他們民族的困境，但是從事實看來，何西阿的婚姻並不是冷冰冰的從頭就計畫好的。《舊約》文字記載得很清楚，歌蔑直到孩子們出生後，才成為聖禮的職事人員(*esheth zeunim*)。只有從後見之明的角度出發，何西阿的婚姻才看起來似乎是受到神的啟發。對他而言，失去妻子乃是個震撼的經驗，這使何西阿得以了解當耶和華的子民背棄他，而與像巴力一類的神祇發生不正常的關係時，耶和華內心的感受。最初何西阿傾向休掉歌蔑，不再與她有任何瓜葛；而實際上，當時的法律也規定丈夫必須與不貞的妻子離異。但何西阿仍然愛著歌蔑，最後他還是去找她，並將她從她的新歡那兒帶了回來。他把他自己想重新贏得歌蔑芳心之舉，視為是耶和華願意再給以色列人一次機會的預兆。

當他們把自己的感覺與經驗歸因於耶和華時，就某種重要的意義而言，這些先知創造他們自己對神的意象。皇室出身的以賽亞曾把耶和華當成是國王；阿摩司則把他對窮人的同情體驗歸因於耶和華；何西阿把耶和華看成是被遺棄，但對妻子仍然念念不忘的丈夫。所有的宗教必然會從某種程度的擬人描述開始。與人性毫無關連的神，例如亞里斯多德不被動的推動者(Unmoved Mover)，是無法激發任何靈性探索的。只要這種投射作用不變成目的本身，它是有用而且有益的。必須要說明的是，以人類語言想像式的描繪神，所激發出的社會關懷，在印度教中是不存在的。三大一神教都具有阿摩司和以賽亞關心的平等與社會主義倫理精神。猶太人乃是古代世界中第一個建立社會福利系統的民族，這點讓他們的異教徒鄰邦感到欣羨。

就像其他的先知一樣，何西阿對偶像崇拜的恐怖情景也是耿耿於懷。他預期這些北方的部落將因為崇拜那些自己鑄造的神祇，而為自己帶來神靈的復仇降災：

現在他們罪上加罪，
用銀子為自己鑄造偶像，

照自己的聰明製造的偶像，
都是匠人的工作。
有人說獻祭的人可以向牛犢親吻。

——何西阿書13：2

當然這是對迦南地宗教最不公平、最簡化的描述。迦南人與巴比倫人從未相信他們神的芻像本身是神聖的；他們從未僅止於(*tout court*)跪拜一個偶像。芻像只是神性的象徵，就像他們描述超越想像的太初創世神話一樣，它是設計用來引導祭拜者把注意力放在更高一層的境界。在艾撒及拉(Esagila)神廟中的馬杜克神像，以及迦南地阿希拉的立石，從來沒有被認為是神祇本身，而是藉此幫助人們把注意力集中在人生超越的質素上。然而先知們常常以最不堪的侮辱，揶揄他們異教徒鄰邦的神祇。在他們看來，這些自製的神，只不過是金塊、銀塊罷了；他們只不過是被工匠在幾個小時內敲打而成的；他們眼不能看，耳不能聽；他們不能走動，必須由祭拜者以車來推送；他們是殘酷愚蠢的次級人類，比起補綴拼湊的稻草人也好不到哪裏去。與耶和華這個以色列的伊羅興比較起來，他們是不值一文的。崇拜他們的異邦人都是笨蛋，耶和華憎惡他們。

今天我們已非常熟悉這個一神教中不幸帶有的排他特色，儘管我們不見得欣賞對其他神祇敵視的態度，但在當時卻成為一種新的宗教觀。異教信仰基本上是十分寬容的，只要原有的崇拜不被新的神祇所威脅，傳統的萬神廟中永遠可以容得下另一個神祇。即使在軸心時代新宗教觀取代舊有神祇崇拜的地方，也沒有如此尖酸刻薄的拒絕古代的神祇。我們已提過，印度教徒與佛教徒所要努力的乃是超越眾神，而不是以厭惡的態度對待他們。但是以色列的先知們，卻無法對耶和華的敵對神祇採取較平靜的態度。在猶太經典中，「崇拜偶像」這個新的罪，也就是崇拜「假的」神，被認為是某種令人作嘔的行為。這種反應或許與某些教父對於性感到反感類似。這一類的感覺，並非理性、成熟的反應，而是表達了內心深沈的焦慮與壓抑。先知們難道是掩飾他們自己的宗教行為潛藏的憂慮嗎？或許是他們心裏因覺察到自己對耶和華的概念和異教徒的偶像崇拜類似，而感到很不安？因為他們也依照自己的意象創造了神。

神是超越性別的

與基督宗教對性的態度作比較，也是極具啟發意義的。在這點上，大多數的以色列人相信異教徒的神祇是多元存在的。耶和華逐漸在某些方面取代迦南地伊羅興（神）的功能，乃是不爭的事實。例如何西阿便試圖辯護說，耶和華作為大地之神要比巴力更好。但是要讓完全陽剛的耶和華奪取如阿希拉、伊施他爾和愛娜特等女神的功能，很明顯的便有困難。

因為這些女神仍然有許多以色列人的信徒，尤其是女性。儘管一神教徒堅稱他們的神是超越性別的，他基本上仍然是個男性角色。

下面我們會看到某些一神教徒試圖要彌補這項不平衡，部分的原因和他原是部落的戰神有關。然而他與女神間的爭戰，反映了軸心時代一項不很正面的特質，也就是婦女和女性的地位基本上逐漸式微。在較原始的社會中，女性有時似乎比男性更受尊崇。偉大女神所享有的崇高地位，反映出對女性的尊重。然而，城市的興起卻意味著，婚姻中較陽剛的特質——體力，被抬高超過陰柔的特質。自此而後女性便被邊緣化，而且在文明世界的各文明中變成次級的公民。例如：希臘女人的地位尤其低微。當西方人在譴責東方父系態度時，應該要記得這項事實。民主的理想並未延伸到雅典女人的身上，她們被隔絕開來，並被貶低為次等的生物。以色列的社會也在態度上變得更男性化。在古代，女人是強而有力的，而且很顯然的把自己看成與丈夫平分秋色。某些婦女如戴博拉(Deborah)曾經領導軍隊殺敵。雖然以色列人一直不斷地祭拜如猶底特(Judith)與以斯帖(Esther)等女英雄，但自耶和華成功的消滅了迦南地與中東一帶的其他男神與女神，而成為唯一的神後，他的宗教便幾乎為男性所把持了。女神崇拜將被取代，而這象徵了新文明社會帶來的文化特質轉變。

對諸神的審判

我們會在下文看到，耶和華的勝利得來十分艱辛。它歷經掙扎、暴力與衝突。這個新的一神教對以色列人而言，來得不像佛教或印度教對印度人那樣容易。耶和華似乎不能以和平、自然的方式超越其他的神祇。他必須以武力解決。因此在《聖經》詩篇第八十二首中，我們看到他在爭取眾神會議領導地位中的演出。眾神會議在巴比倫與迦南地神話中一直扮演著重要角色：

耶和華站在伊勒有權力者的大會中，
在諸神中行審判：
「必須停止不公平的審判；
別再偏袒邪惡的人！
讓弱者與孤兒得到公義，
要以公道待困苦與貧窮的人，
救援弱者與需要幫助的人，

把他們從惡人的桎梏中救出！」
無知而愚昧，他們盲目而行，
把人類社會的根基都動搖了。
我曾說：「你們也是神，
都是伊勒．艾里昂（El Elyon，最高的神）的兒子。」
然而你們也都將像人一樣死去；
就像人一樣，衆神們，你們都將倒下。

——詩篇82：1—7

當他站出來挑戰無始以來便由伊勒主持的眾神權力大會，耶和華指控其他神祇沒能面對當前的社會挑戰。他代表的是當時先知民胞物與的慈愛精神，但他的眾神同僚多年來卻對推動社會正義與公平毫無建樹。在古代，耶和華原已準備接受他們為伊羅興，亦即最高的神伊勒．艾里昂之子，但現在事實證明這些神祇都是過氣人物。他們會像必死的人類一樣凋萎逝去。詩篇作者不只是描述耶和華詛咒眾神，同時也說明耶和華此舉，從當時仍受許多以色列人擁護的伊勒手中，把傳統大權奪了過來。

儘管偶像崇拜在《聖經》中受到指責，但是在本質上它並沒有錯。只有在帶有關愛特質的一神意象，與其所指涉的那無可形容的真實混淆時，它才會讓人反對或變得幼稚。我們在下文會看到，神的歷史後期的某些猶太教徒、基督徒與伊斯蘭教徒，便是在這個早期絕對真實意象的基礎上，發展出一種較接近印度教與佛教的看法。然而其他人則從未真正跨出這一步，而認定他們的一神概念就是終極的奧祕。

大約在紀元前六二二年猶太國約西亞王(King Josiah)統治期間，偶像崇拜宗教帶來的危險開始明顯出現。他極力要扭轉他的前任者，如瑪拿西王(King Manasseh, 687-42)及阿蒙王(King Amon, 642-40)鼓勵人民同時崇拜迦南地神祇和耶和華的融合政策。事實上瑪拿西王便曾在某處盛行大地崇拜的神廟中，放置了一座阿希拉女神的偶像。因為大多數的以色列人都信奉阿希拉，而且某些人相信她是耶和華的妻子，所以只有最嚴格的耶和華崇拜者才會認為這是褻瀆的行為。然而決心推動耶和華崇拜的約西亞王，決定要在該神廟中進行更進一步的修補。當整建的工作人員在翻箱倒櫃時，大司祭希契阿(Hilkiah)據說發現了一份古代的手稿，主旨乃是敘述摩西對以色列子民最後一次的佈道內容。他把它交給約西亞王的祕書撒盼(Shapan)，而後在國王面前大聲宣讀出來。當他聽完後，這個年輕的國王驚恐的把自己的王袍撕碎說：「難怪耶和華對他的祖先那樣生氣！他們完全不遵守他告訴摩西的嚴格指示。」

律法之書

幾可確定的是，希契阿所發現的「律法之書」(Book of the Law) 就是我們今天所知申命記文本的核心部分。有關它適時的被改革派「發現」一事，目前已有許多不同的理論解釋。某些理論甚至認為，它是在約西亞王諮商顧問，也是女先知——芙答(Hul·dah)的協助下，由希契阿及撒盼合力祕密寫成的。有關這點的真實性我們永遠不可能確知，不過該書確實反映了紀元前第七世紀以色列毫不妥協的全新態度。在他最後的講道中，摩西是要賦予盟約及以色列是神的選民這個觀念一個新的焦點。耶和華把他的子民從其他國家中標榜出來，並不是以色列人本身有何優點，而是出於他偉大的愛。因此他要求百分之百的忠誠和嚴厲拒絕其他的神祇以為回報。申命記的中心主旨包含了後來成為猶太教信仰的宣誓：

> 聽著，以色列！耶和華是我們的神，唯一的主！
> 你要盡心、盡性、盡力愛耶和華。
> 我今日吩咐你的話要謹記在心上。
>
> ——申命記6：4—6

由於神選中以色列為其子民，把它和異邦人分別看待，所以該書作者藉摩西之口說，當他們抵達預許之地時，不可與原住民進行任何交易。他們「絕不能與他們訂定盟約，或對他們表示任何憐憫之意。」也不能有異族通婚或社交的混雜發生。最重要的是他們要掃淨迦南地的宗教：「拆毀他們的祭壇，搗碎他們的石柱，砍下他們神聖的桿子，並且放火燃燒掉他們的神像。」摩西命令以色列人，「因為你們是奉獻給你們的主耶和華的子民；所以你們是主耶和華在地球所有的民族中，挑選出來成為他子民的民族。」

當他們今天持誦念猶太教的信仰宣誓（*Shema*，即認信禱告）時，猶太教人是以一神教的觀點來加以詮釋：我們的神耶和華是唯一而獨特的。申命記作者則尚未達到這樣的觀點。「耶和華一神（*ehad*）」並不代表神是唯一的，而是表示耶和華是唯一被允許崇拜的神祇。其他的神祇仍然是個威脅：他們的祭拜禮儀非常具有吸引力，能夠引誘以色列人離開耶和華。他是個嫉妒心很強的神。假如他們遵守耶和華的律法，他便會祝福他們，為他們帶來繁華，但是如果他們背棄了他，那麼後果是十分嚴重的：

你們必會從你們現在建造、享有的家園中分離出來。耶和華必使你們分散在各民族間，從地球此端到彼端；你們必將侍奉連你們先祖都不知道的其他神祇，如木神和火神……你們的生命從一開始必將會是沈重的負擔……在清晨你會說：「真希望現在是晚上！」而到了晚上又說：「真希望現在是清晨！」這種恐怖將是你心裏所體會的，這種景象將是你眼睛所看見的。

——申命記28：64—68

當約西亞王和他的大臣在紀元前第七世紀末聽到這些話時，他們正將面臨一項新的政治威脅。他們設法不讓亞述人接近，因此避免經歷了摩西所說北方十個部落受懲罰的命運。但在紀元前六〇六年，巴比倫國王內布波拉撒(Nebupolassar)將會擊敗亞述人，而開始建立他自己的帝國。

在這種極端不安的氣氛下，申命記作者的政策便造成極大的衝擊。因為不遵守耶和華的命令，以色列最後的兩位國王有意地招惹來災難。約西亞立即開始以空前的熱情進行改革。所有的彫象、偶像和大地之神的象徵，都被拿到神廟外焚燒。約西亞同時也推倒了阿希拉女神的巨大塑像，並摧毀了為阿希拉織衣的神廟妓女的住處。整個國境內凡是曾被異教信仰包圍的古代廟堂全被摧毀。自此以後，神職人員只被允許在淨化的耶路撒冷神廟供奉犧牲給耶和華。約三百年後，記載約西亞這些改革措施的史家，對這種否定與壓抑的虔信，作了如下生動流暢的描述：

（約西亞）眼看著巴力的神壇被摧毀；他把插著香燭的祭壇拆掉，把神桿和雕塑神像搗碎；把它們弄成灰，並撒在那些提供犧牲祭祀的人的墳上。他在他們祭司的神壇上燃燒他們的骸骨，以淨化猶大國和耶路撒冷。他在瑪拿西、以法蓮（Ephraim）、西緬（Simeon），甚至拿弗他利（Naphtali）等城市以及其四周破敗的區域中，也如法炮製一番。他摧毀了祭壇與神桿，打碎了偶像並把它們磨成碎屑，而且還把以色列境內的香壇全部拆掉。

——歷代志下34：5—7

相較於此，佛陀安詳接受他自信已超越的神祇，這是我們望塵莫及的。這一整套大毀滅乃是由潛藏的焦慮與恐懼所生的恨意造成的。

改革派重寫了以色列的歷史。約書亞記、士師記（Judges）、撒母耳記（Samuel）與列王記（Kings）的歷史記載，都是根據新的觀點重新修訂而成的；後來《摩西五書》的編者又在「耶」典與「伊」典較古老的敘述之外，加上了某些依申命記作者觀點詮釋出埃及記的篇章。耶和華現在乃是迦南地滅種聖戰的主使者。以色列聽到的消息是，迦南地的原住民不能在本國居住，這乃是約書亞用嚴密而邪惡手段所執行的政策：

那時約書亞來此，把亞衲族人(Anakim)從高地、希伯崙(Hebron)、底壁(Debir)、亞拿伯(Anoth)，從猶大所有的高地，以及在以色列所有的住民，全部加以翦除；他把他們和他們的城邑全都毀滅。除了在迦薩(Gaza)、迦特(Gath)和亞實突(Ashod)外，以色列境內已沒有任何亞衲族的人。

——約書亞記11：21—22

事實上，我們對約書亞與士師征服迦南地一事毫無所知，不過血流成河的景象是毫無疑問的。現在血腥屠殺卻被賦予了宗教的合理解釋。這種不符以賽亞超越觀點的神的選民神學，其危險可從宗教聖戰中明顯看出，它使一神教的歷史烙印下傷痕。這種神學並不把神看成是挑戰我們的偏見和迫使我們反省自己缺點的象徵，反而可被用來為我們由自我中心產生的恨意辯護，並使它絕對化。它使得神的行為完全和我們一樣，好像他是另一個人類而已。這樣的神當然比阿摩司和以賽亞要求嚴厲自我批判的神要更具吸引力和受歡迎。

選民神學

猶太教徒常常因為他們是神的選民的信仰而受批評，但是批評他們的人也犯了同樣的否定態度，因為這種否定的態度正是《聖經》時代謾罵偶像崇拜的來源。三大一神教信仰都在他們歷史的不同時期，發展出類似的選民神學；這種神學造成的後果，有時比約書亞記中所想像的景況還要慘。西方的基督徒對他們是神的選民這個奉承的信仰，一直特別喜好。在十一與十二世紀期間，十字軍便自稱他們是新的神的選民，已取代猶太人所失去的地位，以此合理化他們對猶太教徒及伊斯蘭教徒發動的聖戰。

喀爾文教派的選民神學，主要被用來使美國人相信他們是神的國度。就像猶大國的約西亞王一樣，這種信仰易於在人們恐懼滅亡，政治極端不安的時代盛行。也許就是因為這個原因，在本書寫作的時代，這種神學又在三大教各式基本教義派中重新展現生機。像耶和華這種帶有位格特質的神，可以如此被操縱用來支撐蒙蔽的自我，而不具位格特質的神祇如梵天便不可能發生這種情況。

我們要注意 在紀元前五八七年尼布甲尼撒(Nebuchadnezzar)摧毀耶路撒冷，以及猶太人被驅逐到巴比倫的那個年代，並不是所有的以色列人都贊同申命記中陳述的觀點。在紀元前六〇四年，也就是尼布甲尼撒登基時，先知耶利米再度提出，以賽亞打破偶像的觀點。這個觀點把驕傲的神的選民反轉過來，用在以色列人自己頭上；神現在用巴比倫作為懲罰以色列的工具，而這次該輪到以色列人「被詛咒」了。他們會流放七十年。當約雅敬王(King Jehoiakim)聽到這個預言時，他便從經師(the Scribe)手中把卷軸奪過來，撕成碎片並投入火中焚燒。因為恐懼性命不保，耶米利遂被迫躲藏起來。

更具挑戰性的一神意象

耶利米的先知生涯正代表了在塑造這個更具挑戰性的一神意象時，所遭逢的巨大痛苦與付出的努力。他痛恨做一個先知，而且對必須譴責他所愛人民的工作感到相當的痛心。他不是天性火爆的人，而是溫柔敦厚型的。當他被神召喚時，他抗議的大叫：「啊，主耶和華，你看，我不知道該怎麼說話，我還是個孩子啊！」而耶和華則伸出雙手，觸摸他的嘴唇，把他的話放進他的口中。他所必須傳達的訊息是模糊不清而互相矛盾的：「撕毀並打倒，毀滅且推翻，建設和栽培。」它必然帶來因無可調和的極端所生的痛苦緊張。耶利米所經驗到的神是使他四肢痙攣、讓他心碎並讓他像醉漢般蹣跚而行的痛苦。既神祕恐怖又令人迷戀（*Mysterium terribile et fascinans*）的先知經驗，同時也是一種強暴和誘惑：

耶和華，你曾勸誘我，而我也聽了你的誘導，
你以強力壓制我，而我也被你征服……
我曾說：「我不會再想到耶和華，
也不會再提到他的名字。」
於是似乎便有一把火在我心中燃燒，

而且閉鎖在我的四肢骸骨中。
我試圖要減輕痛苦，但卻讓我筋疲力竭。
我不能再忍受下去了。

——耶利米書20：7，9

耶利米對耶和華有兩種不同的感覺：一方面，他為耶和華所深深吸引，完全沈醉於他甜美的誘惑中，但其它時候又覺得被一股力量強迫牽著走。

自從阿摩司以來，先知都是踽踽獨行的一個人。與當時文明世界不同的是，中東尚未採取一種廣泛統一的宗教意識型態。先知們的神是要迫使以色列人把他們與中東的神話意識分割開來，而採取與主流宗教相當不同的發展方向。在耶利米的痛苦中，我們可以看到極大的自我扭曲與錯亂。以色列的耶和華崇拜只是四周環繞異教世界的一小塊範圍，而且以色列人自己也有許多人拒絕接受耶和華。即使其神的意象不那麼令人有威脅感的申命記作者，也把和耶和華的接觸視為是一種耗費心神的照面：他透過摩西之口告訴恐懼與耶和華直接接觸的以色列人，他會在每個世代派遣一位先知，來代替眾人承擔神力的衝擊。

然而在耶和華崇拜中，我們也找不到與自性真我(Atman)或內在神性相當的概念。在人的經驗中，耶和華是一種外在、超現實的真實。他需要以某種方式人性化，以不使他太過疏離。當時政治的情況愈來愈糟：巴比倫人入侵猶大國，而且把國王和第一批以色列人逐出流放；最後連耶路撒冷也被圍攻。隨著情勢的轉壞，耶利米繼續以傳統的方式，把人類情感歸因於耶和華：他使神哀歎自己的流離失所、痛苦與錯亂；耶和華與他的子民同樣感到震撼、受辱和遺棄；神似乎也像他們一樣困惑、疏離和癱瘓。從耶利米心中升起的忿怒，並非他自己的，而是耶和華的盛怒。

當先知們想到「人」時，他們自動的也會想到「神」，因為他在這個世界出現時，無可避免的一定會與人類糾纏在一起。事實上，當神想要在塵世有所行動時，他是依賴於人類的，這個觀念將成為猶太教神性概念中很重要的一環。甚至有時人類還可以他們自己的情緒和經驗來分辨神的活動，或把耶和華視為人類處境的一部分。

只要仍然處在敵人的威脅下，耶利米便會以神之名對他的同胞大發雷霆（但在神面前，他卻代他們求情）。一旦耶路撒冷在紀元前五八七年被巴比倫人征服後，耶和華的預言便緩和許多：他答應要解救他的子民，現在他們已學到教訓，他將把他們帶回家。耶利米後來為巴比倫當局允許待在猶大國，而且為了表達對未來的信心，他還購置了房地產：「因為萬軍之主耶和華這麼說：『人們將在這片土地上再度購置土地和葡萄園。』」有些人責怪耶和華要為這些災難負責是一點也不令人驚訝的。在前往埃及的路上，耶利米遇到一群逃往尼羅河三角洲地帶，完全沒有時間奉獻給耶和華的猶太人。他們的女人說，只要他們以傳統儀式祭拜蒼天女神伊施他爾，便可太平無事，而一旦他們停止這些儀式，依照耶利米喜好的命令而行，災難、挫敗和窮困便接踵而至。然而悲劇似乎深化了耶利米的洞見。在耶路撒冷崩解和神廟毀壞後，他開始了解到這些宗教外在的裝飾品，只是內在主觀心態的象徵而已。未來以色列人的盟約將大不相同：「在他們內心深處，我會種下我的律法，把它銘刻在他們的心上。」

耶和華的榮耀

那些被迫流放的以色列人，不會像紀元前七二二年十個北方部落一樣，強迫被同化。他們居住在兩個不同地區：其一是在巴比倫本地，另一個則是在從幼發拉底河匯合的一條運河岸邊叫做啟巴爾（Chebar）的地方。該地離尼普爾（Nippur）和吾珥（Ur）不遠，是在一個叫做特拉維夫（Tel Aviv，原意是春之丘）地區的境內。在紀元前五九七年第一批被驅逐流放的人當中，有個叫以西結（Ezekiel）的司祭。他獨自一人待在家中，不與任何人交談達五年之久。後來他看到耶和華令人震懾的意象，完全把他擊昏過去。這裏我們最好把他看到的意象的細節加以描述，因為數世紀後它對猶太教神祕主義者有極重要的影響，這點我們會在第七章詳述。以西結看到一團光雲，以閃電的方式照射出雲端。一股強風從北方吹來。就在這昏暗的暴風雨天氣中，他「似乎」看到——他很小心的強調這個意象是暫時性的——一輛由四頭壯獸拖拉的大馬車。牠們和巴比倫宮殿大門上雕刻的塑像近似，然而以西結的描述卻使得旁人幾乎無法把牠們具象化：每頭壯獸都有四個頭，包括人頭、獅頭、公牛頭和老鷹頭。每一個車輪都和其他車輪滾動的方向不同。這只是用來強調他所試圖說明的心象，對他造成的怪異衝擊。

這些生物翅膀的擺動聲音震耳欲聾：它的聲音像是急流，也好像是一種暴風雨的聲音，又好像是營地的嘈雜聲。在馬車上有個「好像」是王座的東西，上面坐著一個「看起來像人的生物」：它閃亮得像黃銅一般，它的四肢上則有火焰噴射出來。它「看起來也像是耶和華的榮光」。以西結因而立刻掩面，並聽到某人在對他講話。

這個聲音稱以西結為「人之子」，彷彿在強調人類與神的世界之間存在的距離。然而此處耶和華的意象也是要以實際的行動計畫來表現的。以西結是把神諭說給叛逆的以色列子孫們聽。這個神諭中非屬人類特質的部分，是通過殘暴的意象來傳達的：一隻緊握卷軸的手伸向先知，卷軸中捲蓋著哭泣和呻吟。以西結被命令吃下這份卷軸，吸收神諭使它成為自己的一部分。就像以往先知的遭遇一樣，這個神祕經驗是既令人恐怖又令人迷戀：這份卷軸嘗起來的味道竟是甜如蜜糖一般。最後以西結說：「神靈把我提起，帶走；當我離去時，心中充滿了苦與怒，而且耶和華的能力充滿了我。」當他抵達特拉維夫時，「就好像嚇呆了」，足有一星期之久。

以西結奇異的生涯凸顯了神的世界對人類的別異與隔閡。他自己被迫成為這個怪異現象的指標。耶和華常常命令他表演一些古怪的滑稽劇，讓他和正常人有所距離。這些演出也是設計用來證明以色列在此危機中的苦境，同時在更深一層是為了顯示，以色列本身在異教世界漸漸變成了一個局外人。因此，當他的妻子死去時，以西結被禁止哭泣；他必須以身體某邊睡躺三百九十天，另一邊四十天；有一度他必須包裹他的行李，像個無家可歸的難民，在特拉維夫四處遊蕩。耶和華折磨他，使他極度焦慮不安的不停顫抖，並不斷的四處走動。另外有一次，他被迫吃下排泄物，象徵他的同胞在耶路撒冷被包圍時，所需忍受的飢荒。以西結從此變成耶和華崇拜中神人之間極端不連貫現象的具體化身：沒有任何事是可以被視為理所當然的，而且正常的反應完全沒用。

而另一方面，異教信仰的看法則相信，神與自然世界間存在著連貫性。以西結對傳統宗教沒有好感，他習慣性的稱它為「猥褻」。在他經歷的心象中，有一次他被引導到耶路撒冷的神廟遊歷了一番。讓他感到恐慌的是，他竟然看到正面臨滅亡邊緣的猶大國民，仍然在耶和華的神廟中祭拜異教神祇。神廟本身變成了一處惡魔似的地方：房間牆壁上畫滿了扭曲的蛇和令人厭惡的動物；神職人員在下流卑賤的燈光中，進行「猥褻的」儀式，幾乎像是在後面房間性交一般：「人子，你已看到以色列君王的長老們，在他們黑暗的房間中做些什麼了吧？」在另一個房間，女人們坐著為受苦之神塔模斯(Tammuz)哭泣。其他人則背朝向廟堂，祭拜太陽。最後，先知看到他第一次心象中奇怪的馬車，把耶和華的「榮光」帶著飛走了。然而耶和華也並非是個完全遙不可及的神祇。在耶路撒冷毀滅前的最後一段日子裏，以西結把自己描繪成是個對以色列人民大聲咆哮的人，只是想引起他們注意到他的存在，但結果是徒勞無功。對即將到來的災難，以色列只能責怪自己。耶和華似乎常被視為陌生人，他常常鼓勵以西結等以色列人了解，歷史的災難並非隨機或任意發生，而是有它深刻的邏輯和正義存在。他試圖要在殘酷的國際政治世界中找出意義來。

歷史事件背後的主控者

當他們坐在巴比倫河畔時，有些以色列流浪者便不可避免的覺得，他們不可能在預許之地以外的地方，實踐他們的宗教信仰。異教的神祇一直是有地域色彩的，對某些人而言，在異國歌唱耶和華的讚歌似乎是不可能的：他們想像把巴比倫的嬰孩投擲到岩石上，而把他們的腦漿迸出，便感到快樂。然而新的先知卻教導保持平靜的美德。我們對他一無所知，而這點也許是有意義的，因為他的預言與詩篇沒有顯示出任何個人的掙扎，不像他之前的先知一般飽受痛苦。因為他的作品後來附在以賽亞的預言中，所以他通常被稱作第二以賽亞。在流放的生涯中，雖然某些猶太人前往崇拜巴比倫的古神，但是其他人卻被推動進入一種新的宗教覺醒。耶和華的神廟變成殘磚碎瓦；在貝詩—伊勒及希伯崙的古代異教神殿也被摧毀。在巴比倫，他們不能參與在家鄉一度是他們宗教生活重心的禮拜儀式。耶和華是他們唯一擁有的。第二以賽亞據此再往前邁一步，宣稱耶和華是唯一的神。在他重寫的以色列歷史中，出埃及記的神話以意象來包裝表達，這使我們聯想到馬杜克戰勝查馬特的故事：

耶和華必使埃及的海灣乾涸，
他要用熱風吹乾幼發拉底河，
使大河分成七條小溪，
讓人過去，不致濕脚，
將有一條大道，讓殘存的人民走回來，
就像當年以色列人
從埃及出來的時候一樣。

——以賽亞書11：15，16

第一以賽亞把歷史看成是神的警示；在災難後，第二以賽亞在他的《慰藉之書》(Book of Consolation)中，卻把歷史看成是產生未來新希望的泉源。假如耶和華過去曾救過以色列一次，他可以再救一次。他是歷史事件的背後主控者；在他眼中，所有的異邦人不過是水桶裏的一滴水罷了。事實上他才是唯一的真神。第二以賽亞想像巴比倫古老神祇被捆綁上車、推入夕陽之中而逐漸沒落的光景。他們的日子結束了：「我不是耶和華嗎？」他不斷的問自己：「沒有其他的神祇在我旁邊了。」

在我之前沒有神，
在我之後也沒有。
我，我是耶和華，
除了我之外，沒有其他的救主。

——以賽亞書45：21

第二以賽亞並不浪費時間攻擊異邦人的神祇，因為自以色列劫難以來，他們可以被看成是勝利的一方。他只是默默地保持自己的看法，認為是耶和華——而非馬杜克或巴力——創造了這個世界。這是歷史上以色列人第一次對耶和華創世的角色真正感到興趣，也許是因為與巴比倫宇宙神話重新接觸的緣故。當然他們並非以科學解釋物理宇宙的起源，而是試圖在當下殘酷的世界中找到慰藉。假如耶和華曾在太初時期打敗混沌的怪獸，那麼救贖被放逐的以色列子民，對他而言，乃是輕而易舉之事。第二以賽亞因為看到出埃及記神話與異教徒太初戰勝混沌水怪故事間的相似性，遂鼓勵以色列人民對一場新的神力表演的降臨要有信心。例如，他曾提到巴力戰勝迦南地神話中的水怪羅騰(Lotan)一事。他也被叫做喇合(Rahab)，意思是鱷魚(*tanin*)和深淵(*tehōm*)：

醒醒吧！把你自己放在神力中，
耶和華的臂膀下，
醒醒吧，就像過去一樣，
那許多世代以前的時代。
你不是把喇合一分為二，
而且刺穿那龍怪(*tannin*)嗎？
你不是吸乾了海水，
那偉大深淵(*tehōm*)的水流，
而在海床中開出一條路來，
讓被救贖的子民通過嗎？

——以賽亞書43：11，12

在以色列人的宗教想像中，耶和華最後終於消滅了他的敵人；在流放的過程中，異教信仰的誘惑已失去了它的吸引力，而猶太教則因此誕生了。在耶和華崇拜極可能會毀滅的時代，他卻成為使其子民能夠在不可能情況下找到希望的工具。

因此，耶和華成為唯一的神。以色列人並未嘗試以哲理來證明它。如同往常一樣，這個新的神學所以能成功，並不是因為它可用理性證明，而是它能有效的防止絕望並激發希望。儘管他們一如往常的感到錯亂和需要情感的轉移，但猶太人不再對耶和華崇拜的不連貫性感到疏離和困擾。它深刻地說出了他們的處境。

然而第二以賽亞的神一點也不令人覺得舒服。他仍然無法為人類所了解：

我的意念非同你的意念，
我的道路非同你們的道路——耶和華如是說。
是的，天高過地，
就像我的道路高過你的道路，
我的意念高過你們的意念。

——以賽亞書55：8，9

神的真實是超越言語與概念所能掌握的。耶和華也不能總是做些他子民意料中的事。在某一段大膽的篇章中，先知期待著埃及、亞述能與以色列同樣成為耶和華的子民。這在今天尤其顯得尖銳。耶和華會說：「祝福我的埃及子民，我的亞述子孫，以及我的以色列後裔。」現在他已成為超越真實的象徵，狹窄地解釋神的選民的意義，似乎便顯得小氣而且不適當。

耶和華的「榮光」

當波斯國王居魯士(Cyrus)於紀元前五三九年征服巴比倫帝國時，先知們的見解似乎被證明是正確的。居魯士並未把波斯的神祇強加在他的新臣民身上。當他以勝利者的姿態進入巴比倫時，他是在馬杜克的神廟中祭拜的。他同時也把屬於被巴比倫人征服人民的偶像恢復，送回到他們原來的故鄉。既然世界已變成一個巨大的國際性帝國，居魯士或許便不需要使用放逐的老辦法。假如他征服的人民能在他們自己的土地上崇拜他們自己的神祇，將可以減輕統治的負擔。他在整個的帝國中鼓勵古代神廟的復建，而且不斷地宣稱是他們的神祇賦予他重建的責任。他是異教信仰視野恢宏和寬容精神的代表。在紀元前五三八年，居魯士頒佈了一道勅令，允許猶太人回到猶大國，並重建他們的神廟，然而大多數的猶太人卻選擇留在原地：後來只有少數人居住在預許之地。《聖經》告訴我們，共有四萬二千三百六十個猶太人離開巴比倫和特拉維夫，開始返鄉之旅，而他們後來卻反而把他們新的猶太教強加在那些留在異鄉迷惘的兄弟身上。

我們可以在寫於流放之後，被併入《摩西五書》的祭司傳統(Priestly tradition)「祭」典中，看出個中端倪。它對「耶」典與「伊」典描述的事件，賦予自己的詮釋，因而新加了民數記與利未記二書。我們也許不意外，「祭」典對神的觀點是很高尚而細膩的。例如，它不相信有人可以像「耶」典《聖經》所說的那樣，真正看到神。

和以西結有許多共同看法的祭司傳統，相信人類知覺到的神與真實本身是有所區別的。在「祭」典所描述的西奈山故事中，摩西請求見到耶和華，但耶和華卻回答說：「你不能見到我的面，因為沒有人能見到我而還活著。」相反的，摩西必須在神力大作時躲在岩石裂縫以保護自己，因此他只能在那樣的情況下，事後對耶和華留下一點捕風捉影的印象。「祭」典在此引介了在神的歷史中極為重要的一個概念。人類只能在神靈顯現後捕捉到被稱之為「耶和華榮光」的餘光，那是他原形的顯現，並不能被混淆成神本身。當摩西從山上下來，他的臉上反映了這個「榮光」，而且光芒耀眼得使以色列人無法直視他。

耶和華的「榮光」乃是他在塵世出現的象徵，而且它可以藉此強調由人所創造出的有限一神意象與聖靈本身的差異。因此它是以色列宗教中偶像崇拜的制衡力量。當祭司傳統回溯到出埃及記的老故事時，它並不認為耶和華曾伴隨以色列人四處漂泊，因為這是極不恰當的擬人說法。相反的，它指出當他與摩西會面時，耶和華的「榮光」充滿了整個帳棚。同樣的道理，只有耶和華的「榮光」可以駐足在神廟中。

當然「祭」典對《摩西五書》最著名的貢獻，乃是創世紀第一章有關創世的敘述。這個描述則是根據巴比倫創世史詩改寫而成。「祭」典開頭便提到太初深淵（*tehom*，查馬特的腐化）之水，耶和華便是由此塑造了天地。但是在《聖經》的故事中，都沒有眾神的戰鬥，或是與亞姆、羅騰或喇合眾神的掙扎。耶和華是唯一負責造物的神。真實並非逐步流出展開的；相反的，是耶和華以自然的意志行為創造了秩序。當然，「祭」典並不認為世界是神聖的，它與構成耶和華的質素並不相同。

事實上，「分隔」這個概念在「祭」典的神學中，扮演著關鍵性角色：耶和華把白晝與黑夜、潮濕與乾枯、光明與黑暗分隔開來，而使宇宙成為有秩序的世界。在每一個階段，耶和華都會祝福並聖化受造物，而稱它為「是好的」。與巴比倫的故事不同的是，造人乃是創世的巔峰，而不是滑稽的事後聰明之舉。人類也許不能分享神性，但他們是以神的意象被創造出來的：他們必須繼續他的創造工作。就如同巴比倫的創世史詩一樣，接在六天創世後的便是第七天的安息日。依據巴比倫故事的說法，這天是眾神大會聚集商量「敲定命運」，並授予馬杜克神頭銜的日子。而「祭」典的解釋則認為安息日與到處彌漫的太初混沌創世第一天，形成極具象徵性的對比。「祭」典創世故事中說教的語氣與文詞重複的現象，說明它也和巴比倫史詩一樣，是設計用作禮拜歌誦用的，以讚賞耶和華的傑作，並尊奉他為造物者和以色列的統治者。

可移動的神殿

新的神廟很自然的便成為「祭」典的猶太教的中心。在近東一帶，神廟通常被視為是宇宙的複製品。神廟建築乃是模倣神祇的行為，使得人能夠參與神祇的創造活動中。在放逐期間，許多猶太人在與神立約的約櫃(the Ark)故事中，找到心靈的慰藉，因為約櫃乃是可移動的神殿，神「搭起了他的帳棚」(*Shakan*)和他的子民住在一起，共同經歷流離失所的歲月。當「祭」典描述這個神殿的建築，亦即荒野中供作聚會之用的帳棚時，又再度依據古老的神話來改寫。

它的建築設計並非原創，而是複製神界的模式。摩西在西奈山上從耶和華那兒，得到冗長而詳盡的指示：「為我蓋一座神殿，使我能和你們住在一起。在製作流動神殿以及內部的陳設時，你必須完全遵照我指示給你的模式。」對這個神殿建造的冗長說明，顯然不是要聽的人百分之百的照做；沒有人會認為古代的以色列人真的以「金、銀、銅、紫色飾物、紫羅蘭遮陽物、紅色或深紅色的東西、精緻的亞麻製品、山羊毛、綿羊皮以及阿拉伯膠樹……」建造了這樣細膩的神殿。這段經文插入的漫長描述，使我們不禁聯想到「祭」

典的創世故事。在建造的每個階段，摩西「全程監工」並「祝福」以色列人民，就像耶和華在創世前六天所作的一樣。神廟是在該年第一個月的第一天施工；神殿的建築師貝札勒(Bezalel)也受到創世之神精神的啟發；兩者皆強調安息日的重要性。神廟的建築也象徵了在人類破壞這個世界以前，普遍存在的原有和諧精神。

安息日

在申命記中，安息日是為每個人而設的，包括奴隸在內；休息一天是在提醒以色列人出埃及記的歷史。「祭」典則賦予安息日新的意義：它成為倣傚神的行為，也是紀念神的創世之舉。當他們遵奉安息日的規矩時，猶太人是在參與一個原來只有神獨自遵行的儀式；它的象徵意義在於：努力過著神性的生活。在舊有的異教信仰中，每一項人類行為都是模倣神祇的行為。但耶和華崇拜卻顯露出神人兩界間巨大的鴻溝。現在猶太人則以遵守摩西的律法(Torah)來接近耶和華。申命記中條列出許多要遵守的法律，其中包括了十誡。在流放以及流放剛結束那段期間，這種遵守律法的傾向一度被擴展成《摩西五書》中一套包括六百一十三誡的複雜法律系統。對外邦人而言，這些微細的法規似乎是太過嚴苛，因而在《新約》的論述中便被賦予負面的評價。

猶太人不像基督徒想像的那樣，他們並不認為這些法規是沈重的負擔，反而把它們看成是象徵神的顯現的一種生活方式。在申命記中有關飲食的規定，已成為以色列特殊地位的一種象徵。「祭」典也把這些律法看成是一種以儀式化的方式與分離的神共享神聖精神的努力，從而癒合人與神之間痛苦的割裂關係。當以色列人模倣神創世的壯舉，而把牛奶與肉，清潔與不潔，以及安息日與其他的六天分開時，人類的本性便得到了淨化。

「祭」典的陳述在《摩西五書》中，是與「耶」典《聖經》、「伊」典《聖經》以及申命記傳統的陳述並列的。這提醒我們任何主要宗教都包括許多不同的獨立觀點與精神。某些猶太教徒總是對申命記傳統的神，感到特別的親切，因為他積極地選擇以色列人作為他的選民，而與其他的異邦人分開；某些猶太教徒則把這個觀點延伸到彌賽亞的神話中，他們期盼末世耶和華之日的到來，屆時他會獨尊以色列而羞辱其他的國家。這些神話的解釋傾向於把神看成是個有距離的生命。一般認為先知的時代在流放之後便結束了。往後人類不再能與神直接接觸，如有也是以訴諸遙遠過去的偉大人物，如以諾(Enoch)與但以理等人的象徵心象罷了。

約伯

在這些年代久遠的英雄中，約伯乃是被巴比倫人尊崇為有耐心忍受痛苦的例子之一。在流放之後，殘存下來的某一個人便用這個古老的傳說，來質問有關神的本質以及他對人類苦難的責任等基本問題。在這個老故事中，約伯曾被神試探；由於他耐心地忍受極端的苦難，神於是以恢復他原有的富有繁華作為他的回饋。

在新版的約伯故事中，作者把舊版傳說分為兩半，而讓約伯對神的行為感到憤怒。在另外三位安慰者同在的時候，約伯卻敢於質疑神的勅令，並開始一場針鋒相對的理性辯論。這是猶太人的宗教史上，第一次把宗教想像的境界變成一種較抽象的本質臆測。先知們已經說過，神是因為以色列人的罪惡而讓他們受苦；約伯故事的作者指出，某些以色列人不再對傳統的答案感到滿意。約伯攻擊這個觀點，並揭露其理性上的缺失，但神突然間插入這場火爆的辯論。他現身於約伯的心象中，指出他所造世界的神奇奧妙。你約伯一個小小的生命，怎敢與超越的神爭論？約伯於是屈服了，但是對承受苦難這個問題，希望有更一致而富於哲理答案的現代讀者，是不會對此感到滿意的。約伯故事的作者並不否定提問題的權利，但認為只有理性是不足以處理這些超越思想的問題。理性的揣測必須讓位給來自神的直接啟示，例如先知們所接受的訊息便是。

希臘理性主義的影響

當時猶太人尚未把這個神學觀點哲理化，不過在紀元前第四世紀期間他們開始受到希臘理性主義的影響。紀元前三三二年馬其頓的亞歷山大擊敗波斯的大流士三世(Darius

III)，希臘人因而開始殖民亞洲和非洲。他們在推羅(Tyre)、西頓(Sidon)、迦薩(Gaza)、安曼(Amman)和的黎玻里(Tripolis)，甚至示劍(Shechem)等地，建立了城邦國家。巴勒斯坦的猶太人和離散流亡的猶太人被希臘文化所環繞，他們之中的某些人覺得是件惱人的事，但其他人則對希臘戲劇、哲學、運動和詩文感到振奮。他們學習希臘文，在體育館運動，而且使用希臘名字。有些則在希臘軍隊中擔任傭兵。他們甚至把他們自己的宗教經典翻譯成希臘文，也就是一般所知的七十譯本(Septuagint)。

因此某些希臘人開始認識以色列的神，而且決定在宙斯(Zeus)和戴奧尼修斯(Dionysus)之外，也崇拜耶和華（希臘人稱之為Iao）。某些人對流亡猶太人從神廟崇拜演化出來的猶太會堂感興趣。在猶太會堂中，他們讀《聖經》、祈禱和聽道。猶太會堂與其他古代宗教世界類似的宗教聚會所都不同。因為會堂中沒有儀式和犧牲的緣故，它看起來更像是所哲學學校。假如有知名的猶太講道師前來講道，他們便會像大排長龍聽他們自己的哲學家演說一樣，蜂擁前往猶太會堂。某些希臘人甚至遵從部分猶太教的律法，而且以融合教派(Syncretist sects)的身分加入猶太人。在紀元前四世紀期間，有某些猶太人與希臘人則把耶和華與其他希臘的神祇加以合併。

然而大多數的猶太人對此持冷漠態度，而且在中東許多希臘化的城市中，猶太人與希臘人間的緊張關係也逐漸發展出來。在古代世界，宗教不是私人的事務。神祇對當地城市而言是極端重要的，因為一般相信，假如對眾神的崇拜遭到忽視，則他們將不再提供對該城市的保護。聲稱這些神祇不存在的猶太人，被稱作「無神論者」，是社會的敵人。在紀元前第二世紀結束前，這種對立的敵意已加深。當塞路西德（Seleucid）的總督安提阿徹斯・艾皮芬斯（Antiochus Epiphanes）試圖要希臘化耶路撒冷，並把宙斯崇拜引進神廟時，在巴勒斯坦甚至發生了一場革命。

猶太人開始出版他們自己的文學，論證真正的智慧不是希臘人的聰明，而是對耶和華的敬畏。智慧文學乃是中東地區既有的一種文學品類；它試圖以探究最好的生活方式，而非哲學的反思，來剖析生命的意義。因此通常是高度實用主義傾向的。紀元前三世紀箴言（Proverbs）書的作者更進一步說，智慧乃是神創造世界時設計的主要計畫，因此它是神第一個創造的受造物。這個觀念對早期的基督徒而言是十分重要的，我們將在第四章中討論。箴言作者把智慧擬人化，因此她看起來像是另一個人：

> 在耶和華造化之初，
> 在太初創造萬物之先，就有了我。
> 從亙古，從太初、未有世界之前……
> 我已被設立。

那時我在他那裏像工程師，
日日使他愉悅，常在他面前歡躍，
也在世上各處歡躍，
並歡喜的與世人相處。

——箴言8：22，23，30，31

智慧雖然不是神，但是卻特別被說成是神所創造的。她與「祭」典作者所描述的上帝「榮光」相似，代表人類可在創世與人類事務中瞥見的神的計畫。箴言作者代表的是穿過大街小巷喚醒人們對耶和華恐懼的「智慧」（*Hokhmah*）。紀元前第二世紀，耶路撒冷的一位猶太信徒耶穌・本・西拉（Jesus ben Sira），也勾勒了一幅類似的圖案。他讓她（即「智慧」化身的人物）出現在眾神大會上，並歌詠自己的讚歌：這智慧乃是從神創世的聖言的崇高之口而出；她在受造物之中無所不在，但已在以色列人民中永遠的安駐下來。

就像耶和華的「榮光」一樣，「智慧」的形象乃是神在世上活動的一個象徵。猶太人對耶和華的概念是如此的尊崇，以致他們很難想像他會直接干預人類的事務。就像「祭」典作者的解釋一樣，他們也傾向把我們能知道的神，和從神性真實本身得來的經驗加以區別。當我們讀到神性的「智慧」離開神，漫遊世間尋找人性時，很難不會聯想到異教的女神如伊施他爾，愛娜特和伊西絲，她們也都曾在救贖人類的任務中，從神界降臨到塵世來。在紀元前五〇年的亞歷山大港(Alexandria)智慧文學開始增添了論辯的意味。在《所羅門的智慧》(*The Wisdom of Solomon*)中，猶太人重鎮亞歷山大港一地的猶太人所羅門，警告猶太人要抗拒環繞他們四周希臘文化的誘惑，保持對他們自己傳統的信任。他認為構成真正智慧的是對耶和華的敬畏，而非希臘哲學。他用希臘文把「智慧」(*Sophia*)人格化，並論證說它不能與猶太人的神分開：

> 「智慧」是神的能力的氣息，
> 是至高者榮光純粹的散發；
> 因此不潔之物不能接近她。
> 她是永恆之光的反映，
> 是神積極能力的無垢之鏡，
> 是他的善良之肖像。
>
> ——所羅門的智慧7：25—26

當基督徒開始討論耶穌的地位時，這段文字對他們也是極端的重要。然而猶太作者只不過把「智慧」看成是不可知的神，為適應人類的理解層次而顯現的某一方面。她是顯示給人類的神，亦即人類知覺得到的神，與永遠超越我們理解的神之全貌，在神祕的經驗上是有區別的。

理性的天賦使人與神最接近

《所羅門的智慧》的作者正確地感覺到希臘思想與猶太宗教間的緊張關係。我們由上文可知，在亞里斯多德的神與《聖經》的神之間有個重要而且或許是不能調和的差異存在；亞氏的神對他所創的世界幾乎無所覺察，而《聖經》的神則不斷激情地涉入人類事務。希臘的神是可經由人類理性揭露，而《聖經》的神則只能從天啟中得知。雖然耶和華與塵世因斷層而分開，但希臘人相信理性的天賦使得人與神最接近；因此他們可以自己的努力接觸到神。然而一旦一神教徒愛上了希臘哲學，他們無可避免地會試圖把它的神變成他們自己的。這將是本書故事的主題之一。亞歷山大港著名的猶太哲學家斐羅（Philo，大約紀元前30—紀元45），便是做此嘗試的人之一。

斐羅奉行柏拉圖學派哲學，他本身是聲譽卓著的理性哲學家。他的希臘文寫作極為優美流暢，似乎不會講希伯來文，但他同時也是虔誠的猶太教徒，遵守各種誡律（*mitzvot*）。他不認為他的神與希臘人的神有何不能相通之處。但必須要說明的是，斐羅的神似乎與耶和華非常不同。例如，他似乎為《聖經》的歷史記載感到困窘，而試圖要不斷以寓言來加以解釋。那就是亞里斯多德認為歷史是非哲學的看法。他的神不具備任何人性特質。例如說神「生氣」便是不正確的。我們對神所能知道的便是他存在的事實。然而身為一個猶太教徒，斐羅確實相信神曾把自己啟示給眾先知。這怎麼可能呢？

斐羅以將神的本質(*ousia*)，和他在世間的活動加以區別的方式來解決這個問題。前者是完全超越人所能理解的，而後者他則稱之為神的「力量」(*dynameis*)或「實現」(*energeiai*)。基本上，他的解決方法是與「祭」典和強調智慧的箴言作者類似的。我們永遠不可能認識到神自身。斐羅讓神告訴摩西：「了解我是超越人類能力的一件事，是的，即使整個天界與宇宙也包括在我的範疇內。」為了要使他自己適於我們有限智力的了解，神用他的「力量」與我們溝通。這些「力量」似乎與柏拉圖的神聖形式(divine forms)相同(雖然斐羅對這點立場前後不一致)。它們是人類心靈所能掌握的最高真實。斐羅認為它們是由神發散出來，而不是像柏拉圖與亞里斯多德所認為，宇宙是永恆的由「第一因」(The First Cause)流出的。這些力量中有兩項是特別重要的。斐羅稱它們為君王般的力量，把神展現在宇宙的秩序中；或者稱之為創造的力量，神藉此把自己展現在他賦予人類的幸福中。這兩個力量都不能與神的本質混為一談，它仍然籠罩在一團不可穿透的奧祕中。他們只是使我們能夠瞥見那遠超過我們想像的真實的一鱗半爪。有時斐羅將神的本質存在與君王般的力量及創造的力量並列成某種三位一體的關係。例如，當他解釋耶和華與兩位天使在馬姆雷(Mamre)造訪亞伯拉罕時，便論證說這是一種對神自身與另兩個力量存在的寓言式表達。

「耶」典《聖經》作者對此說法將感到震驚。事實上，猶太人對斐羅的一神概念一向認為是非正統的。然而基督徒卻對此說感到大有助益，而且我們在下文中會了解，希臘人會緊守這個神不可知的「本質」以及使我們了解他的「實現」的區別。他們也會受到他神聖理性(the divine Logos)理論的影響。就像強調智慧的箴言作者一樣，斐羅想像神備有一個創世的精緻計畫(*logos*)，這與柏拉圖的形式界(realm of the forms)領域相合。這些形式後來便在物質宇宙中具體化。關於這點斐羅也未能前後一貫。有時候他認為神聖理性是力量的一種；在其他時候他則似乎把它視為超越這些力量，是人類的神所能達到的最高理型。然而當我們沈思神聖理性時，我們並非塑造對神的正面知識；而是從推論式的理性，提升到一種直觀的理解，「這已不只是一種思想方式，比任何僅是思想的東西更有價值」。這種活動類似柏拉圖的沈思(*theoria*)。斐羅堅稱，我們永遠不可能接觸到神自身；我們所能了解的最高真理乃是狂喜地體會到，神完全超越人類的心靈。

神的敬畏者

這並不像聽起來那樣悲慘黯淡。斐羅描述帶給他解放與創造能量的未知領域，乃是充滿熱情、極端愉悅的旅程。像柏拉圖一樣，他也認為靈魂在流放，而且困在物質的世界中。它必須向上昇華到神，也就是它自己的家園，而捨棄情緒、感官甚至語言，因為這些都是束縛我們在這個不完美世界的包袱。最後，它將達到一種狂喜的忘我境界，把它從可悲的自我局限中超拔出來，而臻於一個更大、更完整的真實中。我們已從上文看出，神的概念通常是一種想像力的操練。先知們依據他們自己的經驗反思，而覺得可以把它歸因於他們稱作神的存在。斐羅指出，宗教的沈思與其他創造的形式有許多相同之處。他說，有時他頑強地與他的書本掙扎而毫無進展，但有時他卻覺得被神所佔有：

> 我……突然整個人變得充盈起來，思想靈感有如雪一般的降下，因此在神靈籠罩的情況下，我完全處在瘋狂亂舞的狀態中，變得對身處何地、所遇何人、現在何時、自己是誰、說了什麼和寫了什麼，完全一無所知。我由此得到想要表達的詞句、靈感、生活上的愉悅、深刻的洞見，以及對事物所呈現的狀態出奇的清晰，就好像把東西排列整齊後，眼前一目了然那樣。
>
> ——亞伯拉罕的遷移(The Migration of Abraham) 34—35

不久後的猶太人便不可能把自己的宗教與希臘文化作如此的綜合。斐羅去世的那年，在亞歷山大港發生反對猶太人社群的計畫屠殺，並普遍恐懼猶太人會因此造反。當羅馬人於紀元前第一世紀在北非和中東建立了他們的帝國時，他們已臣服在希臘文化的影響，不僅將羅馬人祖先的神祇與希臘眾神混合，而且還狂熱地吸收希臘哲學。但是他們尚未承繼希臘人對猶太人的敵意。實際上，他們往往喜歡猶太人勝於希臘人；在對羅馬尚有殘餘敵意的希臘城市中，猶太人往往被視為是羅馬人的同盟。他們享有完全的宗教自由。因為他們的宗教是人盡皆知的偉大傳統，所以備受尊敬。即使在巴勒斯坦，猶太人與羅馬人的關係通常也是良好的，因為當地對外國統治比較容易接受。

在第一世紀結束前，猶太教在羅馬帝國境內已佔有非常強大的地位。整個帝國的十分之一是猶太教徒；在斐羅的亞歷山大港，百分之四十的人口是猶太教徒，羅馬帝國的人民當時正在尋找新的宗教解釋；一神教的觀念正大行其道，地方的神祇愈來愈被看成，只是一個更廣泛包容神性的顯示罷了。羅馬人為猶太教中高度道德的特質所吸引。那些不願接受猶太割禮和遵守整套猶太律法的人，是可以理解的，他們大多成為猶太教堂的榮譽會員，也就是一般為人所知的「神的敬畏者」(Godfearers)。這些人數不斷在增加中，甚至曾有一位當地君主轉信猶太教，就像君士坦丁大帝(Constantine)後來皈依天主教一樣。然而在巴勒斯坦有一群政治狂熱份子極力的反對羅馬統治。紀元六十六年他們發動一場對抗羅馬的暴動，而且不可思議的竟能與羅馬軍周旋達四年之久。羅馬當局因恐反抗暴動會擴散至流亡在外的猶太社群，因此被迫採取無情的鎮壓。紀元七十年新羅馬皇帝瓦斯帕西恩(Vespasian)的軍隊終於攻佔耶路撒冷，燒毀神廟並把它改建成一個羅馬城，叫做阿里亞•卡匹陶拉那(Aelia Capitolana)。猶太人再一次被迫流亡。

心靈神廟

對猶太人而言，失去神廟是極大的悲哀，這便形成後來成立新猶太教的啟發；不過從後事之明的角度來看，通常比希臘化的流亡猶太人更保守的巴勒斯坦猶太人，似乎對此災難早有準備。在聖地(Holy Land)的許多教派不斷湧現，各自以不同的方式和耶路撒冷的神廟劃清界限。愛色尼(Essenes)教派與庫姆蘭(Qumran)教派相信，耶路撒冷的神廟已變成唯利是圖而腐化；他們已從聖城退出，分別居住在不同的社區中，例如死海旁邊修道院式的社區便是。他們相信他們正在建造一座不是用手蓋成的神廟。那是一座心靈神廟；他們不用傳統的動物犧牲祭祀，而是以洗禮儀式和共餐的方式洗淨自己，並使罪過得到寬恕。神會選擇居住在一個充滿愛心、情同手足的社區中，而不是在一座石廟裡。

所有巴勒斯坦猶太人中最前進的乃是法利賽人(Pharisees)，他們認為愛色尼教派的應對之道太過菁英主義。在《新約》中，法利賽人被描述為粉白的墳墓，或是顯而易見的偽君子。這是因為第一世紀的辯證方法而造成的扭曲。法利賽人是熱誠虔敬的猶太教徒，他們相信整個以色列都被召喚為一個祭司的國度。神可能在最卑微的人家中現身，也可能在神廟中。因此，他們的角色便好像是官方的神職階級人員，遵守那些只適用於他們家中神廟的特殊淨化律法。他們堅持只在儀式淨化的狀態中進食，因為他們相信每個猶太人的餐桌就像是神廟中的祭壇一樣。他們在每日生活最微小的細節中，都能體會到神的臨在。現在猶太人可以直接接觸到他，而不需透過神職階級或是繁複的儀式。他們可以慈愛對待鄰人的行為而補償他們的罪過；慈善是猶太律法中最重要的一條誡律；當兩三個猶太人一起研究律法時，神便在其中了。

在第一世紀的初期，有兩個敵對的教派興起：其中一個教派是由煞買長老(Shammai the Elder)領導，較富宗教傾向；另一個教派則由偉大的猶太教士希勒爾長老(Hillel the Elder)領導，乃是至今最普遍的法利賽猶太教一支。有個故事說，有一天一個異教徒來見希勒爾，並告訴後者說，假如希勒爾能在他以一隻腳站立之時，背誦完所有的律法，則他便願意改信猶太教。希勒爾回答說：「己所不欲，勿施於人。那就是律法的全部，去學習吧！」

在紀元七十年大災難來臨前，法利賽人已成為巴勒斯坦猶太教最受尊敬和最重要的一個教派；他們已經讓他們的同胞了解到，他們不需要神廟便可崇拜神，下面這個著名的故事便說明了這點：

有一次當教士尤哈南(Yohannan ben Zakkai)從耶路撒冷來，教士約書亞(Joshua)尾隨他而來，並看著殘破的神廟。

「災難降臨到我們身上！」教士約書亞說，「這個原是補償以色列罪惡的地方，現在成了廢墟！」

「我的孩子！」教士尤哈南說：「別悲傷。我們還有和這個一樣有效的救贖方式。它是什麼呢？它就是慈愛的行為，一如所說的：『我要的是慈愛，而不是犧牲。』」

據說在耶路撒冷被佔領後，教士尤哈南被裝在一具棺木中偷運至烈焰沖天的聖城。他反對猶太人的革命，並認為沒有國家，猶太人將會更好。羅馬人允許他在耶路撒冷西邊的雅內(Jabneh)一地建立法利賽人的自治區。類似的社區也在巴勒斯坦和巴比倫建立，而且彼此保持密切的關係。這些社區產生了許多法律學者(*tannaim*)，包括希伯來英雄如教士尤哈南自己、神祕主義教士阿基瓦(Akiva)、教士伊士梅耳(Ishmael)：他們共同編輯完成了猶太口頭律法的法典(Mishnah)，把摩西的誡律變得適於當時的社會。後來有一批稱作阿莫人(*amoraim*)的學者開始註釋這部法典，而產生了一部法典評論稱為他勒目（Talmud，即猶太教《大法典》）。實際上共有兩部他勒目編纂完成：一部是完成於第四世紀末的耶路撒冷他勒目；另一部則是被認為較具權威性、直到第五世紀末才完成的巴比倫他勒目。這個過程不斷持續下去，每一代的學者都在他勒目上加以評論，並對前人的評論提出詮釋。此一對法典思索的過程，並不如外人想像的那樣枯燥乏味。它是對神諭，也就是新的至聖所，無止境的沈思；每一層詮釋所代表的，乃是神駐足於其子民間的那座無形新神廟的圍牆與庭園。

耶和華一向是個超越人世的神祇，他從上而下或由外在來指導人類。是猶太教士和法律學者，使他密切的生活在人群，以及生活最小的細節中。在失去神廟和恐懼另一次放逐的悲痛經驗之後，猶太人需要一個能與他們一起生活的神。猶太教士並未建構任何有關神的正式教義；相反的，他們對他的經驗幾乎是伸手可觸及的。他們的宗教精神被描述成是一種「標準的神祕主義」心態。

在最早期的他勒目法典評論中，對神的體驗乃是神祕的物理現象。猶太教士們在談到創世和使神殿設立的神靈時，把它的存在看成是有如對疾風和烈焰的感覺。另有人則在鐘響聲或急促敲擊的聲音中聽到它。例如，有一天尤哈南教士正坐著討論先知以西結的馬車顯像時，一團火從天而降，而且天使就站在附近。有一個聲音從天而降，肯定了神交付給教士特殊的使命。

由於他們對神存在的感覺是如此的強烈，以致任何正式或客觀的教義都無法正確的表達它。教士們常常說，每個當年站在西奈山腳下的以色列人，各自以不同的方式經驗到神。就像以往一樣，神「依據每個人的理解層次」展現在他們面前。誠如某位教士所說，「神並非以壓迫的方式，而是以人類能接受他的能力來接近人類。」這個猶太教士的宗教見解意指神不能被公式化的描述，彷彿他對每個人都一樣；他實際上是非常主觀的經驗。每個人會依其個別的性情需要，而以不同的方式體會「神」的真實。教士堅稱，每個先知對神的體驗各不相同，乃是因為他們的性格影響了他們對神靈的概念。後面我們將會談到，其他的一神教徒也會發展出類似的概念來。直到今日，猶太教中有關神的神學概念仍是屬於私人事務，並不受到宗教組織的強制規定。

啟發生命奧祕與驚奇的感覺

任何官方的教義都將局限神奧祕的本質。猶太教士指出，他是完全不可思議的。即使摩西也並未能透視神的奧秘；在一長串的研究之後，大衛王承認試圖了解神根本是不可能的，因為他超過人類心靈所能理解的範疇。猶太人甚至被禁止稱呼他的名字，這是提醒我們任何想要描述他的企圖都注定是失敗的；神的聖名書寫成YHWH，在每次讀經時都不可以發聲唸出他的名來。誠如教士胡那(Huna)所說，我們基本上可以欣羨神的行為，但這只是我們對整個真實的驚鴻一瞥罷了；「人們尚且不能了解雷聲、颶風、暴風、宇宙的秩序以及自己本質的意義，他怎敢自大地說能了解萬王之王（神）的行為呢？」神這個概念的本意旨在啟發我們對生命奧祕與驚奇的感覺，而不是找出適當的人生解答。猶太教士甚至警告以色列人，不要在祈禱中太常讚頌神，因為他們的言語是有缺陷而不完美的。

這個超越塵世而又不可理解的存在，是怎樣與這個世界發生連繫的呢？猶太教士以一則矛盾雙關的話，來表達他們這個感覺：「神是世界之所在，而世界卻無神容身之處。」神一如既往的包容涵蓋著這個世界，但是他卻不像生物般的居住在其中。以他們另一個常用來描述神的意象說，神充滿這個世界就像靈魂充滿身體一樣：前者給予後者活力，卻超越後者的局限。他們也把神形容成騎馬的人：當他在馬背上時，必須依賴著馬，但他比馬優越而且是他控制著韁繩。這些只是意象而已，也因此無可避免的不能涵蓋全貌：它們只是對賦予、推動我們生命奧祕，那個巨大而無法定義的「某個東西」，所作的想像描述罷了。當他們提到神在世間的存在時，他們也像《聖經》作者一樣的小心，會將神顯示的痕跡與不可觸及的超越神性奧祕加以區別。他們喜歡神或聖靈「榮光」（*kavod*）這個意象，因為它不斷提醒我們，人類經驗到的神與神性真實的本身並不相符。

榭基那

他們最喜歡用的神的同義詞之一是榭基那（Shekinah），它是從希伯來語字根*shakan*衍生出來的，意思是駐在帳棚裏或搭建帳棚。既然神廟已經毀壞了，在以色列人荒野流浪的歲月中，伴隨他們的神的意象必然表現了神可以接近的一面。有些人說與他子民共居塵世的樹基那，仍然居住在神廟山上，儘管神廟已成一片廢墟。其他的教士則認為神廟的毀壞已使樹基那從耶路撒冷解放出來，使他得以居住在世界的其他地方。就像神聖的「榮光」或聖靈一樣，樹基那並非被想像成是獨立的神性存有，而是神在世間的呈現。猶太教士回顧他們同胞的歷史，發現神一直伴隨著他們：

大家看看以色列人在神面前多受恩寵，因為不論他們到哪裏，樹基那便跟隨著他們。經上說：「當他們在埃及時，我不是就在你天父的房子中顯現自己了嗎？」在巴比倫，樹基那也與他們在一起，經上說：「因為你們的緣故，我被派到巴比倫來。」而當未來以色列人得到救贖時，樹基那也會和他們在一起，就像經上所說：「主，你的神，將解放你們的禁錮。」換言之，神將回來與他禁錮的子民團聚。

以色列與它的神之間的結合是如此的緊密，因此當他在過去救贖他們後，以色列人習於告訴神：「您已救贖了自己。」猶太教士以他們自己特殊的方式，發展出把神與自我同化的意識，這在印度教中稱為真我。

樹基那的意象幫助流亡的以色列人培養出一種神無所不在的感覺。猶太教士說樹基那會從某個流亡猶太部落的會堂跑到另一個會堂；有人則認為它站在會堂門口，當猶太教徒前往會堂研讀室時，祝福他所跨出的每一步；當猶太教徒在會堂一起誦念著：「聽著以色列；耶和華是我們的神，耶和華是獨一無二的！」這段堅定信仰的禱詞（*Shema*）時，樹基那也會站在門口。

和早期的基督徒一樣，以色列人受到猶太教士的鼓勵，把他們自己視為是「同心同德」的團結社群。這個社群便是新神廟，供奉著內在性的神。因此當他們進入猶太會堂，並發出充滿奉獻精神、一心一意而一致的聲調時，他便出現在他們中間了。但是一旦社群欠缺和諧，他便厭惡地返回天上，因為在那裏天使們讚誦神的聲調與旋律是一致而和諧的。神與以色列的高層結合，只有當以色列人之間的低層結合能夠做到，才可能達成；猶太教士常常告訴他們說，當一群猶太教徒一起研究律法時，樹基那便在其中了。

神存在內心

在流亡期間，猶太人感受到周遭世界的殘酷；這種神無所不在的感覺，使他們有如置身在神的慈愛中。當他們把他們的經典（*tfillin*）綁在手上和頂在前額時；當他們穿戴上儀式用的繐子（*tzitzit*）時；以及當他們依申命記所說，把藏有堅定信仰的禱詞釘在門上時，他們不應該試圖解釋這些意義晦澀不明而又特殊的宗教修行。因為這樣會局限了它們的價值。相反的，他們應該要在遵守這些誡律時，使自己沈浸在神慈愛環抱的意識中。「以色列是受神眷顧恩寵的！《聖經》中的各種誡律皆環繞著他：在手與頭上的經匣，門上的禱詞（*mezuzah*），和衣服上的繐子皆是如此。」它們就好像國王賜給王后的珠寶禮物一樣，是要使她看起來更漂亮。那並不容易。

猶太法典評論中顯示，有人懷疑在這個黑暗的世界中，神能發揮多少作用。猶太教士們的宗教觀點與精神後來成為猶太教中的正規，其影響範圍不僅止於逃出耶路撒冷的猶太人，同時也及於那些一直處於離散狀態下的猶太人。這並不是因為它是奠定在一個完美的理論基礎上，因為許多律法的實踐是毫無邏輯意義的。猶太教士的宗教觀能被接受，乃是因為它實用。教士們的宗教見解使得他們的同胞得以免於陷入絕望之中。

然而這種宗教精神只是為男人而設，因為女人不被要求——也因此不被允許——成為教士，研究法典或是在教堂裏祈禱。以神為中心的宗教也和當時其他大多數的意識形態一樣，漸漸變成父權體系。女人的角色在於維繫家中的儀式純淨。猶太人長期以來便以分隔多項不同事物的方式，來淨化神的創世，而在這個概念中，女人被貶低到一個與男人分隔的區域，就像她們在廚房中把牛奶和肉分開一樣。就實際的情況而言，這表示她們的地位被視為低於男人。儘管教士們說女人得到神的祝福，但是男人卻居於主導地位，他們在早晨祈禱中感謝神沒有讓他們成為異教徒、奴隸和女人。但是婚姻卻被視為是神聖的責任，而且家庭生活也是神聖的。

猶太教士在律法上強調婚姻關係的淨化，常常被誤解。在月經期間禁止行房，並不是因為女人被認為骯髒或噁心。禁慾期乃是為了不使男人將他太太視為理所當然：「因為男人有可能變成對他太太過度熟悉，而被她排斥；因此猶太法典中說，她應該（在月事後）有七天不行房（*niddah*），這樣可使她（在禁慾期後）有如新婚第一天那樣，得到丈夫的喜愛。」在節慶日前往會堂前，男人規定要洗淨自己，並不是因為他真的身體不乾淨，而是使他自己更神聖以便參加聖禮。同樣的道理，女人在月事之後也被規定要洗淨自己，以便使自己準備好迎接下一步的聖禮，亦即與她丈夫的性關係。這種把性視為如此神聖的觀念，也許對基督宗教而言頗為陌生，因為它有時把性與神看成是互不相容的兩件事。是的，後來的猶太教徒常對這些猶太教士的禁律賦予負面的解釋，但是猶太教士本身所教導的宗教精神並非悲慘、苦行和否定人生的那一種。

相反的，他們堅稱猶太教徒有責任生活得好和快樂。當《聖經》中的人物如雅各、大衛或以斯帖（Esther）等生病或不快樂時，他們往往將這種情況描寫成神靈「離開」或「遺棄」了這些人。有時當他們覺得神靈離開他們時，他們便會引用詩篇第二十二章的話：「我的神，我的神，你為什麼遺棄了我？」這就使人聯想到當耶穌釘在十字架上時，引用這段話的有趣巧合。猶太教士說，神不願人類受苦。身體必須被看重而且善加照料，因為它是依神的肖像而造的；因此逃避飲酒或性交等享樂，甚至被認為是有罪的，因為神已提供人類這些享受。神不能從苦難和苦行中找到。當他們鼓勵他們的同胞，在實際的生活上「擁有」神靈時，就某種意義而言，他們是要他們的同胞，為自己創造出神的意象。

他們說要區隔神與人類的界限是很困難的。先知們總是以把自己的洞見歸於神的方式，使我們可在這個世界見到神。現在看來猶太教士所投入的，既是人也是神的工作。當他們制定新的律法時，這些律法被視為既是神的，也是他們的。藉著在這個世界上不斷增加法典的數目，他們便擴展了神在這世界存在的範圍，而且使得律法更有效率。他們被尊稱為法典的肉身代表；由於他們在律法上的專業，使得他們比任何人都更「像神」。

這種神存在內心的看法，使猶太教徒把人性視為是神聖的。教士阿基瓦說，「你應愛你的鄰人有如愛你自己」，這個誡律乃是「法典中偉大的原則」。攻擊人類同儕乃是對神的否定，因為神是以自己的肖像造了人。這個原則也可以運用到無神論上面，因為它是刻意漠視神存在的一種褻瀆。因此謀殺是所有犯罪中最嚴重的，因為它是背逆天理的行為。「《聖經》中教導我們，不論是為何而使人類流血，都會被認為是減損了神的神聖肖像。」幫助他人則是一種模倣神（*imitatio dei*）的行為：它是神仁愛與慈悲的再現。因為我們都是依神的肖像而造，所以我們都是平等的；即使是高級的神職人員傷了人，也應該被責打，因為這種行為等於是否定神的存在。神創造了第一個獨立的人亞當，就是教導我們不論是誰毀滅了個體的生命，都將被視為是毀滅了整個世界一樣的受到處罰；同樣地，救一條生命便是救贖了整個世界。這不僅只是一種陳義過高的激情，而是基本的律法原則；它的意義是，沒有任何人可以因為屬於某個團體的緣故而被犧牲。例如有計畫的集體屠殺便是一例。侮辱他人，甚至包括異教徒或奴隸，被視為是最嚴重的冒犯，因為那等於是謀殺，是否定神的肖像的悖逆天理行為。

自由的權利是很重要的；在整個猶太律法文獻中，我們很難找到一個有關囚禁的描述，因為只有神可以束縛人類的自由。散播他人醜聞也等於是否定神的存在。猶太教徒並不把神看成是控制一切的大哥(a Big Brother)，不斷從上面監控我們的每個行為；相反的，他們所要的是在每個人身上培養出對神的感覺，以便使我們與他人相處的一切行為都成為神聖的接觸。

動物要以牠們的本性生存並不困難，而人類要發揮本性成為一個完整的人似乎困難。以色列的神有時似乎鼓勵最不聖潔、最不符合人性的暴行。但是經過好幾世紀的演變，耶和華已成為可以幫助人們開發慈悲，以及尊重他人的一個觀念。此一強調慈悲與尊重他人的精神，一直是軸心時代宗教的具體象徵。猶太教士的理想接近一神宗教（以神為核心的宗教）的第二類型，它們完全是淵源於同一個傳統。

照射異邦人之光

A LIGHT TO THE GENTILES

馬可福音

就在斐羅在亞歷山大港宣揚他柏拉圖式的猶太教，以及當希勒爾和煞買等人在耶路撒冷為教義爭論不休的同時，一位深具魅力的信仰救星，也在巴勒斯坦北部開始了他的宗教生涯。我們對耶穌所知甚少。第一份有關他一生的描述是馬可福音，其寫作日期乃是紀元七十年，大約是在他死後的四十多年。在那個時候，有關耶穌的史實，已經與他對信徒講道所用的神祕成分混淆不分了。馬可福音中所傳達的正是耶穌這層講道的意義，而不是客觀直接的描述他。最早的基督徒視他為新的摩西、新的約書亞，也就是新以色列的建國者。

像佛陀一樣，耶穌似乎把他同代人某些最深刻的宗教理念濃縮簡化，而且賦予困擾猶太人數世紀的夢魘正面意義。在他的一生中，許多巴勒斯坦的猶太人相信，他就是彌賽亞。他騎驢進入耶路撒冷，也被推崇為大衛之子，只是在數天之後，他便被羅馬人釘死在十字架刑。儘管彌賽亞像普通罪犯一樣的死去是件不名譽的事，但是他的徒弟不相信他們對他的信仰是錯誤的。

謠言傳說他死而復活。某些人說他的墓穴在他死後三天被發現是空的；其他人則親眼看見他，在某個場合有五百個人同時看到他。他的徒弟相信他會很快回來就任神的彌賽亞王國，因為此一信仰並非異端邪說，他們的教派便被包括希勒爾的孫子，也是偉大的律法學者之一的教士迦瑪列(Gamaliel)在內的人，接受為正宗的猶太宗教。他的信徒和完全遵守誡律的猶太教徒一樣，每天在神廟中膜拜。但是這個受到耶穌出生、死亡和復活啟發的新以色列，最終會成為一個異邦人的信仰，它會發展出自己對神的一套獨特的概念。

大約在耶穌去世的紀元三十年左右，因為猶太人是熱情的一神教徒，所以沒有人會把彌賽亞當成是神一樣的人物，他只是個普通人，頂多是個特別的普通人罷了。某些猶太教士認為，神從頭到尾都知道他的姓名與身分。因此就這點而言，彌賽亞可以被象徵性的說成是自太初以來便「與神在一起」了；這與《舊約》箴言和傳道書(Ecclesiasticus)中用來描述具有神聖智慧人物的方式是一樣的。猶太人所期待的彌賽亞，也就是救世主，乃是大衛王的後裔。而大衛王乃是在耶路撒冷建立第一個獨立猶太王國的國王與精神領袖。詩篇有時稱大衛王或彌賽亞為「神之子」，但這只不過是表達他與耶和華間的親密關係罷了。自以色列人從巴比倫返回後，沒有人想像耶和華像異邦人可厭的神祇般真有個兒子。

出版最早，一般被認為是最可靠的馬可福音，把耶穌描述成一個完全正常的人，生在一個有眾多兄弟姊妹的家庭。沒有天使宣告他的誕生，也沒有天使在他的搖籃上唱聖歌。在他的嬰兒期和青春期也沒有任何方面有突出的表現。當他開始施教時，他在拿撒勒(Nazareth)的鄉親感到驚異，本地木匠的兒子竟能變成一個這樣的天才。馬可從耶穌的宗教生涯開始敘述。他可能原來是受洗者約翰(John the Baptist)的徒弟；受洗者約翰是一個四處流浪的苦行者，可能曾經屬於愛色尼教派，因為約翰也把耶路撒冷的猶太教組織視為是無可救藥的腐化，而且在講道中發表斥責他們的言論。他極力鼓吹大眾懺悔並到約旦河中接受愛色尼教派受洗淨化的儀式。路加(Luke)認為耶穌和約翰實際上是有關係的。耶穌從拿撒勒一路長途跋涉到猶大，便是要讓約翰為他授洗。誠如馬可告訴我們的，「當他從水中出來時，他便看到天裂開，而聖靈就像鴿子般降臨在他身上。而且從天上來的聲音，『你是我的兒子，我可愛的；我喜悅你。』」施洗者約翰立即認出耶穌是彌賽亞。接下來我們所知道有關耶穌的事，就是他開始在加利利(Galilee)各城鎮與村莊，到處宣揚「神的天國已經來到了！」

法利賽人

有關耶穌傳教任務的本質究竟為何的問題，曾有許多不同的臆測。《四福音書》中很少直接記載他所說的話，其中的材料受到他死後聖保羅成立教會的晚期發展影響很大。然而仍有線索可以指出他的宗教生涯，基本上符合猶太宗教的本質。有人指出，在加利利一帶的信仰治療者(faith healer)是大家熟悉的宗教人物：像耶穌一樣，他們行乞托缽、講道、治療患者、並為人驅邪。另一點和耶穌一樣的是，這些加利利的聖人常常擁有許多女弟子。另有人論證說，耶穌可能是與希勒爾同屬一派的法利賽人。改信基督教前宣稱自己是法利賽人的聖保羅，據說一度也曾在教士迦瑪列身邊學習。耶穌的教導當然與法利賽人主要的教義是一致的，因為他也相信良善與慈愛是最重要的誡律。像法利賽人一樣，他也遵守律法，而且據說他所教授的誡律，比他同時代的許多人還要嚴謹。他也教授另一版本的希勒爾金科玉律(Hillel's Golden Rule)：他說整個的律法可以綜合成一個主要的宗旨，亦即己之所欲，施之於人。在馬太福音中，耶穌被描述成是對「經師與法利賽人」(Scribes & Pharisees)作出強烈而並無教訓意義謾罵的人；在耶穌口中，他們乃是沒有價值的偽君子。除了誹謗的扭曲事實與兇惡的違反耶穌自己強調良善的宗教使命外，其餘對法利賽人的殘酷否定，也幾乎確定是不真實的。例如路加在路加福音和使徒行傳中，都對法利賽人讚賞有加。而且如果法利賽人真如耶穌所言，是把他迫害至死、不共戴天的仇人，那麼聖保羅也不可能會誇耀自己的法利賽背景。馬太福音中反猶太人的基調，反映出紀元八〇年代間猶太教徒與基督教徒間的緊張關係。《四福音書》常常有耶穌與法利賽人爭論的描述，但是這些討論要不是善意的，就是反映與另一嚴刻的煞買教派間的歧見。

神之子

耶穌死後，他的追隨者決定追認他是神聖的。這個決定並未立即發生；下文我們會了解，耶穌成為取了人形的神，直到紀元第四世紀方才最後定案。基督宗教信仰道成肉身(the

Incarnation），乃是一個漸進、複雜的發展過程。耶穌本人確實從未自稱是「神」（上帝）。當他受洗時，被天上的聲音稱為神之子，但這或許只能證明他是令人敬愛的彌賽亞。這種由天上而來的宣告，並沒有特別反常之處；猶太教士就常常經驗到這類現象，它是替代先知天啟的另一種靈感啟發，他們稱之為巴闊（*bat qol*，原意是天音之女）。教士尤哈南便曾聽到肯定他自己使命的巴闊；有一次聖靈便以火的形式降臨到他和其弟子身上。耶穌一向稱自己為「人子」。這個頭銜曾引起許多爭議，但是這個亞蘭語（Aramaic，耶穌所用的方言）原來的意思只是強調人類的弱點與必朽罷了。假如事實確是如此，耶穌似乎在強調他是個脆弱的人類，終有一天也會受苦和死亡。

《四福音書》告訴我們，神賦予耶穌某種神聖的「力量」，因此儘管他的生命也如常人一般有限，卻使他能夠像神一般的治癒病患和赦免罪過。於是當人們看見耶穌的舉止行為，就對神有了活生生的印象。他的三名弟子宣稱，有一次他們非常清楚地看到神蹟。這個故事在「對觀福音書」（亦即馬太、馬可、路加三書，可相互參照）中都有記載，而且對後世的基督徒非常重要。這個故事告訴我們，耶穌帶著彼得、雅各和約翰三人到一座非常高的山上，傳統上認定這座山乃是加利利的他伯山（Mt. Tabor）。在那裏耶穌於他們的面前「轉變他的形象」；「他的臉明亮得像太陽，而衣裳則潔白如光」。分別代表律法與先知的摩西和以利亞，突然在他旁邊出現，並和他交談。彼得被此一景象震懾住了，不知他在大聲喊叫什麼，只知道他提議搭建三座帳棚以紀念這個景象。就在此時，忽然有一朵像當年降臨在西奈山上的雲遮蓋了山頂，並有巴闊宣告說：「這是我的愛子；我喜悅他，你們要聽從他。」數世紀之後，當希臘的基督徒沈思此一景象的意義時，認為是神的「力量」光芒穿透耶穌而使他變形。

他們也附記表示，耶穌從未宣稱這些神聖的「力量」只有他一個人擁有。耶穌一次又一次的告訴他的弟子們，只要他們有「信仰」，他們也可以分享這些「力量」。當然他所謂的信仰並不是指相信一套正確的神學，而是開發自己對神臣服與開放的內在態度。假如他的弟子們能夠毫無保留的把自己開放給神，他們就能夠做到他所能做的每件事。就像猶太教士一般，耶穌不相信聖靈只是為了某些特權菁英，而是為了所有善心的人；在某些篇章中，耶穌和猶太教士們一樣，甚至認為即使是異邦人也可以接受到聖靈。假如他的弟子有此「信仰」，那麼他們將能做出更偉大的事。他們不僅能赦免罪過和驅邪，更能夠移山填海。他們會發現，他們脆弱、必死的生命，已經被彌賽亞王國中存在的神的「力量」所轉變。

在他死後，弟子們並未放棄相信耶穌呈現神的肖像的信仰。從很早以來，他們便開始以他為祈禱的對象。聖保羅相信神的力量應該要讓異邦人接觸到，於是便在今日的土耳其、馬其頓和希臘等地宣傳福音。他相信非猶太教徒即使沒有完全遵守摩西的律法，也可以成為新以色列王國的成員。這個想法觸怒了那些想要維繫此信仰為純粹猶太教派的早期弟子們，因此在一場激情辯論之後，他們便與保羅分道揚鑣了。然而大部分改變信仰追隨保羅的人，要不是流亡的猶太人就是所謂的「神的敬畏者」，因此所謂的新以色列王國基本上仍然是猶太人的。保羅從未稱耶穌為「神」（上帝）。他以猶太教的意義稱他為「神之子」。他顯然不認為耶穌是降生成人的神；他只是擁有神的「力量」與「聖靈」，而這只是神在世間活動的表現，不應該與不可觸摸的神的本質混為一談。

不意外的是，在異邦人世界中的新基督徒，並未一貫的保留這個區別，以致強調自己脆弱、必朽的耶穌，最終便被相信是神聖的。耶穌是道成肉身之神的教義，一直令猶太教徒感到反感，而且後來伊斯蘭教徒也認為它是褻瀆的。這是一個相當難懂的教義，而且帶有某種危險；基督徒的詮釋通常生硬難解。然而此一道成肉身的教義，在宗教史上是一相當常見的主題。在下文中我們會了解，即使猶太教徒與伊斯蘭教徒，也發展出某些屬於他們自己而與此十分相似的神學來。

我們可以簡要看看同時期在印度的某些發展，以了解把耶穌神聖化這個令人驚訝行為背後的宗教動力為何。在佛教和印度教中，也曾一度積極地把以人身顯示的佛陀和印度教神祇，提高為可供崇拜的神聖存在。這種個人的奉獻被稱作巴諦（*bhakti*），似乎表達了人類對人性化宗教的永恆渴望。它是個全新的方向，而且也被融入這兩種信仰中，卻未損及最基本優先的教義。

人人皆可成佛

佛陀死於紀元前六世紀，人們自然希望有個紀念他的東西，但是他們覺得建造佛陀的塑像是不適當的，因為在涅槃中他已不是我們概念想像中的「存在」。然而人們對佛陀個人的敬愛仍然繼續發展，而且欲效法他覺悟後偉大人格的需要也愈來愈強，以致在紀元前一世紀，佛陀最早的塑像出現在印度西北部的甘達拉(Gandhara)以及柔納河(Jumna River)畔的馬東拉(Mathura)二地。佛陀塑像的力量與啟發，在佛教精神中佔有極重要的地位，儘管這種對自我之外的事物的奉獻，與釋迦摩尼佛所教導的內在修持有很大的不同。所有的宗教都在不斷的變化和發展中。若非如此，它們便會成為歷史陳蹟。

大多數的佛教徒認為巴諦修持法（亦即對特定佛像奉獻自己的愛）極為有價值，而且覺得它提醒他們勿忘某些正在失去的重要真理。當佛陀最初澈悟時，我們都知道他本來想把他澈悟的道理帶著一起進入涅槃，但是由於他對受苦難人類的慈悲，使他奉獻了後來的四十年講說解脫之道。然而在紀元前一世紀，那些隱居在寺院中追求自己涅槃解脫的佛教僧侶，似乎與佛陀的慈悲精神背道而馳。此外修道禁慾的生活也是個令人望而卻步的理想，並不是大多數的人所能做到的。在紀元第一世紀期間，一種新的佛教英雄典範開始浮現；那就是為追求佛道，而甘願犧牲自己、延遲自己涅槃解脫以成全他人的菩薩。他願意忍受輪迴再生以解救痛苦的人們。誠如紀元前一世紀集結的般若經（有關超越而完美智慧的講道）所解釋，菩薩：

> 不願進入他們自己的涅槃。相反的，他們深知生命的痛苦，而且渴望達到無上正覺，他們對生死輪迴毫不畏懼。他們的一切是為了世界的利益、為了減輕世界的苦難，而且是來自他們對世界的同情。他們下定決心說：「我們願作世界的避難所，休息地、最終的歇息處、海中的孤島、明燈、以及世人解脫的指引。」

此外，菩薩已修證得到無限的能力，可以幫助資質較差的眾生上求佛道。祈求菩薩的人可以轉生到佛教宇宙觀中的淨土去，那裏有較好的條件可使覺悟更加容易。

這些佛教經典強調，不要依表面的意思加以詮釋這些觀念。它們和世上普通的邏輯或事件毫無關連，只是更深奧難懂真理的象徵。在第二世紀早期，建立空宗中觀學派的龍樹，運用矛盾與辯證的方法證明日常概念性語言的局限性。他認為終極真理只能透過靜坐冥思的直觀心理訓練才能了解，即使佛陀教授的內容也是約定俗成的人為觀念，與他所要傳達的真實是不能畫上等號的。接受這套哲學的佛教徒，便發展出凡是我們經驗到的事物皆是幻象的看法；在西方這種哲學稱之為觀念論者。絕對真理，亦即所有事物的內在本質乃是空的，是無，沒有一般意義下所謂的存在。空很自然的便與涅槃畫上等號。自從釋迦摩尼佛證入涅槃後，佛教徒相信他已經以某種無法言喻的方法「成為」涅槃，而與絕對的真理相同。因此任何求證涅槃的人也同時在求成佛。

我們不難看出這種對佛陀與菩薩的奉獻（*bhakti*）的概念，和基督徒對耶穌的奉獻是類似的。它使得信仰能夠讓更多人接觸到；也正如保羅所希望的，能使猶太教讓異邦人接觸到。在同一期間，印度教也出現類似的巴諦修持，他們把重點放在印度教最重要的二個神祇身上，亦即濕婆（Shiva）和毗濕奴（Vishnu）。在印度教中，大眾奉獻的修持再一次證明比《奧義書》的嚴謹哲學影響更大。實際上，印度教徒發展出了一套三位一體的理論，亦即梵天（Brahman）、濕婆與毗濕奴，分別代表了唯一而不可言喻真實的三個象徵或面向。

有時通過濕婆神所代表的意象，更有助於冥思神的奧祕，因為他是代表善惡矛盾、興衰交替的神祇，同時是創造者、也是毀滅者。在大眾流行的傳說中，濕婆也是個偉大的瑜伽士，所以他也以靜坐冥想的方式教導他的信徒超越個人對神的概念。毗濕奴神通常較為和善而有趣。他喜歡以各種不同的化身（*avatars*）顯示給人類。其中一個比較有名的化身乃是克里希那（Krishna），他生在一個貴族家庭，卻以牧牛人的生活方式被撫養長大。流行的傳說中喜歡提到他對牧牛女的調情部分，神描述成愛靈魂的人。當然，當毗濕奴神在《薄伽梵歌》（*Bhagavad-Gita*）中以克里希那的身分出現在阿朱那王子（Prince Arjuna）的面前時，卻是一個令人恐怖的經驗：

> 我在你的身體中
> 看到衆神，神啊，
> 也看到成群的各式生物：
> 宇宙的創造者梵天，
> 坐在他的蓮花王座上，
> 還有先知們及天上的蛇神。

每件事物都可以在克里希那的身體中找到：他無始無終、充滿空間，也涵括了所有可能的神祇，包括號叫的暴風神、太陽神、智慧神與掌管祭禮儀式的神。他同時也是象徵人類本質不屈不撓的精神。所有的事物就像河流注入大海、飛蛾撲火一般的流到克里希那身中。當阿朱那王子看到這個「恐怖的」景象時，只能不住的顫抖，而完全失去了自己高貴身分應有的舉止。

巴諦的發展代表人們根深柢固對終極的事物，有建立某種位格際關係的普遍需要。雖然印度教中已有完全超越的梵天，但它的危險可能會像古代的蒼天之神（Sky God）一樣，變成不可掌握的純淨，以致在人們的意識中逐漸的淡化。佛教的菩薩以及印度教中毗濕奴化身的概念演化，似乎代表了宗教觀念另一階段的發展，它乃是人們堅持絕對的神要以人的形式出現的反映。這些象徵性的教義與神話，不認為絕對的真實只能以單一神靈出現，相反的，他們認為宇宙中有許多佛和菩薩，也有毗濕奴和他各種不同的化身。這些神話同時也表達了人類的另一個理想，亦即人類有朝一日是可以澈悟或成為神祇的，因為那是他固有的潛能。

耶穌之死

到了紀元第一世紀，猶太教也產生類似這種對內在神性的需求。耶穌這個人物似乎便反映了這個需求。最早的基督教作家，也是今日基督宗教開創者的聖保羅，相信耶穌已取代猶太法典的地位，而成為神在世間的主要顯示。我們很難確切知道他這句話的涵義。保羅的書信乃是針對某些特定問題的隨機答覆，並不是有系統的神學解釋。但他確實相信耶穌是彌賽亞：基督(Christ)這個字乃是希伯來文救世主(*Massiach*)的譯文：受膏者。保羅也談到耶穌這個人，然而耶穌是不同於凡人的人物，儘管身為猶太人的他並不相信耶穌就是神成為肉身。他常常用「在基督中」來描述他對耶穌的體驗，基督徒便是活「在基督中」的人；他們已經通過洗禮而進入他的死亡中；教會也因此成為他的身體。保羅並不是以邏輯方式來陳述這項真理。就像許多猶太人一樣，他對希臘的理性主義並不重視，而且還把它說成是「愚蠢的」。他所謂「我們的生命、活動和存在」都在基督中，所指的乃是一種主觀而神祕的經驗。耶穌乃是保羅宗教經驗的泉源，因此他談論耶穌的方式，就好像他同時代某些人談論神祇的方式一樣。

當保羅解釋他所接收到的信仰時，他說耶穌已經「為我們的罪過」受難和死亡了。這個說法顯示，最早期的耶穌門徒因為耶穌之死的震撼，而把他的死亡解釋成對人類有好處。在第九章中，我們會提到十七世紀時另外一些猶太人以類似的解釋來說明另一位彌賽亞的不名譽之死。早期的基督徒覺得基督必定以某種神祕的方式活著，而且他所擁有的「力量」也如他所承諾的存在人們的身上。我們從保羅的書信中得知，最早的基督徒擁有各式各樣顯示新人性即將到來的超凡經驗：有人變成信仰治療者，有人用天上的語言說話，其他的人則傳達他們相信是從神得到啟示的預言。早期的教會活動是喧鬧而富於精神感召的，與今日各堂區教堂高雅的祈禱頌歌相比，是截然不同的。耶穌之死似乎確實對人們有好處，它釋放出一種「新生活」和「新創造」，這是保羅書信中的一大主題。

然而耶穌受十字架刑救贖亞當原罪的事件，並沒有詳細的理論加以解釋；下面我們會提到，這方面的理論一直到第四世紀才出現，而且只有在西方世界才有其重要性。保羅和其他《新約》作者，對他們經驗到的救贖體驗，從未試圖給予精確的解釋。而基督為人類犧牲而死的觀念，與當時在印度發展出來的菩薩理想，有異曲同工之妙。和菩薩一樣，基督事實上已成為人類與絕對真實間的中介者。與菩薩不同的地方在於，基督是唯一的中介者，而且他所成就的救贖不是在未來尚未實現的理想，而是已經完成的事實。保羅堅稱耶穌的犧牲是獨一無二的。雖然他相信他代替他人所受的苦難是有益人群的，但保羅卻很清楚，耶穌的受難與死亡是另一種意義完全不同的境界。這裏有個潛在的危險。無數的佛與深奧難懂而又矛盾的神祇化身，都在提醒宗教信仰者，終極真實不可能以任何單一的形式充份的表達出來。基督教中唯一的神降生的教義，意味著無窮無盡的神聖整體真實「已經」由某個人顯現，因此可能會導致一種不成熟的偶像崇拜。

耶穌曾堅稱神的「力量」並不是只賦予他一個人。保羅更進一步闡揚這個觀點說，耶穌是嶄新人性的第一個具體例證。不只是因為他成就了所有古以色列未能做到的事，而且他已經成為新的亞當，也就是包括異邦人在內的所有人類都將參與其中的新人性。這與佛教徒的信仰也不無相似之處，因為所有的佛已與絕對真實合而為一，而人類的理想就在於參與佛性。

在他寫給腓立比(Philippi)教會的一封信中，保羅引用了一首被認為是最早期基督教的讚美詩，其中提到某些重要的問題。他告訴他的皈依者，必須要具有與耶穌一樣的自我犧牲精神，

他本有神的本質
卻不強自以為與神同等。
反而空虛自己，
取了奴僕的形像，成為人的樣子；
既然成了人，就自甘謙卑，
甚至接受死亡，死在十字架上。
因此神高舉他，達於至高，
賜給他那超越一切的名號。
天上、人間和地下的眾生，
都應因耶穌之名屈膝。
而且無不口稱耶穌基督為主（*kyrios*），
使榮耀歸於父神。

——腓立比書，二：6～10

這首讚美詩反映了最早期基督徒的信仰，他們相信耶穌在「自我空虛」（*kenosis*）成為人類之前，也就是像菩薩一樣決定與人類共同承擔苦難之前，他曾經先「與神」共享過某種存在。保羅因為過傾向猶太傳統，以致無法接受基督是除了神（YHWH）外，自永恒以來便存在的第二個神明。這首讚美詩指出，在神讚美、提升並授予他主（*kyrios*）的名銜後，他仍然與神謙卑的保持距離。他自己不能堪當這個名銜，只能為了「天父的榮耀」而接受之。

長久等待的彌賽亞

大約在四十多年後，聖約翰福音書（大約紀元一百年左右）的作者也提到類似的說法。在他的序言裏，他把聖言（*logos*）描述成「自開始便與神同在」而且是創世的代理人，經上記載：「通過他，所有的事物便生出，沒有一件事物不是通過他而存在的。」此處作者所使用的希臘字*logos*，與斐羅的用法顯然與巴勒斯坦的猶太教較接近，而與希臘化的猶太教有所不同。約在此時編輯而成的希伯來經典他爾根（*targums*）的亞蘭語翻譯本中，神諭（*Memra*, word）這個字是用來描述神在這個世界的活動。它與其他專有名詞如「榮光」（glory）、「聖靈」與「榭基那」（Shekinah）代表相同的意思，都在強調塵世出現的神與不可理解真實的神本身是有區別的。就像神的「智慧」一樣，聖言（the Word）象徵神原有的創世計畫。當保羅與約翰把耶穌描述成彷彿有某種前生時，他們並非把他看成是後期三位一體神學概念中的第二個神聖的「位」。他們只是指出耶穌已經超越了時間與個人存在的形式。因為他代表的「力量」與「智慧」乃是從神那兒衍生出來的活動，所以他已經以某種方式表達出「那些從太初以來便已存在的東西」了。

這些觀念在嚴格的猶太教架構下是可以理解的，不過後來帶有希臘背景的基督徒會以不同的方式詮釋它們。在紀元一百年完成的《使徒行傳》中，我們可以看到早期基督徒的一神概念仍然是猶太教的。在基督教的聖靈降臨節(Pentecost)慶典，當數以百計的猶太人從各個流亡地回來，聚集在耶路撒冷慶祝從西奈山接收的律法贈禮時，聖靈便降臨在耶穌的同伴間。

他們聽到「好像從天上來的強風……而且還有看起來像是火舌的東西」。聖靈向這些早期的猶太基督徒顯現它自己，就好像它顯現給他們同時代的猶太律法學者(*tannaim*)一樣。這些門徒於是立刻衝到外面，並開始對來自「美索不達米亞、猶大、卡帕多西亞(Cappadocia)、龐特斯(Pontus)和亞洲、佛里幾亞(Phrygia)與邦腓利亞(Pamphylia)、埃及與西利奈(Cyrene)附近部分的利比亞(Libya)」等地的猶太人和神的敬畏者組成的群眾講道。讓他們感到驚異的是，每個人都聽到門徒們以他自己的語言講道。當彼得起立向群眾說話時，他把這個景象描述成是猶太教的頂點。先知們曾預言，當神把他的聖靈灑向人類的那天，即便是女人與奴隸也會有心象感應，並且會作夢。這一天便是彌賽亞王國在世上出現的一天，也是神與人們在塵世共同生活的時候。彼得並未宣稱拿撒勒的耶穌是「神」(上帝)。

他「是個人，是『神』（上帝）派遣給你的人；通過神蹟與預兆，他在你們中間表現出『神』（上帝）的力量。」在他悲慘的死亡後，「神」（上帝）又重新讓他復活，而且「以『神』（上帝）的右手」把他提升到非常高的地位。先知與詩篇的作者都曾預言這些事件；因此「整個以色列家族」可以確定耶穌便是長久等待的彌賽亞。這個演說顯然是早期基督徒的訊息（*kerygma*）。

基督宗教的強大

第四世紀末，基督宗教就已在上面使徒行傳作者所列述的地方變得強大，它就在吸引許多神的敬畏者和新入教者的猶太人流亡地教堂生根茁壯。保羅改革後的猶太教顯然回應了他們面臨的許多兩難問題。他們同時也「說許多言語」，缺乏統一的聲音和一致的立場。許多流亡的猶太人把耶路撒冷的神廟看成是原始、野蠻、彷彿浸透在動物血水中的機構。使徒行傳在司提反（Stephen）的故事中保留了這個觀點。司提反是改信耶穌教派的希臘猶太人，後來因褻瀆被猶太的統治公會（the Sanhedrin）用亂石打死。在他最後充滿熱情的演說中，司提反宣稱耶路撒冷的神廟是對神之本質的一種侮辱；他說：「至高的神不住在人們所建的家中。」某些流亡的猶太人在耶路撒冷神廟被毀後，接受了由猶太律法教師發展出來的《大法典》式猶太教（Talmudic Judaism）；其他的人則發現基督宗教解答了他們對律法的地位以及猶太教的普遍性等問題。當然它對神的敬畏者最具吸引力，因為他們沒有遵守六百一十三條誡律的負擔，便可以成為新以色列的成員。

在第一世紀期間，基督徒像猶太教徒一樣不斷的思考神，並向他祈禱；他們像猶太律法學者一樣的爭論，而且他們的教堂也和猶太會堂類似。在紀元八〇年代當基督徒拒絕遵守律法，而被正式逐出猶太會堂時，他們與猶太教徒產生了某些針鋒相對的辯論。我們已知猶太教在第一世紀的前幾十年，吸引了許多人改信該教，但是在紀元七十年後，當猶太人與羅馬帝國發生摩擦時，他們的地位便下滑了。神的敬畏者背叛猶太教而轉投基督宗教，使得猶太人對改變信仰者抱持懷疑的態度，而且他們不再急於改變信仰。原先對猶太教感興趣的異教徒，現在轉而對基督宗教感興趣，但他們大部分是奴隸和低階層的人。直到第二世紀末，受教育的異教徒才開始成為基督徒，而且可以將此一新宗教介紹給抱持懷疑態度的異教世界。

向鄰族伸出雙手

在羅馬帝國，基督宗教最初被視為是猶太教的一支，但當基督徒清楚的宣稱他們不再是猶太會堂的成員，他們便被輕蔑的看成是打破祖先信仰、觸犯不孝重罪的宗教狂徒。當時羅馬的社會風氣十分保守，看重家長與傳統習俗的權威。「進步」的意思是回歸遠古黃金時代，而不是無懼的向未來挺進。不像我們社會對變遷已是司空見慣，當時有意的與過去脫離，並不被視為是具創造性的。創新被視為是危險而具顛覆性的。羅馬人對推翻傳統限制的群眾運動感到疑慮，而且決定保護他們的公民，使他們免於受到這些宗教的「騙子」之欺騙。然而帝國中潛藏有一股不安與焦慮的氣氛。

生活在一個幅員遼闊的國際帝國，使得傳統的神祇變得微不足道而不適合實際需要；而且人們對陌生而令人困擾的外來文化開始有所認識。他們於是尋找新的精神解脫之道。東方的宗教派別這時引進了歐洲；伊西絲(Isis)和塞麥勒(Semele)等神祇，與羅馬的傳統守護神並列供人膜拜。在第一世紀期間，這些新的神祕宗教提供給這些入門信徒救贖的機會，以及有關來世的祕密知識。但對這些新宗教的熱情卻沒有一項威脅到舊有的秩序。東方宗教的神祇並不要求信徒徹底改變信仰，也不要求否定原有熟悉的宗教禮儀，而是像新的聖人一樣提供嶄新的觀點以及擴大視野。只要你喜歡，可以隨意加入各種不同的神祕教派。只要他們不威脅到既有神祇的地位，而且保持相當合理的低姿態，神祕宗教便會得到容忍而被吸納入既有的秩序中。

那時沒有人期望宗教挑激或能提供人生的意義以答案。人們轉向哲學去尋求那種覺悟。當近古的羅馬帝國之時，人們拜神是為了在危機時求助，為求國泰民安，或為了懷舊，藉此體會自己與過去的連繫。宗教是有關崇拜、儀式的事務而非觀念；它是依據情緒，而非意識形態或有意採用的理論。這種態度在今日看來並不陌生：我們社會中參加宗教活動的許多人，並不是對神學有興趣，他們並不希望有太奇異的事發生，也不喜歡變遷。他們覺得既有的儀式提供他們與傳統的連繫，而且使他們有一種安全感。他們並不期盼從講道中得到任何高明的觀念，而且會對儀式的改變感到不安。

許多近古時代的異教徒也和他們數代之前的祖先一樣，喜歡崇拜傳統的神祇。古老的儀式給他們一種認同感，一種慶祝當地傳統的感覺，以及一種似乎事情會像過去一樣的保證。文明是脆弱的成就，似乎不應任意的漠視保護它的守護神，以免使它受到威脅。假如一個新的教派準備要廢除他們祖先的信仰，他們自然會隱約覺得受到威脅。因此基督宗教在這兩方面都很不利。它沒有猶太教令人尊重的傳統，也沒有異教徒吸引人的儀式，使人易見和欣賞。它同時是帝國潛在的威脅，因為基督徒堅稱他們的神才是唯一的神，其他的神祇只是假象罷了。在羅馬傳記作家綏妥紐(Gaius Suetonius, 70-160)眼中，基督宗教似乎是個非理性而怪異的運動，是新而邪惡的迷信(*superstitio nova et prava*)，正因為它是「新的」，所以才是「邪惡的」。

受過教育的異教徒是從哲學而非宗教尋找覺悟。他們所崇拜的聖人與傑出人物，乃是遠古時代的哲學家如柏拉圖、畢達哥拉斯(Pythagoras)和伊比泰特斯(Epictetus)等人。他們甚至把他們看成是「神之子」，例如柏拉圖便被尊稱為太陽神阿波羅之子。哲學家對宗教抱持一種冷靜尊重的態度，但基本上把它看成是截然不同於哲學的活動。他們不是象牙塔中枯燥乏味的學者，而是負有任務且急於要吸引他人加入某個學派的訓練，以解救他們靈魂的人。蘇格拉底與柏拉圖對於哲學，都曾近乎「宗教的態度」，覺得他們的科學與形上學的研究，使得他們得見宇宙的光輝。因此到第一世紀結束前，有智慧、有思想的人便轉向他們尋求人生意義的解釋，勵志的哲學以及倫理的推力。基督宗教看起來似乎是個野蠻的信仰。基督宗教的神似乎是個殘忍而原始的神祇，他不斷非理性的干涉人類事務；他與遙遠而不變的亞里斯多德等哲學家的神毫無共同之處。把柏拉圖或亞歷山大一世等天賦異稟者說成是神之子是一回事，但對在羅馬帝國暗巷中慘死的猶太人而言，則是另一回事了。

柏拉圖主義(Platonism)是近古時代最受歡迎的哲學之一。第一與第二世紀的新柏拉圖主義學者對柏拉圖的倫理與政治思想並不感興趣，卻對柏拉圖的神祕主義傾向著迷。他的學說幫助哲學家了解他真正的自己，使他解脫身體的束縛，而上升到神的世界。它是個崇高偉大的理論體系，把宇宙看成是連續而和諧的整體。太一存在於這個偉大存有之鍊的最頂端，寧靜的沈思自己而不受時間與變遷的干擾破壞。所有的存在都是從太一衍生出來，乃是它純粹存在的必然結果；從太一流出各種永恆的形式，然後再由它們賦予太陽、星星、月亮動力，各自在其範疇內運轉。最後被視為是太一天使般使者的諸神，便把神聖的影響力傳送給地上的人類。柏拉圖主義學者不需要野蠻的神祇故事，故事中的神忽而決定創造世界或者漠視既定的層級，而直接與某個特定的人類團體溝通。他不需要那種藉彌賽亞被釘死在十字架上而得到的怪誕救贖。因為神賦予所有事物生命，他與神是直接相連的，因此哲學家可以按部就班的透過自己理性的努力，而上升到神性的世界。

基督徒要如何把他們的信仰解釋給異教世界呢？結果似乎是兩頭落空，它既非羅馬人概念中的宗教，也非哲學。此外，基督徒也許會覺得很困難把他們的「信仰」條列出來，而且也未有意要演化出一套獨特的思想體系來。在這點上他們與異教徒的鄰族是類似的。他們的宗教沒有體系嚴謹的「神學」，頂多只能把它描述成是經由縝密鍛鍊產生的一種自我投入的態度。當他們誦念他們的信經(creeds)時，並不是在贊同一套命題。例如*credere*這個字似乎是從*cor dare*這個字衍生而來的，意思是交出心來。當他們說「我信！」(*credo*或是希臘文的 *pisteuo*) 時，其隱含的是情緒上而非智性上的意義。因此紀元三九二年到四二八年間在基利家(Cilicia)擔任摩普綏提亞(Mopsuestia)主教的狄奧多勒(Theodore)便解釋給皈依者說：

> 當你說在神面前「奉獻你自己」(*pisteno*)，你便表示你將堅定的與他同在，你將永遠不與他分開，你將把和他生活在一起，看成是高於其他的一切，而且你會使你自己和諧的遵守他的誡律。

後期的基督徒有需要把他們的信仰作更理論的陳述，而且也會發展出世界宗教史上一種熱衷於神學辯論的獨特現象。例如我們已經了解，在猶太教中並沒有所謂的官方正統教派，對神的觀念基本上是屬於個人的事。早期的基督教徒也同樣分享這種態度。

然而在第二世紀期間，某些異教徒轉而改信基督宗教，因為當時基督宗教試圖向不相信他們的鄰族伸出雙手，以便讓他們了解基督宗教並非與傳統決裂的毀滅性宗教。這些護教者中最早的一個乃是凱撒里亞(Caesarea)的游斯丁(Justin, 100–165)，他為了信仰而捨身殉難。從他毫不間斷尋找意義的過程中，我們可以感受到那個時代精神上的焦慮不安。游斯丁不是一個深刻而聰慧的思想家。在他轉向基督教之前，他曾在逍遙哲學家斯多噶(Stoic)及另一個畢達哥拉斯學派的哲學家門下受教，但顯然無法了解他們思想體系的真髓。他缺乏哲學的氣質與智慧，但偶像崇拜和祭禮又不能滿足他的需要。他在基督教中找到他的解答。在他的兩篇《護教論》(*apologiae*，大約在紀元150和155)中，他論證說基督宗教只是遵循柏拉圖的理念，因為後者也認為只有一個神。

希臘哲學家與猶太先知都曾預言基督的到來——這種說法對當時的異教徒而言是印象深刻的，因為他們對卜卦預言非常熱衷。他也論證說，耶穌是神聖理性的降生，或是斯多噶學派視為宇宙秩序之神聖理性的具體表現；神聖理性在整個歷史中不斷的以啟發希臘人和希伯來人等的方式，在世界發揮積極的作用。但是他卻沒有解釋這個新觀念的各層義蘊：人類如何能具體化神聖理性呢？神聖理性與《聖經》中聖言（Word）和智慧（Wisdom）等意象是否相同呢？它與獨一無二的神之間的關係為何？

諾智派

其他的基督徒則發展出更為激進的神學，其出發點並非是熱愛思考本身，乃是為了減輕深藏心中的焦慮。諾智派（*gnostikoi*）便是其中的例子。他們從哲學轉向神話，以解釋他們對自己從神聖世界分離的強烈感覺。他們的神話面對的問題，是他們對神和原神的無知，他們很顯然覺得這就是他們痛苦與羞恥的原因。在紀元一三〇到一六〇年間於亞歷山大港施教的巴西里德（Basilides），以及與他同時代離開埃及到羅馬施教的華倫提努（Valentinus），都擁有相當多的隨從者，這顯示許多當時改信基督教的人有一種失落、漂泊和精神極端錯置的感覺。

諾智派門徒開宗明義便提出他們所謂的「原神」（Godhead），即那完全不可理解的真實，因為它是我們稱之為「神」這個次級存在的根源。我們對這個真實完全無法以言語形容，因為它完全不能被我們有限的心靈所掌握。誠如華倫提努所解釋的，原神是：

完美而先於存在的……駐足在不可見、無以名之的高處，這裏是宇宙開始之先、是祖先與無盡深淵之所在。它是不被任何事物包容、無形、永恆而不生；在無盡的時間裏，它寂靜而沈潛的獨自存在。和他並存的是思想，也稱作恩典與沈默。

人類總是不斷臆測這個絕對主體，但沒有一個解釋是正確的。我們根本不可能描述原神，因為它既非「善」也非「惡」，甚至不能說它「存在」。巴西里德說，在最初沒有神只有原神；嚴格講，原神是無(Nothing)，因為它並不像我們理解中的那樣存在。

但是這個「無」意欲讓它自己為人所知，而且不滿足於孤獨停留在深淵和沈默中。在這個深不可測的存在深淵中，開始產生一股內在的循環旋轉，而引發了一連串類似古代異教神話所描述的流出現象(emanations)。這些流出的第一波便是我們所知和祈禱的「神」。然而對我們而言，即使「神」也不能直接使我們了解，而需要進一步的闡釋說明。因此新的流出過程便從神演化出許多成對的事物來，每個事物的某一面向都表達出他的神聖屬性。「神」是超越男女性別的，但是就像在巴比倫的創世史詩中記載的，流出過程中的每一對事物都包括男性和女性──這個架構試圖沖淡傳統一神教中的男性色彩。發散中的每對事物變得愈來愈弱而且愈益稀薄，因為它們離開它們的原神之源愈來愈遠。最後，當三十個這樣的流出過程（或是刼，指無限長的時間）產生後，這個過程便停止，而充滿光的原神世界(Pleroma)便告完成。諾智派學者並非提出一套完全荒誕不經的宇宙觀來，因為每個人都相信宇宙是無限長的時間(aeons)，充滿了魔鬼和靈力。聖保羅曾提到第三級天使在位者(Thrones)、第四級天使統治者(Dominations)、第五級天使執政者(Sovereignties)和第六級天使掌權者(Powers)，而哲學家則相信這些看不見的力量乃是古代的神祇，而且是人與太一間的中介。

諾智派以許多方式，描述了一個在宇宙流出過程中發生的災難——一個最初的墮落。有人說流出過程的最終一層——智慧(Sophia)乃是神的恩典的墮落，因為她想要追求那不可接觸原神的禁忌知識。由於她過度自負的假設，她便從神聖世界中墮落下來，而她的悲哀與痛苦便形成了物質世界。在放逐和迷失中，智慧在宇宙中流浪，企盼著返回她神聖的源頭。把東方與異教觀念混合的這個產物，顯示諾智派深切的體認到，就某個角度而言，我們的世界乃是天國的倒置，是因為愚癡與錯亂而形成的。

另有諾智派的學者指出，「神」並未創造物質世界，因為他不可能與低劣的物質有任何關係。這乃是宇宙無限時間中某一段的傑作，稱作創世者(*demiourgos*)。他對「神」感到嫉妒而意欲成為神聖世界的中心。因此他便墮落而在叛逆的衝動下創造了世界。誠如華倫提努所解釋的，他「創世而沒有知識，他造人而對人一無所知，他生出地球卻對它不了解。」但是宇宙無限時間的另一產物——神聖理性(Logos)已降臨地球救援，以耶穌的肉身出現教導他們返璞歸真，重回神的懷抱。這種形式的基督教最終會被壓制下來，但我們在下文中會知道，數世紀後的猶太教徒，基督徒與伊斯蘭教徒，會回歸到這種神話來，因為他們發現此一神話比正統的神學，更能正確的表達出他們對「神」的宗教體驗。

這些神話的本意從來不在於賦予創世與救贖事實的解釋；它們乃是對內在真理的象徵性表達。「神」與原神世界並非「客觀存在」的外在真實，而是要在內心世界才能找到：

> 放棄尋找神、創世和其他類似的事項。要以你自己做為起點來尋找他。學習去了解是誰在你內心成就一切事物，而且使你說，我的神，我的心，我的思想，我的靈魂，我的身體。學習去了解苦、樂、愛、恨的源頭。學習去了解沒有個人意志的觀看和愛是怎麼回事。假如你能小心觀察這些事務，你將發現他就在你心內。

神聖世界代表的是靈魂的地圖。假如諾智派教徒知道怎樣去看，那便在這個黑暗世界中也能分辨出原神的光芒來：在最初墮落的期間——不論是智慧或創世者——某些原神的火花同時也從原神世界墮落下來，而困在物質世界中。諾智派教徒可以在他的靈魂中找到這個原神火花，而且可以通過對這個原神質素的覺察，而幫助自己找到重返家園之路。

諾智派學者指出，許多新皈依基督教的人，對繼承自猶太教的傳統一神觀念感到不滿。

他們並沒有體驗到慈善的神帶給這個世界的「好」。類似的二元分裂與錯亂也在馬吉安(Marcion, 100-165)的教義中表現出來，他在羅馬建立了他與正統敵對的教會，而且吸引了許多人加入。耶穌曾說，一棵好樹會結出好的果實來，那麼當這個世界顯然充滿罪惡與痛苦時，怎麼可能說這個世界是由一個好的神創造出來呢？

馬吉安對猶太經典中所描述的神，依一己好惡而屠殺整個民族的殘酷事實感到震撼。他堅決認定是這個「好戰、態度搖擺不定而且自我矛盾的猶太神」創造了世界。但是耶穌顯露了另一個神的存在，他從未被猶太經典提到過。這第二個神是「平靜、溫和、良善而卓越」。他與殘酷的「審判的」世界創造者截然不同。因此我們應該把目光轉離這個世界，因為這並不是他的創作，所以我們無法從中體會到他的慈善；我們也應該拒絕「舊」約，只專注於保留耶穌精神的《新約全書》上」。馬吉安教義的廣受歡迎，顯示他說出了大眾共有的焦慮。在某段時期，他看起來似乎要成立另一個獨立的教會。他確實觸及基督徒體驗中某些重要的層面：長期以來，基督徒很難正面的處理與物質世界的關係，而且還有為數不少的人，不知道該如何為希伯來的神定位。

然而北非神學家特土良(Tertullian, 160-220)卻指出，馬吉安的「好」神與希臘哲學中的神近似，而與《聖經》中的神不同。這個沈靜的神與此不完美的世界毫無關聯，與亞里斯多德描述的不被動的推動者(Unmoved Mover)較為接近，而與耶穌基督的猶太之神相去較遠。事實上，許多希臘—羅馬地區的人都覺得，《聖經》中的神是個浮躁、忿怒的神祇，根本不值得崇拜。大約在紀元一七八年，一位異教哲學家切爾索（Celsus）指責基督徒的一神觀念是偏狹而局限的。他對基督徒宣稱他們得到神的特別啟示感到震驚；神理應歸所有人類共享，但基督徒卻自私的擠成一個小團體，宣稱：「神甚至拋棄了整個世界和天國的活動，而且漠視整個大地，只對我們投以關注。」當基督徒被羅馬當局處決時，他們的罪名是「無神者」，因為他們對原神的概念大大地冒犯了羅馬的社會精神。由於他們不願適度尊重傳統的神祇，人們擔心基督徒會對國家造成危險，而且會推翻脆弱的秩序。基督教似乎是完全漠視文明成就的野蠻信仰。

融入希臘—羅馬的閃族之神

然而到第二世紀結束前，某些真正有教養的異教徒開始改信基督宗教，而且能把《聖經》中的閃族之神融入希臘—羅馬的理想中。這些人當中的第一位就是亞歷山大港的革利免（Clement，大約 150-215），他可能在皈依前在雅典學過哲學。革利免毫無疑義的相信，耶和華與希臘哲學家的神是同一個，他稱柏拉圖為古希臘的摩西。但是耶穌與聖保羅可能都會對他的神學感到驚訝。就像柏拉圖與亞里斯多德的神一樣，革利免的神可以他的淡然無情為特色；他完全毫無感覺，不可能受苦痛或改變。基督徒可以藉由模仿神的冷靜與沈著，而參與在神的生活中。

革利免設計了一套生活的規範，除了與斯多噶學派的理想較為接近外，可說與猶太經師所規定的行為細部規範十分接近。基督徒應該在他生活的每個細節中倣傚神的沈靜；他必須坐姿端正、說話安詳、避免劇烈的捧腹大笑，甚至連打嗝也要優雅。通過不斷的學習沈靜，基督徒會覺察到內在世界中廣大的寧靜世界，那就是刻畫在他生命中神的肖象。在那裏人與神之間沒有鴻溝。一旦基督徒與神性的理想合一，他們會發現有一個神聖的同伴(Divine Companion)「與我們共同居住在一間房子、同坐一桌，並與我們分享生活中的道德努力。」

但是，革利免同時也相信耶穌是神，「是受苦與受崇拜的活神」。凡是曾「洗淨他們的腳，圍上毛巾的人，便是謙卑的神和宇宙的主」。假如基督徒模倣基督，他們也可以變成神祇，神聖、不朽而毫無感覺。事實上，基督已是神聖理性具體化的人，「因此你可以從人身上學習到如何成為神」。在西方，里昂(Lyons)的主教愛任紐(Irenaeus, 130-200)也教授過類似的教義。耶穌是神聖的理性道成肉身。當他成為人時，已經淨化了人類發展的每個階段，而且成為基督徒的模範。他們應該像演員似的與他飾演的角色合而為一那樣模倣他，以發揮他們的人類潛能。革利免與愛任紐都把他們的猶太之神融入他們時代與文化特質的概念中。儘管它與先知們悲戚、易受傷害的神幾乎完全不同，革利免淡然無情的神的特質，將成為基督徒對神的基本概念。在希臘的世界裏，人們渴望超越情緒不定的混亂狀態，而達到超人的平靜。儘管它內在的矛盾，這個理想還是普遍傳揚開來。

革利免的神學留下許多關鍵的問題沒有回答。區區人類怎麼可能是道或是神聖的理性呢？「耶穌是神聖的」到底是什麼意思？神聖的理性與「神之子」意義相同嗎？猶太教的這個頭銜在希臘世界的意義為何呢？毫無感覺的神怎麼可能會在耶穌身上受苦呢？基督徒怎麼可能在相信耶穌是神聖存在的同時，而又堅稱神只有一個呢？基督徒在第三世紀開始逐漸覺察到這些問題。

第三世紀早期在羅馬，一個相當含糊、不為歷史所知的人物撒伯流(Sabellius)說過，《聖經》中的「父」、「子」、「聖靈」等詞彙，可以類比成演員為了擔任特定演出角色，和使他們的聲音傳達給聽眾所帶的位格面具(*personae*)。因此當唯一的神處理世上俗務時，便戴起不同的位格面具。雖然撒伯流吸引了某些門徒，但是大部分的基督徒對他的理論感到困擾，因為它的理論認為，毫無感覺的神在扮演神之子的角色時，似乎在受苦，這個觀念他們無法接受。然而當紀元二六〇到二七二年間，安提阿(Antioch)主教撒摩撒他的保羅(Paul of Samosata)也曾說過，耶穌只是個人；神的「道」與「智慧」駐足在其中，就好像在神廟中一樣。這個說法也一樣被視為是非正統的。雖然他設法爭取帕勒米(Palmyra)皇后哲諾比亞(Zenobia)的支持，以保持他自己的看法，但是保羅的神學在二六六年安提阿的一次主教會議上還是遭到譴責。要找出方法包容耶穌是神聖的，與神是太一的，這兩個同樣重要的基督徒信念顯然是件非常困難的事。

俄利根的觀點

當革利免在二〇二年離開亞歷山大港，成為神父，擔任耶路撒冷主教之職，他在學校中教授教義的職位，便由他聰明絕頂的年輕學生俄利根(Origen)取代，後者當時只有二十歲左右。由於年輕，俄利根充滿熱情的相信殉教獻身是通往天堂之路。他的父親流尼得(Leonides)於四年前死於競技場上，而他也一度試圖要加入父親的行列。然而他的母親卻把他的衣服藏起來，而救了他的性命。俄利根剛開始時相信，基督徒的生活是要對抗世界，不過後來他放棄了這個立場，並發展出一種基督徒的柏拉圖主義。他不認為神與世界之間只有激進瘋狂的殉教行為才能填補這個鴻溝；相反的，俄利根發展出一套強調神與世界是連續一體的神學。他的神學是光明、樂觀與喜樂的精神。基督徒可以按部就班的在存有之鍊向上爬升，直到他觸及神，也就是他本性的原素與家園為止。

身為柏拉圖主義者，俄利根相信神與靈魂間的密切關係，而對原神的知識則被視為人性的自然本質。它可透過特殊的修持而被「召回」或喚醒。為了把他的柏拉圖哲學融入閃族宗教的經典中，俄利根發展出一種以象徵意義讀《聖經》的方法。因此基督由童貞瑪利亞的胎中誕生，便首先不被了解成一件文字的事件，而是看成神性的智慧誕生在靈魂中。他也採用了某些諾智派的觀點。最初的時候，所有精神世界的存在都沈思著那無可名狀之神所顯示給他們的神聖理性、道與智慧。但是他們逐漸厭倦於這種完美的沈思，從神性世界墮落成擁有身體的世界，而身體終止了他們的下墮。但是所有的一切並未失去。靈魂可以在死後漫長、穩定的旅程上升到神那裏。它逐步的會掙脫身體的枷鎖，而且超越性別成為純粹的精神。

通過沈思（*theoria*），靈魂可以增進對神的真知（*gnosis*），而且可以轉化自己，直到如柏拉圖所說的，靈魂自己變成了神性為止。神是極為神祕的，我們人類的言語或概念，都沒有辦法適切的表達他，但是靈魂有了解神的能力，因為它也同樣擁有神性的本質。我們對神聖理性的沈思是自然的，因為所有的精神存在（*logikoi*）原先都是彼此平等的。當他們墮落以後，只有耶穌基督的未來心靈是心甘情願的停留在神性世界中沈思神的道，而我們的靈魂與他的沒有任何不同。相信耶穌這個人的神性只是一個階段而已；它可以幫助我們走上精神追求之路，但最後當我們與神面對面時，這個信仰便會被超越。

在第九世紀，教會會把某些俄利根的觀點譴責為異端邪說。俄利根與革利免都不相信神是「從無中」（*ex nihilo*）創世，而後者後來成為基督宗教的正統教義。俄利根對耶穌神性與人性救贖的觀點當然和後期基督宗教的官方教義不一致：他不相信我們已經被耶穌的死亡所「拯救」，而相信是靠我們自己的力量，上升到神那裏的。問題是當俄利根與革利免寫下他們基督教柏拉圖主義的觀點時，並「不」存在官方的教義。沒有人確實知道是神創造了世界，還是人類本具神性。只有在經過第四與第五世紀洶湧澎湃事件的痛苦掙扎後，基督教的正統信仰才告確立。

俄利根最出名的恐怕是他自我去勢這個舉動。在《四福音書》中耶穌曾說，有人為了進入天國而自我閹割，而俄利根相信此說，遂躬親實踐。去勢在近古時代是十分常見的手術。俄利根沒有急著拿刀對付自己，他的決定也沒有受到對性慾神經性強烈厭惡的影響，一如後來的西方神學家，如聖耶柔米(St. Jerome, 342-420)那般。英國學者彼得・布朗(Peter Brown)認為此舉可能是為了證明他所說，靈魂必須很快超越人類脆弱條件的學說。像性別等不變的因素很顯然的在漫長的神性化過程中會被超越，因為神本身沒有性別之分。在一個以長鬍鬚（智慧的象徵）代表哲學家特質的年代，俄利根的平滑臉頰與尖高的聲音，一定是令人十分驚異的景象。

普羅提諾的一神概念

普羅提諾(Plotinus, 205-270)曾在亞歷山大港向俄利根的老師安摩紐・撒卡斯(Ammonius Saccus)學習過，後來還參加了羅馬軍隊，希望能藉此到他一心想去學習的印度。不幸的是這個旅程以悲劇告終，而普羅提諾則逃回安提阿。後來他在羅馬建立了一個聲譽卓著的哲學學校。我們對他其他的事所知不多，因為他是個沈默寡言的人，絕口不提自己，而且甚至連自己的生日也不慶祝。和切爾索一樣，普羅提諾也覺得基督教義儘是可徹底反駁的教條，可是他卻影響了三大一神教的後世教徒。因此我們必須在此把他的一神概念詳細的做某種程度的交代。普羅提諾被視為是神學發展的分水嶺；他吸收了距他當時八百多年的希臘思想主流，而且把它轉化成另一種影響，甚至及於本世紀重要人物如艾略特和柏格森(Henri Bergson)。普羅提諾從柏拉圖的觀念出發，演化出一種用來幫助人了解自己的理論體系。他也對發現宇宙客觀科學解釋，或試圖對人生提出物理起源的學說毫無興趣；普羅提諾不向外在世界尋求客觀的解釋，反而激勵他的弟子回到他們自己內心，開發心靈深處的內涵。

人類都可覺察到自己的人生處境不對勁；他們覺得與自己和他人不協調，失去和自己內在本性的連繫而進退失據。衝突與複雜似乎是人生的特質。然而我們也一直尋求統合複雜多樣的現象，並把它們化約成某種有秩序的整體。當我們瞥見一個人，我們並非看到一條腿、一隻手臂、另一隻手臂和頭，而是立即把這些質素組織成一個完整的人。普羅提諾相信，這種對整體的需求是我們心靈運作的基本方式，而且也必然反映出一般事物的本質。要找出潛藏的真理，靈魂必須如柏拉圖所說的，經歷一段淨化(*katharsis*)的過程並投入於沈思(*theoria*)中。它必須超越宇宙、超越感官世界，甚至超越智性的限制以透視真實的核心。然而這不是往上往外求真實，而是向內下潛到心靈的最深處。換言之，是一種攀登內在高峯的心路歷程。

終極真實乃是最初未分化的整體，普羅提諾稱之為太一(One)。所有事物的存在都是因為這個強而有力的真實。由於這個唯一的整體只有它自己簡單的存在，因此無以名狀：它不具備一般敘述中本質與屬性對立的特質。它就是「存在」。因此，太一是無法用言語形容的；普羅提諾解釋說：「如果我們要正面的思考太一，那麼沈默所含的真理更多。」我們甚至不能說它存在，因為它是本體存有(Being)本身，它「不是『任何』事物，而是與事物不同的東西。」普羅提諾解釋說，事實上，「它是每件事物，也什麼都不是；它可以不是任何存在的事物，但也是全部。」下面我們會提到，這個對終極真實的看法，乃是神的歷史中一個常見的主題。

普羅提諾論證說，但是這個沈默不可能是真理的全部，因為我們畢竟能對神性有某種程度的了解。假如這個唯一的整體仍舊包藏在那不可穿透的混沌中，那麼我們便不可能對此有任何了解。這個唯一的整體必然要超越它單純的自己，以便使它自己讓像我們這類不完美的存在了解。這個神性的超越可以被適當的描述成一般所謂的出神(ecstasy)，因為它是完全開放的「走出自己」：「無求、無有、無失，太一是完美的，而用隱喻來說明就是，它充斥各處，而它的充盈洋溢乃產生了一切新的事物。」這裏毫無位格的色彩；普羅提諾把太一視為超越所有人類的概念範疇，包括位格的概念。

他回歸古代的宇宙流出神話解釋，把所有存在事物看成是從這個單一源頭向外放射的產物。他用許多比喻來描述這個過程：它就好像從太陽發出的光，或是火中放出的熱，愈靠近火焰的核心就愈熱。普羅提諾最喜愛用的一個直喻就是，把太一類比成圓心，它蘊含了無限可能的圓。這就好像把石頭投入池中激起的漣漪效應一樣。與巴比倫史詩這類神話不同的是，普羅提諾的體系中成對演化出來的神不會愈變愈完美和強而有力，而是剛好相反。就像諾智派的理論體系一樣，離開這個太一愈遠的存在，就變得愈弱。

普羅提諾把從太一最初放射出來的二層事物視為是神聖的，因為它使我們能夠了解並參與神的生命。它們與這唯一整體共同結合形成神性的三角體，這與基督教最後產生的三位一體說在某些地方很近似。在普羅提諾的體系中，第一層流出的事物——睿智（*nous*），與柏拉圖的觀念世界相對應，它使得純淨簡單的唯一整體能夠為理性所知，但這裏的知識是直觀而立即的。它不是經由研究與推理過程努力得來的，而是像我們的感官，融入對事物的感應中那樣吸收得來的。靈魂（*psyche*）從睿智發散出來，就像睿智從太一發散出來的過程一樣，它已經和完美有些距離；由於此界只能通過思辨取得知識，所以它已失去了絕對的單純和嚴謹。誠如我們所知，靈魂是與真實相對應的；所有其他的物理與精神存在都是從靈魂流出的，而靈魂則提供了我們這個世界所擁有的整體與內在連繫。我必須再次強調，普羅提諾並沒有把太一、睿智與靈魂看成是一個「客觀存在」的神。神性包含了存在的全體。神是一切的一切，而較低層的生命乃是太一絕對存在的一部分。

靈魂必須召回它遺忘的單純

這股向外發散的流動可以被回歸太一的對應運動遏止。我們都知道我們的心理狀態，也知道我們對衝突與紛歧的不滿，所有的存在都渴求整合為一體，他們都渴望回歸到太一。前面提過，這不是一種向上對外的追求，而是向內下潛到心靈的深處。靈魂必須召回它遺忘的單純，而回歸到它真正的自性中。因為所有的靈魂都是由同一個真實賦予生命，因此人類可以被類比成圍繞著指揮站立的合唱團。假如有任何一個人分心，那麼就會出現不協調的雜音，但是假如每個人都轉向指揮並把注意力集中在他身上，那麼整個合唱團都會得利，因為「他們會唱出他們應有的水準，而且真的能與指揮同在」。

這個太一是絕對非位格的；它沒有性別，也完全忘卻我們的存在。同樣的，「睿智」一詞在文法上是屬於陽性的詞，而「靈魂」則屬於陰性，這顯示出普羅提諾意欲保留古代異教性別平衡與和諧的觀念。與《聖經》的神不同的是，它不會自己出來與我們相見，也不會引導我們回家。它對我們沒有眷戀、慈愛，也不會示現在我們面前。然而，人類的心靈偶爾卻會為太一出神著迷。普羅提諾的哲學不是邏輯的，而是心靈追求的過程：

就我們來說，在這裏我們應把其他事物放在一邊，只專注在「這個」上，把我們所有的包袱都拋掉，僅成為「這個」；我們必須急切離開這裏，對我們世俗的束縛感到不耐，以整個生命擁抱神，乃至於我們的生命中沒有任何一部分不與神緊緊相連。此時我們便能如神諭所描述的那樣看待神與我們自己：我們在光華燦爛中，充滿智性之光，或者說就是光本身，純淨、輕飄飄的像夢幻一般——事實上，我們已成為——神。

這個神不是外來的客體，而是我們最真實的自我。它「既不由知識，也不由（在睿智中）發現智性客體的思維產生，而是經由一種超越所有知識的臨在(*parousia*)而生」。

基督宗教於是在一個由柏拉圖理念主控的氛圍下，逐漸形成自己的教義。自此之後，當基督宗教思想家試圖解釋他們自己的宗教體驗時，很自然便會轉向普羅提諾，以及後來他異教弟子的新柏拉圖觀點。非位格屬性、超越概念範疇而又是人類自然本具的覺悟概念，也與普羅提諾認真研究過的印度教和佛教理想很接近。因此儘管它們有些表面上的不同，一神教與其他對終極真實的看法，仍有許多深刻的相似之處。當人們沈思絕對真實時，他們似乎有許多相似的觀念和經驗。對靈力的臨在感，亦即置身真實中的忘我與敬畏——不論稱它作涅槃、唯一的整體、梵天或神——似乎是人類自然而不斷追求的一種心靈狀態和感覺。

選擇中庸路線

某些基督徒決意與希臘世界交友。其他的人則不要任何與它有關的東西。在紀元一七〇年迫害異教信仰期間，在現在土耳其的弗里幾亞，有個叫做孟他努(Montanus)的先知出現，自稱是是神性的化身：「我是全能的主、神，下凡而成人。」他一度這麼宣稱；「我是天父、天父之子及聖靈。」他的同伴普里希拉(Priscilla)和麥克西米拉(Maximilla)也做出類似的宣告。孟他努主義是個瘋狂的天啟信仰，它把神描繪成恐怖的形象。該教的信徒不僅要揚棄一切世俗的事務，而過著獨身的生活，他們更相信為教殉身乃是唯一保證通往神的道路。他們為信仰而死亡的痛苦，將會加速基督的到來；殉教者乃是神與邪惡勢力戰鬥的士兵。這個恐怖的教派以基督徒心靈中潛藏的極端主義為訴求，孟他努主義在弗里幾亞、特拉吉亞(Thrace)、敘利亞和高盧(Gaul)等地像野火般的擴散開來。它在北非地區影響特別強大，因為那裏的人們對神祇要求人們犧牲一事，早已習以為常。他們以長子作為犧牲的巴力崇拜，只有在第二世紀期間才為君主壓制下來。不久這個異端邪說又吸引了包括拉丁教會首席神學家特土良在內的其他人。在東方教會中，革利免與俄利根所教導的是平靜、喜樂的重返神的懷抱，但在西方教會中，恐怖的神卻要求以不忍卒睹的死亡作為救贖的條件。基督教在這個階段，乃是西歐與北非一個處於掙扎狀態下的宗教，而且從一開始它就有極端與嚴厲的傾向。

然而在東方的基督教卻正往前大步邁進，並且在紀元二三五年之前，便成為羅馬帝國最重要的宗教之一。這時的基督教標榜的是單一信仰的偉大教會，避免極端與偏離正軌的行徑。這些正統的神學家已把諾智派、馬吉安教派和孟他努主義者的悲觀論調排除，而選擇中庸路線。基督教於是成為一種文明風雅的信仰，同時吸納了複雜的神祕教派，以及僵化的苦行主義。它逐漸開始對那些與希臘—羅馬世界人們一樣水平的高級知識分子產生吸引力。這個嶄新的宗教也對女人產生吸引力，因為它的教義說基督非男也非女，而且男人應該像耶穌愛護教會一樣的愛護他的妻子。

這樣的基督教便擁有過去猶太教吸引人信仰的各種有利條件，卻沒有猶太教的割禮與遵守外來律法的不利因素。教會建立的社會福利體系，以及基督徒間彼此的慈愛，尤其令異教人士感到印象深刻。在長期歷經外來的迫害與內部的紛爭之後，基督教會也逐漸演化成一個有效率的組織，使它看來幾乎就像羅馬帝國的縮影；它是多種族的、普遍的、國際化的、大公的，而且由有效率的官僚行政。

因此它便成為一股穩定的力量，而且吸引了君士坦丁大帝；他個人在紀元三一二年的米爾文橋(Milvian Bridge)之役後成為基督徒，而且在次年使基督教成為合法的宗教。基督徒於是可以擁有財產、信仰自由，而且對公眾生活作出卓越的貢獻。儘管異教信仰依舊持續興盛了兩個世紀，但基督教成為帝國的國教，而且開始吸引那些因為想在物質上更進一步的人來信教。不久之後，原先因受迫害而訴求寬容的教會，也開始對自己的律法和信仰要求一致。基督教興盛的原因不明；可以確定的是，如果沒有羅馬帝國的支持，它是不會成功的，但這也無可避免的為它帶來問題。基督教基本上是個逆境宗教，它從未如此繁盛過。而它首先必須解決的問題就是有關神的教義。就在君士坦丁大帝為教會帶來和平不久，其內部便產生了把基督教分裂為敵對團體的危險。

三位一體：基督宗教的「神」

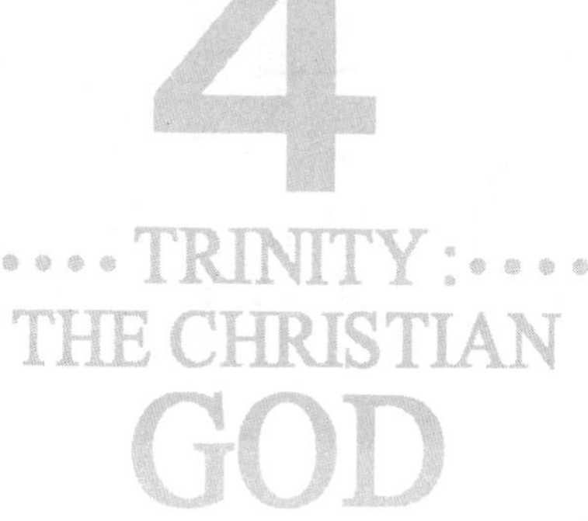

是人還是神?

大約在紀元三二〇年左右，一股瘋狂的神學熱情襲捲了埃及、敘利亞和小亞細亞等地的教會。水手與旅遊者哼著流行的小調，曲詞中說只有天父是真正的神，不可觸摸而獨一無二，但是天父之子既非同永恆，也非未受造的，因為他從天父那兒得到生命和存在。我們可以聽到澡堂老闆向客人高談闊論說，天父之子是從無(nothingness)而生，當外匯交易員被人詢問匯率時，則會在答覆前先發表一長串他對受造界與非受造神之間區別的研究心得，我們也聽到銀行行員對他的客戶說，天父比他的兒子大。人們談論這些艱深的問題，就像今日我們談論美式足球一樣的興奮。

這個具爭議性的話題是由亞流(Arius)引發的。他是亞歷山大城一位深具神恩而英俊的神父，聲音柔軟富磁性，並生得一副相當憂鬱的面容。他提出的挑戰令他的主教亞歷山大無法漠視，更難以駁斥。耶穌基督怎麼可能和天父同樣是神呢?亞流並不否定耶穌的神性，事實上他稱耶穌為「堅強的神」和「完滿的神」，但是他論證說，認為耶穌的本質是神性乃是一種褻瀆，因為耶穌曾特別明言，天父比他大。亞歷山大與他年輕聰明的助手亞他那修(Athanasius)立即意識到，這絕非只是神學上的瑣細問題。亞流質問的乃是有關神的本質的重大問題。亞流是位有技巧的宣傳家，當時他便把他的觀念譜成樂曲，廣為傳誦，所以一般信徒很快的便像他們主教那樣，熱切地辯論起這個問題來。

這個神學上的爭議熱烈到連君士坦丁大帝自己也開始干預，並且在今日土耳其的尼西亞(Nicaea)召開宗教會議，以解決這個問題。今天亞流的名字等於是異端邪說的別名，但爭議爆發的當時並沒有任何官方的正統立場，也絕不可能確定亞流錯在哪裡，甚至不知道他是否有錯。他的說法並無任何新意。爭議雙方都賦予極高敬意的俄利根也教授類似的教義。但是自俄利根的時代之後，亞歷山大城的智識氛圍已經改變，人們不再相信柏拉圖的神可以和《聖經》的神成功地結合在一起。例如：亞流、亞歷山大和亞他那修都依據經典上的意見，相信神是從無中創造世界，這個見解使任何一位柏拉圖主義者感到驚訝。

事實上，舊約創世紀並沒有這種說法。「祭」典的《聖經》作者則暗示神是從太初的混沌中創世，而神從絕對虛無之中創出整個宇宙這個概念則是全新的。它不是希臘的思想，革利免與俄利根等支持柏拉圖宇宙流出說的神學家，也沒有教授過這個觀念。

不過到了第四世紀前，基督徒開始和諾智派一樣，把世界看成是脆弱、不完美，而因一巨大斷層與上帝分開。從無中創世的新教義強調世界基本上是脆弱的，其生命與存在則完全依賴神。神與人類不再像希臘思想中那樣關係密切。神從深不見底的虛無中創造出每一個存有物來，而他可以在任何一刻抽回他支撐世界的手。宇宙中也不再有一長串的存有之鍊從神那兒流出；也不再有中介的精神世界，負責把神性傳遞到這個世界來。人類不再能依他們自己的努力，攀上這個生命之鍊到達神那裡。只有最先把他們從虛無中造出來，而且使他們不斷保持存有狀態的神，才能保證他們永恆的得救。

基督徒知道耶穌基督以他的死亡和復活拯救了他們；他們已從滅絕中被救贖出來，而且有一天將分享本體、生命自身的神的存在。基督已使他們能夠跨越神和人之間的鴻溝。但問題是他如何做到的呢？他到底是人還是神呢？現在宇宙已非充滿中介物與無限時間的神性世界。基督，亦即聖言，若非屬於神性界域（現在已只有神在其中），要不就是屬於神創造出來的脆弱世界。亞流與亞他那修的意見正好相反：後者認為他在神界，而前者則認為他屬於神創造的世界。

亞流意欲強調唯一的神與他的所有創造物，具有本質上的差異。他在寫給主教亞歷山大的信中說，神是「唯一的非受生者、唯一的永恆者、唯一無始者、唯一的真實、唯一的不朽者、唯一的善、唯一的有權能者」。亞流熟知經典，而且提出許多《聖經》的章節來支持他的看法，亦即身為聖言的基督，只能是和我們一樣的受造物。在箴言篇中有一段關於神性智慧的關鍵描述，其中明言神在最初的時候「創造」了智慧。這段文字同時指出，智慧是創世的代理人，同樣的觀念在聖約翰福音書的序言中又被重複提出。聖言從最初便與神「在一起」：

萬有都是藉他而造成的，
沒有一樣不是透過他而造的。

「道」是神用來創造其他存在的工具。因此它與其他受造物完全不同，而且具有特別崇高的地位，但因為它是神所創造，所以「道」基本上便與神本身不同。

耶穌就是道

聖約翰清楚的指出，耶穌就是「道」；他同時也說，「道」是神。然而亞流堅稱，他本性不是神，而是被神提升到神性的地位。他與我們其他的受造物不同，因為神直接創造了他，而其他的事物則是通過他才被創造出來的。神已預見當「道」成為人時，會完全服從他，而且他已事先授予耶穌神性。不過耶穌的神性不是與生俱來的，它只是一項報酬或贈禮。剛才提到，亞流提出了許多似乎支持他觀點的經文。耶穌稱神為「天父」這個事實本身，便意味著他們之間的區別；父親這個概念本身便孕含有先於兒子存在，和在某方面優於兒子的意思在內。

亞流也強調《聖經》中稱基督卑下與脆弱的篇章。亞流並非如他的敵人所說，有意貶低耶穌。他對耶穌坦然赴死以救贖人類的節操，懷有崇高的敬意。亞流的神接近希臘哲學家的神，離人遙遠而完全超越這個世界；因此他的救贖概念也是希臘式的。

例如，斯多噶學派一向認為，有德的人是可能成為神的；這在柏拉圖的觀念中也很重要。亞流強烈相信，基督徒已經被拯救而且變成神聖的，是神的本質的共有者。這都是因為耶穌先為我們開路才有可能。他的一生完美無瑕；他服從神，甚至走上十字架被釘死；誠如聖保羅所說，正「因為」他服從至死，神才把他提升到特別崇高的地位，而且賦予他神聖的頭銜——主。要是耶穌沒有成為人，那麼我們便毫無希望。假如他本身就是神，那麼他的一生便沒有任何價值，因為那就沒有任何值得我們效法的地方了。也就是沈思聖子耶穌完美服從的一生，基督徒便可以變成神聖的。藉著效法完美的耶穌，他們也可以成為「神不變的完美受造物」。

但是亞他那修對人類認識神的能力，抱持較不樂觀的態度。他認為人性本質上是脆弱的，我們從虛無而來，而當我們犯了罪後，又墮落回虛無之中。因此，當他沈思神的創世時，他了解了神：

> 如果按照原有的規律，則所有的事物都是川流不息而且注定要分解。為了防止宇宙瓦解回到原來的虛無，他以自己的永恆「道」創造萬物，並因此完成了創造。

人類只有通過「道」分享神，才能避免毀滅，因為只有神是完美的存在。假如「道」本身是脆弱的受造物，他就沒有辦法拯救人類免於絕滅。「道」成為肉身以賦予我們生命。他降臨到這個死亡與腐化的必朽世界，以使我們分享神超越感覺的不朽。假如「道」本身是個脆弱的受造物，那麼這項救贖便不可能發生，因為他本身會墮落退回到虛無狀態。只有曾創造世界的人才能解救它，這就是說，道成肉身的基督一定與天父具有同樣的本質。誠如亞他那修所說，「道」成為人，以便我們能夠成為神。

當主教們於紀元三二五年五月二十日聚集在尼西亞共商解決此一危機時，極少人贊同亞他那修對基督的觀點。大多數人的立場介於亞他那修與亞流之間。然而亞他那修卻設法把他的神學觀點強加在代表們身上，而在君士坦丁大帝虎視眈眈的情況下，只有亞流和他另外兩個勇敢的朋友，拒絕簽署他的信條。這是從無創世這個觀點第一次成為基督教的官方教義，堅稱基督不僅僅只是個受造物或只是永恆的。創世者與救贖者實際上是同一個。

我們相信唯一的神，
全能的父，
有形與無形的萬物創造者，
並相信唯一的主，耶穌基督，

神之子，
天父唯一的兒子，
也就是由父的本質所生，
出自神的神，
出自光明的光明，
出自真神的真神，
是受生而非受造，
他與天父是同一本質，
萬物是藉他而造成的：
那些在天上的萬物，
和那些在地上的萬物，
他為了我們人類和我們的得救
下降凡塵而成為人，
他受了苦，
在第三天復活了，
他上升天堂

而且將再回來
審判生者與死者。
我們也相信聖靈。

雖然最後達成的協議讓對神學議題毫無了解的君士坦丁大帝感到高興，但事實上尼西亞會議並無一致的共識。今後主教們繼續教授他們原有的觀點，而亞流危機又持續了六十年之久。亞流和他的信徒隨後反擊，並設法重獲皇帝的認同。亞他那修被放逐不下五次。要順從他的信條是困難的。特別是信條中提及的「同質」（*homoousion*，意思是「由同一個質料所造」）極富爭議性，因為此一說法沒有經典為據，而且與物質有關。據此而言，兩個銅幣可以稱作「同質」，因為兩者都是從同一個元素衍生出來的。

同質

此外，亞他那修的信條對許多重要問題都避重就輕的不予正面回答。它說耶穌是神聖的，但卻沒有解釋為何「道」可以與天父是「同質」，卻不是第二個神。在紀元三三九年，安西拉（Ancyra）的主教瑪賽勒斯（Marcellus，亞他那修忠貞的朋友與同僚，曾和亞他那修一起被放逐）論證說，「道」不能是永恆的神聖存在。他只是神「內涵的」一種質素或潛能；

假如這點成立，那麼尼西亞會議的信條便可被指控為三神教（tritheism）了，因為它相信父、子及聖靈三個神。瑪賽勒斯不用富於爭議性的「同質」，而用妥協性的詞彙「類似或相似質素」（*homoiousion*）。這個極盡迂迴能事的辯論常常引來著名人士如吉朋（Gibbon）的訕笑，他認為基督宗教的團結，竟然被意義相同而字詞不同的爭論所威脅，真是荒謬。

然而最令人注目的乃是基督徒為了肯定他們對基督是神的感覺，所做鍥而不捨的努力，儘管要把這個觀念以概念的名詞表達出來，是十分困難的一件事。就像瑪賽勒斯一樣，許多基督徒對於神性統一的受到威脅感到困擾。瑪賽勒斯似乎曾相信，神聖理性只是過渡階段；它在創世過程中從神浮現出來，而在耶穌成為肉身，並且救贖完成後，會重新融入回到神性中，所以唯一的神是在一切內的一切。

最後亞他那修成功說服了瑪賽勒斯和他的弟子們，他們應該組成聯合勢力，因為他們之間的立場比亞流派的立場更為接近。認為「道」與父有「相同」質素的人，與那些相信他和父有「類似」質素的人，其實是同一陣線的弟兄，因為他們所要表達的意思相同，所爭議的只是名詞罷了。對他們而言，首要的任務是對抗亞流，因為後者宣稱父之子與神完全分離，而且與神的基本屬性不同。對於局外人而言，這些神學上的論爭必然看起來像是浪費時間，因為沒有人可以任何方式確切證明他們的論點，而且爭議的產生實際上只是因為彼此的不和。然而對於參與其中的人而言，這並非枯燥無味的辯論，而是有關基督徒宗教體驗的本質。亞流、亞他那修和瑪賽勒斯都相信，耶穌為這個世界帶來某種新的事物，他們所努力的乃是如何以概念的符號陳述這個體驗，並把它解釋給自己和他人了解。言語只有象徵意義，因為他們所指涉的真實乃是不可言喻的。然而不幸的是，一種對教義的不寬容態度，逐漸滲入基督宗教中，最後終於使接受「正確」或正統符號，成為一件重要具強制性的事。基督宗教這種對教義狂熱執著的特性，很容易便混淆了人類符號與神聖真實間的界限。基督宗教一向是個弔詭的信仰；早期基督徒的強力宗教體驗，克服了他們在理念上反對彌賽亞被釘死的事例便是證明。現在尼西亞的教會又選擇了道成肉身的兩難，儘管這個觀念與一神教在表面上互不相容。

宗教體驗

在他的著作《安東尼的一生》（*Life of Antony*，著名的沙漠苦行者）中，亞他那修試圖指出他的新教義是如何影響基督徒的靈修。以修道院之父出名的安東尼，一生在埃及的沙漠中過著可怕的苦行生活。然而在另一部有關早期苦行者格言的匿名文集《教父格言》中，他卻突然變成一個合人情而脆弱的人，為無聊人生所困擾，為人類問題痛苦不堪，而希望找出簡單、直接的人生答案來。

不過亞他那修在他的傳記中，卻以另一種不同的觀點來介紹他。例如，他一度轉變成一個熱烈反對亞流派學說的人；他於是開始預先品嚐到未來成神的滋味，因為他分享神性的淡然無情的程度已經相當高了。例如亞他那修說，當安東尼從與魔鬼纏鬥二十年的墓中出來時，他的身體一點也沒有老化的跡象。他是個完美的基督徒，他的沈靜與超越感官的境界，使他與其他人明顯不同；「他的靈魂不受干擾，因此他的外表便顯得平靜」。他完美的仿傚了基督；就好像道成肉身，從神性世界下降到腐化世界與邪惡勢力戰鬥一樣，安東尼也降臨到魔鬼的住處。亞他那修從未提到沈思，而依據革利免或俄利根等基督徒柏拉圖主義者，沈思乃是神化與得救的工具。必朽的生命不再被認為有可能僅憑一己本性之力便上升與神結合。相反的，基督徒必須仿傚道成肉身，降臨到這個腐化的物質世界。

但是基督徒仍然感到困惑：假如只有一個神，那麼「道」怎麼可能具神性呢？最後東土耳其卡帕多西亞(Cappadocia)的三位卓越神學家，找出了可以滿足東正教教會的解決方案。他們分別是該撒利亞(Caesarea)的主教巴西流(Basil，大約329-379年)，他的弟弟尼撒(Nyssa)主教貴格利(Gregory，335-395)，以及他的朋友拿先斯(Nazianzus)的貴格利(329-391)。卡帕多西亞人被認為是具有深度宗教情操的人。他們能夠完全享受沈思與哲學帶來的樂趣，但是卻相信，宗教經驗本身便足以提供解決神的問題的鑰匙。由於受過希臘哲學的訓練，他們清楚知道真理的事實部分與它深奧難懂一面之間的重大區別。早期希臘的理性主義者把注意力都放在這個區別上：柏拉圖將哲學（以理性表達，因此可以證明）與無法以科學證明却一樣重要的神話道理加以對比。我們也在上文看到，當亞里斯多德注意到，人們參加神祕的宗教不是去學習，而是去經驗某種事物時，他也做了上述類似的區別。當巴西流區分教義（*dogma*）與宣道（*kerygma*）時，他也以基督宗教的角度表達同樣的見解。這兩種基督宗教的道理對宗教而言都是很重要。宣道是教會依據《聖經》公開教導的道理。而教義則代表了聖經真理中較深的意義，只能透過宗教體驗來了解，而且只能以象徵的形式來表達。除了《四福音書》所傳達的訊息外，另一個祕密或神祕的傳統也從使徒們那兒「神祕的」傳了下來，這是一種「私下及祕密的教導」：

> 它是我們神聖的教父們為了防止焦慮與好奇，而以此沈默保留這個奧祕道理的神祕性，未經接納入教的人，是不允許窺見這些道理的；它們的意義不能藉由文字透露。

在禮儀的象徵符號和耶穌明言的教導之外，另有一個代表較深理解信仰的祕密教義存在。

顯明真理與祕密真理

在神的歷史中，有關顯明真理與祕密真理的區別，是極為重要的。這不僅限於希臘的基督徒，猶太教徒與伊斯蘭教徒也同樣發展出密教的傳統來。「祕密」教義這個觀念並非要把人們摒棄於門外。巴西流所說的並不是一種早期互助會組織(Freemasonry)的祕密結社形式。他只不過提醒人們注意，並不是所有的宗教真理都可以適當的表達出來，或是賦予清楚而合邏輯的定義。某些宗教的洞見所蘊含的內在感動，只能由個人在柏拉圖所謂的「沈思」(*theoria*)過程中體悟到。

由於所有宗教的目標都是朝向那不可言喻而超越尋常概念和範疇的真實，因此言語不僅局限且令人困惑。假如他們不能以靈性的慧眼「看到」這些真理，則尚未有深刻宗教體驗的人，很容易便會得到錯誤的觀念。因此《聖經》中的文字除了表面意義之外，還有一層無法表達出來的精神意義。佛陀也注意到有些問題是「不恰當」或不妥切的，因為它們所指涉的乃是超越語言所能企及的境界。你只能透過內省的沈思過程，才能發現這些道理；從某個角度而言，你必須自己創造出它們來。試圖以文字描述這些道理，就像是以言語說明貝多芬晚期的四重奏曲一樣怪異。誠如巴西流所言，這些深奧難懂的宗教真實，只能透過禮儀的象徵儀式來表達，更好的表達方式或者便是沈默。

西方的基督教後來變成一個非常多言的宗教，而且把重點放在宣道上，這乃是它對神的經驗的主要問題之一。然而在希臘正統教會中，所有好的神學必然是沈默或暗示的(apophatic)。誠如尼撒的貴格利所說的，神的每一概念只是幻影、贗品或偶像罷了。它不可能啟示真正的神。基督徒必須像亞伯拉罕一樣，依據貴格利對他一生的描述，他放下所有對神的概念，只是緊緊地抱持著「純淨而不夾雜任何概念」的信仰。在他所著的《摩西傳》(*Life of Moses*)中，貴格利堅稱，「我們所尋求的真正見解與知識，必須從『無視』(*not* seeing)中體認，亦即覺察到我們的目標是超越所有的知識，而且會因為我們那不可知的黑暗所阻隔。」我們不能以理智「看見」神，但是如果能讓自己包裹在降臨西奈山的雲霧中，我們會「感覺」到他的存在。巴西流回歸到斐羅將神的本質(*ousia*)與他在世上活動(*energeiai*)所做的區別，他說：「我們只能從神的活動了解神，不過我們不能因此了解他的本質。」這個觀點將成為東方教會後來神學發展的基調。

神的三個位格

卡帕多西亞人同時也急於發展聖靈的概念，因為他們覺得尼西亞會議對這個概念處理得非常膚淺；而且「我們相信聖靈」看起來是事後加在亞他那修的《信經》中的。人們對聖靈感到困惑。它只是個神的同義詞或是不止於此？拿先斯的貴格利注意到「有些人把聖靈想像成一種活動；有些人把他當成一種受造物；有些人則把他當成神；有些人甚至不確定該怎麼稱呼他」。聖保羅曾把聖靈說成是重生的、創造的和聖化的，但是這些活動只有神才能做到。因此出現在我們內心中拯救我們的聖靈，自然是神聖的，而不是純粹的受造物。

卡帕多西亞人所用的解釋和亞他那修用以和亞流辯論的內容一樣；神單一的本質（*ousia*）不可能為我們所知，但是他的三個位格（*hypostases*），卻可以使他為我們所了解。

卡帕多西亞人不從神不可知的本質開始觀察，而是從人類經驗可及的神的特徵著手。因為神的本質深不可測，我們只能透過啟示以了解父、子及聖靈的顯示。這並不如某些西方神學家想像的那樣，意味卡帕多西亞人相信有三個神的存在。對於不熟悉希臘文的人而言，位格這個字很容易引起誤解，因為它有多重意義。某些拉丁學者如聖耶柔米（St. Jerome）相信位格與本質的意思一樣，因此他認為希臘人是相信有三種神聖本質的。但是卡帕多西亞人堅稱，神的本質與其特徵之間有重要的差異，這點是要牢記在心的。某個事物的本質是指成就該事物的那個質素；它通常是在該事物「內部」。而特徵則通常是指事物「從外看」的象徵。有的時候卡帕多西亞人會用 *prosopon* 這個字，替代 *hypostasis* 來表示外顯特徵。*prosopon* 原意是「力量」，但也有許多其他次要的意義；因此它可指某人內心狀態外顯在面部的表情；或一個人的自我，像他呈現給旁觀者那樣。所以當卡帕多西亞人說，神是以三個位格表現的唯一本質時，他們的意思是說，神是唯一的，只有一個單一的、神聖的自我意識。但是當他讓受造物看到自己的某些事物時，他便有三個位格。

因此父、子及聖靈的位格，不應被認為與神本身同等，因為就像尼撒的貴格利所說：「神聖的本質是無以名狀和不可言傳的」；「父」、「子」及「聖靈」只是「我們所用的名詞」，以形容神為人所認知的世上活動(*energeiai*)。然而這些名詞有它們象徵的價值，因為它們把那不可言傳的真實轉化成我們可以了解的意象。人類把神體驗成超越的神（父，隱藏在不可接近的光後面），創造的神（道）以及內在的神（聖靈）。但是這三個位格只是對神聖本身一種部分的、不完全的一瞥，它本身是遠超過這些意象與概念的。因此，三位一體的說法不應被視為一種字面上的事實，而是與神的隱密生命之真實相對應的一個典範。

在他《致阿拉比斯書：沒有三個神》(*To Alabius: That There Are Not Three Gods*)中，尼撒的貴格利略述了三個位格不可分割這項重要的教義。我們不應認為神把自己分成三部分；那是一種怪異而且褻瀆的觀念。當神想將他自己啟示給這個世界時，他是完整的把自己表現在這三個位格中。因此三位一體之說為我們指出「從神延伸到創世每個運作」的模式。誠如《聖經》所指出，它的源頭來自父，而由子代理，最後透過內在的聖靈在世間發生功效。而神聖本質同樣的存在於每個運作的階段。我們可以從自己的經驗中，看到這三個位格相互依存的情形。假如不是透過子的啟示，我們不能知道父，如果沒有內在聖靈的中介，我們也不可能了解子。聖靈伴隨父的道，就好像人說話時字詞與氣息不可分割的關係一樣密切。這三個位格在神界中並非緊鄰而存。我們可以把他們比喻成存在於個人心中不同領域的知識；哲學也許與醫學不同，但它並不存在於分隔的意識狀態中。不同的學科互相滲透，充滿整個心靈，但卻彼此分際井然。

然而最後，三位一體只有從神祕和精神上的體驗才能講得通；它必須是用體驗的，而不是用思想，因為神遠超過人類的概念。它不是一個邏輯或智性的規律，而是推翻理性想像的典範。當貴格利解釋沈思三位一體可以融合思想與智性的清晰，並引發一種深刻而強大的情緒時，便將這點表達得很清楚。

當我理解太一時，我便立刻被三位的光輝所照耀；當我剛分辨三位時，我又被帶回到唯一的神中。當我想到三位中的任何一位時，我都把他想成是神的全體，我的雙眼充滿了，而且我所思想的大部分都不翼而飛了。

希臘與俄國的東正教基督徒一直認為，沈思三位一體是啟發宗教體驗的泉源。然而對於許多西方的基督徒而言，三位一體的學說只有令人困惑不解罷了。這可能是因為他們只考慮卡帕多西亞人所謂的宣道層次的真理，而希臘教徒則認為只有透過直觀才能掌握教義層次的真理，而且它必然是宗教體驗的產物。當然，從邏輯的角度而言，這是毫無意義的。在他早期的佈道中，貴格利便曾解釋說，正因為三位一體教義的不可理解，才會使我們體悟到神的絕對奧祕；它提醒我們絕不可希望了解他。它可以使我們不致對神作出輕率的陳述，因為當神顯現給我們時，他只能以不可言喻的方式表現他的本質。巴西流也曾警告我們，不要妄想自己能弄明白所謂三位一體的運作方式。例如，試圖弄明白神的本質的三個位格如何變成一體，以及他們如何既相同又有別等謎樣的問題，是對我們沒有助益的。這個謎超越文字、概念以及人類分析的能力。

因此，三位一體千萬不能以純粹字面的角度加以詮釋；它不是深奧的「理論」(theory)，而是沈思(*theoria*)的結果。當西方的基督徒在十八世紀期間對此一教義感到困窘而試圖加以揚棄時，他們便想把神變成符合理性時代(the Age of Reason)的理性，並能為人所了解。我們在下文中會了解，這是促使十九世紀與二十世紀所謂「神已死」思潮的因素之一。卡帕多西亞人所以會演化出這個充滿想像典範的原因之一，在於不讓神變成像希臘哲學和亞流等異端人士所了解的那樣理性。亞流的神學有點太過清晰和邏輯化。三位一體之說提醒基督徒，我們所謂的「神」不可能被人類的理性所掌握。尼西亞會議所表達的道成肉身(Incarnation)教義有其重要性，但可能導致過於簡化的偶像崇拜。人們可能會因此太過依賴人類的方式來思考神的本質；甚至可能因而想像神像我們一樣在思考、運作和計畫。這樣的思考方式距離把各種偏見都歸因於神，並使它們絕對化，僅差一步之遙。三位一體之說旨在更正這個傾向。我們不應把三位一體之說看成是有關神的事實陳述，而或許應把它看成是一首詩，或者它既非必朽人類相信和接受的「神」，也非默契於任何有關神的陳述或宣導都是暫時的，而是介乎二者之間的神學辯證。

奧古斯汀與《懺悔錄》

希臘人與西方基督徒對於「理論」一字的用法不同，是極富啟示意義的。在東正教中，*theoria*的意思就是沈思。而在西方，理論一字卻變成要靠邏輯證明的理性假設。發展出一套有關神的「理論」，意味著「他」可以被人類的思想體系所涵蓋。在尼西亞的拉丁神學家只有三位。大部分的西方基督徒並沒有加入這個層次的討論，而且由於他們對某些希臘用語不甚了解，因此許多人對三位一體的教義感到不悅。也許它不能完全轉譯成另一種語言。每一個文化必須創造出它自己對神的觀念。假如西方基督徒覺得希臘人對三位一體的詮釋不切實際，他們就必須提出自己的一套解釋。

為拉丁教會定義三位一體學說的拉丁神學家是奧古斯汀(Augustine)。他是一個熱誠的柏拉圖主義者，而且效忠於普羅提諾，因此他對這個希臘的教義要比某些他的西方神學家夥伴富於同情。誠如他所解釋的，誤解往往是因為用語而引起：

> 為了要描述那不可言喻的事，我們便必須以某種方式表達那不可能完全表達出來的事物；我們的希臘朋友說的一個本質與三種實體，而拉丁人說的則是一個本質或實體和三個位格。

希臘人以沈思三個位格（*hypostases*）來趨近神，拒絕分析他未顯露出來的單一本質，而奧古斯汀本人和在他之後的西方基督徒，則從神聖的單一本體開始，而後才討論它的三個位格。希臘的基督徒尊敬奧古斯汀，把他視為教會偉大教父之一，但他們對他的三位一體神學抱持懷疑態度，因為他們覺得他的學說使神過於理性化和人性化。奧古斯汀所採取的路線不像希臘人的形上學方式，而是心理的和高度個人化的方式。

奧古斯汀可稱為是西方精神之父。除了聖保羅之外，在西方沒有其他神學家比他的影響力更大。在近古的思想家中，他是我們了解最多的一位，主要是因為他在《懺悔錄》（*Confessions*）一書中，對自己發現神的過程，作了流暢而充滿熱情的陳述。奧古斯汀早年便追尋有神宗教。他視神為對人性不可或缺的，他在《懺悔錄》一書開端對神說：「你為了你自己而造了我們」，「而且我們的心將永不得安寧，直到安息在你的懷抱為止。」他在迦太基（Carthage）教授修辭學時，轉而信仰美索不達米亞一帶諾智派的摩尼教（Manicheism）。不過最終放棄了此一信仰，因為他對該教派的宇宙論感到不滿。他覺得降生的概念是對一神概念的一種冒犯與褻瀆；當他在義大利時，米蘭主教安波羅修（Ambrose）卻使他相信，基督徒與柏拉圖和普羅提諾並非不相容。然而奧古斯汀還是不願跨出最後一步接受洗禮。他覺得對他而言，基督徒意味著獨身主義，而他不願意跨出這一步。他曾祈禱說：「主啊，賜給我貞操，不過時候未到。」

他最後在信仰上的轉變是件既狂烈又緊張(*Sturm und Drang*)的事，那是他過去生活中的一種劇烈扭轉和痛苦的再生，這個經驗乃是西方宗教經驗的特色。有一天，當他與朋友亞呂皮烏(Alypius)坐在他們米蘭的花園內時，此一掙扎進入了他的腦中：

從隱藏的深處，深刻的自我檢討，將我成堆的不幸打撈起來，而把它放「在我心靈的視域中」(詩篇18：15)那便像一陣巨大暴風雨似的使我涕泗滂沱。伴隨著呻吟想要將它完全傾瀉而出，我於是從亞呂皮烏身旁站起來(我更想一個人獨自好好痛哭一番)……我在一棵無花果樹下倒下，讓自己的眼淚盡情的宣泄。河流似的眼淚從我眼中泉湧而出，這是你所能接受的犧牲(詩篇50：19)，而且我重複地以下面文句的意思對你說：「要多久，主啊，你盡情發怒要到何時？」(詩篇6：4)

在西方神總是不那麼容易和我們接觸。奧古斯汀的信仰轉變似乎是一場心理宣泄，在宣泄之後改換宗教的信仰者便筋疲力竭的投入神的懷抱，所有的熱情都消耗殆盡。當奧古斯汀躺在地上哭泣時，他突然聽到附近一棟房子中有小孩唱歌的聲音，歌詞是「拿起來讀，拿起來讀！」奧古斯汀把這當成是神諭，便跳起身來快步走回震驚而痛苦已久的亞呂皮烏身旁，一把抓起他的《新約》。他翻到聖保羅致羅馬人書中的一段話：「不可狂宴醉酒，不可好色放蕩，不可爭鬥嫉妒。但該披戴上主耶穌基督，不要只掛念肉體，以放縱私慾。」漫長的掙扎於是結束：「我既不願意也無須再進一步讀下去。」奧古斯汀回憶說：「就在最後這句話的頃刻間，好像消解所有焦慮的光芒如潮水般的湧向我的心房。所有疑慮的陰影便一掃而空。」

然而神也可以是喜悅的泉源。就在他改變信仰後不久，奧古斯汀有一夜在台伯河（River Tiber）畔的俄斯替亞（Ostia）與母親摩尼加（Monica）共處時，經歷一次出神的體會。我們將在第七章中詳細的討論他這個經驗。身為柏拉圖主義者，奧古斯汀知道神要在心中尋找，而在《懺悔錄》一書的第十章，他論及記憶（*Memoria*）的功能。它比頭腦的回想（recollection）功能更加複雜，比較接近心理專家所謂的無意識。對奧古斯汀而言，記憶代表包括意識與無意識在內整個的心。它的複雜與多樣使他十分吃驚。它是一種「令人心生敬畏的奧祕」，是一個無法測度的意象世界，是我們過去的重現，其中蘊含無數的平坦層面與坑坑洞洞。奧古斯汀便是循著這個內容豐富的內在世界，下潛找尋既在內又在上的神。只從外在世界裏尋找神是徒然無功的。我們只能在「真實的」內心世界中找到他：

我愛你已遲，你的美既陳舊又簇新；我愛你已遲。你就在我內心，而我卻在生活的外在世界中尋覓你，就在這樣沒有愛意的心態下，我鹵莽的在你創造的美麗事物中橫衝直撞。你和我同在，而我卻不明白。美麗的事物使我遠離了你，但是它們假如沒有了你，根本也不可能存在。

因此，神並非客觀的真實，而是在複雜自性深度中，一種靈性的存在。奧古斯汀不僅和柏拉圖、普羅提諾，也和非神宗教的佛教徒、印度教徒及巫師共同分享這個洞見。不過他的神並不是一個非位格的神祇，而是猶太教—基督教傳統中高度位格化的神。神已屈降到人的弱點中，而當人們尋找他時便又無影無踪：

你大聲呼叫得使我震耳欲聾。你光芒四射而絢爛輝煌，你在我的盲目中逃得無影無踪。你香氣四溢，我屏氣凝神的仰望著你。我品嘗你、感受你，對你感到飢渴。你觸摸我，而我熱情的要達到你所擁有的平靜。

希臘的神學家通常不會把他們個人的經驗納入其神學論著中，但是奧古斯汀的神學卻大部分源於自己高度個人化的故事。

以自我存在為前提

奧古斯汀對心的狂熱，使他在五世紀早期撰寫《論三位一體說》(*De Trinitate*)的論文時，發展出他自己以心理角度解析的三位一體說。因為神以他自己的肖像造了我們，我們便應該能夠在心靈深處分辨出三位一體。不像希臘人喜歡從形上學的抽象概念和言語的分別開始，奧古斯汀則以我們大多數人都曾經驗過的真理開始探索這個問題。當我們聽到「神是光」或者「神是真理」這類語句時，我們本能的感覺到精神意向的胎動，而且覺得「神」能夠賦予我生命的意義和價值。但是在這短暫的明覺經驗後，我們又退回到平常的心態，對我們熟悉的俗世事物執著不放。不論我們怎麼試，我們不可能捕捉到那不可言喻渴求的瞬間。日常的思想過程不可能協助我們；相反的，我必須「用心」傾聽「他是真理」這類語句。但有可能對我們不了解的真理產生愛嗎？奧古斯汀進一步指出，因為我們自己心中有三位一體，就像柏拉圖式的意象一般，映照出神的存在，我們便會渴求塑造我們生命的原型(Archetype)。

假如我們以愛自己的心為起點思考，我們找到的便不是三位一體，而是二元論(duality)：愛與心。而除非心能意識到它自己，也就是我們所謂的自我意識，心不可能愛它自己。奧古斯汀論證說，我們對自己的了解是所有其他一切確切事物的基石，這個論點預示了後來笛卡兒的思想。即使我們的懷疑體驗，也會讓我們意識到自我的存在。

在我們的靈魂中有三種特質，亦即記憶、理解與意志。它們分別與知識、自我知識及愛相對應。就像三個神聖的位格一樣，這些心理上的活動基本上是一體的，因為它們並未組成三個不同的心，而是每一部分充滿了整個心，並且滲透到其他兩個中，「我記得我擁有記憶、理解和意志；我理解我的理解、意志與記憶；我能以意志控制我的意志、記憶與理解。因此就像卡波多西亞人所描述的神聖三位一體一般，這三種性質組成一個生命、一個心、一個本質。」

然而這種對人類心靈功能的理解，只是第一步，因為我們在內心中所體驗到的三位一體，並不是神本身，而是神留給我們的一個痕跡罷了。亞他那修和尼撒主教貴格利都曾用鏡像來描述神在人類靈魂中變形的存在。而要正確了解這個觀點，我們必然要提及希臘人相信鏡子是真實的解釋；他們認為鏡子的像是由視者的目光與物體發出的光交會反映到玻璃的表面上。奧古斯汀也相信，心中的三位一體也同樣是神的存在，和引導我們朝向神的映像。但我們該如何超越這個在漆黑玻璃（指心）中反映出來的肖像，而直接與神接觸呢？神與人類間無垠的距離，不可能只靠人的努力來穿越。正因為神在降生的道身上和我們相會，我們才能在我們自身內恢復神的肖像，這肖像被罪所破壞而污損。我們把自己開向神聖的活動，便能被三重修養鍛鍊所改造，也就是奧古斯汀所謂「信仰的三位一體」(the trinity of faith)：堅信（*retineo*，亦即在我們心中堅定相信道成肉身的真理）、沈思（*contemplatio*，亦即沈思冥想這些真理）和喜樂（*dilectio*，亦即在這些道理中產生喜樂）。以這種方式培養出神持續不斷存在的感覺，則三位一體的真理便會逐漸展露出來。這種知識並不只是大腦對資訊的取得，而是能在自我的深處顯現神聖的幅度，從而由內而外轉化我們的一種創造性鍛鍊。

困難的傳統

這段時期是西方黑暗而恐怖的時代。野蠻部落大舉湧入歐洲，且促成了羅馬帝國的敗亡；西方文明的瓦解不可避免的影響到基督教的精神。奧古斯汀的偉大導師安波羅修所鼓吹的信仰基本上是自衛性的，它最重要的德行便是完整性（*integritas*）。教會必須保持它教義的完整性，就像貞女瑪利亞的純潔之身一樣，不能被野蠻人錯誤的教義穿透（當時有許多人已改信亞流教）。一種深深的哀傷感瀰漫在奧古斯汀後期的作品中，由於羅馬傾頹的影響，形成了他原罪的教義，後來更成為西方人對世界的看法。奧古斯汀相信神所以永恆的詛咒人類，乃是因為亞當一人之罪。繼承的罪是透過奧古斯汀所謂被肉慾(concupiscence)污染過的性行為，傳遞到他的每一代子孫身上。肉慾是只想從神的創造物而非神本身取樂的非理性慾望；它在性行為中最能清楚的感覺到，此時我們的理性已完全被激情和感官所淹沒，神被徹底遺忘，只見肉身無恥的耽緬於彼此的狂歡。這幅理性被感官的混亂與毫無章法的激情所拖倒的景象，就像西方理性、法律、和秩序的發源地羅馬帝國被野蠻部落打垮一樣的令人心焦。奧古斯汀嚴厲教義的弦外之音所描繪出的是一幅一位無通容餘地之神的圖像：

> 在犯了原罪後被逐出「伊甸園」，亞當使他的子孫——也就是他自己墮落犯下原罪而生的子孫，也和死亡、詛咒的懲罰發生根本的聯繫；所以由他及使他犯下原罪和共同接受詛咒的配偶所出的任何一代子孫（乃是由情慾所生，因此與他違背上帝意旨相應的報應便降臨到他身上），都將不斷的受到原罪負擔的折磨，而原罪本身又會受到多重錯誤與悲苦的折磨，而終至遭遇叛逆天使的無盡折磨……所以這個景況就屹立不搖了；被詛咒的人性肉瘤疲軟無力的癱臥著，不，是沈溺於邪惡中。它猛烈的從一個邪惡墮落到另一個邪惡；由於加入因內訌而犯下原罪的天使，它為它邪惡的叛逆付出最大的代價。

猶太人和希臘正教基督徒都沒有從這樣災難性的角度來看待亞當的墮落；後來的伊斯蘭教徒也沒有採取原罪這個灰暗的神學觀。這個西方獨特的教義，對早先由特土良(Tertullian)提出的嚴苛一神形象更是雪上加霜。

奧古斯汀留給我們的是個困難的傳統。一個教人們把人性看成每況愈下的宗教，可能會使他們與自己產生疏離。這種疏離感最明顯的便表現在對性慾和女人的污蔑上。儘管基督宗教原來對女人持相當正面的態度，但到了奧古斯汀的時候卻已發展出一種仇視女人的傾向。耶柔米信中充滿對女性的厭惡之詞，偶爾會令人發狂。特土良則把女人苛責為邪惡的誘惑者，是人類永恆的危險：

> 你們難道不知道你們每個都是夏娃嗎？神對你們女性的判決今日仍然存在；罪惡必然也存在。「你」是通往魔鬼之路；「你」是禁果的啟封者；「你」是背棄神聖律法的先驅；「你」是那個連魔鬼也沒有勇氣攻擊的男人的勸誘者；「你」是如此漫不經心的就毀掉了神的肖像——男人。由於「你的」背棄，就連神之子也必須為此而死。

奧古斯汀同意他的觀點。他在寫給一位朋友的信中提到：「不論是妻子或母親都沒有什麼不同，我們仍然要察覺在女人身上的誘惑者夏娃。」事實上，奧古斯汀明顯的對神為何造了女人感到不解；既然「亞當需要個好同伴談天，安排兩個男人在一起作朋友會更好，而非一男一女。」女人唯一的功能就是傳宗接代，像性病般的把原罪傳播到下一代。一個對人類的半數報以異樣眼光，而且把所有身心不自主的舉動都看成是致命肉慾的宗教，只能使男人與女人對他們自己的情境疏離。西方基督教從未曾完全從這仇視女人的神經質中復原過來，這仍然可從對女性神職概念的不平衡反應中看出來。當東方女性也和文明古國時期所有的女人一樣受到次級的待遇時，她們在西方的姊妹卻額外被貼上令人厭惡、帶有原罪的性別恥辱標記，因而使她們在仇恨和恐懼中被排斥在外。

這是雙重的諷刺，因為神成為肉身與我們共享人性的觀念，應該會促使基督徒看重身體的價值。後來又出現關於此一困難信仰的進一步論辯。在第四與第五世紀期間，如亞波里拿留(Apollinarius)、涅斯多留(Nestorius)和歐廸奇(Eutyches)等「異端」就曾提出十分艱難的問題。基督的神性如何能與他的人性一致？瑪利亞真的不是神的母親，而是身為人的耶穌的母親嗎？神怎麼可能曾是一個無助、哭泣的嬰孩呢？他以一種特殊的親密關係居存在基督身上，就像他停留在殿堂中一般，是不是比較正確的說法呢？儘管論說中有明顯的矛盾，正統教義派人士仍然堅持他們的一貫說法。

亞歷山大城的主教區利羅(Cyril)重述亞他那修的信仰：神確實降臨到我們這個有缺陷而腐化的世界來，他涉入程度之深甚至還嚐過死亡及遺棄。這個信仰與認為神是完全沒有感覺、不受痛苦、不變遷的另一個同樣堅強的信念，似乎不可能加以調和。希臘人遙遠的神，把神視為是無感覺、沈靜和不受傷害的神聖存在，和要在耶穌基督內降生的神，似乎是完全不同的神。正統教義派覺得，認為受苦、無助的神是極端冒犯想法的「異端人士」，要把神性的奧祕與驚奇榨乾。道成肉身的矛盾似乎是對無視人類自滿和完全理性的希臘之神的一種矯正。

迪尼斯的神學主軸

西元五二九年羅馬帝國的皇帝猶斯丁年(Justinian，483-565)關閉了異教思想的最後重鎮，位於雅典的古老哲學學校。它的最後一位偉大教師蒲洛克魯(Proclus，412-485)是普羅提諾忠誠的弟子。異教於是轉入地下，而且似乎被基督宗教這個新興宗教擊敗。然而四年後，四本神祕主義的論著出現，假托是由聖保羅在雅典第一個皈依基督教的法官迪尼斯(Denys)所寫。事實上，乃是第六世紀一位匿名的希臘基督徒執筆。然而這個假名所擁有的象徵力量卻遠比作者的身分來得重要；因為假名迪尼斯試圖淨化新柏拉圖主義的洞見，並且為希臘的神和《聖經》中的閃族之神搭起橋樑。

迪尼斯也是卡帕多西亞教父的後裔。和巴西流一樣，他非常嚴肅的看待宣道與信理的區分。在他的某封信中，他認定有兩個神學傳統，都是從眾使徒衍生出來的。宣道的福音清晰而易懂；信理（或教義）則是靜默而帶有神祕性的。然而兩者互相依存，而且都是基督宗教信仰的核心。一個是「富象徵性，且必定要有啟蒙入會儀式才能傳授的」，另一個則是「富哲思性，而且能夠被證明──亦即那不可言傳的真理與可以言傳的論理是相互交織的。」宣道以它清晰明確的真理勸說及誘導，但是靜默或隱密的信理傳統則需要特殊傳授的玄妙意旨。「它以非言傳之教的密法感應個體的靈性，以與神結合。」迪尼斯在論及亞里斯多德時堅稱，有些宗教真理並不完全能以言語、邏輯或理性的論述適切的表達出來。它必須透過象徵的方式表達出來；有的借助於禮儀的禱詞及姿勢，有的則靠相當於「神聖面紗」(sacred veils)的教義來傳達。這些教義使人無法透視那不可言傳的真理，但另一方面卻也把完全神祕的神融入人性的限制中，而且是以富想像力而非概念思辨的言語來描述終極的真實。

隱含或神祕的意義並非只為少數特殊的精英存在，而是適用於所有的基督徒。迪尼斯並不支持只適用於隱修士及苦行者的艱深鍛鍊方法。由所有信徒參加的禮拜儀式是與神溝通的主要方式，而且是他神學的主軸。這些真理隱藏在保護面紗之後的原因，並不是要排除善良的人們，而是要把所有的基督徒從感官知覺與概念的世界，提升到神自身那不可言喻的真實中。由謙卑心而啟發卡帕多西亞人認為所有神學都應該是否定的(apophatic，譯註：此字源出希臘文，原意為靜默。希臘基督徒相信，所有神學都應涵蓋靜默、矛盾語與限制等質素，以襯托出神不可言傳的玄妙層面。)見解，遂成為迪尼斯一派上升通達到那不可言喻之神的主要方式。

神不是最高等的存有

事實上，迪尼斯並不喜歡使用「神」這個詞，也許是因為它已帶有某些不恰當而擬人化意含。他較喜歡用蒲洛克魯取材於禮拜儀式的用語*theurgy*表達同一概念。在異教徒世界中，該用語代表的是在犧牲或占卜的過程中神聖靈力（*muna*，譯註：宇宙間不可見的神聖力量）的表徵。迪尼斯把這個概念運用到神的討論中，如果我們正確的加以理解，則也能把顯現象徵背後隱含的神能（*energeiai*，譯註：希臘語，指神在塵世的活動，使人類能接觸到他）釋放出來。他同意卡帕多西亞人的見解，所有我們對神的言語與概念都是不適切的，而且絕不能把它們當成是對超越我們視野範圍真實的正確描述。即使「神」這個詞本身也是誤導的，因為神是「超越神」（above God）的，是「超越存有的奧祕」。基督徒必須了解，神不是最高等的存有，不是位於一群按階級排列出的金字塔頂端的最高存有。能夠被我們認識的人與事，並不與神對立而分屬兩個不同的真實，或是自成另一種存有。神並不是眾多的存在物之一，他和我們經驗中的任何其他事物大不相同。事實上，對神更為正確的稱呼是「無」（Nothing），我們甚至不應稱他為三位一體，因為他既非如我們所認知的整體，也非三位一體。正如他超越所有存有一樣，他也超越一切名稱。但是我們可以自不量力地把神說成是一種可使我們與他合而為一的方法，也就是將我們的本性加以神化（*theosis*）。神已經在《聖經》中揭示他的某些名字，例如「父」、「子」和「聖靈」，但他的目的並不在於把有關他的消息傳遞給我們，而是希望能引領人們接近他，並使他們分享他的神聖本質。

他的論文《神之名》（*The Divine Names*）的每一章，迪尼斯都以一項由神公開揭示的真理為開端，他的良善、智慧、父權等等。然後他繼續說明，雖然神以這些名銜揭示他自己的某一部分，但是他所揭示的並不等於他自己。假如我們真的想要了解神，我們必須更進一步否定這些特質與名相。因此我們必須說他既是「神」也是「非神」，先說他是「良善的」，然後再說他是「非良善的」。這個由包括知與不可知的弔詭（paradoxical）過程所引發的震撼，可以把我們從世俗概念的世界提昇到不可言喻的真實本身。因此，我可以開始這麼說：

> 因為他，所以有了解、理性、知識、觸摸、知覺、想像、名稱以及其他許多事物。但是他無法被了解，沒有事物可以用來形容他，他也不受名稱所拘。他不是存在的事物。

因此讀《聖經》並非在找出有關神的事實，而是一個將宣道轉化成信理的反論訓練。這個方法便是通神術（*theurgy*），使我們能夠上升到神本身，同時（如柏拉圖主義所一貫主張的）

又神聖化我們自己。這是一種停止我們思維的方法。「我們必須把所有對神的概念拋諸腦後，而暫停我們理性的活動。」我們甚至必須把對神的屬性的否定也放在一邊。那時，也只有到了那時，我們才能達到與神合一的出神境地。

出神的境界

當迪尼斯談到出神的境地時，他所指的並不是一種特異的心靈狀態，也不是由某種曖昧的瑜伽修行所練就的另一種意識形式。這是每一個基督徒都可藉祈禱與沈思的弔詭方法達成的。它可以使我們停止說話，並引領我們達到寧靜之地：「當我們投入那超越智性的黑暗時，我們不僅會發現詞窮以對，而且根本是目瞪口呆的一無所知。」和尼撒主教貴格利一樣，他也覺得摩西上西奈山的故事富有教育意義。當摩西攀登山頂時，他並未見到神本身，只是被帶到神所在的地方。他被濃霧所覆，根本看不到任何東西，因此任何我們「能」看見或了解的，都只是個象徵（迪尼斯所用的詞是「範例」）罷了，說明有個超越所有思想的真實存在。摩西曾進入那無知的黑暗中，因此已與那超越所有理解的真實結合為一，我們也會達到類似的忘我境地，超越自我的局限並與神結合。

我們有可能達到這個境地，就像發生在先知身上的情形一樣，是因為神來到山上和我們見面。在這個觀點上迪尼斯和把神看成是靜態、遙遠、完全不對人的努力作出回應的新柏拉圖主義分道揚鑣。希臘哲學家的神不了解偶爾試圖與他結合為一的神祕家，而《聖經》的神則是接近人類的。神也進入了「忘我」之境，使他超越自己進入被創造物的脆弱世界：

> 我們必須敢於承認（因為這是事實），宇宙的創造者本身在對宇宙寄以美好、良善關愛的同時……離開他的神界活動，朝向存在的所有事物……同時也從他超越所有事物的寶座上降下，透過超越所有存有的出神力量，停駐在所有事物的心中，而仍然存在於他本身內。

流出(emanation)被視為是神充滿熱情，自願把愛散播出去的過程，不僅是個自動化的程序。迪尼斯的否定之路與弔詭方式並不只是我們所做的事，而是降臨在我們身上的事。

對普羅提諾而言，出神的境界是非常少有的狂喜狀態，在他一生中只達到此種境地二、三次。迪尼斯則把出神之境視為是每個基督徒的常態。這是《聖經》與禮拜儀式中以最微細的姿勢所揭示出來的密意。因此在彌撒開始時，主持彌撒的神父，離開祭臺走向會眾，灑聖水，然後回到聖所（祭臺前），這不僅是淨化的儀式——當然它也包括在內。它仿傚神聖的出神，由此神便離開孤獨自處的情境，而與他所造的萬物融合。或許了解迪尼斯神學最好的方式，乃是以之為在我們所能肯定的神，以及對神所有描述都只是象徵性的體會之間，取得一種精神性的辯證。

和猶太教一樣，迪尼斯的神也有兩種面貌：一個是朝向我們，並顯現於世的神；另一面貌則是完全無法理解的，是神遙遠的一面。他在永恆的奧祕中「與自己獨處」(stays within himself)，而同時又完全浸入萬物中。他不是自外於世界的另一種存有。迪尼斯的神學遂成為希臘神學的主流。然而在西方，神學家會繼續不斷的談論和解釋。有些人認為當他們說「神」時，神聖的真實便真的與他們心理的概念同存。另有些人則會把他們的思想與觀念歸因於神——說神要這個，禁止那個，而且已計畫要另一個——從某個角度而言，這是很危險的偶像崇拜。希臘正教的神會繼續保持神祕，而且三位一體之說也會不斷提醒東方基督徒，他們的教義本質上都只是暫時的。最後希臘基督徒決定，真正的神學必須要符合廸尼斯的兩個標準：它必須兼具靜默和弔詭的特質。

道成肉身

希臘人和拉丁人也發展出對基督神性頗不相同的看法。希臘道成肉身的概念乃是由篤信者馬克西姆(Maximus the Confessor,大約 580-662) 所定義，他也就是為人所知的拜占庭神學之父。他的概念較接近佛教而非西方。馬克西姆相信，人類只有在與神結合為一時才真正實現了自己，正如佛教徒相信覺悟是人類的終極目標一樣。「神」因此不是額外的選擇、異邦人或附加於人類的外在真實。人類有潛能成為神聖，只有當這點充分被了解實現時，我們才是完全的人。基督並非變成人來償還亞當的原罪；事實上，即使亞當沒有犯下原罪，道成肉身還是會出現。人類是依基督為準而被創造出來的，他們只有在和基督完全一致時，才算把潛能發揮到極致。在他伯山(Mount Tabor)上，耶穌的光輝人性讓我們了解到，我們都可以立志達到神化的人性。道成肉身是為了「全體人類能成為神，由於神的恩典而神化，變成為整個的人、靈魂及肉身；也由於神的恩典與我們的本質，人類可以變成神的完整靈魂及肉身。」正如覺悟與佛性並非來自超自然的真實，而是人類自然本具力量的提升，所以神化的基督向我們顯示的境界，我們也可以藉由神的恩典達到。佛教徒尊崇覺者喬答摩說：「他已成為第一個真正淨化的完人典範。」基督徒也可以同樣的方式尊崇神人耶穌。

當希臘道成肉身的觀點使基督教接近東方傳統時，西方基督教對耶穌的觀點則採取了較怪異的解釋途徑。古典的神學可由坎特布里(Canterbury，譯註：英國東南部都市，英國天主教總教堂發源地)主教安瑟倫(Anselm, 1033–1109)的論述《神為何變成人》(*Why God Became Man*)中窺知。他論證說，罪惡是極大的冒犯，如果神為人類所作的計畫要避免完全挫敗的話，贖罪便成為必要的。道成肉身是代表我們所做的補償。基於神的公義，償債者必須既是神也是人；因為冒犯程度之重大，只有神之子可以救贖我們，但因為是人類犯的錯，所以贖罪者也必須是人類的一分子。這是以狹隘的法制概念來描述神，把他當成人一樣的思考、判斷和權衡。它同時也強化了西方嚴苛的神的意象，他只有在自己的兒子被奉作人類祭品，不忍卒睹的死去後才感到滿足。

被誤解的三位一體的教義

三位一體的教義在西方基督教世界常被誤解。人們傾向於想像三個神聖的形象，要不就完全漠視此一教義，把「神」當成父，把耶穌當成神聖之友，而不把他們放在同一個層次上。穆斯林和猶太人都覺得此一教義令人困惑，甚至是褻瀆的。但是我們將會在下文中見到，猶太教和伊斯蘭教的神祕家均發展出一套對神性相當類似的看法。例如，神自我空虛的出神（*kenosis*）概念在卡巴拉祕教（Kabbalah）和素菲派（Sufism）中都很重要。在三位一體中，父把他自己傳給他的子，放棄一切，包括以另一種「道」表達自己的機會在內。「道」一旦說出，父便一如往常的保持沈默；我們談論有關他的任何事，因為我們唯一知道的神便是道或子。因此父是無法辨識的，他不是一般觀念中的「我」，而且打破我們的位格概念。萬有存在的根源在於無，不僅迪尼斯看出來，普羅提諾、斐羅，甚至佛陀也持相同看法。因為父一般被說成是基督教教義探索的「終點」，因此基督徒的靈性之旅，遂成為通往無處（no where）與無人（No One）的成長。一個位格的神或被位格化的絕對存有，一向是人類極重要的觀念，印度教與佛教也都必須允許個人禮拜神祇修行方式（*bhakti*）的存在。不過三位一體的典範、象徵提醒我們，位格主義(personalism)必須被超越，而只把神想像成是人的放大，以和我相同的方式行動和反應是不夠的。

道成肉身的教義可以被視為企圖減輕偶像崇拜危險的另一嘗試。一旦「神」被視為是完全自外於我們的「客觀」(out there)真實，他很容易就變成只是個偶像和心理投射，這就使人們把他們自己的偏見和欲望轉向外在並加以崇拜。其他的宗教傳統堅稱，絕對存有乃是建立在人類的條件上（例如在梵天與自性的範例中便是），以試圖防止這樣的傾向發生。亞流——以及後來的涅斯多留、歐廸奇——都想要把耶穌變成人或神，而他們的學說遭到抵制的部分原因，就在於這個把人神分成兩個不同領域的傾向。是的，他們的解決之道過於理性化，但是祕密教義（與公開教義對稱）和詩或音樂一樣，不應局限於完全可以解釋的部分。道成肉身的教義——如亞他那修和馬克西姆笨拙的表達所示——乃是試圖要表達「神」與人不可分離這個普遍的認識。在西方，道成肉身的教義並不是以這種方式解說，它傾向於把神看成是自外於人類的存在，以及我們所知世界之外的另一種真實。因此，便非常容易把「神」變成我們心理的投射；這種看法近來已被各方所揚棄。

但是由於只有耶穌一人是神派遣下凡的使者(*avatar*)，基督徒遂採行了一個獨一無二的宗教概念；亦即把耶穌視為是神對人類第一次，也是最後一次的「聖言」，因此未來的天啟便成為不必要了。結果就像猶太人一樣，當七世紀阿拉伯世界崛起了一位先知，宣稱他直接得自神的啟示，並且給他的子民帶來一部新的《聖經》時，他們便覺得憤恨。然而這個最後成為我們今日所知的「伊斯蘭」新一神教，以驚人的速度快速傳播到整個中東和北非。在這些地區（即希臘文化影響不深之地）許多熱情改信伊斯蘭教的人，可以讓他們從感到陌生的希臘三位一體說鬆口氣，轉而採信較具閃族色彩的神聖真實觀念。

唯一真主：伊斯蘭教的「神」

5

‧‧‧‧UNITY：‧‧‧‧
THE GOD OF ISLAM

穆罕默德

大約在紀元六一〇年，外志（Hijaz，阿拉伯半島東部）地區正蓬勃發展中的城市麥加，有一位阿拉伯商人，他從未讀過《聖經》，而且或許也從未聽過以賽亞、耶利米和以西結等先知，但卻擁有和他們類似的超自然體驗。每一年，穆罕默德（Muhammad ibn Abdallah），他是麥加的庫拉以希族（Quraysh）成員，都會在齋月（Ramadan）帶他的家人到城外的希拉山（Mt. Hira），去進行精神上的退省。這對半島上的阿拉伯人而言，是個很普通的修持方式。穆罕默德會向阿拉伯人的至高「神」（High God）祈禱，而且會發放食物和救濟品給這段神聖期間來探訪他的窮人。他或許也會花時間思考令人擔心的事。

我們從他晚期的生涯得知，儘管當時麥加表面繁華，但穆罕默德很清楚的體察到它令人擔心的抑鬱氣氛。只在兩代以前，庫拉以希族就像其他貝都因（Bedouin）部落一樣，在阿拉伯大草原上過著嚴酷的遊牧生活，每天都要為生存做艱苦的掙扎。但是在第六世紀的末期，他們在貿易上極度成功，而使麥加成為阿拉伯最重要的居住地。他們現在的富有是他們作夢也想不到的。然而劇烈改變的生活方式，意味傳統的部落價值已經被兇猛、無情的資本主義所取代。人們覺得迷惑不清而若有所失。

穆罕默德知道庫拉以希族正走在危險的道路上，需要找到一個能幫助他們適應新情勢的中心思想。在那個時代，任何政治的解決方案自然會帶有宗教的性質。穆罕默德覺察到，庫拉以希族人正從金錢中造出一個新宗教來。這一點也不令人驚訝，因為他們必然感受到，他們的新興財富已將他們從遊牧生活的危險中「拯救」出來，使他們能免於營養不良和部落暴力那些阿拉伯大草原上不可避免的事。在阿拉伯大草原上，所有貝都因部落每天都要面對滅種的可能性。他們現在幾乎有足夠的糧食可供食用，而且把麥加變成貿易與高度金融的國際中心。他們覺得已變成自己命運的主人，而且某些人甚至相信，他們的財富可以使他們達到某種不朽。但是穆罕默德相信，這種自我滿足（*istaqa*）的新興崇拜，意味著部落的解體。在古老的部落時代，部落必須優先而個人次之；每一個部落的成員都了解，他們彼此依賴才能生存。因此，他們有責任照顧自己部族中的窮人和弱者。現在個人主義已取代了社群的理想，競爭已變成了規範。個人開始構築自己的財富，而毫不留意庫拉以希族的弱者。每一個宗族，或者部落中較小的家族，為了分享麥加的財富而爭鬥，而某些最不成功的宗族（例如穆罕默德自己的哈希米（Hashim）族便是）覺得，他們的生存陷入危險。穆罕默德相信，除非庫拉以希族人學習把另一超越的價值做為他們生活的中心，而且克服他們的自我中心與貪婪，否則他的部落會因道德上與政治上的自相殘殺而四分五裂。

血族復仇

阿拉伯其他地區的情況也很黯淡。千百年來外志與內志（Najd，阿拉伯半島西半部）區域內的貝都因部落，為了生活的基本需求而彼此激烈的競爭。為了協助人們培養生存必要的社群精神，阿拉伯人演化出一種叫做「穆魯瓦」（*muruwah*）的部落觀念。它滿足了許多宗教的功能。就傳統的意義而言，阿拉伯人幾乎沒有時間奉獻給宗教。哪裡有異教徒的萬神廟，阿拉伯人就在他們的廟堂中膜拜，但是他們自己尚未發展出一套解釋眾神、聖地和精神生活之間關聯的神話來。他們尚未有死後世界的概念，但是相信「復命」（*darh*）——可譯為「時間」或「命運」——是至高無上的，這種態度在死亡率極高的此地或許是很基本的。西方學者常把「穆魯瓦」譯成「男子氣概」，但是它的涵義相當廣泛；它表示戰場上的勇氣、受苦時的毅力與堅忍，以及對部落的絕對貢獻。「穆魯瓦」的德性要求阿拉伯人不顧自己安危，隨時對他的部落首領（*sayyid*）效忠；他必須承擔騎士般的職責，對任何攻擊部落的行為採取報復，同時保護部落的老弱婦孺。

為了保障部落的生存，部落首領與大眾平等共享財富和所有物；若其部落人民之一被殺，則以殺害犯罪部落任一成員為報復。我們可以特別看清社群倫理的面貌；在此沒有必要懲罰謀殺者本人，因為在一個像前伊斯蘭的阿拉伯社會中，個人可以隨時消失得無影無蹤。相反的，在這個例子中，殺掉敵對部落的某個成員或其他成員並無差異。「血族復仇」(vendetta)可說是在沒有中央權威的地方，保障最起碼社會安全的唯一方式。此時的阿拉伯半島，每個部落都有它自訂的法律，卻沒有和現代警力相當的組織。假如某個部落首領無法報復，那麼他的部落便不受尊敬，而且其他的部落會認為可以自由殺害其成員，而不受懲罰。因此，「血族復仇」的原則乃是簡易而粗糙的正義形式；這意味沒有任何一個部落可以輕易優於其他部落。這也表示許多部落很容易便陷入無法停止的暴力循環，如果人們認為已執行的報復和原有的罪行不等的話，復仇行動便會一個接著一個發生。

儘管它無疑是殘忍的，但是「穆魯瓦」確有許多優點。它鼓勵一種深刻而強力的平等主義，以及對物質產品的無動於衷，這在基本用品不足的區域或許是基本而重要的；慷慨與大方乃是重要的德性，而且教導阿拉伯人不要在意明天。我們將會談到，這些特質會在伊斯蘭教中扮演重要角色。「穆魯瓦」千百年來一直適用於阿拉伯人，但到了第六世紀它不再能回應現代的情勢。在前伊斯蘭時期的最後階段，也就是穆斯林稱之為「蒙昧期」(*jahiliyyah*)的時代，似乎瀰漫著不滿與精神上的動盪不安。阿拉伯人四周被波斯和拜占庭兩個強大帝國包圍起來。現代的觀念開始從開墾地貫穿阿拉伯世界；到敘利亞或伊拉克經商的商人，把文明的奇妙故事帶回來。

但是阿拉伯人似乎注定要永遠過著野蠻的日子。部落間持續不斷的戰爭，使他們很難把有限的物資積聚起來，形成一個統一的民族；這種統一的意識在他們心中是很微弱的。他們不能掌握自己的命運，也無法建立自己的文明。相反的，他們一直被強權剝削；事實上，阿拉伯半島南部比較肥沃、精緻的地區，也就是現今的葉門（拜季風雨水之賜）一帶，已變成波斯帝國的轄區。同時，滲入這個區域的新觀念所暗示的個人主義，也破壞了古老的社群精神。例如，基督宗教的來生教義，使得個人的永恆命運變成神聖的價值；這與把個人視為臣屬於團體，及堅稱個人唯一不朽是建立在部落生存的部落理想，要如何加以調和呢？

開啟能量的蓄水庫

穆罕默德是少有的天賦異稟之人。當他在紀元六三二年死去時，他已幾乎將所有的阿拉伯部落結合成一個新的統一社會，稱為烏瑪（*ummah*）。他帶給阿拉伯人的宗教精神，特別適於他們自己的傳統，也因而開啟了他們能量的儲藏庫，使得他們在一百年內建立了從喜馬拉雅山到庇里牛斯山間的偉大帝國，並形成了一個獨特的文明。但是在六一〇年當穆罕默德於齋月隱修中，坐在希拉山頂的小洞穴祈禱時，他無法想像到會有如此卓越的成功。

和許多阿拉伯人一樣，穆罕默德相信古阿拉伯萬神廟中的神阿拉（他的名字就是意指神），與猶太教徒和基督徒所膜拜的神是一樣的。他也相信只有這個神的先知才能解決他同胞的問題，但是他從來不敢相信，「他」自己將會成為那位先知。事實上，阿拉伯人雖然自無始以來就已經在當地建了廟堂，但對阿拉尚未派給他們自己的先知與《聖經》卻早有覺識，而且不很高興。

到第七世紀時，大多數的阿拉伯人已相信，矗立於麥加中心古老而巨大的立方體建築卡巴聖廟，原來是為供奉阿拉而設立的，儘管現在供奉的是那巴庭人（*Nabatean*）的神祇胡伯爾（*Hubal*）。所有的麥加人都對卡巴聖廟極度驕傲，它乃是阿拉伯最神聖的地方。每年來自阿拉伯半島各處的阿拉伯人，都會來到麥加朝聖（*hajj*），參與為期數天的傳統儀式。聖廟卡巴四周的神聖地區，禁止一切暴力活動，因此在麥加阿拉伯人可以彼此和平交易，他們知道古老的部落仇恨到此都會暫時停止。庫拉以希族人知道，沒有這塊聖地他們是不可能獲致商業上的成功，而且他們優於其他部落的許多特權，乃是建立在他們對聖廟卡巴的守護，以及保障它的古老神聖儀禮上。雖然阿拉很明顯的獨鍾庫拉以希族人，但是他從未派遣他們一位像亞伯拉罕、摩西或耶穌的先知，而且阿拉伯人也沒有他們自己文字的《聖經》。

因此，阿拉伯人普遍有一種在精神上次人一等的感覺。和阿拉伯人接觸的猶太人與基督徒，向來以他們尚未接收到神的啟示，而嘲弄他們為野蠻民族。阿拉伯人對這些擁有他們所未擁有知識的民族，有一種既憤恨又敬重的混合情緒。儘管阿拉伯人體認到，這種進步的宗教形式比他們自己傳統的異教要優越，但是猶太教與基督教在本地區的進展卻極有限。在麥加北方的雅斯里伯（Yathrib，亦即後來的麥地那〔Medina〕）與法達克（Fadak）屯墾地，有些出處可疑的猶太部落，而某些在波斯與拜占庭帝國交界區的北方部落，則已有改信神人一性論派(Monophysite)或涅斯多留教派（Nestorian，亦即景教）的基督宗教。然而貝都因人極端獨立，決心不要像他們在葉門的兄弟那樣，受到強權的統治，而且他們清楚的知道，波斯人與拜占庭人運用猶太教與基督教，來擴展他們在此區域的帝國版圖。他們或許也本能的覺察到，隨著自己傳統的逐漸腐蝕，他們早已受夠了文化上的顛倒錯置。他們最不希望見到的便是夾著外國語言和傳統的外來意識形態。

亞伯拉罕真宗的信徒

某些阿拉伯人試圖發掘某種沒有受到帝國意識形態污染，比較中性的一神信仰形式。早在第五世紀，巴勒斯坦的基督教歷史學家所佐門努(Sozomenos)就告訴我們，某些在敘利亞的阿拉伯人，已重新發現他們稱之為正宗亞伯拉罕的宗教；亞伯拉罕在神傳下猶太法典或《新約福音書》前就已存在，因此他既非猶太人，也非基督教徒。就在穆罕默德接收到他將成為先知的召喚前不久，他的第一個傳記作者伊薩克（Muhammad ibn Ishaq,767歿）就告訴我們，麥加的庫拉以希族有四個人決定成為亞伯拉罕真宗(*hanifiyyah*)的信徒。某些西方的學者論證說，這個亞伯拉罕真宗小教派乃是虔信的虛構故事，象徵前伊斯蘭「蒙昧時代」的精神動盪不安，但是它必然有某些事實根據。

四個亞伯拉罕真宗信徒中有三個是早期穆斯林所熟知的人物，烏巴伊達拉(Ubaydallah ibn Jahsh)是穆罕默德的堂兄弟，瓦拉夸(Waraqa ibn Nawfal)最後雖然成為一個基督徒，但卻是他早期的精神導師，而栽德(Zayd ibn Amr)則是穆罕默德最接近的朋友之一，也是伊斯蘭帝國第二位哈里發（國王）烏瑪爾(Umar ibn al-Khattab)的叔叔。有個故事說，有天在他離開麥加到敘利亞與伊拉克尋找亞伯拉罕的宗教時，栽德站在卡巴聖廟旁，斜靠在神殿上，並告訴一旁正在進行歷史悠久之卡巴聖廟繞行禮的庫拉以希族人說：「啊！庫拉以希，栽德的靈魂是在他的土地上，除了我以外，你們沒有一個人信奉亞伯拉罕的宗教。」然後他又說：「啊！神，假如我知道你要我如何崇拜你，我就會那樣做；但是我不知道。」

覆誦神諭

六一〇年齋月的第七個晚上，當穆罕默德在睡夢中受到折磨，而覺得被蹂躪自己的神靈包裹時，栽德渴求得到神啟示的願望於是得到滿足。他事後以亞伯拉罕式的特殊語言，來解釋他這次不可言喻的經驗。他說一位天使出現在他面前，而且粗魯的給他下了道命令說：「跟著我唸！」(*iqra!*)就像希伯來的先知們常常拒絕說出神的神諭一樣，穆罕默德也拒絕服從，並抗議說：「我不跟你唸！」他不是阿拉伯最令人心醉神迷的預言家卡辛(*kahin*)，不會覆誦天啟的神諭。但是，穆罕默德說，天使以他無法抵擋的力量擁抱他，並把他包裹起來，以致他覺得好像整個氣息都被擠壓出體外。就在他覺得不能再忍受下去時，天使釋放了他，再對他下命令說：「跟著唸！」穆罕默德還是拒絕，天使又再擁抱他，直到他覺得達到忍耐的極限為止。最後，在第三次恐怖的擁抱後，穆罕默德發現一個新的聖書的開場白正從他口中傾瀉而出：

> 以宇宙的支撐者之名而覆誦，他把人從生殖細胞中創造出來！覆誦——因為宇宙的支撐者是最慷慨的，他教人如何使用筆——教他所不知道的事物！

神的神諭第一次以阿拉伯的語言說出來，而這部聖書最後被稱作《古蘭經》(*qur'an*)，也就是覆誦神諭的意思。

穆罕默德在恐懼和激情中回過神來，想到他可能變成一位聲名狼藉的卡辛而感到恐怖。人們假如遺失了一隻駱駝也會找卡辛諮詢。而一位像卡辛的預言家，就應該被精靈(*jinni*)所附身。精靈是盤旋在山水間的一種幽靈，他可能反覆無常而引導人們犯錯。詩人也被認有他們個人的精靈附身。因此，後來成為穆斯林的雅斯里伯詩人哈珊(Hassan ibn Thabit)說，當他開始詩人生涯時，他的精靈出現在他面前，把他摔到地上，並強迫他說出充滿靈感的文字。這是穆罕默德唯一熟悉的靈感形式，而想到自己可能變成被精靈控制的人（*majnun*），就讓他絕望得不願再活下去。他完全鄙視像卡辛一類的預言家，他們說出的神諭通常是一些無法辨認，莫名其妙的話；而且他也一直很小心的把《古蘭經》和傳統的阿拉伯詩加以區別。此時他急忙從洞穴走出，決心從山頂跳下尋死。但在山邊他又看到另一個存有者的心象，後來他認定是天使加白列（Gabriel）：

當我在半山腰時，我聽到一個從天上傳來的聲音說：「穆罕默德啊！你是神的使者，而我是加百列。」我把頭抬高看天上，是誰在向我說話，瞧！加百列現人身，雙腳跨越地平線……我站著凝視著他，既不向前進也不向後退；然後我開始把我的臉轉離開他，但是不論我轉向哪部分的天空，我都和先前一樣的看到他。

在伊斯蘭教中，加百列通常被認同是天啟的聖靈，是神與人類溝通的工具。他不是可愛的自然天使，而是威力無比、無所不在的存有者，想要逃避他是不可能的事。穆罕默德曾有被他的超自然真實強力掌握的經驗，這也就是希伯來先知所謂的聖潔（holiness），或令人恐怖的神之差異性（*kaddosh*）。他們經驗到它時，也覺得瀕臨死亡和達到身心的極致。但是和以賽亞或耶利米不同的是，穆罕默德沒有一個既成的傳統來支持他。這個恐怖的經驗可說是晴天霹靂般的落在他身上，而使他極度的震驚。在極度的痛苦中，他轉而求助於妻子卡蒂伽(Khadija)。

穆罕默德以他的雙手和膝蓋匍匐前進，身體劇烈顫抖著靠到她的膝蓋上。「覆蓋我！覆蓋我！」他高喊著求她掩護他，以避免見到聖靈。當恐懼消退些後，穆罕默德問她是否他真的變成了被精靈附身的人，而卡蒂伽趕忙向他保證說：「你是個對你親屬仁慈而體貼的人。你幫助窮人和可憐者，並承擔他們的責任。你努力恢復族人已失去的高道德品質。你禮敬賓客而幫助那些陷於困苦中的人。這是不可能的，親愛的！」神不可能以這樣獨斷的方式行動。卡蒂伽建議，他們可以諮詢她的堂兄弟，現在已成基督徒並受過《聖經》教育的瓦拉夸。瓦拉夸毫無疑義的認定，穆罕默德已經從摩西和其他先知的神那兒接收到了啟示，而且已成為神的阿拉伯人使者。在經過這幾年後，穆罕默德終於相信，事實確是如此，而且開始向庫拉希族人傳教，他為他們帶來了一本以他們自己語言寫成的聖書。

智慧的被動性

然而和猶太律法不同的是，依據《聖經》的記述，猶太律法是在西奈山頂一次揭示給摩西，但是《古蘭經》卻是一點一滴、一句一句和一章一章的經過二十三年的時間，才全部揭示給穆罕默德。這些啟示依舊是十分痛苦的經驗。「從來沒有一次啟示不讓我覺得像是要從我身上奪去靈魂一樣。」穆罕默德晚年的時候說。他必須心無旁騖的聆聽神諭，努力辨識心象和那不是以清晰語言形式出現的意義。他說，有時神諭的內容十分清楚；他似乎看到加百列，也聽到他所說的話。但是有時候，啟示的內容却是極端的含糊；「有時它就像鐘的回響一樣傳給我，這對我來說是最困難的；當我察覺到它們要傳達的訊息時，回響又減弱。」敘述這段古典時期的早期傳記家，常把他描繪成專心傾聽我們稱之為「無意識」的樣子。就像詩人描述他「傾聽」從心靈深處浮現出來的詩文一樣；而神祕的是，這些詩文的權威性與完整性似乎自成一格而與他無關。在《古蘭經》中神告訴穆罕默德要仔細傾聽互相矛盾的意義，用華滋渥斯的話說，就是以「智慧的被動性」(a wise passiveness) 來傾聽。他不能急著找出某些字或特定概念的意義來，必須等到時機成熟時由它自己顯現真正的意義：

> 不要急著動你的唇舌（重複啟示的內容）；因為，注意是「我們」把它存於（心中），和使它被吟誦（正如它應被吟誦那樣）。
> 因此學我們吟誦它時，你（要用全心全意）來了解它的措辭，然後，注意是「我們」使它的意義了然。

和所有的創造活動一樣，這是個困難的過程。穆罕默德常常進入忘我出神的境界，有時似乎會失去意識；他常常大量出汗，即使在冬天也是如此，而且常常有痛苦的內在沈重感，迫使他把頭低下放在兩膝之間；這是某些當代猶太神祕家在進入另一種意識狀態時所採用的姿勢——雖然穆罕默德當時不可能知道這點。

第一次官方結集成書

穆罕默德覺得啟示是件極為緊張的工作，這點並不令人驚訝；他不僅為他的族人發展出一套全新的政治解決方案，而且也寫出有史以來最偉大的精神與文學經典之一。他相信他把神不可言喻的道或理性變成了阿拉伯文，因為《古蘭經》對伊斯蘭教精神的重要性，就像耶、道之於基督教那樣。穆罕默德是我們知道最多的世界主要宗教教主，而在《古蘭經》中，由於它眾多的章節(suras)是以合理準確的日期標記，因此我們可以看出他的看法如何逐漸演化發展，以致於範圍變得愈來愈普遍。他在最初並不知道他必須完成的全部內容，但當他思考這個事件的內在邏輯時，神諭便一點一滴的揭示給他。就和以前一樣，我們可在《古蘭經》中看見對伊斯蘭這個宗教史上獨特宗教起源的評論。在這本聖書中，神似乎對發展中的情勢加以評論；他回答某些穆罕默德批評的問題，解釋某戰役的意義，或是早期穆斯林社會內的衝突，而且指向人類生活的神聖層面。它並未以我們今日閱讀時的順序揭示給穆罕默德，而是以比較零散的方式，隨著他口述事件和傾聽它們較深意義的過程而出現。

當每個段落被揭示出來時，穆罕默德既不讀它也不寫下，而是高聲的吟誦著。穆斯林也是以記憶的方式學習它。是那些識字的少數人把它記載下來。在穆罕默德死後約二十年，才有第一次官方的結集成書。編者把最長的章節放在開頭，最短的放在結尾。這種安排並非如表面上看來那麼毫無章法，因為《古蘭經》既非敘事體也非論證體，不需要依順序安排。但它反映出許多主題如神出現在自然世界中，先知的生活和最後審判。對於不能欣賞阿拉伯文絕美文字的西方人來說，《古蘭經》似顯枯燥而重複。它似乎在同樣的事情上不斷一說再說。不過《古蘭經》不是為私人精讀而設，乃是禮拜時吟誦用的。當穆斯林聽到清真寺中唱誦《古蘭經》中某一章節時，就會喚起他們信仰中所有的核心教義。

阿拉

當穆罕默德開始在麥加傳教時，他對自己扮演的角色仍很保留。他並不認為他建立了一個新的世界性宗教，而是把古老的一神宗教帶給庫拉以希族。最初，他甚至不認為自己應該向其他的阿拉伯部落傳教，而只局限於麥加及其周邊地區的人民。他並未夢想建立一個神權政體，或許也不知道什麼是神權政體；他自己在麥加無任何政治功能，只是個「警告者」（*nadhir*）。阿拉派他來警告庫拉以希族他們危險的情況。但是他早期傳達的訊息中，都不帶有毀滅的味道，而是充滿希望的快樂訊息。穆罕默德不需要證明神的存在給庫拉以希人看。他們都隱約相信阿拉是天地的創造者，而且多數人相信他就是猶太人和基督徒崇拜的神。他的存在被視為理所當然。就像神在《古蘭經》最初章節告訴穆罕默德說：

所以它是（與多數人同在的）：如果你問他們：「誰創造了天地，並使太陽和月亮（依他的規律）運轉？」他們一定會回答說：「阿拉。」所以它本是如此，如果你問他們：「誰從天上降水下來，在無生命的地上賦予生命的滋長？」他們一定會回答說：「阿拉。」

問題是庫拉以希人不會仔細思考這個信仰背後的涵義。誠如第一次啟示中就說得很清楚，神從一滴精液中創造出他們每個人；他們依賴神取得食物和維生的用品，然而他們依然以不實際的推測（*yatqa*）和自滿（*istaqa*）的態度，把自己看成是宇宙的中心，完全不考慮自己身為高尚阿拉伯社會成員的責任。

因此，《古蘭經》的前幾章都在鼓勵庫拉以希人，覺察神無所不在的慈愛。於是他們便會了解，儘管他們現在成功了，但有多少事都得仰賴他，從而使他們能夠感念對自然秩序創造者的絕對依靠：

（常常是）人摧毀他自己；他是多麼頑固的否定真理啊！
（人是否曾想過）是從什麼質素中（神）把他創造出來呢？
從一滴精液中「他」創造了他，然後決定了他的本質，又使他能容易度過一生；
而最後「他」使他死去，把他帶入墳墓；而後如果「他」願意的話，「他」可以再把他重新帶入生命。
不！但是（人）從未完成「他」交付給他的任務。
那麼，讓人想想他的食物（來源）吧；我們（如何）把水倒下去，大量的倒下去；
然後我們挖開土地（讓新生命長出），再使稻穀生長出來，還有葡萄樹、可食用的植物、橄欖樹、棗椰樹；於是庭園中滿佈綠葉、水果與草本，讓你和你的牲畜去享受。

因此，神的存在不是問題。在《古蘭經》中「不信者」（*kafir bi na'mat al-Lah*）並不是我們現在所了解的無神論者——不相信神的人，而是對神忘恩負義的人，他可以清楚的看到他所欠神的，但卻以不顧恩義的倔強態度拒絕尊崇他。

伊斯蘭

《古蘭經》並未教導庫拉以希族人任何新事物。事實上，它常常說只是「提醒」我們注意已知的事物，把它們擺在更明顯的位置罷了。《古蘭經》在介紹一個主題時常以「你難道沒看見……？」或者「你難道沒有想過……？」的句子作開場白。神的神諭不是從上發出獨斷的令命，而是以和庫拉以希人對話的方式進行。例如，它會提醒他們就某種意義而言，被認為是造成他們成功主要因素的聖廟卡巴，亦即阿拉的所在，實在是要歸功於神的。

庫拉以希人喜歡在聖廟四周進行繞行的儀式，但是當他們把自己和物質的成功當成生活的中心時，他們已經忘了這些古老儀式所指向的意義。他們應該看看神的良善與力量在自然世界中的「表徵」(*ayat*)。假如他們不能在自己的社會中再造神的慈愛，他們便與事物真正的本質脫節。因此，穆罕默德讓他的信徒每天在儀式禮拜(*salat*)中跪拜兩次。這個外在的姿勢可以幫助穆斯林開發他們內在的態度，並重新調整他們生活的方向。

最後，穆罕默德的宗教以伊斯蘭之名為世人所知，該詞的意思是每個信徒都要對阿拉順服，穆斯林(muslim)就是整個人都服從於創世者的人。當庫拉以希人看到這些最早的穆斯林行跪拜禮祈禱時，感到十分恐懼；他們對擁有千百年令人驕傲獨立自主性的貝都因庫拉以希族人，要五體投地的像奴隸一樣，以及穆斯林必須退居城市四周祕密祈禱的作法感到不能接受。庫拉以希人的反應顯示，穆罕默德對他們心靈狀態的診斷準確無誤。

用日常的言語來說，「伊斯蘭」意味穆斯林有責任要創造一個正義公平的社會，使窮人與老弱婦孺都能受到良好的照顧。《古蘭經》的早期道德訊息很簡單，屯積財富和積蓄私產是不對的，而把自己財富的固定比例救濟窮人，公平的和社會分享則是正確的作法。濟貧(*zakat*)與禮拜(*salat*)乃是伊斯蘭教五大基本「功課」(*rukn*)的兩項。和希伯來的先知一樣，穆罕默德所教導的，乃是由崇拜一神所產生的社會主義倫理。伊斯蘭並無有關神的強制性教義；事實上，《古蘭經》對神學的臆測高度懷疑，把它駁斥為一種對事物任意的猜測，沒有人可以知道或證明。基督教的道成肉身和三位一體說，似乎便是這種臆測的主要例證，因此穆斯林認為這些概念是褻瀆的，一點也不讓人感到驚訝。相反的，和猶太教一樣，神被認為是無上的命令。與猶太教徒或基督徒毫無接觸的穆罕默德，卻直接指出了這個歷史上一神教的本質。

閱讀《古蘭經》是精神的鍛鍊

然而在《古蘭經》中，阿拉比耶和華更不具位格色彩。他缺少《聖經》之神的哀戚與激情。我們只能從自然的「徵兆」中窺見神的一斑，而因為他是如此的超越，以致我們只能以「寓言」來談論他。所以《古蘭經》常常鼓舞穆斯林把世界看成是神靈的顯現；他們必須努力以想像力看穿瑣碎的表象世界，回歸到原來存有的整體力量，以融入所有事物中的超越真實。穆斯林要培養神聖或象徵的態度：

> 事實是，在天地的創造，晝夜的運行，以及海上載著人類有用事物的航行船隻中；在神從天上灑下來的水中，在地上從沒有生命到滋長生命，以及從此萬物競相繁衍中；在風的變化，以及雲在天地間既定軌道上的飄動中；（所有的這一切）確實都含有傳遞給理性人們的訊息(*ayat*)。

《古蘭經》經常強調解讀神的「徵兆」或「訊息」所需的智識。穆斯林並不捨棄他們的理性，而是以專注和好奇的態度看這個世界。就是這種態度後來才使穆斯林建立一個精良的自然科學傳統；他們從未像基督教一樣把自然科學看成對宗教有危險。對自然世界運作的研究顯示，它有一個超越的層次和來源，我們只能以徵兆和象徵來談論它；即使先知們的故事，最後審判的解釋，以及天堂的喜樂，都不應以字面的意義加以詮釋，而應把它們看成是更高、不可名狀真實的「寓言」。

但是所有徵兆中最偉大的乃是《古蘭經》本身，事實上它個別的詩句就稱作表徵。西方人覺得《古蘭經》是一本困難的經典，這大體上是翻譯的問題。阿拉伯文特別難於翻譯；

即使是普通的著作和政客的世俗言語，在翻譯成英文後乍聽起來矯揉造作而陌生，這情形在《古蘭經》中更加明顯，因為它是以晦澀難懂、高度引喻而簡略的語言寫成的。前面的章節特別予人一種人類語言在神力衝擊下破碎分裂的印象。穆斯林常說當他們讀《古蘭經》譯本時，覺得讀的是另一本書，因為阿拉伯文的優美完全無法表達出來。誠如《古蘭經》的名稱所示，它是用來高聲朗誦的，而且語言的聲音乃是它發揮效用的重要部分。穆斯林說，當他們聽到清真寺裡唱誦《古蘭經》的聲音，便覺得有如籠罩在某個聲音的神聖領域中，就好像穆罕默德在希拉山上籠罩在加百列的擁抱中，或是不論他往哪邊都會看到地平線上的天使一樣，這本書不是只讓人用來取得資訊。它是要讓我們產生一種神聖感，而且不能匆忙略讀：

> 因此我們從上授予這（神聖的經典），作為阿拉伯語的論述，而且據此以許多不同的方式作出不同的警告，以使人類能夠察覺到我們，或者它會使他們對自身升起一種新的覺醒。
>
> 於是（他們便知道），神是莊嚴而崇高的，是最終的主權（*al-Malik*），是終極真實（*al-Haqq*）；而一旦了解這點，就不要在它還沒有完全展現給你前，匆促草率的讀《古蘭經》，而（總是）要說：「哦！我生命的支撐者，讓我增長知識吧！」

在以正確的方式閱讀《古蘭經》後，穆斯林宣稱他們確實在短暫無常的世俗現象背後，體驗到一種超越感和終極真實的感覺。閱讀《古蘭經》因此是一種精神的鍛鍊，這點基督徒或許難以了解，因為他們沒有像希伯來語、梵語和阿拉伯語之於猶太教徒、印度教徒和穆斯林那樣的神聖語言。神的「道」是耶穌，而《新約》的希臘語絲毫無神聖之處。然而猶太人對猶太律法也抱持類似的態度。當他們研讀《舊約》的前五部書時，他們不只是用眼讀而已。他們常常大聲吟誦字句，品嘗這些神在西奈山上顯現於摩西面前時曾用過的文字。有時他們會前後來回的搖擺，好像是聖靈氣息前的火焰一般。以這種方式讀他們自己《聖經》的猶太教徒，顯然與覺得《摩西五書》極端枯燥晦澀的基督徒，所體會到的是完全不同的一本書。

烏瑪爾的故事

穆罕默德的早期傳記作家經常描述，當阿拉伯人第一次聽到《古蘭經》時，所感覺到的驚奇和震撼。許多人當場改信伊斯蘭教，相信只有神才能創造出這樣絕美的文字。通常改信伊斯蘭教者會把這個經驗描繪成神靈入侵，輕拍潛藏的渴望並把洪水般的感情釋放出來。年輕的庫拉以希人烏瑪爾一度是穆罕默德充滿敵意的對手；他一直信奉古老的異教，而且準備謀殺先知穆罕默德。但是這位穆斯林的掃羅(Saul of Tarsus)並不是因為「道」——耶穌，而是因著《古蘭經》才改變信仰。關於他改變信仰的故事有兩種版本，都值得一提。

第一個故事說，烏瑪爾發現已經祕密變成穆斯林的妹妹，正在聆聽《古蘭經》某個新章節的吟誦。「那是什麼胡言亂語？」他大步走進房子生氣的吼叫著，並把可憐的妹妹法蒂瑪(Fatimah)擊倒在地。但是當他看到她在流血時，或許覺得可恥，因為他的臉色變了。他拿起來訪的《古蘭經》唱誦者在忙亂中留下的手稿，由於他是少數識字的庫拉以希人，所以便開始讀誦起來。烏瑪爾是公認的阿拉伯朗誦詩權威，而且詩人們會向他請教關於語言的正確意義，但是他從未見過像古蘭經這樣的文字。「這是多麼精練而高貴的語言啊！」他面帶疑惑的說道。而後立即改信阿拉的新宗教。《古蘭經》文字的優美破除他的怨恨與偏見，觸及他那從未察覺到的敏銳核心。當一首詩觸碰到埋藏在理性之下深處的心弦時，我們都曾有過類似的經驗。

另一個故事版本說，有天晚上他在聖廟卡巴看到穆罕默德正在神殿前小聲的對著自己誦念《古蘭經》。烏瑪爾想要聽聽他唸的內容，於是他在那覆蓋巨型花崗石立方體的淡紅色布下，躡手躡腳的側身繞行緩進，直到他直接站在先知的面前為止。當先知說道：「你我之間除了聖廟卡巴的掩蓋之外別無他物。」一瞬間他所有的防衛心理都鬆垮下來。於是阿拉伯文的神奇發揮了作用：「當我聽到《古蘭經》時，我的心便軟化下來而哭泣，伊斯蘭便走進我的生命。」是《古蘭經》使得神不致成為一個有力的「外在」真實，而且把他帶入每個信仰者的心靈與生命之中。

烏瑪爾與其他經由《古蘭經》改信伊斯蘭者的經驗或許可與史坦那(George Steiner)著作《真正的顯靈：我們所說的話中有何玄機？》(*Real Presences: Is there anything in what we say?*)中所描述的藝術經驗作一比較。他談到「探索我們存在最後祕密的嚴肅藝術、文學與音樂之輕率」。它是一種入侵或通告，闖進「我們小心翼翼、自我保護的窄小生命宅第中」，並要求我們「改變你的人生！」在這樣的召喚下，生命的宅第「不再和以往慣常的一樣」。像烏瑪爾這樣的穆斯林似乎體驗到類似的感性震盪，這種對意義的覺醒與激動的感受，使得他們能痛苦的與傳統的過去斷絕。即使那些拒絕接受伊斯蘭的庫拉以希人，也被《古蘭經》所震動。而且發現它完全在他們所熟悉的概念範疇之外。它和預言家卡辛或詩人的靈感完全不同；也和巫師的咒語妖術不同。某些故事說到，那些仍然堅決反對的庫拉以希有力人士，在聽到《古蘭經》中某一章節時，很明顯的為之震撼。這彷彿是穆罕默德創造了一個某些人還無法接受，但震懾其他人的全新文學形式。沒有這種《古蘭經》的體驗，伊斯蘭極不可能生根茁壯。前面提到過，以色列人花了大約七百年的時間，才打破他們對自己古老宗教的忠誠，改信一神教；但是穆罕默德只花了二十三年時間，就設法幫助阿拉伯人達成這個轉換過程。作為詩人與先知的穆罕默德，以及作為文獻與神性顯現的《古蘭經》，確實是藝術與宗教密切相關的極佳例證。

穆罕默德與庫拉以希人的決裂

在他傳教的最初幾年，穆罕默德吸引了許多對麥加資本主義社會風潮覺醒的年輕人，以及包括女人、奴隸和弱勢宗族成員等下層邊緣團體成為信徒。樂於保持現狀的富有既得利益者自然持冷漠態度，但在穆罕默德禁止穆斯林崇拜異教神祇前，他與庫拉以希族的領袖們並無正式的決裂。在開始傳教的前三年，穆罕默德似乎並未強調他訊息中的一神教內容，而人們或許認為他們可以像過去一樣，在崇拜阿拉伯之神阿拉的同時，也可以崇拜阿拉伯其他傳統的神祇。但是當他譴責這些古老的崇拜為偶像崇拜時，他在一夜間喪失了大部分的信徒，而伊斯蘭變成為人輕視而受迫害的少數。

前面提到信仰一神需要痛苦的意識轉變。和早期的基督徒一樣，最初的穆斯林也被指控為極度威脅社會的「無神論者」。麥加的新興都市文明讓所有驕傲自足的庫拉以希人覺得似乎只是脆弱的成就，有許多人似乎和那些吵嚷著要基督徒鮮血的羅馬公民，感受到同樣沈重的憂慮與恐慌。庫拉以希人似乎對與祖先的神祇分開，感到備受威脅，不久後穆罕默德的生命便陷入危險。

西方學者通常認為穆罕默德這次與庫拉以希人的決裂，與可能是與偽經的「撒旦詩篇」(Satanic Verses)事件同時發生。這個事件自晚近悲劇的魯西迪事件(Salman Rushdie affair)後變得惡名昭彰。對外志地區的阿拉伯人而言，阿拉伯神祇特別讓他們感到親切，他們是阿菈特(al-Lat，女神的意思)，在麥加東南的塔義府(Taif)和那克拉(Nakhlah)分別有其神殿的烏莎(al-Uzza，大能者)，以及在紅海邊庫達伊德(Qudayd)有神殿的瑪娜特(Manat，命運之神)。這些神祇並不像朱諾或雅典娜(Juno or Pallas Athene)那樣完全人格化。他們往往被稱作「神的女兒」(*banat al-Lah*)，但是這並不表示它是個完整的眾神廟。阿拉伯人用這種血緣關係來表示一種抽象的關係；因此「命運的女兒」(*banat al-dahr*)只是表示不幸或興衰榮枯之意。「神的女兒」一詞也只是代表「神靈」(divine beings)之意。這些神祇並不是由她們神殿中真實的塑像，而是由類似古代迦南地所用的巨型立石代表；阿拉伯人並非以粗糙簡單的方式來崇拜她們，而是把她們當成神性的焦點來崇拜。就像麥加的聖廟卡巴一樣，在塔義府、那克拉和庫達伊德的神殿也都成為阿拉伯激情世界中的重要精神指標。他們的先祖自無始以來便在那兒膜拜，這有一種綿延不斷的撫慰意義。

撒旦詩篇

「撒旦詩篇」的故事在《古蘭經》或早期口傳及記載的資料中都沒有提到。它並沒有被包括在伊薩克《穆罕默德生平》(*Sira*)這本最權威的先知穆罕默德傳記中,只出現在十世紀的歷史學者塔巴里(Abu Jafar at-Tabari,923歿)的著作中。他說,在穆罕默德禁止女神崇拜後,造成與大部分族人分裂,讓穆罕默德感到十分苦惱,而在「撒旦」的啟發下,他說出某些惡作劇的詩篇,允許「神的女兒」像天使般被尊為調解的仲裁者。在這些被稱作「撒旦的」詩篇中,這三位女神並非與阿拉同等地位,而是能代表他與人類交涉的次級神靈。後來塔巴里說,加百列告訴先知穆罕默德,這些詩篇是來自「撒旦的」,應該把它們從《古蘭經》中刪去,而以宣稱「神的女兒」只是投射和想像的虛構等文句替代:

> 你是否曾想過(你所崇拜的)阿菈特,烏莎,以及三女神中最後一位的瑪娜特是怎樣的存有呢……這些(據稱是神聖的存有)只不過是——你和你的祖先——所創造出來的空名罷了,神並沒有賦予她們任何證明。(崇拜他們的)那些人無所尊奉,只是臆測和他們主觀的想像罷了——而真正的指引現在已確實從造物者降臨到他們身上。

這是所有《古蘭經》中對遠古異教神祇譴責最嚴厲的文句,而在這些詩篇被放入《古蘭經》後,想要與庫拉以希族人調和已是不可能了。就這點而言,穆罕默德變成毫不寬容的一神教徒，而與阿拉以外的神發生關係的偶像崇拜（*shirk*），遂成為伊斯蘭最大的罪過。

穆罕默德在「撒旦詩篇」這件事上，並未對多神論者作出任何讓步，假如「撒旦詩篇」確有其事。如果因為「撒旦」的角色，而把《古蘭經》看成暫時被邪惡污染，這個觀點也是不正確的；在伊斯蘭中撒旦的角色比在基督教中容易應付。《古蘭經》告訴我們，他在最後審判日後被寬恕，而且阿拉伯人常用「撒以旦」（Shaitan）暗指純屬人類的誘惑者，或是自然的誘惑。

這個事件告訴我們，當穆罕默德試圖以人類語言來具體化那不可言喻的神聖訊息時，必然會遇到困難；這和正統的《古蘭經》詩篇（以有別於偽經）有關。依據正統《古蘭經》章節的說法，大多數其他的先知在傳達神聖的訊息時，也都發生過類似「撒旦式」的說溜嘴情況，但是神總是會糾正他們的錯誤，並以更新或更優越的啟示來取代它們。另一種比較世俗的看法是，穆罕默德就像其他創作的藝術家一樣，會依據新的洞見來修訂他的作品。歷史的資料顯示，穆罕默德堅拒在偶像崇拜的問題上與庫拉以希族人妥協。他是個務實的人，會在任何他認為無關緊要的問題上讓步，但不論何時只要庫拉以希族人要求他以「單神崇拜」（monolatrous，相信多神，但只崇拜一神）的方式來解決，亦即允許他們崇拜自己祖先的眾神，而他與穆斯林則只崇拜阿拉，穆罕默德便悍然的加以拒絕。《古蘭經》上說：「我不崇拜你所崇拜的，而你也不崇拜我所崇拜的……你有你的道德律，我有我的！」穆斯林只向神順服，不會向庫拉以希人信奉的錯誤崇拜對象屈從——不論是神或價值。

阿拉是唯一真主

對神的唯一性的感知乃是《古蘭經》的道德基礎。對物質的崇拜或信任較次級的存有（指異教神祇的偶像崇拜），乃是伊斯蘭中最大的罪過。《古蘭經》對異教神祇的撻伐幾乎與猶太經典所用的方式完全一樣；他們被視為是完全無用的。這些神不能給人食物或生活必需品；把他們擺在個人生活的中心是毫無裨益的，因為他們沒有力量。相反的，穆斯林必須了解阿拉才是終極和唯一的真實：

他是唯一的神；
神那永恆不變者，那所有事物的無因之因(Uncaused Cause)。
他不繁衍，他也不是被繁衍所生，
而且沒有任何事物可與他相提並論。

像亞他那修等基督徒也堅稱，只有創物主——存有的來源——才有能力救贖。他們在三位一體和道成肉身的教義中表達了這個看法。《古蘭經》則回歸到神性唯一的閃族觀念，拒絕接受神可以「繁衍」出兒子來的說法。除了天地的創造者阿拉之外再也沒有神，只有他能拯救人類，並提供他在物質與精神方面的需求。只要把他視為「無因之因」（*as-Samad*），穆斯林才能觸及那超越時間與歷史的真實層面，也才能使他們脫離把社會弄得四分五裂的部落分離狀態。穆罕默德知道一神教是與部落主義不能共存的；凝聚所有崇拜焦點的一神則可以整合社會和個人。

但是神的概念絕對無法過分簡化。一神並不是我們所知道或了解的普通存有。召喚穆斯林禮拜的口號「神是更偉大的！」（*Allahu Akhbah!*），不僅把神和其他的真實加以區別，同時也把神自身（*al-Dhat*）以及我們所能描述的他加以區別。但是這個不可理解、無法接觸記載的神告訴穆罕默德說：「我是隱藏的寶藏，我希望能被了解。因此我創造了世界，以便使我為人所知。」藉著冥思自然的徵兆和《古蘭經》的經文，穆斯林可以瞥見神性朝向世界的一面，也就是《古蘭經》所謂的「神之臉」（*wajh al-Lah*）。和其他兩個古老的宗教一樣，伊斯蘭清楚的表示，我們只能在活動中了解神，因為活動把他不可言喻的存有轉換成我們有限的理解。《古蘭經》鼓舞穆斯林對無所不在的「神之臉」或「神的自我」培養出一種永恆意識（*taqwa*）；「不論你轉向何方，都有阿拉的臉。」和基督教的教父一樣，《古蘭經》把神視為絕對，只有他才擁有真正的存在；「所有生活在地上和天上的存有都注定要消逝，但造物者的自我將永遠長駐，充滿了莊嚴與榮耀。」在《古蘭經》中，神有九十九個名字或屬性。這些名字或屬性要強調的是，他比這些名字或屬性還要偉大，他是我們在宇宙中發現的所有特質的來源。因此這個世界能存在，只因為他是豐富而無限的（*al-Ghani*），他是生命的賦予者（*al-Muhyi*），知曉萬事萬物者（*al-Alim*），及言語的創造者（*al-Kalimah*）。因此沒有了他，也就沒有生命、知識和言語。認為只有神是真正的存在和擁有正面的價值，乃是一種沒有證明的主張。但是不同的聖名似乎彼此互相排斥。因此，神既是控制和打擊敵人者（*al-Qahtar*），也是絕對節制者（*al-Halim*）；既是予取予求者（*al-Qabid*），亦是慷慨施予者（*al-Basit*）；他既謙卑（*al-Khafid*），也高傲（*ar-Rafic*）。神的聖名在穆斯林的敬神活動中扮演重要的角色；它們被誦念，用念珠計數和以咒語的形式唱誦。所有的這一切都在提醒穆斯林，他們所崇拜的神不能被人類的概念範疇所局限，而且不能賦予簡單的定義。

伊斯蘭五大功課的第一項就是見證（Shahadah），是穆斯林信仰的表達。「我親證萬物非主，阿拉是唯一真主，穆罕默德是主的使者。」這不僅是對神存在的肯定，而且體認到阿拉是唯一的真實，是存在的真正形式。他是唯一的真實和完美；所有的存在事物只有融入這個基本的存有才存在，才擁有這些特質。要做這樣的聲明，穆斯林必須要把神作為他們的核心和唯一的優先，以此來整合他們的生活。唯一真主的主張不只在否定「神女兒」之女神的崇拜。說神只有一個，不只是個數字上的定義；它是召喚我們把推動個人生命與社會的力量整合起來。神的唯一性可以在真正整合的自我中瞥見。但是神性的統一也要求穆斯林承認其他宗教的靈思。因為只有一個神，所以，所有正確指導的宗教必然都是從他衍生出來的。雖然對至高無上和唯一真實的信仰會受到文化的限制，會在不同的社會以不同的方式表達出來，但是所有真正崇拜的焦點，必然受到阿拉伯人稱為阿拉的存有所啟發，而崇拜的方向也都指向他。光(*an-Nur*)是《古蘭經》中眾多的聖名之一。在《古蘭經》那些著名的章節中，神被描述為所有知識的來源，同時也是人能親證超越的方式：

> 神是天地之光。這個光的寓言，彷彿是(*ka*)有燈壁龕的寓言；燈是（包含）在玻璃中，玻璃（閃爍得）好像亮晶晶的星星；（燈）是從一株神聖的樹點燃——一株非東方也非西方的橄欖樹——那油（是如此的明亮，以致於）幾乎要（自己）點亮起來，儘管火還沒有觸碰到它；這是光上之光。

這裡的分詞「彷彿」是提醒我們，《古蘭經》中有關神的論述，基本上都是象徵性的。因此光不是神本身，而是指他在某個特定的啟示(燈)中，所授予的明覺；而它則在個人(壁龕)的心中閃耀。光本身不能被視為屬於某人獨有，而是每個人都具備的。穆斯林的評論家從開始就指出，光是代表超越時空的神聖真實最好的一個象徵。這些詩句中橄欖樹的意象，一般被詮釋為暗指啟示的連續性，它從同一「根源」所生，然後分枝成各式各樣不單屬於、或局限於某一傳統或地域的宗教經驗；它既非東方，也非西方。

強調宗教經驗的連續性

當基督徒的瓦拉夸認定穆罕默德是真正的先知時，他自己和穆罕默德都沒有期待他改信伊斯蘭。穆罕默德從未要求猶太教徒或基督徒改信他阿拉的宗教，除非他們自己願意，因為他們已接受過屬於他們自己的真正啟示。《古蘭經》不認為其啟示排斥以前先知的訊息和洞見，相反的，它強調人類宗教經驗連續不斷的重要性。強調這點是很重要的，因為今日許多西方人不會認為容忍是伊斯蘭的美德。但是從一開始，穆斯林對啟示的看法就比猶太人或基督徒不那麼具排他性。今日許多人對伊斯蘭不寬容的譴責，並非都來自對神看法的敵對，而是有其他的來源。穆斯林對不公平絕不寬容，不論這是由他們自己的統治者——如伊朗國王巴勒維(Muhammad Reza Pahlavi)或是西方強權國家所犯下都一樣。《古蘭經》並不把其他宗教傳統斥責為錯誤或不完整，而把每個先知看成是對其前任者見解的肯定與發揚。《古蘭經》教導我們說，神派遣使者到地球上的每個民族。依據伊斯蘭傳統的說法，到目前為止共有十二萬四千個這樣的先知，這是象徵無限的數字。因此《古蘭經》不斷重複指出，它並未帶來任何新的訊息，而穆斯林必須強調他們與舊有宗教間的血緣關係：

不要和早期啟示的信仰者爭論，要以最和善的方式和他們相處——除非他們有人做惡——我們要這麼說：「我們相信那授予我們的啟示，也相信你們的；因為我們與你們的神是同一個，我們所順服的都是他。」

《古蘭經》很自然的選出阿拉伯人熟悉的使徒如亞伯拉罕、諾亞、摩西和耶穌等猶太教和基督教的先知來。它也提到滬德(Hud)和薩里(Salih)等，曾派給米迪安(Midian)和薩穆德(Thamood)等古老阿拉伯民族的先知。今日的穆斯林堅稱，假如穆罕默德知道印度教徒和佛教徒，他也會把他們的聖賢包括在內；在他死後的伊斯蘭帝國中，猶太人與基督徒都被允許有完全的宗教自由。根據同樣的原則，穆斯林論證說，《古蘭經》也同樣會敬重美國印第安人和澳大利亞土著的巫師。

穆罕默德對宗教經驗的連續性的信仰，不久後便遭到考驗。在與庫拉以希族人決裂後，穆斯林已無法在麥加生存下去。沒有部落保護的奴隸和自由民被嚴重迫害，某些人便在過程中死去，而穆罕默德自己的哈西米一支，則被聯合抵制，想要以飢餓的方式使他們屈從。他愛妻的死因可能就與物資缺乏有關。到後來穆罕默德自己的生命也將陷入危險。雅斯里伯北方屯墾區的阿拉伯異教徒，曾邀請穆斯林放棄自己的宗族移居到那裡去。這對阿拉伯人而言絕對是史無前例的一步；因為部落一向是阿拉伯人最神聖的價值，這種背叛行為顯然違反了基本的原則。雅斯里伯一直被它各部落間不可遏止的戰爭所苦，而且許多異教徒已準備把伊斯蘭當作阿拉伯綠洲政治與宗教問題解決的手段。在該屯墾區中有三大猶太部落，他們已為異教徒接受一神教的心理準備奠下基礎。這表示他們對詆毀阿拉伯神祇不像庫拉以希人那樣有受辱的感覺。因此在六二二年的夏天，大約有七十個穆斯林家庭前往雅斯里伯。

先知的時代已經結束?

在移居到雅斯里伯(或是麥地那城，穆斯林的稱呼)之前，穆罕默德已經依據他了解的猶太教，把他的宗教修正得更接近它。在多年獨立的奮鬥後，他必然希望與更古老而完備傳統的成員生活在一起。因此他規定穆斯林在猶太人的救贖日禁食，而且和猶太人一樣一天祈禱三次，而不是先前規定的兩次。穆斯林可以和猶太女人結婚，而且應該遵守某些有關飲食的戒律。最重要的是，穆斯林必須和猶太教徒及基督徒一樣，面對耶路撒冷祈禱。

麥地那的猶太人最初準備給穆罕默德一個機會；因為阿拉伯綠洲上的生活已變得無可忍受，而且和麥地那許多堅決的異教徒一樣，他們也準備在未有確證前接受他是無辜的，特別是他對他們的信仰又表現得如此肯定而接近。然而最後他們還是轉而攻擊穆罕默德，而且加入異教徒仇視新到麥加者的行列。猶太人排斥穆罕默德有很好的宗教理由；他們相信先知的時代已經結束。雖然他們期待彌賽亞的降臨，但是沒有猶太人或基督徒在這個階段會相信他們是先知。不過也有政治考量的因素在推動；以前他們與其他敵對的阿拉伯部落共生死，而取得在綠洲的權力。然而，穆罕默德卻在此新興一統的穆斯林社會中，把這兩個部落和庫拉以希族聯合起來。這樣一來，猶太人也將成為這個超級部落的成員。當他們意識到自己在麥地那的地位衰退時，猶太人便起而與穆罕默德敵對。他們常聚集在清真寺，「聆聽穆斯林的故事，並嘲笑、揶揄他們的宗教。」以他們對經典的優越知識，要找出《古蘭經》故事中的漏洞可說易如反掌——其中某些說法與《聖經》截然不同。他們譏笑穆罕默德是紙老虎，因為一個自稱是先知的人竟然找不到丟掉的駱駝，不是很奇怪嗎？

穆罕默德被猶太教徒所排斥，可說是他一生中最失望的事，這使得他整個宗教立場都遭到質疑。不過某些猶太人很友善，而且還以名譽職的方式加入穆斯林。他們與他討論《聖經》，而且教他如何駁斥其他猶太人對他的批評，而他學到有關《聖經》的新知識，也幫助他發展出自己的見解來。這是穆罕默德第一次確切的了解到眾先知的歷史先後順序，他以前對這點有些模糊。現在他可以了解，亞伯拉罕生於摩西或耶穌之前是很重要的史實。在此之前，穆罕默德或許一直認為，猶太人與基督徒同屬於一個宗教，但現在他知道他們之間有嚴重的歧見。對於像阿拉伯人這樣的局外人而言，在這兩者間沒有什麼好選擇的，而合理的推測是，《摩西五書》與《新約福音書》的信奉者，都引介不純正的質素進入亞伯拉罕的純粹宗教中，例如猶太經師竭力完成的「口傳律法」(the Oral Law)，以及褻瀆的三位一體說都是。穆罕默德同時也學習到，在他們自己的經典中，猶太人被稱作沒有信仰的民族，因為他們對「金牛芻像」(Golden Calf)的偶像崇拜。《古蘭經》中對猶太人的辯駁已發展得很完備，這表示穆斯林對猶太人的排擠是如何感受到威脅，儘管《古蘭經》中仍然堅稱「並非所有早期啟示的民族」都犯下錯誤，而且所有的宗教基本上是同一的。

阿拉伯人的祖先——以實瑪利

從麥地那友善的猶太人那裡，穆罕默德同時也聽到了亞伯拉罕長子以實瑪利(Ishmael)的故事。在《聖經》中亞伯拉罕有個和妾夏甲(Hagar)生的兒子，但是當撒拉(Sarah)生了以撒(Isaac)之後，她就變得嫉妒，並要求他把夏甲和以實瑪利逐走。為了安撫亞伯拉罕，神承諾有一天以實瑪利也將成為大國之主。阿拉伯的猶太人又加上某些他們自己的傳說，說亞伯拉罕把夏甲和以實瑪利拋在麥加的谷地中，神就在那裡照顧他們；當孩子正要渴死之時，神現出「滲滲泉」(Zamzam)。後來亞伯拉罕探訪了以實瑪利，父子合力建造了聖廟卡巴，也就是第一座一神廟堂。以實瑪利遂成為阿拉伯人的祖先，因此他們和猶太人一樣，都是亞伯拉罕的子孫。這在穆罕默德聽來必是絕妙悅耳的好消息；他已帶給阿拉伯人自己的經典，現在他又可以把他們信仰深植在他們對祖先的崇敬上。在六二四年的一月，當麥地那猶太人的敵意很清楚的無法改變後，阿拉伯的新宗教便宣告獨立。穆罕默德下令穆斯林向麥加而非耶路撒冷朝拜。這個朝拜方向的改變可說是穆罕默德最具創造性的宗教表態。以面向與兩大古老天啟宗教無關的聖廟卡巴，五體投地禮拜的方式，穆斯林暗地宣告他們不屬於任何原有的宗教，只向神順服。他們並非加入惡意把一神宗教分裂為敵對團體的教派。相反的，他們是回歸到亞伯拉罕的原始宗教；亞伯拉罕是第一個順服神的穆斯林，而且建立了他的神聖殿堂：

> 他們說：「成為一個猶太教徒」——或是「基督徒」——「你就會走在正確的道路上。」我們說：「不，但(我們的)是亞伯拉罕的信條，他離棄錯誤的一切，而且他不是那些把神放在一旁，而把神性歸於零的人。」我們說：「我們相信神，相信從上授予我們的一切，相信授予亞伯拉罕、以撒、雅各及他們後裔的一切，相信賜予摩西和耶穌的一切，以及由他們的造物主賜予所有（其他）先知的一切；我們對它們一視同仁。我們順服的只有他。」

把人類對真理的詮釋置於神本身之上，當然就是一種偶像崇拜。

為了生命而戰

穆斯林的伊斯蘭教歷史，不是從穆罕默德的生日，也不是由最初啟示的那一年開始算起——畢竟這些都沒有新意——而是從移居麥地那那年開始算起。那時正是穆斯林開始在歷史中，以建立伊斯蘭政體的方式，執行神的計畫的開始。前面提到，《古蘭經》說所有的宗教信仰者，都有責任為一個公平正義的社會而努力，而穆斯林確實把他們的政治志業看得十分重要。穆罕默德最初並未意圖成為政治領袖，但是他無法預見的事故迫使他為阿拉伯人的出路提出一個全新的政治解決方案。在移居麥地那到他在六三二年死亡的十年間，穆罕默德和他最早的穆斯林，與麥地那的對手及麥加的庫拉以希族那些要滅絕穆斯林社會的人，正進行一場為生存而拼命的鬥爭。在西方，穆罕默德往往被說成是個將軍，以武力將伊斯蘭強加在不願接受它的世界。事實是大不相同的。穆罕默德是為了他的生命而戰，他在《古蘭經》中演化出來的正義之戰神學，為大多數的基督徒所同意，而且他從未強迫任何人改信他的宗教。

《古蘭經》確實說得很清楚：「宗教不應有所強制。」在《古蘭經》中，戰爭被認為是令人厭惡的；唯一正義的戰爭乃是自我防衛的戰爭。有的時候必須要戰鬥才能保障高尚的價值，就好像基督徒相信反抗希特勒是正義的一樣。穆罕默德具有極高的政治天才。在他死前，絕大多數的阿拉伯部落都加入了穆斯林社會，儘管穆罕默德清楚的知道，他們的伊斯蘭大體上仍是虛有其名或十分膚淺的。麥加開門迎接穆罕默德，他得以避免流血而收回該城。在他死前不久的六三二年，他完成了所謂的「告別朝聖」(Farewell Pilgrimage)之舉，藉此他把傳統阿拉伯異教的朝聖禮完全伊斯蘭化，而且使朝聖成為阿拉伯人至感親切的伊斯蘭教第五大功課。

與大河合流的小溪

假如條件允許，所有的穆斯林一生中有義務要到麥加去朝聖一次。這些朝聖者很自然的會想起穆罕默德，但是這些儀式被詮釋為是為了讓他們記得亞伯拉罕、夏甲和以實瑪利，而不是他們的先知。這些儀式對局外人來說十分怪異——就像任何異國的社會或宗教儀式一樣——但是他們能夠解放出強烈的宗教體驗，和完美的表達伊斯蘭教宗教精神的群體和個人面向。今日許多成千上萬於指定時間在麥加集結的朝聖者不是阿拉伯人，但是他們已能將古老的阿拉伯儀式消化融入成為自己的一部分。當他們會聚於聖廟卡巴，穿著那消除區別種族或階級的傳統朝聖服飾時，他們覺得自己已從對日常生活的自我貪戀中解放出來，而被帶入一個只有單一焦點與方向的社會。在他們開始緩步繞行神殿前，他們齊聲高喊：「我是你的臣僕，哦，阿拉！」已故的伊朗哲學家沙里阿提(Ali Shariati)對此儀式的基本意義有清楚的解說：

當你繞行並接近聖廟卡巴時，你覺得像是一個與大河合流的小溪。你被一股波濤承載著，失去了與地面的接觸。突然間，你被洪流推動向前漂流著。當你接近中心時，群衆對你的強烈壓力，讓你得到新生。你現在是神的子民的一部分；你現在是個真正的人，活生生而永恆的……聖廟卡巴是這個世界的太陽，它的面貌吸引你進入它的軌道。你已成為這個宇宙系統的一部分。環繞著阿拉慢步行走，你會很快忘記自己……你被轉化成一個逐漸熔化、消失的粒子。它的頂峰是絕對的愛。

猶太教徒和基督徒也強調社群的精神。朝聖讓每個穆斯林得到融入以神為中心的穆斯林社會的體驗。和大多數的宗教一樣，和平與和諧是很重要的主題，當朝聖者進入聖殿範圍時，任何暴力行為都被禁止。朝聖者甚至不能殺昆蟲或說任何粗暴的話。因此在一九八七年朝聖期間，當伊朗的朝聖者煽動起一場造成四百零二人被殺，六百四十九人受傷的暴動時，整個穆斯林世界都憤怒不已。

紀元六三二年六月穆罕默德在一場病後意外的逝世。在他死後，某些貝都因部落想要與穆斯林社會分開，但是阿拉伯人的政治一元性仍然很堅固。最後連頑抗的部落也接受了一神的宗教，穆罕默德驚人的成功告訴穆斯林，千百年來他們習於崇拜的異教，已不適用於現代社會。阿拉的宗教引介慈悲的精神，這是更先進宗教的標記；兄弟情誼與社會正義是它的主要德性。強烈的平等精神將會一直是伊斯蘭獨特的理想。

回歸《古蘭經》的傳統精神

在穆罕默德有生之年，這還包括性別的平等在內。今日西方普遍把伊斯蘭描繪成是本質上厭惡女人的宗教，但是和基督教一樣，阿拉的宗教原本對女人的態度是正面的。在前伊斯蘭時期，阿拉伯人保留了軸心時代前對女人的態度。例如，一夫多妻制是很平常的現象，而且妻子仍待在他們父親的家中。屬於精英階層的女人享受相當大的權力與優惠——例如穆罕默德的第一任妻子卡蒂伽便是成功的商人——但是多數女人仍處於奴隸地位；她們沒有政治參與權或人權，而且殺女嬰是很常見的事。女人曾是穆罕默德最早的皈依信徒之一，而解放女人也是他懸念的事。《古蘭經》嚴格禁止殺女嬰，並斥責阿拉伯人重男輕女的觀念。它也賦予女人繼承與離婚的合法權利；多數西方的女人要到十九世紀才有類似的權益。穆罕默德鼓勵女人在穆斯林社會的事務中扮演積極角色，而且她們會很直截了當的表達自己的看法，對自己的意見受重視深具信心。例如，有一次麥地那的女人曾向她們的先知抱怨，男人在《古蘭經》的研讀上超越她們，並要求他幫助她們迎頭趕上。穆罕默德應允所求。她們最重要的問題之一是為何女人也向神順服，而《古蘭經》卻只對男人施教。結果使得《古蘭經》同時針對男人與女人施教，並且強調兩性道德與精神的絕對平等。自此而後，《古蘭經》相當頻繁而明顯的針對女人施教，這不論是在猶太教或基督教的經典中都是很少有的事。

不幸的是，和基督教的情況一樣，伊斯蘭教後來也為男人所劫持，他們對經典的詮釋方式，把穆斯林女人看成是負面的。《古蘭經》並未規定所有的女人都要戴面紗，只有穆罕默德的妻子們要如此，以顯示她們的地位。然而一旦伊斯蘭在文明社會佔有一席之地後，穆斯林便採取了古文明世界的風俗，把女人貶降為次等的地位。他們從波斯和基督教拜占庭等女人一向處於邊緣地位的地區，學習到女人帶面紗和把她們關在閨房中的風俗。到了阿巴斯王朝（Abbasid caliphate, 750-1258）時代，穆斯林女人的地位便和她們猶太教以及基督教社會的姊妹一樣差了。今日的穆斯林女性主義者則向她們的男人鼓吹回歸《古蘭經》的傳統精神。

這提醒我們，伊斯蘭和其他的信仰一樣，也可以從許多不同的方向來詮釋；因此它自然也會演化出教派和分支。最初的分裂是起於遜尼派（Sunnah）和什葉派（Shiah）之間，這乃是穆罕默德猝死後為爭奪領導權而引發的。穆罕默德的親近朋友阿布巴克（Abu Bakr）被大多數人推舉為領袖，但是某些人相信穆罕默德會要他的堂兄弟兼女婿阿里(Ali ibn Abi Talib)做他的繼承人。阿里本人接受領袖地位，但是在往後的幾年中，他似乎成為否定前三位哈里發（caliphs，伊斯蘭教國王）阿布巴克、烏瑪爾和阿什曼(Uthman ibn Affan)政策的反對團體所效忠的對象。最後阿里在六五六年成為第四任的哈里發，什葉派最後會稱他為伊斯蘭世界的第一位教長(Imam)或領袖。由於遜尼派和什葉派所爭的是領袖地位，所以它們的分裂是政治性的，而非有關教義的，這點預示了政治在穆斯林宗教中的重要性，甚至包括它的一神概念在內。阿里派(*Shiah-i-Ali*)後來仍是少數，而且發展出一種抗議的虔信，這點可以穆罕默德孫子胡塞因(Husayn ibn Ali)這個悲劇人物為典型。他拒絕接受翁美亞王朝（他們在他父親阿里死後奪取了王位），而且被翁美亞的哈里發葉基德(Yazid)於六八〇年在靠近今日伊拉克境內庫法(Kufa)的卡爾巴拉(Karbala)大草原上，和他那一小群支持者一起被殺。所有的穆斯林都對胡塞因被不道德屠殺的事件感到恐怖，但是他卻成為什葉派的英雄人物，提醒他們有時確有必要反抗暴政至死。此時穆斯林已開始建立他們的帝國。最早的四位哈里發只在沒落中的拜占庭和波斯帝國境內向阿拉伯人傳播伊斯蘭教。然而到了翁美亞王朝時，就繼續擴張至亞洲和北非，其動機主要是阿拉伯的帝國主義而非宗教。

在新帝國中沒有人被迫接受伊斯蘭信仰；事實上，在穆罕默德死後的一百年，穆斯林並不鼓勵他人改變信仰，而在大約七〇〇年時才被法律明文禁止。穆斯林相信伊斯蘭教是阿拉伯人的宗教，就像猶太教是雅各子孫的宗教一樣。身為「聖經子民」（*ahl al-kitab*）的猶太教徒與基督徒享有「受保護少數民族」（*dhimmis*）的宗教自由。當阿巴斯王朝哈里發開始鼓勵改信伊斯蘭時，帝國中許多閃族和雅利安人都熱切的要接受這個新宗教。伊斯蘭的成功和基督教耶穌的失敗與受辱有著類似的形成過程。政治並非穆斯林個人宗教生活以外的事務，就像基督教對世俗的成就不信任一樣。穆斯林承諾要執行神的旨意，建立一個公平正義的社會。伊斯蘭社會具有神聖的重要性，它是神稱許努力將人類從迫害和不義中救贖出來的「象徵」；政治的健全在穆斯林精神中的地位就和在基督徒生活中選擇特定的神學宗派（天主教、新教、衛理公會、浸信會）一樣重要。如果基督徒覺得穆斯林關心政治很奇怪，那麼他們應想想自己對艱深神學辯論的樂此不疲，一樣會讓猶太人和穆斯林覺得怪誕。

因此，在早期的伊斯蘭歷史中，有關神的本質的臆測往往來自於對哈里發王國和現有制度評價的政治關懷。伊斯蘭教中有關誰應以何種態度領導伊斯蘭社會的學術辯論，證明和基督教中對耶穌這個人及其本質的辯論有著類似的形成過程。在四大正統哈里發時期（rashidun）之後，穆斯林發現他們所生活的世界，已與麥地那狹小、封閉的社會大不相同了。他們現在是這個逐漸擴張帝國的主人，而他們的領袖似乎被世俗的事物和貪婪所驅動。貴族與宮廷的奢侈與腐化，與先知及他的隨從所過的艱苦生活大不相同。最虔誠的穆斯林遂以《古蘭經》中社會主義的訊息挑戰當道，並試圖要使伊斯蘭適應新的情勢。許多不同的解決方案和宗派於是興起。

最為大眾接收的解決方案，是由試圖回歸穆罕默德和四大正統哈里發時代理想的法律學者和正統派(traditionists)所提出的。這便導致神意法(Shariah law)的形式，它與猶太教的律法類似，是由《古蘭經》和穆罕默德的生活言行建立起來的。有關穆罕默德及其同伴的言語(*hadith*)與行為(*sunnah*)，有為數眾多混淆的口述傳統在流傳，這些口傳資料在第八和第九世紀由許多編輯收集起來，其中最有名的是布哈里(Muhammad ibn Ismail al-Bukhari)和庫薩伊里(Muslim ibn al-Hijjaj al-Qushayri)。因為相信穆罕默德已完善的順服於神，穆斯林便在他們的日常生活中模仿他。因此藉模仿穆罕默德說話、關愛、飲食、洗淨和崇拜的方式，伊斯蘭的神聖律法(Holy Law)幫助穆斯林過著與神同在的生活。藉著以先知為模範的方式，他們希望能得到他內在對神的感受性或接納能力。因此學穆斯林遵奉先知的聖訓(*sunnah*)，像穆罕默德一樣以「願你平安」(*Salaam alaykum*)為問候語歡迎他人時，當他們和先知一樣慈善對待動物、孤兒和窮人時，以及與他人相處表現出大方和信賴時，都會讓他們想到神。外在的行為本身並非目的，而是達到「神的意識」(*taqwa*)的手段，這個不斷憶念神(*dhikr*)的意識是《古蘭經》所示，而由先知實踐。有關穆罕默德《聖訓》(*sunnah* and *hadith*)的真實性向來有所爭辯；某些被視為較可靠真實。但是這些傳統歷史有效性的問題，終究不及它們的實用性來得重要；歷史證明它們能將神聖禮儀的感覺帶入數以百萬的穆斯林生活中。

永恆的真實

先知的《聖訓》關心的大多是日常生活的事務，不過也包括形上學、宇宙論和神學。這些《聖訓》中有許多被認為是神自己向穆罕默德說的。這些神聖的傳統（*hadith qudsi*）強調的是神在信仰者身上的內涵性（immanence）和存在性（presence）：例如，有則著名的《聖訓》就列出穆斯林理解神存在的階段。神的存在似乎就在信仰者的肉身中。穆斯林以遵守《古蘭經》和神意法的誡律開始，然後提升到隨意自主的虔誠境界：

> 我的子民以我向他們昭示的責任趨近我。我的子民不斷以更多額外的行動來接近我，直到我愛他為止；而當我愛他時，我變成他聆聽的耳朵，他觀看的眼睛，他緊握的手，以及他行走的腳。

和猶太教與基督教一樣，超越的神同時也是我們此刻遭逢的內涵存在。穆斯林將以和這兩大古老宗教極類似的方式，培養出這種神聖存在的感覺。

推展模仿穆罕默德言行為信仰的穆斯林，一般被稱作正統派（*ahl al-hadith*）。他們的訴求對象是一般大眾，因為他們遵奉的是強烈的平等主義倫理。他們反對翁美亞王朝(Ummayad)與阿巴斯王朝(Abbasid)宮廷的奢華，但是卻不贊成什葉派革命的策略。他們不認為哈里發需要額外具備精神領袖的特質，他只不過是個行政首長。但是藉由強調《古蘭經》與《聖訓》的神聖性，他們提供穆斯林直接與神接觸的方式，它們具有潛在的顛覆性，而且對絕對權力高度的批判，因此不需要作為中介者的神職階級。每個穆斯林在神之前都要為他自己的命運負責。

最重要的是，正統派教徒說《古蘭經》是永恆的真實，就像猶太律法或神諭一樣，乃是神自己；它從創世以來就存在於他的心裡。他們「《古蘭經》非由創造而生」教義的意思是，當朗誦《古蘭經》時，穆斯林可直接聽到無形的神。《古蘭經》所代表的便是存在於我們之中的神。當他們吟誦它的聖言時，他的言語就在他們的嘴唇上，而當他們拿著聖書時，就好像他們觸碰到神自身一樣。早期的基督徒也以類似的方式來看耶穌這個人：

某些事物從有史以來便已存在，
我們已聽過，
我們已用雙眼見過；
我們已注視過，用雙手觸碰過；

神諭，他是生命——
這是我們的自我。

耶穌，也就是聖言的確實地位為何，一直是基督徒極大的爭論。現在穆斯林也開始辯論《古蘭經》的性質；為什麼這個阿拉伯的經典是神諭呢？某些穆斯林覺得，把《古蘭經》提升到這麼高的地位，和那些因把耶穌視為道成肉身而受謗的基督徒一樣的褻瀆。

什葉派

然而，什葉派逐漸演化出似乎與基督徒道成肉身更接近的概念來。在阿里之子胡塞因悲劇性死亡後，什葉派開始相信只有他的父親阿里才應領導穆斯林社會，而後他們便成為伊斯蘭教內獨樹一幟的教派。既是他堂兄弟又是女婿的阿里，與穆罕默德有雙重血親關係。因為先知的兒子沒有一個不夭折的，阿里遂成為他主要的男性親屬。在《古蘭經》中，先知常常要求神護佑他的後裔。什葉派把這個神護佑的概念延伸，而開始相信只有穆罕默德家族阿里一支的成員才擁有對神的知識（*ilm*）。只有他們能提供穆斯林社會神聖的引導。假如阿里的後裔掌權，則穆斯林可以期待一個正義黃金時代的到來，而穆斯林社會則能得到神的旨意的引導。

對阿里個人的狂熱以有點令人驚訝的方式擴大開來。某些較激進的什葉派團體把阿里和他子孫提升到比穆罕默德本人更高的地位，而賦予他們接近神的地位。在古波斯有一個傳統，神選中繁衍某個家族，代代相傳其榮耀，他們便在這個觀念上加以發揮。到翁美亞王朝結束時，某些什葉派教徒已相信，對神的權威知識是由阿里後裔的某一支家族所保有。穆斯林將只在這個家族中找尋由神指定為穆斯林社會真正領袖的人物。不論他是否掌權，他的指引是絕對必要的，所以每個穆斯林都有責任尋找他，並接受他的領袖地位。因為這些什葉派的教長被視為是不滿反對勢力的焦點，因此哈里發都把他們當作是國家的敵人；依據什葉派傳統的說法，有好幾位教長遭到毒害，而且某些教長必須躲藏起來。當某位教長死去，他必須選擇其中一位親戚來繼承他對神的知識。什葉派教長於是逐漸被尊為神下派的使者，他們每個人都是神在世間顯現的「證明」(*hujjah*)，而且就某種神祕的觀點而言，教長乃是神下凡成人身的。他的言語、決定與命令都是神的。就像基督徒把耶穌看成是引導他們接近神的道路、真理與光明一樣，什葉派教徒也尊稱他們的教長為接近神的出入口(*bab*)，是每一代的道路(*sabil*)與指引。

不同的什葉派分支追溯出的神聖繼承譜系也不同。例如，「十二教長」(Twelver Shiis)尊崇從胡塞因以來的十二位阿里家族後裔，最後一位教長於九三九年因潛藏而從社會消失；因為他沒有後代，教長的繼承於是中斷。第七位教長依斯馬利(Ismailis)相信第七位教長乃是這些教長中的最後一位。在第十二位教長時代一種牽強附會的彌賽亞觀念開始出現，他們相信第十二位教長，也就是潛藏消失的那位，將會再回來開啟黃金時代的到來。這顯然是十分危險的觀念。它們不僅在政治上具有顛覆性，而且很容易便可以用粗糙、簡陋的方式加以詮釋。因此，更極端的什葉派教徒便發展出一種象徵性詮釋《古蘭經》的祕教傳統。這個主題我們將留待下一章討論。他們的崇敬方式對大多數把道成肉身視為褻瀆觀念的穆斯林而言太過艱深，所以什葉派教徒往往出身於貴族階層或知識分子。自伊朗革命以來，西方人傾向把什葉教派描繪成伊斯蘭固有的基教派，但是這是不正確的評斷。什葉教派乃是十分成熟精緻的傳統。事實上，什葉派教徒與那些有系統的用理性論證來詮釋《古蘭經》的穆斯林有許多相同之處。這些一般稱作「穆太齊拉派」(Mutazilis)的理性主義者自己獨樹一格；他們同時也有堅定的政治奉獻情操，和什葉派教徒一樣，穆太齊拉派也高度批判宮廷的奢侈，並常在政治上積極的反對既得勢力。

神的公平正義

政治的問題引起了神管理人類事務的神學辯論。翁美亞王朝的支持者卻虛偽的宣稱，他們非伊斯蘭的行徑不是他們的過錯，因為他們已被神預定成為這樣的人。《古蘭經》對神的全知全能有極堅定的看法，而許多文獻可以被用來支持這個預定(predestination)的觀念。

但是《古蘭經》也一樣強調人類的責任：「真實如此，神不會改變人的條件，除非人改變他們的內在自我。」因此，批判既得勢力者便強調自由意志與道德責任。穆太齊拉教徒採取中庸之道，對極端的立場冷靜的保持距離（*i'tazalu*）。他們為自由意志辯護以便保障人類的倫理本質。相信神是超越人類對錯觀念的穆斯林，於是公開譴責他的公平正義。一個違背所有高尚原則的神，如果只因為他是神就可以得免於罪，那麼他必然是個恐怖的怪獸，不會比一個殘暴的哈里發好到哪裡去。和什葉教徒一樣，穆太齊拉教徒宣稱公平正義是神的本質，他「不可能」對不起任何人；他「不可能」作出與理性對立的要求。

在這個論點上他們與正統派發生衝突；正統派教徒辯稱，穆太齊拉教徒把人變成他自己命運的主人與創造者，乃是對神無所不能的一種侮辱。他們抱怨說，穆太齊拉把神變得「太」理性，「太」像個人。他們採用命運預定的教義以強調神本質上的不可理解性；假如我們自稱了解他，他不可能是神，而只是人類的心理投射罷了。神超越人類的善惡概念，不能被降格遷就我們的標準與期待；一種行為是邪惡或不義乃是因為神昭示如此，而不是因為這些人類價值有一個建立於神自身的超越層次。穆太齊拉教徒把公平正義這個純粹人類的概念看成是神的本質，乃是錯誤的說法。而基督徒爭論不休的預定或自由意志問題，也顯示位格神這個觀念的重大困難。像梵天（Brahman）這個非位格化的神，可以很容易的被說成超越「善」與「惡」，善惡被認為只是不可思議神性的面具罷了。但是一個從某種神祕意義上說是人，而且積極參與人類歷史的神，必然使他自己遭致批評。要使這個神變成超級的暴君或審判者，並使「他」滿足我們的期望，實在是太容易了。我們可依據個人的觀點，把「神」變成一個共和黨員或社會主義者，一個種族主義者或革命鬥士。這個觀點的危險性已使某些人認為人格化的神不是宗教性的觀念，因為它只會把我們埋藏在自己的偏見中，而使人類的觀念絕對化。

要避免這個危險，正統派教徒遂採用猶太教與基督教中具有長久歷史的老辦法，把神的本質與活動加以區分。他們宣稱，某些使得超越的神得以和世界聯繫的屬性——如權力、知識、意志、聽力、眼力與言語等《古蘭經》中也提到屬於阿拉的特質，和不是由創造而生的《古蘭經》一樣早就永恆的與他同有。它們與我們永遠無法捉摸理解、不可知的神本質不同。就像猶太教徒把神的智慧或猶太律法看成有史以來便與神同有一樣，穆斯林現在也發展出類似的觀念來解釋神的性格，而且提醒穆斯林，他不能被人類的心智完全涵括。要不是馬門哈里發(Caliph al-Mamum, 813-832)站在穆太齊拉的立場，並試圖將他們的觀念變成官方的教義，這個艱深的論證恐怕只能影響到極少數的人。但是當馬門開始折磨正統派教徒以強迫推銷穆太齊拉教派的信仰時，一般老百姓卻對這個非伊斯蘭的行為感到恐懼。一個被馬門審問迫害而僥倖不死的正統派領袖伊本・罕百里(Ahmad ibn Hanbal, 780-855)遂成為大受歡迎的英雄。他以聖潔與領袖魅力——他曾為折磨他的人祈禱——向執政當局挑戰，而他對非創造而生的《古蘭經》的信仰，則變成了民粹人士革命反抗穆太齊拉的標語。

伊本．罕百里的堅持

伊本．罕百里拒絕贊同任何理性討論神的形式。於是當溫和的穆太齊拉派教徒卡拉比西(al-Huayan al-Karabisi，859歿)提出一個妥協的方案——亦即作為神語言的《古蘭經》確實不是創造出來的，但是當它變成人類的語言時，它就是被創造的事物時，伊本．罕百里譴責這個教義。卡拉比西很有彈性的再次修正他的觀點，宣稱《古蘭經》中的阿拉伯文字與語言，凡是屬於神的永恆語言的一部分者，都「不是」被創造出來的。然而伊本．罕百里仍然說這是不正確的，因為以這種理性的方式臆測《古蘭經》的起源是危險而無用的。理性不是探索不可言喻的神的適當工具。他指控穆太齊拉派教徒抽乾神的神祕性，把他變成一個沒有宗教價值的抽象公式。當《古蘭經》用擬人化的詞語描述神在世界的活動時，或者當它記載說神「坐」在他的寶座上「宣說」和「觀看」時，伊本．罕百里堅稱必須用寫實的方式加以詮釋，但是卻「不能問為什麼如此」(*bila kayf*)。他或許可以被比喻成亞他那修一樣激進的基督教徒；亞他那修堅持對道成肉身說作一種極端的解釋，以對抗較理性的異端主張。伊本．罕百里強調的是神性本質上的不可言傳，它不是所有的邏輯與概念分析所能企及的。

阿沙里的妥協

然而《古蘭經》也一貫強調智識與理解的重要性，因此伊本・罕百里的立場似乎有點太過簡單。許多穆斯林覺得他的立場是僵化的反開化論者。阿沙里（Abu al-Hasan ibn Ismail al-Ashari, 878-941）則建立了一個妥協的觀點，他曾是個穆太齊拉教徒，但因在夢中先知要他研讀《聖訓》而改宗正統派。阿沙里於是走到另一個極端，變成熱情的正統派教徒，而把穆太齊拉教派斥責為伊斯蘭的災難。然後他又作了另一個夢，這回先知看起來很不高興的告訴他說：「我並沒有叫你放棄理性的論證來支持真的《聖訓》啊！」自此之後，阿沙里使用穆太齊拉的理性論證來闡揚伊本・罕百里的不可知論精神。穆太齊拉派教徒宣稱神的啟示不可能不是理性的，阿沙里則使用理性與邏輯顯示神是超越我們理解的。穆太齊拉派教徒把神化約成有內在連貫性的概念，但卻有將它變成枯燥無味的危險；阿沙里則要回歸到《古蘭經》中純粹的神，儘管它的定義前後矛盾。事實上像古希臘的法官迪尼斯就相信，弔詭與矛盾可以提升我們對神的體認。他不願把神化約成一個像其他可以被討論和分析的人類概念。知識、權力、生命等神的屬性都是真的；他們從永恆以來就「屬於」神。但是他們和神的本質不同，因為神是唯一、簡單而獨特。他不能被看成是個複雜的存有，因為他本身是簡單的，我們不能以定義他的許多特性，或把他分解成較小的單位來分析他。阿沙里拒絕任何想要解決矛盾的嘗試，因此他堅稱，當《古蘭經》說神「坐在寶座上」，我們必須接受這是個事實，儘管想像一個純粹的精神「坐著」是件不可思議的事。

阿沙里試圖在僵化的反開化論和極端的理性主義之間找出一條中庸之道。某些照字面意義詮釋的人宣稱，依照《古蘭經》的說法，如果受祝福的人們將前往天國「看」神，他必須要有肉身才行。哈金(Hisham ibn Hakim)甚至離譜的說道：

> 阿拉有身體，清晰、寬大、高聳而綿長，尺度均衡，光芒向廣大的四方射出；他在一個超越的地方，像是個純金屬的帶狀物，有如一個圓珍珠閃閃發亮，有顏色、味覺、嗅覺和觸覺。

某些什葉派教徒接受這樣的觀點，因為他們相信教長是神的肉身。穆太齊拉派教徒堅稱，當《古蘭經》說神的「手」時，我們必須把這當成是譬喻的指稱神的慷慨與寬宏大量。阿沙里以《古蘭經》堅持以象徵性語言談論神，反對以字面意義來解釋。但是他同時也反對正統派對理性的全盤否定。他辯稱穆罕默德沒有遭遇這些問題，否則他一定會指引穆斯林；就和以往一樣，穆斯林有責任使用類似譬喻的詮釋工具，來保留真正具宗教性的一神概念。

阿沙里經常選擇妥協的立場。因此他論證說，《古蘭經》本身是神永恆而非被創造的神諭，但是聖典的油墨、紙張和阿拉伯文則是被創造出來的。他譴責穆太齊拉派的自由意志說，因為只有神可以成為人類行為的「創造者」，但是他也反對正統派認為人對他們的得救絲毫沒有貢獻。他的解決方案有點迂迴：他說神創造了人類的行為，但是卻允許人們為善或為惡。然而和伊本・罕百里不同的是，阿沙里有心要追問並探索這些形而上問題，儘管他最後承認，試圖要把神這個神秘而不可言喻的真實以整齊、理性的系統加以涵括，根本是錯誤的。阿沙里建立了伊斯蘭的認主學傳統（*Kalam*，原義是「字」或「論述」），一般譯作「神學」。他在第十世紀和十一世紀的繼承者改善了認主學的方法論，並發展他的觀念。早期的阿沙里派學者想要設立一套形而上學的架構，以有效討論神的主權的概念。阿沙里學派第一位主要的神學家是巴克拉尼（Abu Bakr al-Baqillani，1013 歿）。在他的論文《真一性》（*al-Tawhid*）中，他同意穆太齊拉，人可用理性的論證邏輯的證明神的存在；事實上，《古蘭經》本身顯示，亞伯拉罕便是以系統化沈思自然世界的方式，來發現永恆的創造者。但是巴克拉尼否定我們可以不靠啟示而分辨善惡，因為這些不是自然的範疇，而是由神昭示的：阿拉不受人類好壞概念的限制。

巴克拉尼的看法

巴克拉尼發展出一種稱作「原子論」(atomism)或「機緣論」(occasionalism)的理論，試圖為穆斯林的信仰找出形而上學的理據來；亦即沒有神、沒有真實或確定性，只有阿拉。他宣稱世界上所有的事物都絕對依存於神的直接關注。整個世界被化約成無數的個別原子；時間與空間是不連續的，而且沒有任何事物有它自己獨特的標識。巴克拉尼把現象宇宙化約成無(nothingness)，就像亞他那修的理論一樣激進。只有神是真實，而且只有他可以把我們從虛無中救贖出來。他支撐宇宙並在每一分每一秒召攝萬物，使其存在。沒有自然律可以解釋宇宙為何可以存活下來。雖然其他穆斯林在學習科學上有極大的成就，但是阿沙里學派基本上對自然科學是有敵意的，不過它有宗教上的意義。它試圖以形而上學解釋神存在於日常生活的每個細節中，而且提醒我們信仰不是依存於普通的邏輯。假如把它當作是一種訓練，而不是對真實的確切描述，它可以幫助穆斯林發展出《古蘭經》中昭示的神的意識。它的弱點在於完全排除科學的證據，以及對基本上難以捉摸的宗教態度提出過度寫實的詮釋。這可能會導致穆斯林在思考神與其他事物的方式上產生混淆。穆太齊拉派與阿沙里學派的學者各自以不同的方式，試圖把神的宗教經驗與平常的理性思想連繫起來。這是很重要的。穆斯林試圖要了解，是否有可能像我們討論其他事物一樣來談論神。

我們前面提到過，希臘人經過審慎衡量之後已決定那是不可能的，而沈默是神學唯一適當的形式。最後大多數穆斯林會得出同樣的結論。

穆罕默德及他的同伴所屬的社會，比巴克拉尼來說要原始多了。伊斯蘭帝國已傳播到文明世界，而穆斯林必須面對智性上更複雜精練看待神與世界的方式。穆罕默德本能的復興了許多古希伯來的一神經驗，而其後代也必須要經歷基督教會所遭遇的某些問題。儘管《古蘭經》對基督教神化基督之舉加以譴責，但是某些穆斯林甚至也採用道成肉身的神學。伊斯蘭的歷史發展顯示，兼具超越性與位格的一神觀念，似乎造成了同樣的問題，而且也將導致同樣的解決之道。

伊斯蘭神學的嘗試顯示，雖然我們可以用理性的方法證明，「神」是理性所無法了解的，但是這會使某些穆斯林感到不自在。伊斯蘭神學從來沒有像西方基督教神學那麼重要。曾支持穆太齊拉的阿巴斯王朝哈里發發現，他們不能把它的教義強加信徒身上，因為他們根本「不接受」。在整個中世紀，理性主義持續影響未來的思想家，但它一直只是少數人的事業，大多數的穆斯林對整套看法完全不信任。和基督教及猶太教一樣，伊斯蘭乃是由閃族經驗誕生，但卻在中東的希臘重鎮與希臘理性主義相會。其他的穆斯林甚至嘗試將伊斯蘭的神更徹底的希臘化，並且把新的哲學元素引介入三大一神教中。猶太教、基督教和伊斯蘭教這三大信仰，將會對哲學的有效性以及它與神的奧祕的關連性，獲致不同但具高度意義的結論。

哲學家的「神」

6

……THE GOD OF THE PHILOSOPHERS

新型的穆斯林

在第九世紀期間，阿拉伯人開始接觸希臘的科學與哲學，結果便形成了文化的興盛，用歐洲人的語言說，可以視為一種文藝復興與啟蒙運動的混合物。一群大部分屬涅斯多留教派（或景教）基督徒的翻譯人員，把希臘文著作翻譯成阿拉伯文，而且譯作水準極高。阿拉伯穆斯林於是成功的學習天文學、冶金術、機械與數學，以致第九和第十世紀阿巴斯王朝的科學發現，比起前期任何時代都要豐碩。一種新型的穆斯林開始出現，專心致力於他們稱之為「法薩發」（*Falsafah*）的伊斯蘭哲學。這個名詞通常譯成「哲學」，但原義更為廣泛和豐富。

和十八世紀的法國哲學一樣，伊斯蘭哲學家致力過著與自然律一致的理性生活；他們相信控制宇宙的規律，可以在真實的每個層面被辨識出來。最初他們專注於自然科學，但後來無可避免的轉向希臘形而上學，並決心要把它的原則運用到伊斯蘭教上。他們相信希臘哲學家的神與阿拉是一樣的。希臘的基督徒雖然也覺得與希臘文化關係深厚，但都決定希臘的神必須依《聖經》中較具弔詭性的神加以修正。下面我們會談到，他們最後會反過來排斥他們自己的哲學傳統，因為他們相信理性與邏輯對神的研究無益。然而伊斯蘭的哲學家都得到相反的結論，他們相信理性主義代表的是最先進的宗教形式，而且已演化出比

《聖經》天啟之神更高的一神概念。

今天我們大體上把科學與哲學視為與宗教敵對，但是伊斯蘭哲學家通常都是虔誠的人，把他們自己看成是先知穆罕默德忠實的後裔。作為正統的穆斯林，他們對政治高度警覺，鄙視宮廷的奢侈，並希望依據理性的指示，來改造他們的社會。他們大膽的嘗試是很重要的；因為他們科學與哲學的研究受制於希臘思想，因此找出他們的信仰與這個較理性客觀見解之間的連繫，乃是勢在必行。把神貶降成純粹智性的概念範疇，以及把宗教視為獨立於人類其他的關懷之外，都是非常不健全的。伊斯蘭哲學家不願廢棄宗教，而是要把他們視為原始或偏狹的質素加以淨化。他們對神的存在毫無疑義——事實上，他們把他的存在視為不證自明的——但是覺得用邏輯證明這點很重要，因為他們要顯示阿拉與他們理性主義的理想是可以相容的。

神是理性本身

但是其中仍有問題存在。我們前面提過，希臘哲學家的神與啟示的神非常不同，亞里斯多德或普羅提諾的無上神祇是不具時間性和沒有感覺的；他不在意世俗的事務，不在歷史中現身，沒有創造世界，也沒有末世審判。事實上，歷史這個被一神信仰視為神靈顯現的主要概念，已被亞里斯多德斥為比哲學低級。因為宇宙永恆地自神發散流出，所以它沒有開始、中間與結束。伊斯蘭哲學家要超越的只是幻象的歷史，進而一窺神性不變的理想世界。儘管強調理性，伊斯蘭哲學也要求擁有它自己的信仰。要相信宇宙真的是由理性的原則所控制需要極大的勇氣，因為混亂與痛苦似乎比有目的的秩序更有具體的佐證。他們也需要從周遭不幸和補綴的事件中，培養出一種終極意義感來。哲學是高貴的，它尋求客觀性和超越時間的看法。他們要的是一個普遍性的宗教，不受特定神顯現的限制，也不奠基於固定的時空。他們相信他們的責任在於把《古蘭經》的啟示，用所有文化千百年來最好、最高貴心智發展出來的先進詞彙加以解釋。伊斯蘭哲學家不把神看成是奧祕，而相信他是理性本身。

這種對完全理性宇宙的信仰在今日看來似乎太過天真，因為我們的科學發現早已顯示亞里斯多德對神存在的證明是不正確的。這個觀點對第九和第十世紀的任何人而言都是不可能的，不過伊斯蘭哲學的體驗對我們當前的宗教困境是有關連的。阿巴斯王朝的科學革命所涉及的層面不只是新資訊的取得而已。像我們今日的科學發現，就需要培養出一種轉化伊斯蘭哲學家世界觀的不同心態。科學的基本信仰要求我們相信每件事情都可以用理性解釋；它也需要與宗教創造性大同小異的想像力與勇氣。和先知與神祕家一樣，科學家也要強迫自己面對未知領域的黑暗與不可預測。這個觀點無可避免地影響了伊斯蘭哲學家對神的認知，而使他們修正甚至揚棄他們同代人物的舊有信仰。同樣的，今日我們的科學觀也使許多人無法接受古典的有神論。抱持傳統神學不放，不僅只是勇氣不足，也會喪失道德的完整性。伊斯蘭哲學家試圖要把他們的新見解，與主流的伊斯蘭信仰結合起來，便產生某些受希臘哲學啟發而深具革命性的一神觀念。但是他們對理性崇拜的終告失敗，可以告訴我們某些有關宗教真理本質的重要事實。

建立橋樑

伊斯蘭哲學家為結合希臘哲學與宗教所作的努力，比起以往的一神教徒都要來得徹底。穆太齊拉派和阿沙里派都試圖要在啟示與自然理性間建立起橋樑，但是在他們的體系中，神的啟示占有優先地位。伊斯蘭神學是基於傳統一神教把歷史看成神靈顯現的觀點，而建立起來的；依據它的說法，具體的、特定的事件是極重要的，因為那是我們唯一確定擁有的事物。事實上，阿沙里派教徒懷疑是否有普遍律法和超越時間的原則存在。雖然這種原子論有宗教和想像的價值，它顯然與科學心靈有隔閡，而不能令伊斯蘭哲學家滿足。他們的哲學輕視具體特定的歷史，而推崇阿沙里派教徒拒絕的普遍律法。他們的神是由邏輯的論證發現，而不是歷史不同時代顯現給某人的特定啟示。這種對客觀普遍真理的追求，乃是他們科學研究的特質，而且也限定了他們對終極真實的體驗。一個人人不同而帶有文化色彩的神，對基本的宗教問題——「什麼是人生的終極意義」，無法提供令人滿意的答案。

你不能尋求在實驗室裡有普遍應用性的科學解答，而又向逐漸被信徒認為穆斯林專有的神祈禱。但是《古蘭經》的研究顯示，穆罕默德本具有普遍的觀點，而且堅稱所有正確引導的宗教都來自神。伊斯蘭哲學家不覺得需要拋棄《古蘭經》。相反的，他們試圖要顯示兩者間的關係：兩者都是通往神的有效途徑，分別滿足不同個人的需求。他們不認為啟示與科學，理性主義與信仰間有基本的矛盾。相反的，他們想要找出埋藏在所有歷史上宗教真理的核心：這些宗教自有史以來便一直試圖要對同一個神的真實加以界定。

真理只有一個

伊斯蘭哲學受到希臘科學與形而上學的啟發，但卻不是完全依賴於希臘文化。在他們中東的殖民地中，希臘人傾向於遵循一套標準的課程，因此儘管希臘化哲學中有不同的強調重點，每個學生還是可以依照某種順序閱讀一套教材。這便具有某種程度的統一性和連貫性。伊斯蘭哲學家並未上過這套課程，但是卻閱讀了這些教材。這必然打開了他們的新眼界。除了他們自己獨特的伊斯蘭和阿拉伯洞見以外，他們的思想也受到波斯、印度和諾智派的影響。

因此，第一個運用理性方法到《古蘭經》的穆斯林金第（Yaqub ibn Ishaq al-Kindi，大約870歿）與穆太齊拉派密切相關，但卻在幾項主要的議題上與亞里斯多德持不同看法。他在巴斯拉(Basra)受教育，却在巴格達定居，在那裡他受到馬門哈里發的眷顧。他的產出與影響的範圍廣大，包括數學、科學與哲學。但是他主要的關懷是宗教。由於出身自穆太齊拉學派，他只把哲學看成是啟示的幫手，先知具啟發性的知識永遠超越僅是人類的哲學家見解。許多後來的伊斯蘭哲學家不接受這個觀點。然而，金第也急於在其他的宗教傳統中找出真理來。真理只有一個，哲學家的工作就是要在千百年來加諸其上的文化或語言外衣中把它找出來。

> 我們不應羞於從各種可得的來源中認知和吸收真理，即使它是由前人或異國人士提供也是一樣。對於尋求真理的人而言，沒有任何事物比真理本身的價值更高；它從來不會降低或減輕接觸到它的人的價值，只會使他高貴而榮耀。

就這點而言，金第與《古蘭經》的立場一致。但是他更進一步，因為他並不把自己局限於先知，他同時也轉向希臘哲學家。他使用亞里斯多德的論證證明原初推動者(a Prime Mover)的存在。他論證說，在理性的世界中每件事都有原因。因此，必須要有一個不被動的推動者(Unmoved Mover)啟動一切的運動。這個第一原則乃是存有(Being)自身，不可變化、完美而不可毀壞。但在獲致這個結論後，他與亞里斯多德分道揚鑣，支持《古蘭經》

中由虛無(*nihilo*)創世的教義。行動可以被定義為從無中生有。金第主張說，這是神的特權。就這點而言，他是唯一能真正行動的存有，而且他是我們在周遭世界中所有活動的真正原因。

伊斯蘭哲學的創始人——阿法拉比

伊斯蘭哲學駁斥無中創世之說，因此金第不能被視為真的伊斯蘭哲學家。但他是伊斯蘭試圖調和宗教真理與系統形而上學的先驅。他的後繼者立場更為激進。拉茲（Abu Bakr Muhammad ibn Zakaria ar-Razi, 930歿）這位被稱為伊斯蘭歷史中最偉大的不順從者，駁斥了亞里斯多德的形而上學，而且和諾智派一樣把創世看成是造物主(demiurge)的傑作；物質是不可能由純粹精神的神產生。他也駁斥了亞里斯多德所提出的原初推動者方案，以及《古蘭經》中啟示與先知的教義。只有理性與哲學能夠解救我們。因此拉茲並非真正的一神論者；他或許是第一個發現一神概念與科學觀點不相容的自由思想家。他是個醫生，也是個慈善、慷慨的人，他在伊朗他本族拉伊人(Rayy)的醫院擔任院長多年。大多數的伊斯蘭哲學家並未將他們的理性主義推到這樣極端。在與一位較傳統的穆斯林辯論時，他論證說真正的伊斯蘭哲學家不能仰賴既成的傳統，而必須靠自己想通事情，因為只有理性可以帶領我們了解真理。依靠啟示的教義是無用的，因為各宗教間不可能彼此同意。我們如何能辨別誰是誰非呢？但是他的對手——令人感到困惑的是，他也叫拉茲——卻提出了很重要的一個論點。一般的大眾怎麼辨？他問道。他們大多不能以哲學思考；他們是不是因此就迷失，注定犯錯而迷惑呢？伊斯蘭哲學會在伊斯蘭教中成為少數的原因之一，是因為它的精英主義。它必然只針對那些擁有特定智商的人訴求，因此違背了塑造伊斯蘭社會的平等精神特質。

土耳其的伊斯蘭哲學家阿法拉比（Abu Nasr al-Farabi, 980歿）便針對不能做哲學理性思考的未受教育大眾提出解決之道。他可以被視為真正的伊斯蘭哲學創始人，而且展現了穆斯林理想吸引人的普遍性。阿法拉比是我們所謂文藝復興時代的人，他不僅是個醫生，而且也是個音樂家和神祕家。在《論道德城市住民》（*Opinions of the Inhabitants of a Virtuous City*）的論著中，他也展示了穆斯林精神核心的社會與政治關懷。在《理想國》（*Republic*）中，柏拉圖曾論証說一個良好的社會必須由哲學家依據理性原則來統治，而且他必須能夠讓一般人接受這些原則。阿法拉比主張說，先知穆罕默德正是柏拉圖想像的那種統治者。他是以人們可以了解的想像形式，來表達那超越時間的真理，因此伊斯蘭理想上是適於開創出柏拉圖的理想社會。神意法或許是最適合實現這個計畫的伊斯蘭形式，因為它崇拜智慧的教長。儘管他是個修練的素菲神祕家，阿法拉比把啟示看成是完全自然的過程。遠離人類關懷的希臘哲學家的神，不可能像傳統啟示教義所隱含的那樣和人類「交談」，並干涉世俗的事務。然而這並不表示神不是法拉比的主要關懷。神是他哲學的重心，而且他的論文便是以討論神開始的。不過這是亞里斯多德和普羅諾的神，他是所有事物的第一原因。希臘的基督徒從雅典法官迪尼斯的神祕哲學出發，必然會否定只把神看成是另一個存有的理論，儘管他具有超自然的本質。但是阿法拉比仍然與亞里斯多德的立場較接近。他不相信神「突然」決定要創造世界。因為這種看法將使永恆靜止的神涉入了不當的變化之中。

阿法拉比的流出說

和希臘人一樣，阿法拉比也把存有的鎖鏈看成是，永恆從全體中發散出來的十層連續「流出層」(emanations)或「思維能力」(intellects)，每一層都產生托勒密(Ptolemy)的天體之一；它們是外天區(outer heavens)、定星區(sphere of the fixed stars)、土星區、木星區、火星區、太陽區、金星區、水星區和月亮區。一旦我們達到自己的地上世界，我們便了解到往相反方向演化的存有層級，從沒有生命的物質演進經過植物、動物而後到達人類；他的心智是神聖理性的一部分，但是他的身體却從地上而來。經由柏拉圖與普羅提諾描述的淨化過程，人類可以脫去他們世俗的枷鎖，而回歸到他們自然的家——神那裡。

這和《古蘭經》對真實的觀點顯然不同。為了訴求於一般大眾，先知們以詩文和隱喻的方式來表達真理，但是阿法拉比卻把哲學視為了解真理比較優越的方式。哲學不是適合每個人的。到了十世紀中期，一種祕教的質素開始進入伊斯蘭。伊斯蘭哲學便是這種神祕的訓練之一。素菲派與什葉派和伊斯蘭法律學者（*ulema*，專研聖法及《古蘭經》）對伊斯蘭的詮釋不同。他們對他們的教義保持祕密，並不是因為他們要排除大眾，而是因為伊斯蘭哲學家、素菲神祕家和什葉派教徒都了解，他們對伊斯蘭較大膽而創新的看法很容易會被誤解。對伊斯蘭哲學、素菲派的神話和什葉派的教長論（Imamology）作字面意義或簡化的詮釋，將使對較具象徵性、理性或想像性途徑不具能力者、未受訓練或氣味不投的人產生困惑。在這些神祕教派中，初學者都透過謹慎安排的特殊心智訓練，逐步接受這些困難的概念。前面提到過，希臘的基督徒也曾發展出類似的概念，把祕密的教義（*dogma*）和公開的教義（*kerygma*）加以區別。西方的基督教並未發展出祕密教義的傳統來，而只贊成以對每個人都一樣的公開教義詮釋宗教。西方的基督教不但不讓他們稱為偏離分子的人私下善了，反而要迫害他們，並試圖清理掉所有不順從的教徒。在伊斯蘭國家，祕教思想家則通常安死在他們的床上。

阿法拉比的流出學說逐漸為伊斯蘭哲學家普遍接受。下面我們會討論到，神祕家們也覺得流出的概念比虛無中創世的概念要來得相契。穆斯林的素菲神祕家與猶太教的卡巴拉神祕家，不但不覺得哲學與理性會與宗教敵對，他們往往發現伊斯蘭哲學家的洞見對他們較偏向運用想像力的教派提供了靈感。這點在什葉派中特別明顯。雖然他們一直是伊斯蘭的少數派，但十世紀卻是什葉派的世紀，因為他們在整個帝國中居於政治領導地位。這些什葉派嘗試行動中最成功的，莫過於紀元九〇九年在突尼斯(Tunis)成立一個哈里發王國，以對抗巴格達的遜尼派哈里發王國。這乃是依斯馬利派的成就，也就是為「法帝米斯」(Fatimids)或「第七教長派」(Seveners)的什葉派教徒，和為數較多、支持第十二教長權威的「十二教長派」教徒有別。依斯馬利派教徒在賢明的第六教長加法爾(Jafar ibn Sadiq)於七六五年死後，與十二教長派分道揚鑣。加法爾已指定他的兒子依斯馬利做他的繼承人，但是當依斯馬利英年早逝後，十二教長派教徒遂接受他的兄長穆薩(Musa)的領導。但是支持依斯馬利的教徒自然忠於依斯馬利，而且相信教長的承傳終止於他。他們在北方的哈里發王國變得極為強大；九七三年他們把首都遷到現今開羅所在地的夸希拉(al-Qahirah)，並在那裡建立了艾滋哈爾(al-Azhar)大清真寺。

穆罕默德之光

教長的崇拜並不只是宗教狂熱。我們前面提過，什葉派教徒相信他們的教長以某種神祕的方式，代表神在世上的顯現。他們以象徵方式閱讀《古蘭經》，演化出自己一套祕密的虔敬方式。他們主張穆罕默德傳授了一套祕密的知識給他的堂兄弟兼女婿阿里，而且這神聖知識依據他的直屬後裔，也就是指定的教長譜系傳承下來。每一個教長都具體化了「穆罕默德之光」(*al-nur al-Muhammad*)，也就是使穆罕默德完全順從於神的先知心靈。先知與教長都不是神，但是他們曾完全向神敞開，可以說神在他們身上比一般人身上來得完整。湼斯多留教派基督徒曾對耶穌提出類似的看法。和湼斯多留教徒一樣，什葉派教徒把他們的教長看成是神的「廟堂」與「寶藏」，充滿了明亮的神聖知識。這個知識不僅是祕密的訊息，而且是轉化與內在改變的工具。在精神導師(*da'i*)的指導下，弟子們被夢一般的清晰心象從怠惰與遲鈍中喚醒過來。這個轉化經驗使得他能了解《古蘭經》的神祕詮釋。這個重要的經驗乃是一種覺醒，我們可以從十世紀的依斯馬利哲學家克呼斯拉瓦(Nasiri al-Khusraw)所寫的這首詩中看出，它描述了改變他一生的教長心象：

你聽過從火流出的海嗎？
你看過變成獅子的狐狸嗎？
太陽可以把鵝卵石轉化成寶石，
即使自然之手也無法改變。
我是那寶貴的石頭，我的「太陽」是他
因為他的陽光，這個黑暗的世界充滿亮光。

謹慎起見，我不能在這首詩中說出「教長的」名字，
但是我可以說，柏拉圖也會變成他的奴隸。
他是老師，心靈的治療者，為神所喜愛，
是智慧的意象，知識與真理的噴泉。
哦！知識的面貌，德性的形式，
智慧的心，人類的目標，
哦！至尊中的至尊，我站在他的面前，
蒼白而萎靡，裹在羊毛的斗蓬中，
而且親吻你的手，彷彿它是
先知或巨型的卡巴(Kabah)玄石一樣。

就像他伯山上的基督，對於希臘正教而言正代表著神化的人性；以及由佛陀所體現，所有人類都可能達到的覺悟境界一樣，什葉教長的人性也因他完全接納神而被轉化。

天國的原型

伭斯馬利教徒擔心伊斯蘭哲學家太專注於宗教的外在與理性因素，而忽略了它精神的

核心。例如，他們曾反對自由思想家拉茲。但是他們也發展出他們自己的哲學與科學，不過它們本身不是目的，而是使他們體認到《古蘭經》祕意（*batin*）的精神鍛鍊。冥思科學與數學的抽象概念，可以淨化他們心中的感官意象，並使他們從日常意識狀態的局限中解放出來。不像我們用科學得到外在真實準確而寫實的了解，依斯馬利教徒用它來發展他們的想像力。他們轉向伊朗古老袄教的神話，加入某些新柏拉圖學派的觀點，而演化出一種對救恩史的新認知。我們前面提過，在比較傳統的社會中，人們相信他們在此地塵世的體驗乃是重複在天國已發生的事件；柏拉圖的形相論或理型論，乃是把這個永恆的信仰以哲學的語言表達出來。例如，在前伊斯蘭的伊朗，真實有兩個層面：可見的（*getik*）天空和無法以肉眼見到天國（*menok*）的天空。比較抽象和精神性的真實也是一樣，有形相的事物在天國複製出來，以賦予它真正的真實與永恆的意義。

這些天國原型的真實感，就像我們想像中的事件或形相，似乎比我們世俗的存在更真實更有意義。這個理論可說是為了解釋為何世事多數令人沮喪，而我們仍相信人生與世界是有意義的。在十世紀時，依斯馬利把這個神話加以復興，並富想像力的加入柏拉圖的發散說。波斯人改信伊斯蘭時棄置了這個神話，但仍然是他們文化遺產的一部分。阿法拉比想像出在神與物質世界之間，統轄托勒密星體的十個流出層。現在依斯馬利把先知與教長變成這個天體架構的「靈魂」。在最高層的「第一天」界乃是穆罕默德的「先知」領域；「第二天」乃是阿里，而七個教長依序管轄接下來的天界。最後到了最接近物質世界的領域乃是穆罕默德的女兒法蒂瑪，也就是阿里的太太，沒有她，這條神聖的譜系便不可能存在。因此她是伊斯蘭之母，與神的智慧蘇菲亞(Sophia)相等。這個神化的教長意象反映了依斯馬利對什葉派歷史真正意義的詮釋。這並不只是許多外在、世俗事件（有許多是悲劇）的連續。這些在地球上的表相生命，是和原型秩序(*menok*)中的事件相對應的。

我們不應立即把這個觀點視為妄想。今日的西方對客觀的準確性感到自豪，但是依斯馬利的祕密教徒(*batinis*)追求的是宗教的「隱藏」或「祕密」(*batin*)層面，與我們所探求的目標大不相同。和詩人與畫家一樣，他們使用的象徵主義與邏輯無關，但他們覺得它所顯現的真實，却比由感官認知和以理性概念表達的真實要深刻。因此，他們發展出一種《古蘭經》的讀法，稱之為「回歸法」(*tawil*)。他們覺得這個方法可以把他們帶回到原型的《古蘭經》，當穆罕默德在有形可見的塵世吟誦它的同時，也在無形隱藏的天界被朗讀。伊朗什葉派已故歷史學家柯爾賓(Henri Corbin)曾把「回歸法」的訓練比喻成音樂和聲的訓練。依斯馬利彷佛能夠同時在不同層次聽一個「聲音」——《古蘭經》或聖訓的一句；他試圖訓練自己在聽到阿拉伯語的同時，也聽到它天界對應的原型。這種訓練使他汲汲於批判的能力沈靜下來，而覺察到沈默之聲，就像印度教徒傾聽那環繞在神聖音節「嗡」(*OUM*)聲四周不可名狀的沈默一樣。當他傾聽沈默之聲時，他開始覺察到，我們對神的言語和概念，與完整的真實存在著極大的鴻溝。這種訓練幫助穆斯林真正了解神的原貌，奚基斯塔尼（Abu Yaqub al-Sijistani, 971年歿）這位主要的依斯馬利派思想家解釋道。穆斯林常常以擬人化的方式來談論神，把他變成一個巨型的人，有的則把他宗教的意義抽乾，使神化約成一個概念。但是奚基斯塔尼採用的是雙重否定的方法。我們應從否定方式談論神開始，例如，我們要說他是「非存有」而非「存有」，「不是無知的」而非「聰明的」等。但是我們應立即再否定這抽象、沒有生氣的否定，而說神「不是非無知的」，或者他「不是無」，就像我們平常說話的用法一樣。藉著重複使用這種語言上的訓練，依斯馬利祕教徒將覺察到，用語言來傳達神的奧祕的不當。

認識自己的人，就認識神

後期的一位依斯馬利思想家克爾馬尼（Hamid al-Din Kirmani, 1021歿）在《智性的芬芳》（*Rahaf al-aql*）一書中，描述這種訓練所產生的極大和平與滿足感。這絕不是一種枯燥無味的腦力訓練，或是賣弄學問的把戲，而是把依斯馬利一生的細節賦予意義。依斯馬利派作者常常以啟發和轉化等詞語來談論他們的祕密教義。「回歸法」不是用來提供有關神的資訊，而是創造出一種驚奇敬畏感，以比理性更深的層次啟發依斯馬利神祕家。它也不是遁世主義。依斯馬利教徒乃是政治的積極分子。事實上，第六教長加法爾把信仰定義為行動。和先知與教長一樣，信仰者必須在俗世中具體表現他對神的體驗。

這些理想也為「純淨兄弟會」(*Ikwan al-Safa*)所接受。這個密教團體興起於什葉派興盛的十世紀的巴斯拉，或許是依斯馬利教派的分支。和依斯馬利教徒一樣，他們也致力於科學的追求，特別是數學和占星學，也包括政治行動。和依斯馬利教徒一樣，純淨兄弟會的成員也尋求生命隱含的密意。他們的書信體詩文(*Rasail*)，其後成為一種哲學科學的百科全書，非常的受到歡迎，傳播遠及西班牙西部。兄弟會的成員也結合科學和神祕主義。數學被視為哲學與心理學的前奏或基礎。有許多數字代表心靈內涵的不同性質，而且也能幫助修行者覺察心的運作。就像聖奧古斯汀認為了解自己是了解神不可或缺的步驟一樣，深刻的了解自己也成為依斯蘭神祕主義的核心。和依斯馬利教派有淵源的遜尼派素菲神祕家有句格言說：「認識自己的人，就認識神。」這是從兄弟會的第一篇書信中摘錄出來的。當他們冥思心靈的數字時，就被帶回原初的唯一，也就是人類心靈核心的真我。

兄弟會教徒和伊斯蘭哲學家也很接近。和穆斯林的理性主義者一樣，他們也強調真理的唯一性。這可在每個地方得到驗證。一個真理的追求者「不應躲避科學、輕視書籍，也不應狂熱的執著某個信條。」他們發展出一種新柏拉圖學派的一神概念；神被視為是普羅提諾那不可言喻、無法理解的「唯一」。和伊斯蘭哲學家一樣，他們支持的是柏拉圖的發散說，而非傳統《古蘭經》的虛無中創世說；世界表現出神聖的理性，而人可以淨化自己理性力量的方式參與神性，並回歸到那原初的「唯一」。

伊斯蘭哲學的最高峰

伊斯蘭哲學在伊本・希那(Abu Ali ibn Sina, 980-1037)，也就是西方所熟知的阿維塞那(Avicenna)的著作中達到最高峰。生於中亞布卡拉(Bukhara)什葉派官員家庭的伊本・希那也受到過去與他父親爭論的依斯馬利教徒影響。他是個天才兒童，十六歲成為許多著名醫生的顧問，十八歲精通數學、邏輯與物理。他對亞里斯多德的學說不甚了解，但在看過阿法拉比的《亞里斯多德形而上學之旨趣》(*Intentions of Aristotle's Metaphysics*)後便豁然貫通。他是個四處遊走於伊斯蘭帝國的醫生，靠病人隨意施捨的金錢為生。他一度成為統治現在伊朗西部與伊拉克東南部一帶什葉派布葉德王朝(Shii Buyid dynasty)的大臣。他是個絕頂聰明、頭腦清楚的智者，絕不是腹笥儉陋的清談家。但他也是個好色之徒，據說因為酒色過度而於五十八歲的盛年死去。

伊本・希那了解，伊斯蘭哲學需要針對伊斯蘭帝國內變化的情勢加以調整。阿巴斯王朝在衰退中，哈里發王國已不再能被看成像是柏拉圖《理想國》中所描述的哲學理性社會。伊本・希那自然對什葉派的宗教與政治靈感深有同感，但是他對伊斯蘭哲學的新柏圖學派更感興趣，後來他比任何以往的伊斯蘭哲學家更成功的把此派學說伊斯蘭化。他認為，假如伊斯蘭哲學要實現它呈現真實完整面貌的說法，那麼它就必須要對一般大眾的宗教信仰賦予意義；不論我們選擇以何種方式詮釋，它都是政治、社會及個人生活中的重要事實。伊本・希那不認為啟示宗教是次級的伊斯蘭哲學，他主張像穆罕默德這樣的先知比任何哲學家都更勝一籌，因為他不依賴人類的理性，能直接而直觀的了解神。這與素菲神祕家的神祕經驗類似。普羅提諾曾稱此為最高形式的智慧。但這並不表示理性不能了解神。

伊本・希那所發展出一套神存在的理性論證，乃是依據亞里斯多德的證明；亞氏的論證後來在中古世紀的猶太教與伊斯蘭哲學家間成為標準模式。他和伊斯蘭哲學家對神的存在都毫無疑義。他們也從未懷疑人類單憑理性就可以獲致對無上存有存在的知識。理性是人類最高貴的活動，它是神聖理性的一部分，而且很明顯的在宗教的探索中扮演重要的角色。伊本・希那把它看成是具有以理性能力發現神的人的宗教責任，因為理性可以精練神的概念，從而免除迷信與神人同性論的觀點。專注以理性論證神存在的繼承者，並未與我們觀念中的無神論者爭論。他們要運用理性盡可能的發現神的本質。

伊本・希那的「證明」是從思考我們心智運作的方式開始。我們見到世界上的每種存有，都是許多不同的元素組合而成的複合體。例如，一棵樹包括木材、樹皮、樹髓、樹液和樹葉。當我們想要了解某件事物時，我們就「分析」它，把它打碎成它的組成元素，直到不能再分解為止。簡單的元素是首要的，複合的事物則是次要的。因此，我們持續尋找不能再簡化的事物。伊斯蘭哲學的格言說，真實是邏輯連貫的整體；這句話的意思是說，我們對簡單性(simplicity)永無止境的追求，必然會反映出更高層次的事物，和柏拉圖學派學者一樣，伊本・希那也覺得我們四周所見事物的多樣性，必然是依存於一個更根本的單位體上。因為我們的心智確實把複合體視為次要和衍生的，這種傾向必然是由事物以外簡單、更高的真實所引發。複雜的事物是偶然發生的，偶然的事物則次於它們所依賴的真實，這就好像家庭中的小孩在地位上次於賦予他們生命的父親一樣。如果某種事物本身不由其他事物構成，那麼它就是哲學家所說的「必要存有」(Necessary Being)，也就是說它不需要依賴其他事物存在。有這樣的存有嗎？像伊本・希那這樣的伊斯蘭哲學家理所當然的認為宇宙是理性的，而在理性的宇宙中必然有一個不受因果拘束的存有，一個位於存在層級最高點的不被動的推動者。一定有某種事物啟動了因果鏈。缺少了這個至高無上的存有，我們就不能與整體的真實交感，反過來這便意味宇宙是不連貫、不理性的。這個所有複合、偶然真實所依存的絕對簡單存有，就是宗教上所稱的「神」。因為它是最高級的事物，所以必然是完美而值得尊敬與崇拜的。但因為它的存在與其他事物是如此的不同，它不是存有鏈中的另一個項目。

見不如不見

哲學家們與《古蘭經》都同意神本身就是簡單的「唯一」。因此，他不能夠再被分析或打碎成部分的元素或屬性。因為此一存有是絕對簡單，它沒有原因、沒有特質，也沒有時間的層面，我們絕對無法加以描述。神不可能是論述性思想的對象，因為我們的頭腦無法像處理其他事物一樣處理他。因為神是獨一無二的，所以他無法被類比成一般意義下，偶然存在的任何事物。因此當我們談論神時，最好能使用否定的語言，以便能區別他和其他我們談論的事物。不過由於神是所有事物的來源，因此我們可以對他提出某些特定的假設。因為我們知道善是存在的，所以神基本上「必然是」善的；因為我們知道生命、力量與知識存在，所以神必然擁有最完美的生命、力量與智慧。

亞里斯多德說，因為神是純粹的理性——他同時既是理性的行為本身，也是思想的主體與客體——所以他只能沈思他自己，而不認知次級、偶然的實在界。這與啟示之神的形象不符，據說他知道所有的事物，而且在創世的秩序中出現並積極活動。伊本・希那試圖採取一個妥協的立場，他認為神太過尊貴崇高，因此無法降格遷就像人類這樣低賤存有的知識及行為。誠如亞里斯多德所說，「有些事情見不如不見。」神不能和地上某些極低俗微小的生命接觸而玷污了自己。他在永恆的自我了解行為中，神了解了所有由他發散出來以及由他賦予生命的事物。他知道自己是短暫生命發生的原因。他的思想是如此的完美，以致他的思想與行為乃是同樣的一件事，所以他對自己的永恆沈思，產生了伊斯蘭哲學家所描述的流出過程。但神只是以一般和普遍的方式了解我們和我們的世界；他並不處理個別的事物。

然而伊本・希那對這個抽象解釋神本質的方式並不滿意，他想要把它和素菲派神祕家、依斯馬利派神祕家等信仰者的宗教體驗連接起來。由於對宗教心理學感興趣，他便用普羅提諾的流出層級來解釋先知的經驗。在從太一下降的十個存有階段中，伊本・希那臆測，每個階段都有十個純粹的智慧存有，還有啟動托勒密十大天體的靈魂與天使，他們聯合形成介於人與神間的中間區域，並與依斯馬利想像的原型真實世界相對應。這些智慧存有也擁有想像力；事實上他們是想像的純粹狀態，透過這個中介的想像領域——而不是透過推論的理性——人類得以達到他們對神最完整的理解。

在我們這個世界——第十層——最後的智慧存有乃是啟示的聖靈，也就是加百列天使，他是光與知識的來源。人類的靈魂由兩種理性組成：一種是與世界連繫的實踐理性，另一種則是與加百列天使保持密切關係的沈思理性。因此，先知們才有可能獲得對神直觀和想像的知識；它們與智慧存有享有的知識類似，是超越實踐與推論的理性。素菲神祕家的體驗顯示，人們可以不用邏輯和理性而得到具有哲學水準的一神觀點。他們不用三段論邏輯，而用象徵主義與意象等富想像力的工具。先知穆罕默德圓滿完成了與此神聖世界的直接結合。這種對心靈意象與啟示提供的心理學解釋，使得較有哲學傾向的素菲神祕家能夠討論他們自己的宗教體驗，這點我們將留待下一章討論。

證明對宗教的懷疑

事實上，伊本・希那自己到了晚年似乎也變成了神祕家。在他的論文《告誡書》(*Kitab al-Asherat*)中，他很明顯的開始對以理性途徑認識神持批判的態度，因為他覺得此一途徑的成效令人沮喪。於是他轉向他所謂的「東方哲學」(*al-hikmat al-mashriqiyyeh*)。這並不是指地理位置上的東方，而是光的來源。他意圖寫一本祕密教法的論述，其方法是建立在啟發(*ishraq*)與推論的雙重訓練上。我們無法確定他曾否寫過這篇論文；如果他確實寫過，它並沒有流傳下來。但是誠如我們下一章將討論的，偉大的伊朗哲學家蘇拉瓦底(Yahya Suhrawardi)所創建的伊希拉基(Ishraqi)學派，確實如伊本・希那所預見的將哲學與宗教精神加以融合。

伊斯蘭神學與哲學的訓練啟發了伊斯蘭帝國內的猶太教徒，使他們產生了類似的智識運動。他們開始以阿拉伯文寫作自己的哲學，第一次把形而上學與玄想的質素帶入猶太教中。和穆斯林哲學家不同的是，猶太哲學家不關心所有哲學科學的範疇，而幾乎完全專注在宗教事務上。他們覺得必須要以猶太教自己的概念，來回應伊斯蘭的挑戰，這就牽涉到如何調和《聖經》位格化的神與伊斯蘭哲學家的神的問題。和穆斯林一樣，他們憂慮《聖經》與《大法典》中擬人化的一神形象，並且問說，他怎能和哲學家的神一樣呢？他們擔憂創世的問題以及啟示和理性之間的關係。他們當然得出不同的結論，但是卻高度依賴穆斯林的思想家。因此，第一位以哲學詮釋猶太教的撒狄亞(Saadia ibn Joseph, 882-942)不僅是一位研究猶太法典的學者，同時也屬於穆太齊拉學派。他相信理性可以依它自己的力量獲得神的知識。和伊斯蘭哲學家一樣，他把用理性獲致神的概念，視為是一神宗教的責任(*mitzvah*)。然而像穆斯林的理性主義者一樣，撒狄亞對神的存在也毫不質疑。對撒狄亞而言，創世的神是如此明顯的真實，以致在他《信仰與意見之書》(*Book of Beliefs and Opinions*)書中，他覺得有必要證明的不是宗教信仰，而是對宗教的懷疑。

猶太教徒不需要壓制自己的理性以接受啟示的真理，撒狄亞辯稱。但這並不代表神完全不能被人類理性觸及。撒狄亞體認到從無中創世的觀念充滿了許多哲學上的困難，而且無法以理性的語言解釋，因為伊斯蘭哲學的神是不能突然作出決定和產生變化的。物質世界怎麼可能源自一個純粹精神的神呢？在這點我們達到理性的極致，而必須接受如柏拉圖學派的觀點，世界不是永恆的，它在時間裡有個開端。這是唯一與《聖經》和常識一致的可能解釋。一旦我們接受這點，我們便可以推演出其他有關神的事實來。創世的秩序是經過智慧的計畫安排；它具有生命與能量；因此，創世的神必然也有智慧、生命與力量。這些屬性並非如基督教三位一體說認為的是分離的外顯徵象（*hypostases*），而只是神不同的層面。只因為我們人類的語言不能適當的表達神的真實，所以我們必須以這種方式分析他，於是便破壞了他絕對的唯一性。假如我們要盡可能確實的描述神，我們只能說他存在。然而撒狄亞並未禁止對神作正面的描述，他也沒有把哲學家遙遠而不具人格的神置於《聖經》具人格的擬人化神之上。例如，當他試圖解釋我們在世界上體會到的苦難時，撒狄亞引用了《聖經》作者與猶太《大法典》的說法。他說苦難是對罪過的懲罰；它淨化和鍛鍊我們以使我們謙虛。這無法滿足一個真正的哲學家，因為它使神變得太人性化，而且把計畫和意向都歸之於他。但是撒狄亞不認為《聖經》中的啟示之神次於哲學家的神。先知比哲學家優越。理性終究只能嘗試有系統的證明《聖經》的教義。

其他的猶太教徒則更進一步。新柏拉圖主義學者加比洛（Solomon ibn Gabirol，大約1022-1070）在他的《生命之泉》（*Fountain of Life*）書中，不接受無中創世的教義，卻試圖引用「流出理論」以賦予神某種程度的自發性與自由意志。他宣稱流出的過程是出於神的意志或欲望，因而使它不是那麼機械化；他同時也指出，神控制而非臣屬於存在的規律。但是加比洛沒有適切的解釋物質如何從神衍生出來。其他的理論則較無創意。巴赫亞（*Bahya ibn Pakudah*，1080年歿）不是個嚴格的柏拉圖主義者，但是只要他需要，都會援引伊斯蘭神學的方法。因此他和撒狄亞一樣論證說，神在某個特定的時刻創造了世界。世界絕非意外的產生；把世界想成意外發生，就好像把寫好的文章想成是墨汁潑灑在紙上一樣荒謬。世界的秩序與目的顯示，必然有個像《聖經》所示的創造者。在提出這個高度非哲學性的教義後，巴赫亞從伊斯蘭神學轉向哲學，提出伊本・希那的觀點，證明一位必然的、唯一的存有必須存在。

巴赫亞相信唯一能適當崇拜神的人只有先知和哲學家。先知對神的了解是透過直觀，哲學家則是以理性的知識來了解他。其他人只是崇拜自我意象投射出來的神，他們如果不試圖證明神的存在與唯一性，就像是被他人引導的盲人一樣。雖然巴赫亞和其他哲學家一樣屬於精英主義者，但是他也有強烈的素菲派傾向；理性可以告訴我們神存在，但是卻無法告訴我們有關他的一切。就像巴赫亞論文《心的責任》(*Duties of the Heart*)的標題所顯示的，他要用理性幫助我們培養出對神適當的態度。假如新柏拉圖主義與猶太教相互衝突，他就會把它拋棄。他對神的宗教體驗優於任何理性的方法。

痛苦的安薩里

但如果理性不能告訴我們神的一切，那麼為何還要以理性來討論神學問題呢？這個問題使宗教哲學史上重要而具象徵意義的穆斯林思想家安薩里(Abu Hamid al-Ghazzali, 1058

-1111)感到痛苦。生於庫拉珊(Khurasan)的他，曾在著名的阿沙里派神學家朱瓦伊尼(Juwayni)的指導下學習，在他三十二歲時被指派為巴格達聲譽卓著的大清真寺(Nizamiyyah)負責人。他的任務是為遜尼派教義辯護，以對抗什葉派依斯馬利教的挑戰。然而安薩里絕不罷休的個性，使他就像㹴犬(terrier)一樣的探求真理，操心慮患至死方休，而且絕不輕易滿足於簡易的傳統答案。他告訴我們：

> 我曾探索過每一個黑暗隱密之地。我曾對每個問題毫不留情的攻擊，我曾投入每一處深淵。我曾檢驗過每個教派的信條，我試圖呈現每個社會最深刻的教義。這一切可以使我辨別真偽，並對健全的傳統與異說的杜撰加以區隔。

他尋找的是像哲學家撒狄亞那種無可置疑的確定性，但他逐漸覺醒過來。不論他的研究如何徹底，他都無法掌握到絕對的確定性。他同時代的人依據他們個人的需要與性向，分別有以下幾種不同的方式來探索神：伊斯蘭神學、什葉派教長、伊斯蘭哲學和素菲神祕主義。安薩里為了要了解「所有事物的真正本質」似乎把以上的每種途徑都研究過了。他研究的這四大伊斯蘭派別的弟子都宣稱他們的學說是確實無誤的，但安薩里質疑說，我們如何能夠客觀的驗證這樣的說法呢？

安薩里和現代懷疑論者一樣清楚的知道，確定乃是一種心理狀態，並不必然是客觀真實的。哲學家說他們以理性的論證獲得知識；神祕家堅稱他們從素非祕法中得到它；依斯馬利派教徒則覺得只有從他們教長的教誨中才能得到。但是我們稱為「神」的真實是無法實證的，所以我們如何能確定自己的信仰不是妄想呢？較傳統的理性證明無法滿足安薩里嚴格的標準。伊斯蘭神學家以聖典中的命題為基礎，但是這些命題並未通過合理質疑的驗證。依斯馬利派教徒依據的是隱密而無法接觸的教長的教導，但是我們如何能確定教長受過神的啟發，假如我們找不到他，那麼這個啟示又有什麼用？伊斯蘭哲學特別無法令他滿意。安薩里的辯論中極大部分是針對阿法拉比和伊本・希那的。他相信只有與他們同一領域的專家才能駁斥他們，安薩里研究伊斯蘭哲學家達三年之久，直到他完全精通為止。他在論文《哲學家的不連貫》（*The Incoherence of the Philosophers*）中論證說，哲學家是以未決定的問題為論據來狡辯。假如哲學局限在醫藥、天文學或數學等世俗、可觀察的現象上，則它是十分有用的，但卻無法告訴我們任何有關神的知識。怎麼可能有人能證明「流出說」呢？哲學家憑什麼主張神只知道普遍而非特定的事物？他們能夠證明這點嗎？他們認為神因為太崇高而無法知道卑微真實的論證是不正確的；對事物的無知何時變成是件優秀的事？這些命題的每一項都無法有效加以驗證，因此哲學家尋求超過心智能力和無法以感官驗證的知識，乃是不理性、非哲學的舉動。

但是一旦了解上述的真理後，誠實的問題探索者又將如何呢？圓滿而不可動搖的一神信仰是可能的嗎？他鍥而不捨的探求所造成的緊張，使安薩里悲痛異常，因而使他崩潰了。他發現自己無法吞食東西，而且覺得自己被命運與絕望的力量壓得喘不過氣來。最後在一〇九四年左右，他發現自己不能言語或演講：

> 神讓我的舌頭衰退，直到不能教學為止。所以我總是強迫自己在特定的某一天上課，以便幫助許多學生，但是我的舌頭一個字都說不出來。

他陷入憂鬱的病態中。醫生診斷出他根深柢固的衝突，並告訴他說除非能從隱藏的焦慮中解放出來，他永遠不可能恢復正常。由於恐懼自己若不能重建信仰將陷入地獄之火的危險中，安薩里辭去他聲譽卓著的學術職位，而加入了素菲教派。

安薩里的回歸

在那裡他找到他所尋找的事物。在不放棄理性的情況下——他一直對較過度的素菲形式不信任，安薩里發現祕教的訓練可以對某種稱作「神」的事物，產生直觀的感受。英國學者包克(John Bowker)說，存在(*wujud*)的阿拉伯文是由字根*wajada*（意思是「他發現」）

衍生出來。因此就字面的意義而言，*wujud*的意思是「那可以被發現的事物」；它比希臘形而上的詞彙要來得具體，而給予穆斯林更多活動的空間。一位想證明神存在的阿語系哲學家不需要把神變成另一個客體。他只要證明他可以被發現就行了。雖然神存在的唯一絕對證明，只有當信仰者死後與神聖的真實面對面時才會出現——或者也不會出現，但是宣稱在此生就經驗到它的先知或神祕家的報告，則應被仔細考慮。素菲神祕家當然宣稱他們經驗到神的存在：*wajd*這個字乃是用來形容他們在狂喜之境中體認到神的特殊用語；他們百分之百確定(*yaqin*)這是真實而非只是幻想。當然這些由他們提出的報告有可能是錯誤的，但是在成為素菲神祕家十年之後，安薩里發現宗教體驗乃是檢驗那超越人類理性與腦力活動的唯一方式。素菲神祕家對神的了解不是理性或形而上學的知識，但它很明顯的與傳統先知的直觀經驗類似；因此，素菲神祕家以重新體驗伊斯蘭的核心經驗，「建立」了他們自己的伊斯蘭真理。

安薩里於是制定了一套能為正統穆斯林接受的神祕信條；他們一般對伊斯蘭的神祕家抱持懷疑的態度，這點我們會在下一章討論。和伊本・希那一樣，他回歸到古代的信仰，相信有個超越世俗感官經驗的原型世界存在。有形的世界(*alam al-shahadah*)乃是他稱為柏拉圖智慧世界(*alam al-malakut*)的次級複製品。這是所有的伊斯蘭哲學家所公認的。《古蘭經》和猶太教徒、基督徒的《聖經》也提到這個精神世界。人類橫跨這兩個真實領域，同時屬於物質世界以及較高層的精神世界，因為神已經在他身上刻劃了神的肖像。在他的論文《神龕之光》(*Mishkat al-Anwar*)中，安薩里詮釋了我在上一章中摘錄的《古蘭經》描述光的章節。在這些詩句中，光指的是神和其他發光的物體如燈和星星。我們的理性也會散發光芒。它不僅能使我們認知其他物體，而且像神一樣可以超越時空。因此，它是同一精神真實的一部分。但為了澄清他所謂的「理性」並不只是我們大腦的分析能力，安薩里提醒他的讀者，他的解釋不能以字面的意思了解；我們只能以保留創造性想像的象徵語言來討論這些問題。

然而某些人擁有比理性高的能力，安薩里稱之為「先知的精神」。沒有這種能力的人不可因為沒有經驗過它，而否定它的存在。這就好像一個不懂音樂的人，只因為自己無法欣賞就說音樂是虛幻一樣的荒謬。我們可以靠推理和想像力了解神到某個程度，但是最高的知識形式，只有像先知和神祕家那些擁有此一特殊「神的能力」的人才能達到。這聽起來像是精英主義，不過其他傳統的神祕家也同樣宣稱，像禪或佛教的靜坐所必備的直觀和接納能力，乃是像做詩一樣的特殊天賦。不是所有的人都有這種神祕的天賦。安薩里把這種神祕的知識描繪成一種對造物者獨一存在或存有的覺知狀態。神祕家能夠超越為滿足不具天賦的常人而設的暗喻世界。他們：

能夠了解神是世界唯一的存有；除了他的面容外，所有事物的面容都會衰敗毀滅（《古蘭經》28：88）……事實上，在他以外的任何事物都是純粹的虛無，而且從存有的立場來看，因為它從（柏拉圖的流出層級的）第一智慧存有得到生命，所以所有事物的存有皆非自己存在，而是與它創造者的面容有關，也因此唯一真正存在的事物乃是神的面容。

神不是可以理性證明其存在的外在客觀存有，而是無所不包的真實與終極的存在，我們不能用體認依存於它的存有，或是屬於它必要存在一部分事物的那種方式來體認它；我們必須培養一種特殊的了解模式。

安薩里最終又重返其巴格達的教職，但是從未再改變他的信念，亦即以邏輯和理性證明不可能說明神的存在。他在傳記體的論文《從錯誤中解脫》（*Al-Mundiqh min al-dalal*）中強烈的論證說，伊斯蘭哲學與神學都無法滿足一個陷於失去信仰危險的人。當他了解除了合理的懷疑外，不可能證明神的存在時，他自己也一度瀕臨接受懷疑主義（*safsafah*）的邊緣。因為我們稱為真實的「神」超出感官認知與邏輯思想的領域。因此科學與形而上學不能證明阿拉的存在，也不能反證其不存在。對於那些不具備像神祕家或先知特殊天賦的人，安薩里設計了一種訓練，使穆斯林能夠在日常生活的瑣事中，培養出對神真實的意義來。他為伊斯蘭留下永難磨滅的印象。穆斯林再也不會那麼容易就假定，神可以科學或哲學的方法加以證明。從此以後，穆斯林哲學與宗教精神和對神較神祕的討論變得不可分離。

上帝的本質永難捉摸

他也對猶太教產生了影響。西班牙哲學家沙帝克（Joseph ibn Saddiq ,1143 歿）使用伊本・希那對神存在的證明，但都小心澄清說神不是另一個存有——不是我們普通言語意義中「存在」的事物之一。假如我們宣稱了解神，那麼神便是有限而不完美的。我們對神所能做出最正確的陳述是，他是不可思議而完全超越我們本性的理性力量。我們可用肯定的語言談論神在世界的活動，但是神的本質(*al-Dhat*)則永遠難以捉摸。托雷丹(Toledan)的醫生阿雷維(Judah Halevi, 1085-1141)與安薩里的思想十分接近。神不能以理性驗證；這不表示信仰神是非理性的，它只是表示以邏輯證明其存在是沒有宗教價值的。它能告訴我們的極其有限；除了合理的懷疑之外，我們無法說明為何這個遙遠、不具人格的神會創造出這個不完美的物質世界，或者它如何與這個世界發生有意義的聯繫。當哲學家宣稱他們已透過理性的運作，和賦予宇宙生命力的神聖智慧存有結合時，他們是欺騙自己。唯一對神擁有直接知識的人是先知，他們與哲學毫無關聯。

阿雷維對哲學的了解不如安薩里，但是他也同意對神唯一可靠的知識是透過宗教體驗。和安薩里一樣，他也假定了某些特殊的宗教能力，但宣稱那是猶太教徒才擁有的特權。雖然他試圖和緩自己的立場，說明異教徒也可以透過自然律而了解神，但是他的偉大哲學著作《宮廷對話錄》(*The Kuzari*)的目的，就在證明以色列在萬國中的特殊地位。和《大法典》的猶太法律學者一樣，阿雷維相信任何猶太人只要謹慎遵守誡律(*mitzvot*)，便可以擁有先知的精神。他所體驗到的神不是能以科學證明的客觀事實，而基本上是一種主觀經驗。他甚至可以被視為是猶太教徒「本性」自我的延伸。

> 這個神聖的原則彷彿是等待它所應附屬的他，所以它應該像先知和聖徒的例子一樣，變成他的神……這就好像靈魂等待進入胎兒中，直到後者的生命力完整到足以接收這更高層的事物狀態為止。也就像自然本身等待溫和的氣候，使她能滋潤土地，生長植物一樣。

因此，神不是陌生、強制的真實，猶太人也不是被神性摒除在外的自主存有。神可以被看成是人性的完成，人類潛能的充分發揮；此外，他所接觸的「神」純粹是屬於他自己的創見，這點我們將在下一章中作更深入的探討。阿雷維謹慎的將猶太人經驗到的神和神自身的本質加以區別。當先知和聖徒宣稱他們經驗到「神」時，他們知道的不是他的本身，而是他的神聖活動，這只是他超越、不可接觸的真實的夕陽餘暉。

伊本・拉希德

然而伊斯蘭哲學並沒有因為安薩里的駁斥而完全消失。哥多華(Cordova)有位傑出的穆斯林哲學家試圖要復興它，並辯稱它是宗教的最高形式。伊本・拉希德(Abu al-Walid ibn Ahmad ibn Rushd, 1126-1198)也就是歐洲熟知的亞維羅斯(Averroës)，在西方的猶太人與基督徒間成為權威。十三世紀期間他的著作被翻譯成希伯來文與拉丁文，而他的亞里斯多德評註，對著名的神學家如麥摩尼德斯(Maimonides)、聖多瑪斯(Thomas Aquinas)和大阿伯特(Albert the Great)等人都產生極大的影響。十三世紀的雷南(Ernest Renan)推崇他為自由精神的代表，對抗盲目信仰的理性主義之王。然而在伊斯蘭世界中，伊本・拉希德卻是比較邊陲的人物。從他生前與死後的影響，我們可以看出東方與西方了解神的方式，以及神的概念的分界點。

伊本・拉希德激烈的反對安薩里對哲學的譴責，以及他公開討論祕密教義的方式。和他的前輩阿法拉比與伊本・希那不同的是，他除了是個哲學家外，也是個伊斯蘭神意法的法學家(Qadi)。伊斯蘭的法律學者向來對哲學以及它完全不同的神表示懷疑，但是伊本・拉希德設法將亞里斯多德與較傳統的伊斯蘭信仰結合起來。他相信宗教與理性之間沒有任何矛盾，而是以不同的方式表達同樣的真理；兩者追求的是同樣的神。然而並非每個人都能作哲學思考，因此哲學只是為知識精英而設。它會使大眾感到困惑，使他們導致錯誤，並危及他們永恆的得救。因此祕密傳統的重要性在於不讓那些不適合接受這些教義的人陷於危險。素菲祕教與依斯馬利派教徒的祕密教義研究也是如此；假如不適合的人要學習這些心智上的鍛鍊方法，他們可能會得重病，並衍生出各種心理上的失調。伊斯蘭神學也同樣的危險。它不及真正的哲學，但卻錯誤的讓人以為他們從事合理的哲學討論，然而事實卻非如此。因此它只會激起毫無結果的教義辯論，削弱未受教育者的信仰，並使他們感到焦慮。

伊本・拉希德相信，接受某種確定的真理對得救是很重要的；這是伊斯蘭世界的創新觀點。伊斯蘭哲學家是教義的主要權威，只有他們能詮釋聖典，他們是《古蘭經》中所描述「深植於知識」的人。其他所有的人都會以表面的意義與價值來閱讀《古蘭經》，只有哲學家能嘗試象徵的詮釋。但即使是哲學家也必須贊同某些必要教義的「信條」，伊本・拉希德把它們條列如下：

1神的存在是世界的造物者和支撐者。

2神的統一性。

3《古蘭經》中賦予神的屬性，如知識、力量、意志、聽、看與言。

4《古蘭經42：9》，「沒有任何事物像他」，清楚表達了神的唯一性與無可比擬。

5神創造全世界。

6先知啟示的有效性。

7神的公義。

8最後審判日身體的復活。

這些有關神的教義必須「完全被接受」，就像《古蘭經》對它們表達的立場十分明確一樣。例如，哲學並不總是贊成創世的信仰，所以應如何了解這些《古蘭經》教義並不明確。雖然《古蘭經》明白的說到神創造世界，但卻沒有提他「如何」做到，以及世界是否是在某個特定的時間被創造出來。這使得哲學家能夠自由的採用理性主義者的信仰。《古蘭經》也說神有知識等屬性，但是我們不知道到底這是什麼意思，因為我們對知識的看法必然是不適當的人類概念。因此，當《古蘭經》說神知道我們所做的每一件事，它並不一定與哲學家的見解矛盾。

因為伊斯蘭世界中神祕主義是如此的重要，以致伊本・拉希德建立在嚴格理性神學上的神概念沒有什麼影響力。伊本・拉希德在伊斯蘭教中是個受尊敬但次要的人物，不過他在西方卻變得非常重要；西方透過他而了解亞里斯多德，並發展出比較理性的一神概念。大部分的西方基督徒對伊斯蘭文化所知有限，而且對伊本・拉希德以後的哲學發展一無所知。因此，一般都把伊本・拉希德當作是伊斯蘭哲學的結束。事實上伊本・拉希德同時期的伊拉克與伊朗有「兩位」傑出的哲學家，他們對伊斯蘭世界有極為重要的影響。蘇拉瓦底和阿拉比(Muid ad-Din ibn al-Arabi)遵循伊本・希那而非伊本・拉希德的路線，試圖將哲學與神祕的精神加以融合。我們將在下一章討論他們的著作。

麥摩尼德斯

伊本・拉希德在猶太世界的傑出弟子，也是偉大的猶太《大法典》學者兼哲學家的麥門(Rabbi Moses ibn Maimon, 1135-1204)，也就是一般所熟知的麥摩尼德斯。和伊本・拉希德一樣，麥摩尼德斯出生於穆斯林西班牙首都哥多華，當地對哲學可以更深化一神概念的理解漸漸形成共識。然而當哥多華陷入阿摩拉維(Almoravids)狂熱的柏柏爾族(Berber)教派侵擾時，猶太社群也遭到迫害，麥摩尼德斯只好被迫逃離西班牙。這個與中世紀基督教派衝突的經驗，並沒有使麥摩尼德斯仇視整個伊斯蘭教。他和雙親在埃及定居下來，並位居政府高官，甚至成為蘇丹（國王）的御醫。他的名著《迷惑者之嚮導》（*The Guide for the Perplexed*）也在此完成，論證猶太教徒的信仰不是任意獨斷的一套教義，而是基於理性原則形成的。和伊本・拉希德一樣，麥摩尼德斯相信哲學是宗教知識的最高形式，是通往神的高貴之路，不應揭示給大眾，而應保留在哲學精英圈內。但和伊本・拉希德不同的是，他確實相信普通人可以經過教育，學習以象徵的方式詮釋聖典，以避免擬人化的一神觀點。他也認為某些教義對得救是絕對必要的，於是公布了與伊本・拉希德極為相似的十三信條：

1 神的存在。
2 神的統一性。
3 神的非物體性。
4 神的永恆性。
5 禁止偶像崇拜。
6 先知啟示的有效性。
7 摩西是最偉大的先知。
8 真理源自神性。
9 猶太律法的永恆有效性。
10 神知道人的行為。
11 因此他可以審判人類。

12 他會派遣彌賽亞。

13 死者的復活。

這在猶太教乃創新之舉，從未被完全接受。和伊斯蘭教一樣，正統說法(orthodoxy)的觀念(相對於正統行為〔Orthopraxy〕) 對猶太人而言是十分陌生的。伊本‧拉希德與麥摩尼德斯的信條說明，以理性與智識的途徑了解宗教，將導致教條主義和把真誠的「信仰」(faith)與對教條的「正確信念」(correct belief)畫上等號。

然而麥摩尼德斯也謹慎聲稱，神基本上是人類理性所無法了解和接觸的。他以亞里斯多德和伊本‧希那的論證證明神的存在，但堅稱神是不可言喻且無法描述的，因為他絕對純一。先知們使用寓言並告訴我們，唯一能有意義而廣泛討論神的只有象徵性、暗示性的語言。我們知道神不能被類比成任何存在的事物。因此，當我們試圖描述他時，最好使用否定的語言。不說「他存在」，而要否定他的不存在，依此類推。和依斯馬利派教徒的認識一樣，否定語言的使用乃是提升我們體認神的超越性的一種訓練，提醒我們他的真實與可憐人類所能想像的任何觀念是大不相同的。我們甚至不能說神是「良善的」，因為他與我們任何所謂「良善」的事物都相去甚遠。這是一種將我們本身的不完滿排除於神之外的方式，使我們不致把自己的希望與欲求投射到他身上。否則就會依我們的自我意象和好惡來創造神。但是我們可以經由「否定之道」（*Via Negativa*）形成某些肯定的一神概念。因此，當我們說神「不是無能的」（而不說他是強而有力的），它的邏輯推論便是神必定能夠行動。因為神「不是不完美的」，他的行動必然是完美的。但我們說神「不是無知的」（也就是說他是聰明的），我們可由此演繹出他是十足聰明而無所不知。這種演繹只能用來描述神的活動，而「非」其本質；他的本質仍舊超出我們理智所能達致的範圍。

當必須要在《聖經》的神與哲學家的神間作一選擇時，麥摩尼德斯總是會選擇前者。儘管虛無中創世的教義在哲學上不屬於正統說法，麥摩尼德斯仍會贊同傳統的《聖經》教義，而揚棄哲學的流出說。誠如他指出的，虛無中創世說與流出說都不可能只靠理性徹底證明。他也認為先知的啟示比哲學優越。先知與哲學家談論的是同一個神，但是先知必須同時兼具想像和思維的天賦。他對神直接而直觀的知識，要比由推理所得的知識為高。麥摩尼德斯本人似乎也曾變得近乎神祕家。他談到伴隨這種神的直觀體驗而生的戰慄興奮——一種由於想像力臻於極致所生的感受。雖然麥摩尼德斯強調理性，但是他仍主張對神最高的知識，乃是從想像中衍生出來，不能只靠理性思維。

他的觀念傳播到法國南部與西班牙的猶太人社群，因此到了十四世紀初期，該地區產生了相當於猶太哲學的啟蒙運動。這些猶太哲學家中的某些人比麥摩尼德斯更屬嚴格的理性主義。因此法國南部巴諾勒（Bagnols）的戈爾森（Levi ben Gershom, 1288-1344）否認神具有對世俗事務的知識。他的神乃是哲學家的神，不是《聖經》的神。此說無可避免的引發若干反響。某些猶太教徒轉向神祕主義，而發展出神秘的卡巴拉(Kabbalah)訓練，以下我們將會談到。其他人在悲劇發生而發現到哲學家的遙遠之神不能慰藉他們時，便對哲學表示反感。在十三和十四世紀期間，基督徒「再征服」(Reconquest)之戰開始迫使佔領西班牙的伊斯蘭領界往後退縮，而且把西歐的反猶太主義帶到伊比利亞半島來。最後這股發展潮流造成了西班牙猶太人的毀滅，到了十六世紀期間，猶太人遠離哲學而發展出一套受神話學而非科學邏輯啟發的全新一神概念。

十字軍東征

西方基督教世界的聖戰宗教此時已從其他的一神教傳統分裂出來。一〇九六至一〇九九年間的第一次十字軍東征，乃是新西方的第一次合作行動，意味著西方開始從所謂「黑暗時代」的長期野蠻文化中復甦過來。由北歐基督宗教國家支持的新羅馬帝國，為它重回國際舞台而奮戰。但是安格魯人、薩克遜人和法蘭克人的基督宗教才是主流。他們是富侵略性和戰鬥性的民族，需要的是積極擴張性的宗教。十一世紀期間，克呂尼(Cluny)大修道院及其所轄修道院的聖本篤會修士(Benedictine)，試圖把他們好戰的心拘束在教會中，並以朝聖這類奉獻的修行方式教導他們真正的基督徒價值。第一次十字軍東征的成員就把他們到近東的遠征視為是到聖地的朝聖之旅，但是他們對神和宗教的概念仍然非常原始。武士聖徒聖喬治(St. George)、聖麥丘立(St. Mercury)和聖德梅崔斯(St. Demetrius)在他們崇敬活動中的地位更高於神，和異教徒的神祇沒有太大區別。耶穌被視為是十字軍東征者的封建領主，而非降凡的道；他召喚他的武士們從異教徒手中重新奪回他的世襲遺產——聖地。當他們開始征旅時，某些東征的十字軍決心以沿著萊茵河谷地屠殺猶太人社群的方式，來報復基督的死亡。這並非教宗烏爾班二世(Pope Urban II)召集十字軍東征的原始構想之一，但是對許多參加東征的十字軍而言，長征三千英里，與他們幾乎一無所知的穆斯林戰鬥，而實際上殺害——或他們認為殺害——基督的民族却反而在他們隔壁好好的活著，根本是錯誤的。在前往耶路撒冷漫長的征途中，當十字軍幾乎難逃滅絕命運而絕處逢生時，他們只能認定自己必是受到特殊保護的神的選民。他就像過去帶領古代以色列人一樣的把他們引導到聖地。用普通的話說，他們的神仍是《聖經》前幾章中原始的部落神祇。當他們終於在一〇九九年夏天征服耶路撒冷時，他們以約書亞的狂熱攻擊該城的猶太人與穆斯林，殘殺手段之殘忍即使他們同時代的人也為之髮指。

靜默的敘述

自此以後，歐洲的基督徒便把猶太人和穆斯林視為神的敵人；有很長的一段期間，他們也對讓他們覺得野蠻低俗的拜占庭希臘正教基督徒懷有深重的敵意。這根本與事實不符。在第九世紀期間，西方某些教育水準較高的基督徒受到希臘神學的啟發。因此，離開愛爾蘭祖國到西法蘭克國王光頭查理(Charles the Bald)宮廷中工作的賽爾特族(Celtic)哲學家艾利基納(Duns Scotus Erigena, 810-877)，就把許多希臘教會教父的著作翻譯成西方基督徒熟悉的拉丁文，假名迪尼斯的著作便是一例。艾利基納強烈認為，信仰與理性是不互相排斥的。和猶太人與穆斯林的哲學家一樣，他把哲學視為是通往神的高貴之路。柏拉圖與亞里斯多德乃是要求對基督宗教提出理性解釋眾人中的翹楚。《聖經》與教父著作的意義可以藉由邏輯與理性的鍛鍊而得到彰顯，但是這並不是字面上的詮釋；某些《聖經》的段落必須以象徵方式加以詮釋，因為正如艾利基納在他《迪尼斯天國層級解說》(*Exposition of Denys's Celestial Hierarchy*)的著作中所談的，神學是「一種詩歌」。

艾利基納用迪尼斯的辯證法來討論神；他只能以弔詭的方式加以解釋，以提醒我們人類智性的局限。以肯定和否定的方式來討論神都是有效的。神是不可理解的；即使天使也不知道或了解他的本質，但是以「神是聰明的」等肯定語句來描述神是可以被接受的，因為當我們使用「聰明」這個字眼指涉神時，我們知道它不代表普通的意義。我們繼續用否定的敘述如「神『不是』聰明的」來提醒我們這點。當我們結論說，「神『不止於』聰明的」時，這個矛盾的弔詭迫使我們必須更進一步談到迪尼斯第三種談論神的方式。希臘人稱此為「靜默的敘述」(apophatic statement)，因為我們不知道「不止於聰明」可能代表的意義。同樣的，這也不只是語言上的遊戲，而是一種訓練；把兩種互相排斥的敘述並列，可以幫助我們培養出一種對「神」這個字的奧祕感，因為它不可能被限定在人類的概念中。

當他把這個方法應用在「神存在」這敘述時，艾利基納也獲致同樣的綜合命題：「神不止於存在。」神不是像他創造的事物那樣存在，也不只是存在於他們之中的另一個存有者，這點迪尼斯早已指出。但這仍是個無法理解的敘述，因為艾利基納那評述，「說那存在的並不止於存在，並未告訴我們任何有關神的資訊。因為它說神不是存在的事物之一，而且不止於存在的事物，至於什麼是存在，根本無法作出任何界定。」事實上，神是「無」。艾利基納知道這聽起來令人震撼，但他要讀者不必驚訝。他的方法乃是設計來提醒我們，神不是個物體；他不是我們理解意義中的「存有」。神是「那超越存有的存有」(*aliquo modo superesse*)。他不同於我們存在的模式，正如同我們不同於動物存在的模式，也正如動物不同於岩石存在的模式一樣。但如果神是「無」，那麼他也就是「一切」；因為這個「超級的存有」表示只有神是真正的存有；他是屬於此存有部分之一切事物的本質。因此他所造的每個生物都是神靈顯現的象徵。艾利基納賽爾特族的敬神方式——可以愛爾蘭守護聖者聖派屈克(St. Patrick)著名的禱詞「神在我頭中，在我的理解中」看出——使他強調神的內涵性(immanence)。在新柏拉圖學派的宇宙存有層級中，集受造物大成於一身的人類，乃是這些神靈顯現象徵中最完全的；和奧古斯汀一樣，艾利基納認為我們可以在自身內找到有如隱藏幽暗的杯中的三位一體之神。

神是一切也是無

在艾利基納的神學中，神既是一切也是無；二者互相平衡而保持一種創造性的緊張關係，意在說明那只有「神」這個字所能象徵的奧祕。因此當一個學生問他，假名迪尼斯稱神為無是何意義時，艾利基納答覆說神聖的善是不可思議的，因為它是「超本質」——也就是超越善本身——而且「超自然的」。因此：

> 當它在自己中沈思時，(它) 現在不是、過去不是、將來也不是，因為它被理解為不是任何存在的事物，因為它超越所有的事物；不過當它不可言喻的方式下降為存在的事物時，它被心目所見，只有它在所有的事物中，現在是、過去是、將來也是。

因此，當我們把神聖的真實看作它自身時，稱之為「無」並無不妥，但是當這個神聖的「虛無」決定從「無到有」時，它所形成的每一個生物「都可以稱為神靈的顯現，亦即神顯聖靈」。我們不能看見神自身，因為這個神對於一切個別意向和目的而言，並不存在。我們只能看見推動受造世界的神，以及展現在花朵、鳥、樹和人類中的神。這個途徑有它的問題。我們如何看待邪惡呢？它是不是如印度教所主張的，也是神在世上的一種顯現呢？艾利基納並未試圖深入處理邪惡的問題，但是猶太教的卡巴拉神祕家們後來則會把邪惡看成包含在神之內；他們也會發展出一種描述神從無到有的神學，它與艾利基納的解釋極為相似，雖然卡巴拉神祕家極不可能讀過他的作品。

三位一體說的爭辯

艾利基納表示，拉丁人有許多值得向希臘人學習，但是一○五四年東方與西方的教會關係失和，最後變成永久的教派分裂，雖然當時並非有意如此。這個衝突有其政治層面的因素存在，我不在此贅述，但三位一體說的爭辯也是事件的焦點。紀元七九六年西方基督教主教在法國南部弗雷吉斯(Fréjus)召開宗教會議，並在尼西亞信經(Nicene Creed)中額外加入一個條款。這個條款表明，聖靈不僅發自父，同時也發自子(*filioque*)。拉丁的主教們想要強調父及子的平等，因為他們有些信徒暗中相信雅利安人的觀點。他們認為把聖靈說成由父及子所發，可以強調他們同等的地位。儘管當時即將成為西方世界君主的查理曼(Charlemagne)大帝對神學議題毫無了解，竟批准了新條款。但是，希臘人譴責這個說法。而拉丁人則堅稱，這個教義是他們的教父所教授的。因此，聖奧古斯汀把聖靈看成統一三位一體的原則，主張他是天父及子間的愛。也因此我們可以正確的說，聖靈從他們二者所發，而新條款則強調三個位格本質上是統一的。

但是希臘人向來不信任奧古斯汀的三位一體說，因為它太過於擬人化。西方先談神是唯一的概念，然後再從二元性中分出三個位格，而希臘人則先從三個位格（*hypostases*）開始，再宣稱神的唯一性——他的本質是超越我們所能理解的。他們認為拉丁人把三位一體變得太容易為概念理解，而且拉丁文不能夠精確地表達三位一體的相關觀念。聖子的條款太過強調三個位格的一體性，而希臘人論證說，額外的條款不但沒有暗示神基本上是不可理解的，反而使得三位一體說太過理性化。它使神成為一個擁有三個面貌或模式的存有。事實上拉丁人的主張絕非異端邪說，儘管它與希臘人「靜默的精神」不相符合。假如雙方有意和平，衝突是可以化解的，但是雙方的緊張關係在十字軍東征期間急劇升高，特別是在第四次東征的十字軍於一二〇四年劫掠拜占庭首都君士坦丁堡，並致命的打擊了希臘帝國時，達到最高點。這聖子條款的裂痕顯示，希臘人與拉丁人演化出相當不同的一神概念。三位一體說對西方精神的重要性從來不及它在希臘文化的地位。希臘人覺得，西方以這種方式強調神的統一性，是把他和「可以」定義討論的「純一本質」畫上等號，類似哲學家的神。以下幾章我們會討論，西方基督教徒往往對三位一體說感到不安，在十八世紀啟蒙運動期間，許多人便完全揚棄這個神學觀念。事實上，許多西方的基督徒並非真的是三位一體論者。他們抱怨三位一體的教義不可理解，但不了解這就是希臘人堅持的基本道理。

在教派分裂後，希臘人與拉丁人走上不同的道路。在希臘正教中，神的研究（*theologia*）仍然保持和往常一樣，仍局限在神祕教義的三位一體與道成肉身中默想神。他們覺得「神恩的神學」（theology of grace）或「家族神學」（theology of family）是矛盾的用語；他們對次要問題的神學討論與定義特別不感興趣。然而，西方卻逐漸想定義這些問題，並形成拘束每個人的正統意見。例如，宗教改革就把基督宗教世界分成更具敵意的陣營，因為天主教徒與新教徒對完成救贖的機制及聖餐的正確內容意見分歧。西方的基督徒不斷的在這些有爭議的議題上挑戰希臘人，要他們發表意見，但是希臘人在這方面卻遠遠落後，而如果他們真的回答這些問題，他們的答案通常聽起來像是七拼八湊而成的。他們變得不信任理性主義，認為它不適合用來討論必定無法用概念與邏輯掌握的神。形而上學在世俗的研究中是可以接受的，但是希臘人逐漸覺得它可能會使信仰發生危機。它訴求的對象是心智中比較多言、繁忙的部分，他們的神學不是智識上的意見，而是在只能通過宗教與神祕經驗了解的神面前，所展現出的一種有訓練的靜默。一〇八二年哲學家與人道主義者艾塔羅斯（John Italos）被以異端邪說而受審，因為他過度使用哲學，並採用新柏拉圖學派的創世概念。這個刻意從哲學抽身的舉動，正好發生在安薩里於巴格達崩潰、放棄神學成為素非神祕家前不久。

我相信，以便了解

因此極為諷刺的是，西方基督徒正好在希臘人和穆斯林對哲學失去信心時，開始對哲學產生興趣。柏拉圖與亞里斯多德的著作在黑暗時期沒有拉丁文譯本，所以西方必然處於落後狀態。發現哲學是件刺激而令人興奮的事。我們在第四章討論過其道成肉身觀點的十一世紀坎特布里神學家安瑟倫（Anselm），似乎認為任何事都是可能證明的。他的神不是「無」，而是所有存有的最高形式。即使不具信仰者也可以形成無上存有的觀念；神是「唯一，所有事物的最高形式，只有它能夠在永恆至福中自足」。然而他也堅稱，神只能在信仰中被了解。這不如它表面上看起來那樣弔詭。在他著名的禱詞中，安瑟倫咀嚼以賽亞的話：「除非你有信仰，你便無法了解」：

> 我渴望一窺我心相信和摯愛的真理。因為我不是為了擁有信仰而尋求了解，而是我相信，以便了解（*credo ut intellegam*）。我甚至相信：除非我有信仰，否則我便無法了解。

「我相信，以便了解。」這句常被引用的話，不是放棄理智。安瑟倫並不是宣稱要盲目的擁抱信仰，以期望某一天能夠發覺其意義。他的主張應被了解如下：「我投入，以便了解。」在這裡的「我相信」(*credo*)並沒有今日「信仰」(belief)這個字的智識偏見，而是代表一種信任和忠誠的態度。即使在西方理性主義初露生機之時，對神的宗教經驗仍然占有首要地位，比討論和邏輯的理解要優先。

安瑟倫與神的存在

然而和穆斯林與猶太哲學家一樣，安瑟倫相信神的存在可以被理性論證，他並設計了自己的證明，也就是一般所謂的「本體論」(ontologial)論證。安瑟倫把神定義為「不能想見比他更偉大的事物」(*aliquid quo nihil maius cogitari possit*)，因為這隱含了神可成為思想的對象，所以它可以被解釋成，神是可以被人想像與理解的。安瑟倫論證說，這個「事物」必須存在。因為存在比非存在更「完美」或完整，所以我們想像的完美存有必然存在，否則它便不完美。安瑟倫的證明在受相信觀念指向永恆原型的柏拉圖思想控制的世界中，是真確而有效果的。但它就無法說服今日的懷疑主義者。英國的神學家馬奎里(John Macquarrie)曾說，你可以想像自己有一百英鎊，但不幸的是，那無法使你的口袋裡真有一百英鎊。

因此，安瑟倫的神是存有(Being)，而非迪尼斯和艾利納基的「無」(Nothing)。安瑟倫願意以較以往多數哲學家更肯定的語句來談論神。他並未提議使用「否定之道」的訓練，但似乎認為自然理性可以獲致相當正確的一神概念，這點正是使希臘人對西方神學感到困擾之處。在圓滿證明神的存在之後，安瑟倫便開始證明希臘人堅稱違背理性與概念化的道成肉身與三位一體教義，我們在第四章談論過他的論著《神為何成為人》；他在這本論著中對邏輯與理性思想的仰賴超過啟示，他的論證在我們看來，基本上把人類的動機歸同於神，但是他從《聖經》和教父著作摘錄的語句，對他的論證而言純粹是附帶的。他並非試圖以理性名詞解釋神的奧祕的唯一西方基督徒。和他同時代、深具魅力的法國哲學家亞伯拉德(Peter Abelard, 1079-1147)，也推演出一種三位一體的解釋；他以犧牲三個位格間的區別為代價，來強調神的統一性。他同時也發展出一種對贖罪奧祕的成熟而有效解釋；基督被釘十字架而死被視為是要喚醒我們內在的憐憫，而透過此舉他成為我們的救主。

心與腦分裂

然而亞伯拉德基本上是位哲學家，他的神學則相當傳統。他在十二世紀的歐洲思想復興中成為主要的領袖人物，而且吸引許多人遵循他的學說。這使他與柏剛地(Burgundy)克勒窩(Clairvaux)熙篤會(Cistercian)修道院天才縱橫的院長伯爾納(Bernard)發生衝突。伯爾納或可說是當時歐洲最有影響力的人，教宗尤金三世與法王路易七世都在他的掌控之中，而他流利的口才曾激起歐洲修道院的革命；許多年輕人離家追隨他，加入致力改革聖本篤會宗教生活古舊的克呂尼修會(Cluniac)。當伯爾納於一一四六年宣傳第二次十字軍東征時，原先對此遠征反應冷淡的法國與德國，幾乎狂熱得要把他撕為碎片，蜂湧加入軍隊的人數之多使伯爾納得意的寫信給教宗說，整個鄉村地區似乎變成荒無人煙。伯爾納是個聰明人，他為西歐偏向外在的敬神活動注入新的內在層面，熙篤會的虔敬方式似乎影響了聖杯(Holy Grail)的傳說；它描述的是前往不在這個世界，但代表神象徵城市的心靈之旅。然而伯爾納完全不信任像亞伯拉德這類學者的智識主義，而且發誓要使他閉嘴。他指控亞伯拉德「要把基督徒信仰的優點歸零，因為他假定人類的理性可以理解神的一切」。當伯爾納宣稱哲學家缺乏基督徒的愛心時，他提到聖保羅對慈善的讚美詩：「他看每件事都清楚了然，就像光潔無塵的鏡子一樣，但是他又可以面對面的檢視每件事物。」愛心與理性因此是不相容的。在一一四一年伯爾納召喚亞伯拉德前赴森恩斯會談(Council of Sens)；他事先安排佈滿他的支持者，有的人還在外面恐嚇剛到的亞伯拉德。要嚇倒亞伯拉德並不困難；因為那時他或許已染上帕金森氏症。伯爾納以無礙的辯才攻擊他，以致他在次年崩潰死去。

這是個象徵心與腦分裂的時刻。在奧古斯汀的三位一體說中，心與腦是不可分的。穆斯林的哲學家如伊本・希那和安薩里也許認定只有智識無法了解神，但他倆最終所形成的哲學，都受到愛的理想以及神祕主義訓練的影響。下面我們會談到，在十二與十三世紀期間，伊斯蘭世界的主要思想試圖要融合心與腦，而把哲學與素菲神祕家鼓吹的愛與想像之精神看成密不可分的。然而伯爾納似乎對智識感到恐懼，而想要把它和情緒、直觀的心加以分開。這是很危險的；它可能導致不健康的感情分裂，其令人擔憂的程度不下於枯燥無味的理性主義。伯爾納宣傳的十字軍東征變成一場災難，部分原因是它依賴不受普通常識節制且兇狠否定基督教博愛精神的理想主義。伯爾納對待亞伯拉德的方式很明顯的欠缺慈善精神，而他更催促基督徒以殘殺異己和把他們趕出聖地的方式，來表現他們對基督的愛。伯爾納對試圖解釋神的奧祕，並稀釋宗教驚奇敬畏感的理性主義懷有恐懼是正確的，但是不能批判地檢驗偏見，而且完全不受羈絆的主觀，則會導致宗教越權的最糟情況。我們需要的是有知識而明智的主體，而不是強烈壓抑理性並揚棄慈愛等宗教正統精神的浮濫情緒主義。

聖多瑪斯的貢獻

極少有思想家像聖多瑪斯(Thomas Aquinas, 1225-74)對西方基督教作出如此重大的貢獻，他試圖綜合奧古斯汀以及剛出現在西方的希臘哲學。在十二世紀期間，歐洲學者群聚於與穆斯林學術交流的西班牙。在穆斯林與猶太人知識分子的協助下，他們進行一項龐大的翻譯計畫，把這項知識的財富帶進西方。阿拉伯人翻譯的柏拉圖、亞里斯多德和其他古代世界的哲學家，現在又被譯成拉丁文，便得北歐人第一次有機會閱讀到這些著作。翻譯人員同時也翻譯近期的穆斯林學術著作，其中包括伊本・希那的著作，以及阿拉伯科學家和醫生的發現。就在某些基督徒一心一意要摧毀近東的伊斯蘭同時，西班牙的穆斯林則幫助西方建立起他們自己的文明。聖多瑪斯的《神學大全》(*Summa Theologiae*)試圖要整合新哲學與西方的基督教傳統。聖多瑪斯特別對伊本・拉希德的亞里斯多德詮釋印象深刻。然而和安瑟倫與亞伯拉德不同的是，他不認為像三位一體這類奧祕可用理性證明。而且他小心區別「不可言喻的神的真實」及「人類有關他的教義」。他同意迪尼斯的看法，神的真正本質不是人類心智所能企及；「因此人類了解神的最後方法，就是了解我們對他一無所知，因為他知道神的本身超越所有我們對他的了解。」有個關於他的故事說，當他口述完《神學大全》的最後一句時，聖多瑪斯悲傷的把頭靠在手臂上。當他的謄寫員問他怎麼回事時，他回答說，他所寫出來的東西與他所見到的相比，只是一把稻草。

為了要把信仰與其他的真實並列陳述，而不把它貶抑為自己單獨存在的領域，聖多瑪斯把他的宗教體驗放在新哲學的系絡中討論是有其必要的。過度的智識主義固然會傷害信仰，但是如果要避免漫無節制的把神當作我們自我中心行為的背書，宗教體驗的內容必須要經過正確的評估才行。聖多瑪斯對神的定義回歸到神在摩西面前對自己所下的定義：「我就是我」(I am What I Am)。亞里多德曾說，神是必然的存有；因此聖多瑪斯把哲學家的神與《聖經》的神加以連結，而稱神為「自有」(*Qui est*)。然而他說得十分清楚，神不是像我們一樣的另一個存有。把神定義成絕對存有本身是恰當的，「因為它並不代表任何特殊(存有)的形式，而是存有本身(*esse seipsum*)。把後來西方盛行的理性主義一神觀點怪罪給聖多瑪斯是不正確的。

然而不幸的是，聖多瑪斯予人一種印象：只要先從自然哲學證明神的存在，神便可以像其他哲學觀念或自然現象一樣加以討論。這表示我們可以了解其他世俗真實同樣的方式了解神。聖多瑪斯列舉神存在的五種「證明」，後來在天主教世界變得極為重要，而且新教徒也予以採用：

1亞里斯多德「原初推動者」的論證。

2另一類似的「證明」，主張不可能有無限系列的原因，因此必須有個開始。

3由伊本·希那提出的「偶然性」(contingency)論證，要求有「必然存有」(Necessary Being)的存在。

4亞里斯多德的論証，相信這個世界的優越層級隱含著最佳的完美(Perfection)。

5宇宙是經由設計的論證，主張我們在宇宙中所見的秩序與目的，不可能只是隨機造成的結果。

這些證明在今天已不具說服力。即使從宗教的觀點而言，他們也相當值得懷疑，因為除了宇宙是經由設計這個論證可能例外之外，其餘每個論證都隱約暗示，神只是存有鏈上「另一個」存有者罷了。他是至高無上的存有，必然的存有和最完美的存有。使用「第一原因」或「必然存有」等詞彙，確實隱含神不可能是我們知道的任何存有，而是存有的基底或他們存在的條件。這確實是聖多瑪斯思想的旨趣。然而《神學大全》的讀者不總是警覺到這個重大的區別，他們在談論神時彷彿只把他當成最高形式的存有。這是過度簡化的看法，會把這個超級存有變成以我們自己意象創造出來的偶像，而且很容易會變成天上的超級自我。我們因此說西方大多數人都是以這種方式看待神，或許不能說是不正確的。

把神與歐洲新流行的亞里斯多德主義加以連結是很重要的。哲學家一向急於使神的觀念與時俱進，如此不致使它貶抑到古舊落伍的地步。神的觀念與經驗在每一代都必須重新創造。但是大多數的穆斯林已用所謂用腳投票的方式，堅決認定亞里斯多德對神的研究貢獻不大，雖然他在自然科學等其他領域極為有用。我們前面提過，亞里斯多德對神的本質的討論被其著作的編者名之為「物理學之後的學問」（*meta ta physica*）；他的神只是物理真實的連續，而不是完全不同秩序的另一個真實。因此在穆斯林世界中，後繼對神的研討大部分都把哲學與神祕主義加以混合。單憑理性對我們稱為「神」的真實，是無法達到宗教層次的理解的，但是假如我們不願被混亂、縱容——或甚至危險——的情緒所困，宗教的體驗也必須經過批判的理性和哲學的訓練加以過濾。

波拿文都拉的跟進

與聖多瑪斯同時期的聖方濟會會士波拿文都拉(Bonaventure,1217-74)與他的看法大致相同。他也試圖以宗教體驗來講述哲學，而使雙方受益。在《三重道路》(*The Threefold Way*)中，他依奧古斯汀的觀點，在創世中到處都看到三位一體的「三個位格」(trinities)，而在《通往神的心靈之旅》(*The Journey of the Mind to God*)中，他更以「本性的三位一體說」作為他論述的起點。他誠摯的相信，三位一體可以被純粹的本性理性證明，而由強調宗教體驗是一神概念之重要基本元素所帶來的危險，可因而避免。他把他的修會創始者亞西西(Assisi)的方濟各(Francis)視為是基督徒生活的偉大典範。像他自己這樣的神學家以觀察生活事件的方式，可以發現教會教義的生活證據。突斯坎(Tuscan)的詩人但丁(Dante Alighieri, 1265-1321)也發現，他的人類同伴——但丁的例子是弗羅倫斯的比亞翠絲(Beatrice Portinari)——可能就是神的顯現。這個位格化了解神的方式可以回溯到聖奧古斯汀。

波拿文都拉也在他討論法蘭西斯作為神的顯現時，應用了安瑟倫對神存在提出的本體論證明。他論證說法蘭西斯在生命中的優異表現似乎超過了人類，因此當我們仍然在此塵世生活時，就有可能「看見和了解那最好的是……不可能再有比這更好的了」。我們能夠形成如「最好的」這類概念，就證明它必然存在於神的無上完美中。假如我們遵照柏拉圖與奧古斯汀的建議進入我們自己，我們將會發現神的意象就在「我們自己的內在世界中」反映出來。這種內省的工夫是很重要的。參與教會的禮儀當然是重要的，但是基督徒必須先沈潛入他自性的心靈深處；在那裡他會被「帶入超越理智的出神之境」，而且可以發現超越我們人類有限概念的神。

波拿文都拉和聖多瑪斯都把宗教體驗視為首要的因素。他們都忠於伊斯蘭哲學的傳統，因為在猶太教與伊斯蘭中，哲學家往往是神祕家，他們敏銳的覺察到理智在神學問題上的局限。他們分別在他們的研究中演化出神存在的理性證明，以陳述他們的宗教信仰，而且也把它和其他較平常的經驗連接起來。他們個人對神的存在沒有懷疑，但是許多人對他們成就的局限有充分的體認。這些證明不是設計來說服沒有信仰的人，因為當時還沒有我們現代意義的無神論者。因此這種自然神學不是宗教經驗的前奏而是它的附帶產物；伊斯蘭哲學家不相信在擁有神祕體驗之前，你必須以理性先說服自己神是存在的。假如真需要證明，那次序也是剛好相反。在猶太教、穆斯林和希臘正教的世界中，哲學家的神快速的被神祕家的神所取代。

神祕家的「神」

7

THE GOD OF THE MYSTICS

位格神的概念

因為猶太教、基督教以及某種程度的伊斯蘭教，都發展出位格神的概念，所以我們傾向認為這個理想最能代表宗教。位格神使一神教徒對個人神聖而不可疏離的權利加以重視，而且協助他們培養對人類性格的欣賞。猶太—基督教傳統於是幫助西方獲致它評價極高的自由人文主義。這些價值最初都珍藏在能做出人類所有行為的位格化神中；神和我們一樣喜愛、判斷、懲罰、看見、聽聞、創造和毀滅。耶和華最初是一個具有強烈人類好惡的高度位格化神祇。後來他變成一個超越的象徵，他的思想不是我們的思想，而且他的行徑就像天高聳矗立於地球之上那樣遠高於我們。位格化的神反映出一個重要的宗教洞見，亦即沒有任何崇高的價值會是低於人類的。因此，位格主義(personalism)一直是宗教與道德發展過程中的一個重要階段，而且對許多文化而言，是不可或缺的一個階段。以色列的先知把他們的情緒與熱情歸同於神；佛教徒與印度教徒也必須把個人的奉獻包括在至高真實的化身(*avatars*)中。基督教以宗教史中獨特的方式，讓個人成為宗教生活的中心；它把猶太教中固有的位格主義發揮到極致。也許沒有某種程度的這種確認與感情同化，宗教就無法生根。

但是位格神可能成為極大的負債。他可能只是我們自己意象中刻劃出的偶像，是我們有限需求、恐懼與欲望的投射。我們假定他喜愛我們所喜愛的，痛恨我們所痛恨的，為我們的偏見背書而非迫使我們超越它們。當他不能防止災難或甚至渴望悲劇，他看起來是冷淡無情而殘酷的。相信災難是神之意志的簡易信仰，可以使我們接受那根本無法接受的事。位格神會有性別一事也是局限的；這表示人類一半的性別（指男性）以女性為代價而被神聖化了，這可能在人類性別的習俗中，導致神經官能性的不當失衡。因此，位格神可能是危險的。「他」不但不會把我們從局限中超拔出來，反而會鼓勵我們自滿的保持在這種狀態中；「他」可以使我們和「他」看起來同樣的殘酷、無情、自滿和偏狹。「他」不但不能啟發所有先進宗教應有的慈悲特質，反而會鼓勵我們判斷、譴責和邊緣化其他事物。因此，人格化神的觀念似乎只是我們宗教發展過程中的一個階段。所有的世界宗教似乎都認識到這個危險性，也都試圖超越至高無上真實的人格概念。

我們可以把猶太《聖經》解讀成，對變成神的部落位格神祇耶和華的精緻化與更進一步揚棄。三大一神教信仰中最位格化宗教的基督教，試圖以引介超位格的三位一體說，使道成人身的崇拜合理化。穆斯林很快便對《古蘭經》中暗指神像人類一樣「看見」、「聽聞」和「判斷」的文句質疑。三大一神教都各自發展出神祕主義的傳統，使它們的神超越位格的品類；而成為與涅槃和梵天——真我較類似的非位格真實。只有少數人能夠體認真正的神祕主義，但在三大信仰中（除了西方的基督宗教），最終成為信仰者正規信仰對象的，乃是神祕家體驗到的神，一直到近代這個情況才有了轉變。

歷史上的一神教原先並不具神祕傾向。我們已評估過佛陀等的沈思經驗與先知經驗間的差異。猶太教、基督教與伊斯蘭教基本上都是積極的信仰，致力確保神的意志能像在天堂一樣的在地上實現。這些先知型宗教的中心旨趣乃是神與人的遭遇或親自會面。這個神被體驗成行動的無上命令；他召喚我們朝向他；讓我們選擇拒絕或接受他的愛與關懷。這個神是以對話而非沈思的方式與人類發生關聯。他說出神諭，不僅變成奉獻的主要焦點，而且必須在塵世生活有缺陷和悲劇的情境中痛苦的化身成人。三大一神教最位格化的基督宗教中，人與神的關係是以愛來說明其特質。但是愛的重點是，自我必須在某種意義上被消除。不論是對話或關愛，自我中心主義永遠有可能。語言本身可能是一種限定的機能，因為它把我們埋藏在世俗經驗的概念中。

神話與宗教

先知們對神話宣戰；他們的神在歷史及當前的政治事件，而非原初、神聖的神話時代中發揮作用。但是，當一神教徒轉向神祕主義時，神話被重新肯定為宗教經驗的主要表現形式。「神話」(myth)、「神祕主義」(mysticism)與「神祕」(mystery)三個字之間有語言學上的關聯。三者皆從希臘文的動詞 *musteion* 衍生出來，意思是閉上眼睛或嘴巴。因此，三個字都源於黑暗與靜默的經驗。它們不是今天西方世界的流行用字。例如，「神話」這個字常常被視為是謊言的同義詞；在通俗的說法中，神話是不真實的事。政客或電影明星會以它們是「神話」的說法，來駁斥那些對他們活動的下流報導，而學者則用神話的或虛構的，來指涉對過去的錯誤觀點。自啟蒙運動以來，「神祕」被視為是需要澄清的事物。它常常與混亂的思想有關。在美國，偵探故事被稱為「神祕」，而問題可以被圓滿的解決正是這種類型的本質。下文我們會談到在啟蒙運動期間，即使宗教人也把「神祕」視為一個壞的字眼。同樣的，「神祕主義」常常與古怪的人、江湖郎中或沈溺的嬉皮有關。因為西方從未真正熱中於神祕主義，即使在它全盛時期的世界其他地區中亦然，所以對此類型宗教精神的基本智慧和訓練之理解極少。

然而跡象顯示這個潮流也許在轉向。自從一九六〇年代以來，西方人發現某些瑜伽和宗教如佛教的效益；它們的優勢在於未受到不當有神論的污染，於是在歐洲與美國大為盛行。已故美國學者喬瑟夫・坎伯(Joseph Campbell)的神話研究作品近來成為風尚。現在西方對心理分析的狂熱，可以視為是對某種神祕主義的欲求，因為我們在兩個領域間發現令人震懾的相似性。神話學通常致力於解釋心靈的內在世界，而佛洛依德與榮格都本能的轉向伊底帕斯等希臘古代神話，以解釋他們的新科學。可能是西方人感覺需要在純粹科學觀點的世界觀外，另外尋求替代的觀點。

王座神祕主義

神祕的宗教更為直接，而且在困難的時候，似乎比以知性為主的信仰更有幫助。神祕主義的訓練幫助修練者回歸唯一的本體，亦即原初之時，而且培養一種它時刻臨在的感覺。然而第二、第三世紀期間發展出來的早期猶太教神祕主義，對猶太人而言是很難接受的，它似乎強調神與人之間的鴻溝。猶太人想要從被迫害和被邊緣化的世界逃開到更強大神聖領域。他們把神想像成強有力的國王，只能以通過七重天界的危險旅程接近。神祕家不是用猶太教士簡單、直接的方式，而是用誇大、浮誇的語言來表達自己。猶太教痛恨這種宗教精神，而神祕家則渴望不要與它們敵對。然而這種被稱作「王座神祕主義」(Throne Mysticism)的宗教精神必然滿足了某種重要的需求，因為它一直與偉大的猶太法學學院同步興盛，直到在十二和十三世紀被併入猶太教的神祕主義卡巴拉祕教為止。第五和第六世紀於巴比倫編輯的「王座神祕主義」古典文獻認為，對其經驗保持靜默的神祕家，覺得與猶太教士傳統有強烈的關聯，因為他們使偉大的法律學者如阿基瓦(Akiva)教士、以實瑪利教士和尤哈南(Yohannan)教士，成為此一宗教精神的英雄。當他們代表人民標識出一個新路標時，他們展現出的是猶太心靈的一個新的極端。

我們前面提過，猶太教士具有某種非凡的宗教經驗。當聖靈從天上以火的形式下降到猶太教士尤哈南及其弟子身上時，他們顯然已討論過以西結有關神之馬車奇異心象的意義。馬車以及以西結瞥見坐在王座上的神祕人物，似乎就是早期神祕臆測的主題。「馬車之研究」（*Ma'aseh Merkavah*）往往與創世故事（*Ma'aseh Bereshit*）意義之臆測相連結。對神祕上升到最高天界神之王座的最早解釋，強調了這個精神旅程的極大危險：

我們的教士教導說：有四個人進入果樹園，他們是班・阿札伊（Ben Azzai）、班・佐馬（Ben Zoma）、阿赫爾（Aher）和教士阿基瓦。教士阿基瓦告訴他們說：「當你觸碰到純大理石的石頭時，不要說『水！水！』因為據說：『凡是說錯話的人，不能在我眼前立足。』」班・阿札伊凝視後死去。關於他，《聖經》上說：「主的眼前珍貴的乃是他聖徒的死亡。」班・佐馬凝視後大為震撼。關於他，《聖經》上說：「你發現蜂蜜了嗎？儘量吃得讓他滿足，免得你因為吃飽，而嘔吐出它來。」阿赫爾遂長出嫩枝來（亦即變成異教徒）。阿基瓦教士則在平靜中離去。

只有阿基瓦教士足夠成熟，能在神祕的宗教方式中不受損傷的存活下來。人類心靈深處的旅程帶有極大的個人風險，因為我們也許不能忍受自己在那兒發現的事物。這就是為什麼所有的宗教都堅持，神祕的宗教旅程只能在專家的指導下進行：他可以監控經驗，指導新手通過危險的地方，而且確保他們不會像死去的可憐班·阿札伊，和發瘋的班·佐馬那樣不自量力地行事。所有的神祕家都強調智性與心理穩定的需要。禪師說神經官能症的人想要在冥思中尋求治療是無用的，因為那只有使他病得更重。某些被尊為神祕家的歐洲天主教聖徒的奇異而怪僻的行為必須被視為是精神錯亂才對。這則猶太《大法典》聖徒的神祕故事顯示，猶太人從最初就覺察到這類危險；後來，他們等到年輕人完全成熟後，才准他們成為卡巴拉祕教的練習者。神祕家也必須結婚，以確定他在性方面是健康的。

神祕家必須通過神話中的七重天界領域，以達到神的王座。但是這只是想像中的旅程。它從未以字面上的意義被了解，總是被認為是一種通過內心神祕區域的象徵性提昇。阿基瓦教士對「純粹大理石石頭」的警告，所指的或許是神祕家在他想像旅程許多關鍵點上，所必須說出的通關口訣。把這些意象清楚的呈現在心中，乃是此一辛苦訓練的一部分。今天我們知道，無意識是浮現於夢中、幻像、以及異常的心理性或神經性狀態如癲癇或精神分裂症的一團積聚心家。猶太教的神祕家並不認為他們「真的」飛越天空或是進入神的王宮，而是把充斥他們心中的宗教意象，以控制得宜和有秩序的方式加以排列。這需要極大的技巧、特定的氣質和訓練。它需要和禪或瑜伽訓練相同的集中注意力；這兩種訓練也是在幫助接受訓練者，在心靈迷宮般的路徑中找出他們的道路來。巴比倫的聖賢高恩（Hai Gaon, 939-1038）以當代的神祕練習方式，來解釋這四個聖徒的故事。「花果園」指的是靈魂神祕的上升到神的王宮中的「天廳」(*hekhalot*)內。想要進行此一富想像力內在旅程的人，必須是「值得尊敬」或「有某種特質的淨化」，假如他想「凝視天上的馬車和高高在上的天使的大廳」，就必須如此。它不會自然的發生。他必須完成類似全世界的瑜伽士和冥思者所練習的特定運動：

他必須絕食特定天數，他必須把頭放在兩膝間，同時把臉朝向地面，以柔聲細語向自己說出對神的讚美。因此，他凝視心底的最深處，這就好像他用他的眼睛看到七重天廳，一廳又一廳的觀察其中可以發現的事物。

雖然「王座神祕主義」最早的文獻，始於第二或第三世紀，但是這種冥思的時代或許更為久遠。因此，聖保羅提到他一位「屬於彌賽亞」的朋友，大約十四年前被帶到第三重天。保羅不確定如何詮釋這個心象，但是他相信這個人「被帶到天堂中，而聽到許多不被允許，也不可能以言語表達出來的事。」

這些心象本身不是目的，而是達到超越正常概念、不可言說的宗教經驗的手段。它們受到特定神祕家宗教傳統的限制。猶太教的冥想家看得見七重天的心象，乃是因為他的宗教想像所儲存的就是這些特定的象徵。佛教徒看見的是許多佛和菩薩的意象；基督徒的心中會呈現「童貞瑪麗亞」的意象。冥想家如果把這些心中的幻影視為是客觀的，或視它們不止是超越的象徵，那便是錯誤的。因為幻覺往往是一種病態，所以要處理和詮釋專注冥思和內在反思過程中浮現的象徵，需要相當的技巧與心智平衡才能做到。

《高度的度量》

這些早期猶太心象中，最奇特和最具爭議性的一種，出現在《高度的度量》(*Shiur Qomah*)一書中，它是第五世紀的文獻，描述以西結所見坐在神之王座上的人物。該書稱此為「我們的造物主」(Yotzrenu)。對這個神的心象的奇特描述，或許是根據阿基瓦教士最喜愛的《聖經》雅歌(*Song of Songs*)的某一段而來。文中新娘如此描述她的愛人：

我的愛人英俊健壯，
是萬人中的佼佼者。
他的面色紅潤；
他的頭髮像波浪，像烏鴉那麼黑。
他的眼睛像水池旁的鴿子，
用奶汁洗淨，站在溪流邊。

他的兩頰像花園那樣可愛，種滿了香草。
他的嘴唇像百合花，
給沒藥汁潤濕了。〔註：用作香料、保護劑的阿拉伯、東非產樹脂〕
他的雙手均勻，
戴著鑲「他施」（Tarshish）〔註：《聖經》列王紀中提到的海港〕寶石的手鐲。
他的軀幹像光滑的象牙，鑲嵌着藍寶石。
他的腿是雪花石膏的圓柱。

有些人把這段文字看成是對神的描述；讓好幾代猶太人感到驚愕的是，《高度的度量》一書竟然對列出的每一部分手足，更進一步加以度量。在這本怪異的文獻中，對神的度量是令人感到困惑的。人心無法與它抗衡。古代波斯的距離單位「帕拉桑」（parasang）相當於一百八十兆個「手指」，而每個「手指」可以從地球的一端延伸到另一端。這些巨大的尺寸使人心感到恐慌，因而放棄遵循它們的企圖，或甚至根本不能想像有這樣龐大的東西。這就是其中的關鍵。《高度的度量》一書試圖告訴我們，神是不能度量的，也不能以人類的名詞包括的。想要如此做的企圖就證明了這個計畫是不可能的，從而使我們重新體驗神的超越性。這就不令人驚訝的是，許多猶太人覺得這種想度量純粹精神化的神的奇怪嘗試是褻瀆的。這就是為什麼像《高度的度量》這種祕密的文獻，不輕率讓人知道的原因。如果從上下文關係來了解文義，則《高度的度量》一書可以對那些在他們精神導師指導下，準備接近它的修練者，提供一種對超越所有人類概念範疇的神之超越性的新洞見。它當然不能以字面的意義理解；它所要傳道的訊息當然不是祕密的。它有意要激發出某種能產生驚奇與敬畏感的心境來。

《高度的度量》一書介紹了兩種三大信仰共通的神祕主義一神圖象要素。首先，它基本上是運用想像力的；其次，它是不能言喻的。該書描述的人物乃是神祕家在心靈提升後，看到坐在王座上的神的意象。這個神絕對沒有任何柔順、可愛或具人格性之處；事實上，他的神聖性確實令人有疏離感。然而，當他們看到他時，神祕的英雄突然唱出歌來，其中有關神的資訊極少，但卻留下強烈的印象：

神聖的特質，權力的特質，恐懼的特質，可怕的特質，
敬畏的特質，驚訝的特質，和恐嚇的特質——
這些就是造物者，以色列之神——阿多奈(Adonai)的服飾的特質，
他戴上王冠，走向他光榮的王座；
他的服飾裡外全刻上了「耶和華，耶和華」

沒有眼睛能看它，不論是血肉之眼，
或是他僕人的眼睛皆然。

假如我們不能想像耶和華的斗篷像什麼樣子，又如何能見到神本身呢？

早期猶太教神祕主義最著名的文獻，也許是第五世紀的《創世之書》(*Sefer Yezirah*)。該書並未試圖要實際的描述創造過程；它的解釋赤裸裸的全是象徵性的，而且是以語言來顯示神的創世過程，彷彿他的創世有如寫作一本書。不過語言已經完全被轉化了，而且創世的訊息不再清晰。希伯來語的每個字母都被賦予數字的價值；藉著結合字母與神聖數字，以無限形態重組它們的方式，神祕家使他們的心脫離日常的語言涵義。這樣做的目的在繞過理性作用，提醒猶太教徒沒有任何文字或概念可以代表「名言」所指涉的真實。把語言推到極限，以及使它產生非語言意義的經驗，再度使我們感受到神屬於別異（他者）的特性(Otherness)。神祕家不願意與神直接對話，他們所體驗到的神乃是無可抗拒的神聖，而非富有同情心的朋友和父親。

上升的意象

「王座神祕主義」並不是獨一無二的。據說先知穆罕默德從阿拉伯前往耶路撒冷廟堂山(Temple Mount)的「夜行」，也是類似的經驗。他曾被天使加百利用天馬在睡夢中載走。到達目的地時，他受到亞伯拉罕、摩西、耶穌和其他先知的歡迎，他們肯定穆罕默德的先知任務。於是加百利與穆罕默德開始他們循梯(*miraj*)而升七重天界的危險之旅；每重天都由一位先知主管。最後，穆罕默德到達神的領域。早期的資料來源因尊敬而對最後的神視保持沈默，下列《古蘭經》中的章節相信就是指這個心象而言：

> 他確定在最大極限的命運之樹旁第二次看到他，在接近預許花園之處，以無名光芒薄紗罩住的命運之樹……
>
> 而且眼睛沒有猶豫，也沒有徬徨；他確實看到某些宇宙支撐者最深刻的象徵。

穆罕默德並未看到神本身，只看見指向神聖真實的象徵：在印度教中，命運之樹所代表的是理性思想的限制。神視不可能訴求於思想或語言的正常經驗。上升到天堂乃是象徵人類心靈所能達到的極限，它刻劃出的是終極意義的門檻。

上升的意象是很普通的。聖奧古斯汀曾在俄斯替亞與他的母親摩尼加有上升到神那兒的體驗，他以普羅提諾的語言來描述這個經驗：

我們的心被朝向永恆存有自身的熾熱感情提升。我們一步步爬升到超越所有有形物體與天堂本身的境界，在那裏，太陽、月亮與星星的光芒照耀於地球上。我們以對你作品的內在省思、對話與驚奇，而進一步上升，並進入我們自己的心靈之中。

奧古斯汀的心充滿的是希臘偉大存有鏈的意象，而非猶太七重天的意象。這不是通過外在空間到「客觀存在」之神那兒的字面意義旅程，而是到內在真實的一種心靈提升。這種出神的心靈旅程似乎是從外賦予的東西；當他說「我們的心靈被提升」時，彷彿他和摩尼加都是神的恩典的被動接受者，但是這個穩定朝向「永恆存在」的爬升，乃是經過深思熟慮的。類似的上升意象，誠如喬瑟夫・坎伯所說，被記錄在「從西伯利亞到火地島」的巫師的出神經驗中。

上升的象徵顯示出世俗的知覺作用已被遠遠拋在後面。最後達到的神的經驗完全是無法形容的，因為普通的語言不再適用。猶太教神祕家「唯一」不描述的就是神的本身！他們告訴我們有關他的斗篷，他的王宮，他的天廷，以及使他不被人看見的薄紗，這些都代表了永恆原型。臆測穆罕默德飛升天堂的穆斯林，強調他最後神的心象的矛盾本質；他既看到神的出現，又沒有看到神的出現。一旦神祕家努力通過心中意象的領域，便到達概念和想像都不能再進一步使他提升的境界。奧古斯汀與摩尼加對於他們飛升之旅的極點，都同樣保持沈默，以強調它對時間、空間與普通知識的超越性。他們「談論而渴慕」神，並「在心理完全集中的瞬間些微的感覺到它」。然後他們回歸正常的言語，說話的語句又有開始、中間與結束的區別：

> 因此我們說：假如對任何人而言，血肉之軀的喧囂沈默下來；假如地、水和空氣的意象也安靜了；假如諸天本身也與外界隔絕，心靈本身也不發出聲音，而且以不再思考自身的方式超越自己；假如所有想像中的夢與心象都被排除；假如所有的語言和短暫無常的事物都沈默——因為假如任何人能聽到，那麼以下便是他們會說的話：「我們並不是創作自己的人，我們是由永恆駐留的他所創作的。」（詩篇79：3，5）……我們向外延展的那一刻，以及達到超越所有事物之永恆智慧的那一瞬間的心靈能量，就是這個樣子。

這不是自然主義位格神的心象；也就是說，他們尚未透過任何自然溝通的正常方法「聽到他的聲音」，不論是透過普通的言語，天使之聲，或是透過自然和夢的象徵主義。他們似乎已「觸碰」到超越所有這些事物背後的真實。

雖然它很清楚的受到文化的制約，這種「上升」似乎是無可置疑的生活事實。不論我們要如何詮釋，世界各處以及各個歷史階段的人，都有過這種冥想的經驗。一神教徒把這個高峯的洞見稱為「神視」；普羅提尼斯假定它是唯一全體的經驗；佛教徒稱它為涅槃的預示。不論如何稱呼它，關鍵在於這是擁有特定精神天賦的人都想要從事的事。神祕的一神經驗有某些特質是所有信仰所共有的。它是滲及內在旅程的一種主觀經驗，而不是對自我之外的客觀事實所作的感知；它是由心靈中產生之意象的部分——通常稱為想像，而不是透過比較知性和邏輯的功能來進行。最後，它是神祕家刻意在他們心中創造出來的事物；特定的生理或心理練習可以產生最後的神視，它不總是不知不覺的降臨到他們身上。

「心靈極大的努力」

奧古斯汀似乎認為，享有特權的人類能夠在此生某個時刻看見神；他引證摩西和聖保羅作為例子。教宗葛萊哥利一世(Pope Gregory the Great,540-604)這位公認的精神生活大師和有勢力的教宗，卻不同意這個看法。他不是位智識分子，而且身為一位典型的羅馬人，他對宗教精神抱持一種比較實用的觀點。他用雲、霧、黑暗等隱喻，來說明人類對神性的所有知識都是晦澀不明的。他的神仍然隱藏在不可穿透的黑暗中不為人類所知；而此一黑暗比希臘基督徒如尼撒(Nyssa)的葛萊哥利和迪尼斯所經驗到的未知之雲痛苦許多。對葛萊哥利而言，神乃是一種痛苦的經驗。他堅稱神是很難接近的。我們想要以熟悉的方式談論他，彷彿彼此間有某些共同之處，是絕對不可能的。我們對神完全一無所知。我們無法依據對人類的知識預測他的行為：「所以只有當我們了解到，我們無法知道有關他的任何事時，我們有關神的知識才是真理。」葛萊哥利常常強調接近神的痛苦與努力。冥思的喜悅與平靜，只有在強烈的掙扎後，才能經歷短暫的幾秒鐘。在嘗到神的甜美前，靈魂必須從它自然質素的黑暗中奮戰出來：它

> 不能從它自身中以驚鴻一瞥的方式，把它的心眼固定在它擁有的事物上，因為它受到自己習慣的強制而向下沈。此時它努力、掙扎而且致力於超越它自己，但都因為被疲倦所制，而下沈回到它自己熟悉的黑暗中。

神只能在「心靈極大的努力」後才能被接觸到；心靈必須像雅各與天使扭打那樣的與他糾纏。通往神的道路要受到罪惡、眼淚和疲累不堪的圍剿；當它接近他時，「靈魂所能做的只是哭泣。」由於受到它渴望神的「折磨」，它只能「在眼淚中得到休息，完全被耗盡了。」一直到十二世紀葛萊哥利都是很重要的精神指引；西方很明顯的不斷覺得神是個緊張的體驗。

不同形式的神祕主義

在東方，基督徒對神的經驗是以光而非黑暗加以刻劃。希臘人演化出一種不同形式的神祕主義，這在世界各地的神祕主義中都可以找到。這種神祕主義不依賴意象和心象，而是依賴假名迪尼斯所描述的靜默經驗。它們很自然的避開所有關於神的理性概念。誠如尼撒的葛萊哥利在他《雅歌評註》中所解釋的，「心所了解的每個概念都將成為那些尋道之人追求的障礙。」冥思的目標是要超越觀念、超越意象和一切，因為這些都會使人分心。然後他會獲得某種「親臨的感覺」，無法界定而且當然超越所有人類與他人關係的經驗。這種態度稱為「寧靜」或「內在的靜默」(*hesychia*)。因為文字、觀念與意象只會把我們拉下來與此時此地的塵世纏繞，所以心靈必須要靠注意力集中的技術刻意加以靜化，以便培養出一種在靜默中等待的狀態。只有到那時，心靈才有希望理解那超越它所能想像一切事物的真實。

我們怎麼可能知道那不可理解的神呢？希臘人喜愛這種弔詭，崇尚靜默的神祕家遂轉向傳統把神的本質(*ousia*)和他在世界的實現(*energeiai*)或活動加以區分的辦法，以便使我們能夠經驗到某種神聖的東西。因為我們永遠不可能了解神的自身，因此我們在祈禱中所經驗到的，乃是他的「實現」而非「本質」。它們可以被描述成是照亮世界和由神性發出的神聖「光芒」，但是它和神的自身不同，就像陽光和太陽不同一樣。他們所顯現的是完全靜默而不可知的神。誠如聖巴西流（St. Basil）所說，「我們通過他的實現知道神；但卻不主張我們接近了神的本質，因為雖然他的實現降下給我們，可是他的本質仍然是無法接近的。」在《舊約》中，這種神聖的「實現」被稱作神的「榮光」（Kavod）。在《新約》中，當基督的人身在他伯山被神性之光轉化時，它也照徹四方。現在他們穿透整個被創造的宇宙，而把那些得救的人加以神化。誠如「能量」這個字隱含的意思，這是一種積極而動態的一神的概念。西方基督徒認為神透過他永恆的屬性如善良、公義、慈愛與無所不能，使他自己被人知曉；而希臘人則認為神在永不休止的創造中顯現自己而為人所知。

因此，當我們在祈禱中經驗到「能量」時，就某種意義而言，我們是與神直接交談，儘管不可知的真實本身仍然晦暗不明。希臘卓越的神祕家艾瓦格里斯（Evagrius Pontus, 399歿）堅稱，我們在祈禱中所得到的有關神的「知識」，與概念或意象毫無任何關係，而是對超越這一切的神性的直接體驗。因此，對希臘的神祕家而言，將靈魂剝落到赤裸的程度是很重要的一件事；他告訴僧侶說：「當你祈禱時，不要在你心中塑造任何神的意象，也不要讓你的心被任何形式的印象所塑造。」相反的，他們應該「以非物質的態度來接近非物質的事物。」艾瓦格里斯所提出的乃是一種基督教的瑜伽。這不是反思的過程；事實上，「祈禱意味著思想的脫落。」它毋寧是一種對神直觀的了解。它會帶給我們所有事物合為一體的感覺，從紛亂與多元化中得到自由，以及自我的喪失，這種經驗明顯的與非有神宗教如佛教的冥思所產生的體驗相近。以系統化的方式，把他們的心從驕傲、貪婪、悲哀和憤怒等與自我相聯的「熱情」中解脫出來，希臘的神祕家可以超越自己，而像他伯山上的耶穌一樣，因為神聖「實現」的轉化而成為神。

轉化成神

第五世紀弗帝斯(Photice)的主教迪歐多哥斯(Diodochus)堅稱，這種神化的經驗無須延遲到來世，可以在當下有意識的體會到。他教授一種運用呼吸的精神集中方法：當吸入時，希臘神祕家祈禱說：「耶穌基督，神之子」；他們呼出時則說：「對我們仁慈。」後來希臘神祕家更精緻化這個訓練；冥思者坐時應使頭與肩彎曲如弓，視線朝向心臟或腹部。他們應該愈呼吸愈慢，以便把注意力朝向內部某些心理上的焦點如心臟。這是一種嚴謹的訓練，必須小心的運用；它只有在專家導師的指導下，才能完全的練習。和佛教僧侶一樣，希臘的神祕家逐漸發現，他們可以輕柔地把理性的思想放在一邊，群聚心中的意象會消退，而他們會覺得與禱詞完全合一。

希臘的基督徒為自己發掘東方宗教練習千百年的技術。他們把禱詞視為一種身心一體的活動，而西方基督徒如奧古斯汀和貴格利則認為，祈禱可以使靈魂從身體中解放出來。

篤信者馬克西姆(Maximus)堅稱，「整個人要成為神，以神變成人的恩典而神化，因自然變成完全的人、靈魂與身體，因恩典變成完全的神、靈魂與身體。」希臘神祕家把這體驗成能量與明晰的流入，因為它是如此的強有力和歎為觀止，所以必然是神聖的。前面我們提到，希臘人把這種「神化」看成是人類自然本具的一種明覺。他們在他伯山轉化的基督身上找到靈感，就好像佛教徒受到完全了解人性的佛陀意象啟發一樣。「轉化成神」在東正教教會中是很重要的慶典；它被稱為「主顯」(Epiphany)，是神的顯現。和他們西方的兄弟不同的是，希臘人不認為緊張、乾枯和寂寞不安，是體驗神不可逃脫的前奏；這些只是必須加以矯治的錯亂狀態罷了。希臘人沒有對靈魂黑夜的崇拜。主要的旨趣乃是他伯山，而非客西馬尼(Gethsemane，註：耶路撒冷附近一花園，基督被猶太出賣而被捕之地)和「髑髏地」(Calvary，註：基督被釘上十字架之地)。

然而並不是每個人都可以達到這些高層次的境界，不過其他的基督徒可以從偶像中某種程度瞥見這種神祕的經驗。在西方世界，宗教藝術變得非常具象主義；亦即以耶穌或聖徒的生活來描繪歷史的事件。然而在拜占庭，偶像不是用來代表「這個」世界的任何事物，而是試圖以視覺形式來描繪希臘神祕家不可言喻的神祕經驗，從而啟發非神祕家的信徒。誠如英國史學家布朗(Peter Brown)所解釋的，「在整個東方的基督教世界中，偶像與心象是彼此驗證的。某些深入聚集到集體想像中的某個焦點……使得在第六世紀前，超自然的現象已在夢中和每個人的想像中，以某種精確的特徵出現，而它通常都是以藝術的形式描繪出來。偶像因此是實現的夢。」偶像不是用來指導信仰者，或是傳遞資訊、觀念及教義。它們是沈思(*theoria*)的焦點，提供給信仰者一扇開啟神聖世界之窗。

神的圖像

由於它們變成拜占庭對神體驗的核心，以致早在八世紀前便成為希臘教會教義激辯的重點。人們在藝術家畫基督時質疑他到底畫的是什麼。要描繪他的神性是不可能的，但假如藝術家宣稱他只是描繪耶穌的人性，他是否犯了景教(Nestorianism)教派的罪惡？亦即採行耶穌之人性與神性大不相同的異端信仰？偶像破壞者想要完全禁止偶像，但是兩位卓越的僧侶卻為聖像的存在辯護：一位是生於靠近伯利恆大馬士革馬爾撒巴斯(Mar Sabbas)修道院的約翰(656—747)，另一位是君士坦丁堡附近斯都弟(Studius)修道院的狄奧多若(Theodore, 759-826)。他們爭論說，偶像破壞者禁止描繪基督是錯誤的。因為道成肉身之故，物質世界與人類的身體都被賦予神聖的面向，而藝術家是「可以」描繪這種新的神化人性的。他同時也在描繪神的意象，因為基督，也就是道，是最卓越的神的聖像。神不能被文字涵括或由人的概念總結，但是他可以由藝術家的筆，或是禮拜儀式的象徵姿勢所「描述」。

希臘人的敬神是那樣的依賴偶像，以致早在紀元八二〇年前，偶像破壞者便被大眾的歡呼所擊敗。不過，神在某種意義上可以被描述的主張，並不等於放棄迪尼斯靜默的神學。在他《為神聖圖像重大辯護》(*Greater Apology for the Holy Images*)一書中，修道士尼西弗勒斯(Nicephoras)宣稱，聖像是神沈默的表達，展現它們自身超越存有、不可言喻的神祕。不需要停下來，也不需要言語，他們在那令人尊敬而十分明亮的神學旋律中，讚美神的善良。聖像並不以教會的教條教導信仰者，也不協助他們對自己的信仰形成清晰的觀念，而在使他們產生一種神祕感。當描述這些宗教繪畫的效果時，尼西弗勒斯只能把它與音樂的效果相比；音樂是最不可言喻，且可能是最直接的藝術。音樂對情緒與經驗的傳達是透過超越文字與概念的方式進行。在十九世紀，派特(Walter Pater)認定所有的藝術都渴望音樂的地位；在第九世紀的拜占庭，希臘基督徒則把神學看成渴望成為聖像研究的地位。他們發現神由藝術作品表達，比由理性的論述表達更好。在第四與第五世紀激烈冗長的基督論辯論後，他們演化出一種建立在基督徒想像經驗上的神的圖像。

這點由君士坦丁堡聖馬克拉斯(St. Macras)小隱修院院長西糜盎(Symeon, 949-1022)，也就是大家熟知的「新神學家」，明確的表達出來。這種新的神學並不試圖要界定神。西糜盎堅稱，這樣做是冒失的行為；事實上，不論以什麼方式談論神，都意味「那不可理解的東西是可以理解的。」「新」神學並不以理性來論證神的本質，而是建立在直接和個人的宗教經驗上。如果把神當成是我們可以形成觀念的另一個存有，以此概念來理解神是不可能的。

神是神祕的。真正的基督徒是能夠有意識體驗到神的人，而這個神是以基督轉化的人性來顯現自己。西麼盎曾經被一項突如其來發生的經驗，使他從世俗的生活轉變為沈思。最初他並不知道到底發生了什麼事，但他逐漸覺察到自己正在轉化中，而且正被神自身的光吸入其中。這當然不是我們所知的光；它是超越「形式、意象或表象的，只能透過祈禱直觀地經驗到。」不過，這不是只有菁英人士或僧侶才能經驗；《四福音》書中基督宣佈的天國是與神的合一，每個人都可以在當下經驗到，不須等到來生。

因此對西麼盎而言，神既是已知，也是未知，近在咫尺而遠在天涯。他並不想嘗試「單以文字描述不可言喻事務」的不可能任務，而積極鼓勵他的僧侶集中注意力於他們靈魂中，可以被經驗為轉化的真實。誠如神在西麼盎的某次神視中對他所說的，「是的，我是神，為了你而成為人。請看，如你所知，我創造了你，我將使你成為神。」神不是外在、客觀的事實，基本上是主觀而個人的明覺。西麼盎的拒絕談論神，並未使他與過去的神學洞見分裂。「新」神學是堅實的奠基於教會諸長老的教化上。在他的《神聖之愛頌歌》(*Hymns of Divine Love*)中，西麼盎表達了由亞他那修與馬克西姆所描述的古希臘人性神化的教義：

> 無人能名的光啊，因為它是完全無名的。
> 有許多名字的光啊，因為它在所有的事物中發揮作用……

你如何將自己與草地混合呢？
當它持續不變，完全不能接觸，
你要如何保持草地的本質不被消耗呢？

想要為影響這項轉化的神下定義是無用的，因為他是超越言語與描述的。然而，作為滿足和轉化人性卻不違背其完整性的經驗，「神」是個無可置疑的真實。希臘人因發展出有關神的概念如三位一體和道成肉身，使他們和其他一神教徒有所不同，不過他們神祕家的真實經驗，卻與穆斯林和猶太人的神祕家經驗有許多相同之處。

穆斯林的神祕主義傳統

儘管先知穆罕默德主要關心的是公義社會的建立，他和某些親近的夥伴都有神祕主義的傾向，而且穆斯林也快速地發展出他們自己獨特的神祕主義傳統。在第八與第九世紀期間，一種苦行式的伊斯蘭已和其他教派同時發展出來；苦行者和穆太齊拉學派及什葉派一樣關心宮廷的奢華，以及顯然已放棄的早期伊斯蘭社會節約生活。他們試圖回歸到麥地那最早的穆斯林簡單生活，穿著由先知所喜愛的阿拉伯素菲(SWF)羊毛所製的粗糙衣服。因此，他們便以素菲派聞名。社會正義仍然是他們敬神的關鍵，誠如已故法國學者馬錫能尼雍(Massignon)所解釋：

> 神祕家的出現，一成不變地都是內在良知反抗社會不義的結果，這裏指的不僅是他人的不義，而且也主要特別指的是，自己不計任何代價，在內在淨化中尋求神，因強化了欲望所形成的過失。

最初素菲派與其他教派有許多相同之處，因此偉大穆太齊拉學派的理性主義者阿塔（Wasil ibn Ata, 748歿）就曾經是麥地那苦行者，後來被尊奉為素菲祖師之一的阿巴斯里（Hasan al-Basri, 728歿）的徒弟。

雖然伊斯蘭社會還是尖銳的與其他宗教嚴格劃分，視伊斯蘭為唯一真正的信仰，但素菲派大體上仍然遵循《古蘭經》中的觀點，所有正確指引的宗教是一體。例如，耶穌便被許多素菲神祕家尊奉為內在生活的先知。某些素菲神祕家甚至在伊斯蘭的信仰表白(Shahadah)加上一句說：「阿拉是唯一真主，耶穌是他的使者。」這句話就宗教專業的理解而言是正確的，但在意圖上卻具有激挑的效應。《古蘭經》談到啟發懼怕與敬畏之情的正義之神，而早期的女性苦行者拉巴亞（Rabiah, 801歿）卻談論愛，她論述的方式為基督徒所熟悉：

我以兩種方式愛你：自私地，
其次，像你的尊貴一樣的愛你。
自私的愛是我不做的，
除了念念想你以外。
當你真的掀起面紗迎向我崇拜的
眼神時，那是最純淨的愛。
此處或彼處的讚美不是我的；
兩者的讚美都是你的，我知道。

這很接近她著名的禱詞：「神啊！假如我因恐懼地獄而崇拜你，把我燒死在地獄；假如我因渴望天堂而崇拜你，把我排除於天堂之外；但是假如我為你的緣故愛你，不要不給我你永恆的美！」神之愛遂變成素菲派的標識。素菲派很可能受到近東基督教苦行者的影響，不過穆罕默德仍然是關鍵的影響。他們希望擁有近似穆罕默德接收天啟時對神的經驗。自然的，他們也受到他神祕上升天界的啟發，這個神祕經驗遂成為他們自己對神體驗的典範。

他們也演化出曾幫助世界各地神祕家，達到另一種意識狀態的技術與訓練。素菲神祕家加上絕食、徹夜不眠和以唱誦聖名為咒語等練習，以符合穆斯林律法的基本要求。這些練習的效應有時會表現在看起來怪誕而無節制的行為上，這些神祕家就是一般熟知的「沈醉」素菲神祕家。其中最早的一位是比斯他米（Abu Yazid Bistami, 874歿），他和拉比亞一樣，把神當成愛人來接近。他相信，他應該設法像在人類的愛情關係中取悅女子一樣的取悅阿拉，犧牲自己的需要與欲望，以便與愛人合而為一。他為完成這個目標所採取的內省訓練，使他超越了這種人格化神的概念。當他接近自己身分的核心時，他覺得沒有任何事物站在神和他之間；事實上，他理解為「自我」的任何事物都融化消失了：

> 我以真理之眼凝視阿拉，並對他說：「這是誰？」他說，「這既不是我，也非我以外的事物。只有我是神。」然後他把我的身分認同轉化進入他的自性(Selfhood)中……於是我以他臉面的聲調和他交談說：「我和你近來如何？」他說：「我就是你；你就是神。」

這裡的神也非「客觀存在」而與人類疏離的外在神祇；神被認為神祕的與最深處的自我一致。有系統的摧毀自我便產生一種被無可言喻的較大真實吸收的感覺。這種「寂滅」（*'fana*）的狀態，遂成為素菲派的核心概念。比斯他米重新詮釋伊斯蘭信仰自由的方式很可能會被解釋成褻瀆的，假若不是被許多其他穆斯林認定，是《古蘭經》中諭令對神臣服的真正經驗。

阿朱那伊德

其他的神祕家就是一般所知的「清醒」素菲神祕家，他們偏好比較節制的宗教精神。來自巴格達，為未來所有伊斯蘭神祕主義勾劃出基本計畫的阿朱那伊德（Al-Junayd, 910歿）相信，比斯他米的極端主義可能帶來危險。他教導說，「寂滅」的狀態之後必須緊接著「復甦」(*baqa*)，亦即回歸提升後的自我。與神的合一不應該摧毀我們自然的能力，而應該把它們發揮出來；一位去除其存有核心的晦暗自我中心心態，並發現神性呈現的素菲神祕家，將會經驗到更高的自我了解與自我控制。他會成為更完整的人。因此當他們經驗到「寂滅」與「復甦」時，素菲神祕家便達到了希臘基督徒稱為「神化」的境界。阿朱那伊德把整個素菲派的探求，看成是回歸創世之日的人類原初狀態；亦即回歸到神所意欲的理想人性中。他同時也回歸到存有的源頭。分隔與疏離的經驗對素菲派的重要性，對柏拉圖學派或諾智派經驗也同樣的重要；它或許和今日佛洛依德學派及克林學派(Kleinians)所談的「分隔」，並無太大不同之處，雖然心理分析家是把它歸因於非神學的理由。阿朱那伊德教導說，在像他這樣的素菲導師(*pir*)專門指導下，通過訓練有素和謹慎的努力，穆斯林可以與他的造物者重新結合，並且達到《古蘭經》所說從亞當的腰部抽出來時，神立即呈現經驗的原有感覺。它是分隔與悲哀的終結，也是與個人想要成就之深層自我的重新結合。神不是分隔的外在真實和審判者，而是與每個人的存有基底合一的：

現在我已知道，主啊，
埋藏在我心中的東西；
神祕的，從另一個世界，
我的舌頭已與我的摯愛交談。
所以某種意義下，我們
是結合的，一體；
然而在另外的情況下，分離
會是我們永恆的狀態。
雖然從我深邃的凝視中，
深層的敬畏已隱藏了你的臉，
在奇妙與狂喜的恩典中，
我感覺到你觸碰到我內心最深處的基底。

對合一(unity)的強調可以追溯至《古蘭經》的「真一性」(*tawhid*)理想，把分散的自我結合起來，神祕家便可以在個人的整合中經驗到神性的呈現。

阿哈拉吉

阿朱那伊德敏銳的覺察到神祕主義的危險。對於沒有受益於導師建議和嚴格素菲訓練的門外漢，很容易就會誤解神祕家的狂喜狀態，而且會把他們所說與神合一的話想得過度簡單。類似比斯他米漫無節制的聲明，必然會激起既有宗教組織的憤怒。在早期階段，素菲教派是相當少數的運動，而且伊斯蘭社會往往不把這項創新視為正宗的伊斯蘭。阿朱那伊德著名的學生曼舒爾(Husain ibn Mansur)，通常以梳刷羊毛者阿哈拉吉(al-Hallaj)聞名，卻把所有的謹慎叮嚀當作耳邊風，為了他神祕主義的信仰而殉道。他遊走於伊拉克，宣揚推翻哈里發以建立新社會秩序，於是被當局拘禁起來，並像他的英雄耶穌一樣被釘死在十字架上。在他狂喜的境界中，阿哈拉吉大聲叫道：「我是真理！」依據《四福音書》，耶穌也同樣如此宣稱是道路、真理與生命。因為《古蘭經》不斷譴責基督教神化身為基督的信仰是褻瀆的，所以穆斯林對阿哈拉吉狂喜的呼叫感到恐懼並不令人驚訝。阿哈克(*Al-Haqq*，真理)是神眾多名字之一，任何必朽者以此為自己的頭銜都是偶像崇拜。阿哈拉吉曾表達他與神合一的感覺，是如此的接近，以致覺得彼此完全一致。誠如他在自己的一首詩中所說：

> 我是我愛的他，而我愛的他是我：
> 我們是駐在同一身體中的兩個心靈。
> 假如你見到我，你就見到他，
> 而假如你見到他，你就見到我們倆。

這是大膽表達他老師阿朱那伊德稱為「寂滅」的自我寂滅和與神合一。阿哈拉吉在被指控為褻瀆時，拒絕撤回自己的主張，而像聖徒般的死去。

> 當他被帶去釘在十字架時，他看到了十字架與釘子；他轉向人們唸出禱詞，以下列的詞語結尾：
> 「你的這些僕人聚集起來殺害我，為你的宗教狂熱，而且渴望贏得你的恩寵，原諒他們，主啊，對他們慈悲；因為你如果真的把你揭示給我的道理，揭示給他們知道，他們就不會做出這些事來；而假如你把對他們隱藏的事物也對我隱藏，那麼我就不應該受到這種苦難。榮耀歸於你所做的每件事，榮耀歸於你所意願的每

件事。

阿哈拉吉高喊「我是真理！」（*ana al-Haqq*）這顯示神祕家的神不是客觀的真實，而是深刻的主觀經驗。後來安薩里論證說他並非褻瀆，只是不聰明的把可能誤導未入門者的祕密真理當眾宣告出來罷了。因為誠如伊斯蘭信仰自由所主張的，除了阿拉之外別無真理，所有的人本質上是神聖的。《古蘭經》教導我們說，神以自象創造了亞當，所以他可以如照鏡般清晰的沈思自己。這是為什麼他命令天使俯首崇拜他造出的第一個人。素菲派會爭論說，基督徒的錯誤在於假定一個人包含了神性化現的全部。一個重新獲得神原始心象的神祕家，已經在其自身中重新發現猶如出現在創世之日的神聖意象。素菲派崇敬的《聖訓》（*hadith qudsi*）指出，神吸引穆斯林到如此接近他的地步，以致他似乎在每個僕人中具體呈現了：

「當我愛他時，我變成他聽聞的耳朵，看的眼睛，執捉的手，和奔走的腳。」

阿哈拉吉的故事顯示，對神與啟示持不同概念的神祕家與宗教既有的組織間，可能存在深刻的敵意。對神祕家而言，啟示是發生在自己心靈中的事件，而對於比較傳統人士如伊斯蘭法律學者等人而言，啟示是堅實固定在過去的事件。不過前面我們已提過，十一世紀期間，穆斯林哲學家如伊本·希那和安薩里本人都不能滿意對神的客觀解釋，於是轉向神祕主義。安薩里使得既有的伊斯蘭宗教組織接受素菲教派，而且指出它是穆斯林精神中最真實的形式。

在十二世紀期間，伊朗的哲學家蘇拉瓦底和在西班牙生的阿拉比(Muid ad-Din ibn al-Arabi)，促使伊斯蘭哲學與神祕主義密不可分，而且讓素菲神祕家經驗到的神，成為伊斯蘭帝國許多地方的正統。然而和阿哈拉吉一樣，蘇拉瓦底也在一一九一年於阿里坡(Aleppo)被伊斯蘭法律學者處死，原因至今不明。連結他稱為原始的「東方」宗教和伊斯蘭，乃是他終生的工作；因為他的努力遂完成了伊本·希那所提出的計畫。他宣稱所有古代的聖賢只教導一項真理。最初這項真理顯現給赫密士，蘇拉瓦底認為他是《古蘭經》中的先知依德里斯(Idris)，或是《聖經》中的以諾(Enoch)；在希臘世界中它被傳給柏拉圖和畢達哥拉斯，而在中東則傳給了祆教徒麥吉(Magi)。

然而自亞里斯多德以來，它因較狹隘的智性或知性哲學而晦暗不彰；但還是祕密地從一個聖賢傳遞到另一個聖賢，直到透過比斯他米和阿哈拉吉傳到蘇拉瓦底手上。這個生生不息的哲學是神祕並富想像力的，卻沒有放棄理性。蘇拉瓦底在理性上的嚴謹有如法拉比，但是在接近真理的道路上，他也強調直觀的重要性。誠如《古蘭經》所教導的，所有的真理來自神，而且必須在任何可以發現它的地方尋求。它可以在異教和祆教中發現，也可以在一神教的傳統中發現。和造成教派辯論的教條化宗教不同的是，神祕主義往往宣稱通往神的道路就像人一樣的多。特別是素菲教派更演化出一種對他人信仰高度欣賞的態度。

啟明大師——蘇拉瓦底

蘇拉瓦底常被稱為長老以希拉克(Sheikh al-Ishraq)或是啟明大師(Master of Illumination)。和希臘人一樣，他以光來經驗神。在阿拉伯文中，以希拉克(*ishraq*)意指從東方發出的第一道曙光，同時也是朝向明覺發出的第一道智光；因此，東方並非地理的位置，而是光與能量的來源。因此在蘇拉瓦底的東方信仰中，人類對自己來源的記憶已模糊不清，在這個陰影的世界感到不安，而渴望回到他們最初的家園。蘇拉瓦底宣稱，他的哲學會幫助穆斯林找到他們真正的方向，並以想像的方式淨化他們心中的永恆智慧。

蘇拉瓦底龐大複雜的哲學體系，是為了把世界上所有宗教的洞見連結成富精神性的宗教。真理要在任何可能發現的地方尋求。因此，他的哲學連結前伊斯蘭的伊朗宇宙論，和托勒密的行星體系以及新柏拉圖主義的「發散層級」。但是從來沒有任何其他的伊斯蘭哲學家像他一樣，那麼廣泛的從《古蘭經》中摘錄引證。當他討論宇宙論時，蘇拉瓦底並不對提供宇宙物質起源的解釋感興趣。在他的鉅著《啟蒙的智慧》(*Hiqmat al-Ishraq*)，蘇拉瓦底開始先考慮物理及自然科學的問題，但這只是該書神祕主義部分的序曲而已。和伊本・希那一樣，雖然他確實相信理性與形上學的臆測，在對整體真實的知覺作用中有其地位，但是他逐漸對伊斯蘭哲學完全理性和客觀的方向感到不滿。依他的看法，真正的聖賢必然同時精於哲學與神祕主義。世界上總是有這樣的聖賢存在。在與什葉派教長說非常接近的理論中，蘇拉瓦底相信這種精神領袖是真正頂尖的標竿(*qutb*)，沒有他的出現這個世界無法繼續存在，即使他保持在晦暗不明的狀態下也是如此。蘇拉瓦底的以希拉克神祕主義當今在伊朗仍然有人練習。它是一種祕密的宗教體系並不是因為它獨一無二，而是因為它需要像以實瑪利派和素菲派採行的那種精神與想像的訓練。

希臘人也許會說蘇拉瓦底的體系是祕密的(*dogmatic*)而非公開的(*kerygmatic*)。他試圖找出藏於所有宗教與哲學核心中富於想像力的環節，而雖然他堅稱理性是不夠的，但是他從來沒有否定它探測宇宙至深奧秘的權利。真理必須靠科學理性主義與神祕主義同時尋求；感性必須靠批判的智性來訓練和深化。

正如其名稱所顯示，以希拉克哲學的核心乃是光的象徵，它被視為是神完美的同義詞。它是（至少十二世紀時是如此）非物質，也是無法界定的，同時也是這個世界最明顯的生活事實；它完全是不證自明的，不需要任何定義就被眾人認為是使生命可能的要素。它是無所不在的；任何屬於物體的明亮都直接從光而來，它是這些事物的來源。在蘇拉瓦底的流出宇宙論中，諸光之光是和哲學家的必然存有相呼應的；它是絕對簡單的。它依層級不斷向下產生了一系列較暗的光；每一層的光因為體認到它對諸光之光的依賴性，遂發展出物質領域來源的陰影自我(shadow-self)，並與托勒密的天體之一對應。這是描述人類困境的隱喻。在我們每個人心中，都有類似的光明與黑暗組合：光或靈魂則由聖靈交付給胎兒（在伊本・希那的架構中，也被稱為天使加百列，亦即我們這個世界的光）。靈魂渴望與較高世界的光結合：假如能接受該時代最高聖人或他弟子之一的適當指導，甚至可以在這個下方世界瞥見這個真實。

蘇拉瓦底在《啟蒙的智慧》一書中，描述他自己的明覺。他曾經迷戀知識的認識論問題，但卻無任何進展；他從書本的學習不能告訴他任何事。然後什葉教長、最高的聖人，也是靈魂的治療者，出現在他的心象中。

> 突然間我被溫柔地裹住；瞬間什麼都看不到，然後是一道像人形的透明光出現。我專注地看著，然後就看見他……他走向我，和藹地歡迎我，我的困惑因此消失，我的驚恐轉變成一種熟悉感。後來我向他抱怨這個認識論問題帶給我的困擾。「喚醒你自己，」他對我說，「然後你的問題就會解決。」

覺醒或明覺的過程顯然和痛苦、暴烈的先知靈感十分不同。它和佛陀平靜的覺悟比較相似；神祕主義因此把較平靜的精神引介到一神的宗教中。明覺不是與外在的真實碰撞，而是來自神祕家自己的內心。它與事實的傳授無關。相反的，想像力的鍛鍊可以把人們帶入純粹意象世界(*alam al-mithal*)，而使他們回歸神。

蘇拉瓦底引據的是古代伊朗對原型世界的信仰；在這個世界裡，世俗或物質世界(*getik*)的每個人或物，都在天界(*menok*)有個完全一樣的對應物。神祕主義要復興的就是表面上已被一神宗教放棄的古老神話。在蘇拉瓦底的體系中變成純粹意象世界的天界，是存在於我們的世界與神的世界之中介領域。這無法以理性或感官感知得到。這是創造性的想像功能使我們「發現」隱藏的原型領域，就像對《古蘭經》做象徵的詮釋，可以顯現它真正的宗教精神意義。純粹意象世界接近以實馬利對伊斯蘭精神歷史的感知，它是塵世事件或我們上一章討論過伊本•希那天使論的真正意義。它在所有未來的伊斯蘭神祕家詮釋他們經驗與心象的方式上具有關鍵作用。蘇拉瓦底所檢視的心象彼此間十分相似，不因為它們是許多不同文化的巫師、神祕家或入神者所見而有差異。近來大眾對此現象很感興趣。榮格的集體潛意識概念，是對人類這種共同想像經驗，作較為科學性檢驗的嘗試。其他學者如羅馬尼亞裔美國宗教哲學家艾里亞德(Mircea Eliade)，則試圖指出古代詩人的史詩與某種神仙故事，是如何從狂喜之旅和神祕的飛升中衍化出來。

蘇拉瓦底堅稱，神祕家的神視與《聖經》中的象徵如天堂、地獄和最後審判等，都和我們在這個世界經驗到的現象一樣真實，不過方式卻不相同。它們無法以經驗證明，只能靠受過訓練的想像功能辨識；這種功能使得幻想家看到塵世現象的精神層面。這種經驗對任何未受過必要訓練的人而言，都是無稽之談，就像佛教徒的覺悟只有在採行了必要的道德與精神訓練後才可能經驗到。我們所有的思想、觀念、欲望、夢想和心象，都和純粹意象世界的真實相對應。例如，先知穆罕默德就在把他帶到神性世界門檻的「黑夜神視」(Night Vision)中，覺醒到這個中介世界的存在。蘇拉瓦底同時也宣稱，當猶太人在他們集中注意力的精神鍛鍊中，學習進入了純粹意象世界時，猶太教的「王座神祕家」便誕生了。因此，通往神的道路並不如哲學家想的那樣只靠理性，也可以通過神祕家領域中創造性的想像完成。

今日西方許多人如果聽到主要的神學家說，神就某種深刻的意義而言是想像的產物，可能會大感驚訝。但是想像力作為主要的宗教功能，應該是很明顯的事。這就是沙特所說的「想那不存在事物的能力」。人類是唯一有能力想像現在不存在的事物，或尚未存在但有可能出現事物的事物。想像力因此是造成人類科學、技術、藝術及宗教等重大成就的主要因素。不論它如何被界定，神的概念或許是不存在真實的最主要例證；儘管它內部有本質上的問題，神這個概念已持續啟發人類達數千年之久。要想像無法以感官和邏輯證明感知的神，唯一的方法便是靠象徵；而詮釋這些象徵便是心中想像力的主要功能。蘇拉瓦底試圖要對那些造成人類生活重大影響的象徵，賦予想像力的解釋，儘管它們所指涉的真實仍舊難以捉摸。象徵可以被界定成我們能夠用感官感知，以心了解，但卻能從中看出其他東西的物體或概念。只靠理性是無法使我們在某個現世的物體中，感知到特別、普遍或永恆的層面。這是創造性想像的工作，神祕家如藝術家等都把他們的洞見歸因於此。和藝術一樣，最具效力的宗教象徵，就是那些對人類處境明智了解所產生的象徵。能寫一手漂亮的阿拉伯文，又是技巧嫻熟之形上學家的蘇拉瓦底，既是一位具創造性的藝術家，也是位神祕家。把顯然不相關的事物結合在一起——科學與神祕主義，異教哲學與一神教，他幫助穆斯林創造他們自己的象徵，並且在生命中發現新的意義與重要性。

伊本・阿拉比

比蘇拉瓦底更具影響力的是伊本・阿拉比(Muid ad-Din ibn al-Arabi, 1165-1240)，他的一生可以被看是東方與西方分道揚鑣的象徵。他的父親是伊本・魯希德(Ibn Rushd)的一位朋友，有次當他倆見面時，伊本・魯希德對這個年輕男孩留下極深的印象。在一次重病期間，伊本・阿拉比改信了素菲派，而且在三十歲時離開歐洲前往中東。他完成到麥加的朝聖之旅，並花了兩年在聖廟卡巴中祈禱和冥思，最後在幼發拉底河谷的馬拉特雅(Malatya)定居下來。通常被稱作長老阿克巴(al-Akbah)或大宗師的他，深深地影響了穆斯林對神的概念，不過他的思想並未影響西方；在西方的理解中，伊斯蘭哲學終止於伊本・魯希德。西方的基督教世界擁抱的是伊本・魯希德的亞里斯多德式一神，而伊斯蘭世界的多數則選擇神祕家想像的神，直到近來才有改變。

紀元一二〇一年當他參與繞行聖廟卡巴的傳統儀式時，伊本·阿拉比的心中出現了一個對他有深遠影響的神視；他看見一位名叫妮匝姆(Nizam)的年輕女孩被天堂的光環環繞著，他明白她就是智慧女神蘇菲亞(Sophia)的化身。這個神靈顯現的經歷使他了解，假如我們只依靠哲學的理性論證，是不可能愛神的。哲學家強調阿拉的絕對超越性，而且提醒我們沒有事物與他相似。我們怎麼可能愛一個如此疏離的存有呢？但是我們可以愛創造物中隱含的神；假如你因為他的美而愛一個存有，你愛的就是神，因為他就是「美麗的存有」。伊本·阿拉比在《麥加的啟示》(*Futuhat al-Makkiyah*)一書中作了如此的解釋。「因此，在它所有的面向中，愛的對象只有神。」穆斯林五種功課中的念(Shahadah)提醒我們，除了阿拉以外沒有神，也沒有絕對的真實。因此，除了他以外也沒有美。我們不能見到神的本身，但是在他選擇以妮匝姆這種啟發我們愛心的人物形象出現時，我們卻可以見到他。事實上，一個神祕家必須為他自己創造神靈顯現，以便能夠真正了解像妮匝姆這樣女孩的本質。愛基本是對某種不存在事物的渴望；這就是為什麼大部分的人類之愛仍然令人失望的緣故。妮匝姆變成「我追求和希望的目標，她是最純潔的處女。」誠如他在《情詩選集》(*The Diwan*)序文中所解釋的：

在我為本書所寫的詩句中，我不停的暗指神的啟發，精神性的探訪，以及〔我們這個世界〕與天使智慧世界間的對應關係。在這個過程中，我完全按照平常以象徵思考的態度進行；這是因為無形世界中的事物，比實際生活中的事物更吸引我，而且因為這個年輕女孩完全知道我所指為何。

創造性的想像把妮匝姆轉化成為神在塵世的化身。

大約八十年後，當年輕的但丁在弗羅倫斯見到比亞翠絲時，也有類似的經驗。他一看到她就覺得心靈劇烈地顫抖，似乎聽到它呼喊說：「看哪！一個比我強大，要來統治我的神！」從那一刻起，但丁就受到他對比亞翠絲的愛的統治，這需要一種「由我的想像賦予他力量」所建立起來的優勢。比亞翠絲一直是但丁神聖之愛的意象，在《神曲》(*The Divine Comedy*)中，他告訴我們這個意象如何帶他在想像的旅程中，通過地獄、煉獄、天堂而獲致神的心象。但丁的詩受到穆斯林有關穆罕默德上升天堂解釋的啟發；他對創造性想像力的觀點當然與伊本・阿拉比的見解相似。但丁論證說，亞里斯多德主張想像力只是把從塵世感知得來的意象加以結合是不正確的；它部分是來自神的啟發：

幻想，啊，它常帶我們遠離

依舊煩惱的自己，
儘管千百隻喇叭在四周作響，依然充耳不聞。
當你的感官毫無所覺時，是什麼推動了你？
是光推動你，從天上形成的，也許是意志
「他」傳送下來的意志，或者是自己鍛鍊出來的。

在整首詩中，但丁逐漸去除掉感官與視覺意象的故事。對地獄活生生的寫實描述，遂讓位給通往塵世天堂，艱難而充滿感性的攀登煉獄山之舉；在煉獄山上，比亞翠絲責備他把見到她的肉身存在當成目的本身；相反的，他應該把她看成是引領他離開世界，朝向神的象徵或是神的化身。在天堂中幾乎沒有任何物質性的描述；甚至幸福的靈魂也難以捉摸，其目的在提醒我們，人們渴望的最終目標不可能是任何人的位格。最後，冷靜的智性意象表達了神的絕對超越性，也超越所有的想像。但丁曾被指控在《樂園篇》中把神畫成冷酷的樣子，此一抽離方式提醒我們，我們對他最終是一無所知的。

伊本・阿拉比同時也相信，想像力是神賦予的功能。當神祕家為自己創造出神靈顯現時，存在原型領域中比較完美的真實，便在塵世中誕生了。當我們在別人身上看到神性時，我們便是努力以想像發掘真正的真實；「神所造的生物有如面紗，」他解釋說，「凡是如此了解它們的人，便回歸了『他』；而把它們學成真實的人，則無法見到『他』。因此——似乎是素菲派的方式——最初是把重心放在人類上的高度人格化宗教精神，後來卻引導伊本・阿拉比得出超人格的一神概念。女性的意象對他而言仍然很重要；他相信女性是智慧女神蘇菲亞最有力的化身，因為她的化身啟發了男性心中最終朝向神的愛。當然這是非常男性的觀點，是嘗試把女性的層面，帶入往往被視為完全陽剛的一神宗教中。

希德勒

伊本・阿拉比不認為他所知道的神是客觀的存在。儘管他是個老練的形上學家，他並不相信神的存在可以被邏輯證明。他喜歡稱自己為希德勒(Khidr)的弟子；希德勒是出現在《古蘭經》中一位神祕人物的名字，他是把外來律法帶給以色列人的摩西的精神導師。神賦予希德勒有關他自己的特別知識，所以摩西請求他給予指導，不過希德勒告訴摩西，他將無法忍受這個事實，因為它超越他的宗教經驗。試圖了解我們尚未經驗到的宗教「訊息」不是件好事。希德勒這個名字的意思似乎是「綠色的東西」，意指他的智慧常保新鮮而且可以永遠推陳出新。甚至連先知摩西的精神層次都不必然能了解宗教的祕密形式，因為在《古蘭經》中，他確實發現自己無法承受希德勒所教授的方法。這個奇特故事的意義似乎在說明，宗教的外在裝飾未必總是與它精神性或神祕性的質素相對應。像伊斯蘭法律學者可能就無法了解素菲神祕家如伊本·阿拉比的伊斯蘭。穆斯林傳統把希德勒當成是所有追求神祕真理者的宗師；而神祕真理則被視為在本質上優於或相當不同於字面意義的外在宗教形式。他並不引導他的弟子去感知一個和他人一樣的神，而是最深刻意義下主觀經驗的神。

希德勒對以實瑪利派而言也很重要。儘管伊本·阿拉比是遜尼派，他的教化卻非常接近以實瑪利派，而且後來還被融入他們的神學中，這是另一神祕宗教得以超越教派分裂的例子。和以實瑪利派一樣，伊本·阿拉比也強調神的悲憫，這與哲學家「冷漠的」神形成尖銳對比。神祕家的神渴望被他所創造的萬物了解。以實瑪利派相信神（*ilah*）這個名詞是從阿拉伯文的字根 *WLH*（意思是悲傷、歎息）產生的。誠如《聖訓》中的神所說：「我是隱藏的寶藏，我渴望被人知道。於是我創造了萬物，以便我可以通過它們被知道。」神的悲憫是無法用邏輯證明的；只有透過渴求某種事物以滿足我們最深的欲望，或用以解釋生命中的悲劇與痛苦，我們才能知道它。因為我們是以神的自象創造出來的，所以我們必然反映出神這個至高無上的原型。因此，渴求我們稱之為「神」的真實，必然反映了對神悲憫的共鳴。伊本·阿拉比把孤獨的神想像成在渴望中歎息，但是這個歎息（*nafas rahmani*，意指慈悲的歎息）卻不是容易感傷、自我憐憫的表現。它具有一股積極而富創造性的力量，整個宇宙因而隨之誕生；它同時也呼出人類，成為神表達給他自己的話語（*logoi*）。所以每個人都是隱藏的神的獨特顯靈，以獨特而不重複的方式顯現他。

神聖的真實不能窮盡

這些神聖的話語都是神稱呼他自己的名字，使他自己在每個神靈顯現中完全展現出來。神不能用一句人類的話總括，因為神聖的真實是不能窮盡的。這同時也意味，神在我們每個人心目中的啟示是獨特的，他和其他無數男女，也是其話語者，所知的神不同。我們只可能知道我們自己的「神」，因為我們不能客觀地經驗到他；我們不可能和他人以同樣的方式知道他。誠如伊本・阿拉比所說：「如同他的神一樣，每個存有都有他特定的主；他不可能擁有全部。」他喜歡摘錄《聖訓》中的這段話：「冥思神的賜福，而不要冥思他的本質(*al-Dhat*)。」神的整個真實性是不可知的；我們必須專注於我們自己存有中說出的特定「聖言」。伊本・阿拉比也喜歡稱神為「阿瑪」(*al-Ama*)，意思是「雲霧」或「盲目」，以強調他的不可接近性。但是這些人類的「話語」同時也把隱密的神顯現給他自己。神不可知的悲苦因為每個人心中顯現的神而減輕，因為人類使他知道「自己」。此外，顯現在每個個體中的神，也帶著激發我們渴求的神聖懷舊之情，思慕重返它的源頭。

神性與人性因此是使整個宇宙充滿生機之神聖生活的兩個層面。這個洞見與希臘人神化身於耶穌的見解，並沒有什麼不同，但是阿拉比卻不能接受單一的個人（不論他多神聖）可以表達出神無限真實的觀念。相反的，他相信每個人都是神派下塵世的獨特化身。不過為了幫助他同時代的人們，他確實發展出代表每一代顯現神奧祕而加以具體化的「至人」(*insan i-kamil*)象徵，當然「至人」並不能體現神的整體真實，或是他隱藏的本質。先知穆罕默德曾是他那一代的「至人」，也是神性特別有影響力的象徵。

這種內省與想像的神祕主義，是在自我的深處尋找存有的基礎。它使神祕家不能擁有教條化宗教形式的確定性。因為每個人各自擁有對神的獨特經驗，因此沒有任何一個宗教可以表達出神聖奧祕的全部。並沒有一個大家必須遵從的客觀一神真理；因為這樣的神超越了人格的品類，要預測他的行為與傾向是不可能的。任何因此對自己的信仰抱持沙文主義態度，而以他人為代價，很明顯是不能被接受的，因為沒有任何一個宗教掌握有關神的全部真理。伊本・阿拉比依據《古蘭經》發展出對其他宗教的正面態度，並且把它推展到一個容忍精神的新極致：

我的心能夠千變萬化。
可以是僧侶的修道院，可以是偶像的寺廟，
可以是瞪羚的牧草，可以是卡巴聖廟的信徒，
也可以是刻著猶太律法和《古蘭經》的石板。
愛是我抱持的信仰；不論他的駱駝

轉向何方，它仍然是我唯一真正的信仰。

神的子民在猶太會堂、神廟、教堂和清真寺中，都有如在家一般自在，因為它們都提出一套對神的有效理解。伊本・阿拉比常常說「信仰創造了神」(*khalq al-haqq fi'litiqad*)；假如它指的是特定宗教的人所創造出來的「神明」(god)，而且認定與神本身相同，那麼它可能是輕蔑的說法。這只能滋長不寬容的精神和狂熱主義。伊本・阿拉比不贊成這種偶像崇拜，而提出以下的建議：

不要讓自己完全執著於某個信條，而不相信其他的信仰；否則你將失去許多好的事物，不，你將無法認識到事物的真理。無所不在與無所不能的神，是不可能受任何單一信仰限制的，因為他說：「不論你轉向何方，都有阿拉的臉面。」（《古蘭經，2：109》）每個人讚美他相信的；他的神是他自己的創造物，而讚美它就等於讚美他自己。因此他譴責別人的信仰，假如他公正的話他就不會如此做，而他的厭惡是建立在無知上的。

我們「從未」見到任何神，所見到的只是顯現和賦予在我們每個人具體存在中的「名字」

罷了；我們對位格的主的了解，無可避免的會受到我們生於其中的宗教傳統所歪曲。但是神祕家（*arif*）知道我們的這個「神」只是一個「天使」，或是神性的某種象徵，絕不可與「隱藏的真實」混為一談。因此，他把所有不同的宗教都視為有效的神靈顯現。教條化宗教的神把人類分裂成不同的敵對陣營，而神祕家的神則是統合的力量。

素菲道派——馬拉維亞

雖然伊本・阿拉比的教化對廣大多數的穆斯林而言真的太過艱深，但是這些教化確實滲入一般人當中。在十二到十三世紀期間，素菲派不再是少數運動，而成為穆斯林帝國許多部分的主要伊斯蘭精神。就在這段期間，許多素菲道派（*tariqas*）成立，每一家都提出它對神祕信仰的獨特詮釋。素菲長老對於大眾有極大的影響力，而且常常以和什葉派教長同樣的方式被尊為聖賢。這是一段政治動盪不安的時期；巴格達哈里發逐漸解體，蒙古遊牧族群一個接一個的蹂躪穆斯林城市。人們要求一個比哲學家冷漠的神，以及伊斯蘭傳教士法制的神，更直接、更富有同情心的神。素菲神祕家一種重複聖名以誘發狂喜境界的練習（*dhikr*），不受素菲道派的限制而普遍傳開。嚴謹規範呼吸技術與姿勢的素菲派專注訓練，幫助人們體驗到一種內在超越呈現的感覺。雖然並不是每個人都能夠達到較高的神祕狀態，但是這些精神訓練確實有助人們放棄簡化和以人為中心的一神概念，而把他體驗成是內在自我的呈現。某些素菲道派使用音樂和舞蹈來提升專注，而他們的導師則成為大眾的英雄。

最著名的素菲道派是馬拉維亞(Mawlawiyyah)，它的成員在西方以「旋轉的托缽僧」(whirling dervishes)聞名。他們莊嚴而高貴的舞蹈是一種集中精神的方法。當他不斷旋轉而融入舞蹈中時，素菲神祕家覺得自我的界線消解了，使他預先品味到「寂滅」的滋味。這個道派的創始人是魯祕(Jalal ad-Din Rumi, 1207-73)，他的弟子稱他為馬拉那(Mawlana)，意思是我們的宗師。他出生於中亞的庫魯桑(Khurusan)，但是在蒙古軍隊推進到那兒之前，便逃到今日土耳其境內的孔亞(Konya)。他的神祕主義可以被視為是穆斯林對這次天譴兵災的反應；因為這次災禍可能導致許多人喪失對阿拉的信仰。魯祕的觀念與他同時代的伊本·阿拉比相近，但是他的《詩篇》(*Masnawi*)，也就是一般熟知的《素菲聖經》，卻較受大眾歡迎，而且有助在非素菲派的一般穆斯林間散播神祕家的一神概念。在一二四四年，魯祕懾於雲遊托缽僧侶夏姆斯(Shams ad-Din)的魅力，而把他視為是當代的「至人」。事實上，夏姆斯相信他是先知的再生，而且堅持別人稱呼他為「穆罕默德」。他的名譽令人懷疑，而且眾人皆知他不遵守伊斯蘭的神意法，自視高於這些瑣碎的細節。魯祕的弟子自然擔心他們師父明顯的迷戀行為。當夏姆斯在一場暴亂中被殺時，魯祕極為傷心而花費更多的時間在神祕音樂與舞蹈上。他終於能夠以想像力把他的悲傷轉化成為神的象徵——亦即是神對人性渴求，以及人性對阿拉渴求的象徵。不論知道與否，每個人都在尋找失落的神，隱約的感覺到他與存有源頭之間的隔離。

> 傾聽蘆葦，如何說故事，抱怨分離。
> 自從我從蘆葦床離開後，我的悲歎使得人們呻吟。
> 我要一個為分割所苦的胸懷，
> 這樣我就可以（對這樣一個人）展開愛欲的力量；
> 每個被遠遠拋離他源頭的人，
> 都會想要回到他與它合一的時候。

一般認為，「至人」啟發了許多普通人尋求神；夏姆斯就在詳述這種分離痛苦的魯祕《詩篇》的詩中真情流露。

和其他的素菲神祕家一樣，魯祕把宇宙視為是神無數聖名的神靈顯現。這些聖名中有些顯現了神的憤怒或嚴厲，其他的則表達了神性本質的慈悲性。神祕家不斷地掙扎要從萬物中分別出神的慈悲、愛與美，而將其他的事物去掉。《詩篇》挑戰穆斯林，要他們在人類生活中發現超越的層面，而且看到表象背後隱藏的內在真實。是我們的自我意識，使我們不見萬物的內在奧祕，但是一旦超越這個限制，我們便不再是孤立、分離的存有，而與所有存在的基底合一。魯祕也強調神只可能是一種主觀的體驗。他說了一則摩西和牧羊人的幽默故事，以說明我們對其他人的神性概念應有的尊重。有一天摩西偷聽到一個牧羊人和神熟稔的談話：他要幫助神，不論他在哪裡，他要洗他的衣服，把蝨子捉下來，並在睡前親吻他的手腳。禱詞的最後一句是：「你記得，我所能說的就是『啊呀』和『啊哈』！」摩西大驚失色。牧羊人到底以為他在和誰說話？天地的創造者嗎？聽起來好像在跟他的舅舅談話呢！牧羊人感到懊悔，鬱悶的離開到沙漠中遊走去了，但是神斥責摩西。他要的不是正統的言詞，而是燃燒的愛與謙卑。並沒有所謂正確談論神的方式：

對你是錯的，對他卻是對的，
某人的毒藥，卻是他人的蜂蜜。
淨與不淨，懶散與勤奮的崇拜，
這些對我毫不重要。
我和這一切無關。
崇拜的方式不應彼此比較好壞。
印度教徒做印度教徒的事。

印度的達羅毗荼（Dravidian，印度土著）穆斯林做他們做的事。

都值得讚賞，都是「正確的」。
在崇拜行為中被榮耀的不是我。
是崇拜的人！我不聽他們所說的話，
我看重的是內在的謙卑。
那破碎而敞開的謙遜才是真實，
不是語言！把措辭拋在腦後，
我要的是燃燒，「燃燒」。
和你的燃燒為友。
燃燒你的思想和你表達的形式。

任何有關神的言語都像牧羊人所講的話一樣荒謬，但是當信仰者看透面紗，了解到事物的真相時，他會發現真實和所有人為先入為主的觀念完全不同。

帶入悲觀主義

大約在此時，悲劇也幫助歐洲的猶太人形成了新的一神概念。西方聖戰式的反閃族主義使得猶太社群的生活無可忍受，許多人需要一個比「王座神祕家」經驗的遙遠神祇，更直接而具人格性的神。在第九世紀期間，卡洛尼摩斯(Kalonymos)家族從義大利南部移民到德國，而且帶來某些神祕主義的文獻。但是到了十二世紀，宗教迫害把一種新的悲觀主義帶入德國猶太人的(Ashkenazic)敬神活動中，而這一點在卡洛尼摩斯族三位成員的作品中表達了出來：他們是於一一五〇年左右寫作《恐懼神之書》(*Sefer ha-Yirah*)短文的教士撒母耳長老(Samuel the Elder)，《虔信派教徒之書》(*Sefer Hasidim*)作者的虔信派教徒教士猶大，以及他的表弟，編輯眾多論文與神祕主義文獻的教士艾里札爾 (Eliezar ben Judah of Worms, 1230歿)。他們不是哲學家，也不是系統化的思想家，而且從他們的著作可以看出，他們的觀點借用許多看似不相容的來源。他們對作品被翻譯成為希伯來文，枯燥無味的哲學家撒狄亞(Saadia ibn Joseph)印象十分深刻；而且對如亞西西的法蘭西斯(Francis of Assisi)基督教神祕家也有同樣的感受。從這種奇怪的混合來源中，他們設法創造出一種宗教精神，直到十七世紀對法國與德國的猶太人都一直十分重要。

我們下文會提到，猶太教宣稱否定自身由神創造的享樂是有罪的。但是德國的虔信派教徒卻宣揚和基督教苦行主義類似的否定享樂說。假如猶太人拒絕享樂，而且放棄如養寵物或陪小孩玩的休閒活動，他就只能在來世見到神的現身。猶太人應該要培養神一樣的冷漠，對輕蔑和侮辱保持無動於衷。但是神可以朋友相稱。沒有「王座神祕家」會夢想像艾里札爾一樣稱神為「你」。這種熟悉的感覺慢慢進入禮拜儀式中，描繪一個既內涵而又在他超越的同時親密現身的神：

> 萬物都在你之中，而你在萬物之中；你充滿萬物，而且確實涵括它；當萬物被創造時，你在萬物中；在萬物創造出來以前，你是萬物。

他們指出，除了上帝以「榮光」(*kavod*)，或者以「稱為『榭基那』(Shekinah，意為神在世上的呈現）的偉大光芒」將他自己顯現給人類以外，沒有人可以接近神，並以此限定神的內在性(immanence)。虔信派教徒不會對明顯的矛盾感到擔憂。他們把注意力集中在實際的事務上，而不是神學的瑣碎細節，重點在教導他們的猶太人夥伴能提升對神呈現感覺的專注(*kawwanah*)方法和姿勢。靜默是很重要的，虔信派教徒必須緊閉他的眼睛，以祈禱的披肩遮蓋他的頭以避免分心，收縮胃部緊咬牙齒。他們設計了特殊的方式以「延長祈禱」，這種方式可以促進神靈呈現感的發生。虔信派教徒並不只重複禮儀式中的禱詞，他們更應該數每個字的字母，計算他們的數字價值，並超越語言的字面意義。他必須向上引導自己的注意力，以便促發他對更高真實的感覺。

「恩索夫」

在伊斯蘭帝國的猶太人情況，只要當地沒有反閃族的迫害行動就非常快樂，他們不需要這種德國猶太人的虔信教派。不過，他們為了回應穆斯林發展，也發展出一種新型的猶太教。正如猶太哲學家試圖以哲學解釋《聖經》的神，其他的猶太人則試圖賦予他們的神神祕主義和象徵的詮釋。最初這些神祕家只有極少數。他們的宗教是祕密的訓練法，由師父密傳給弟子；他們稱它為「卡巴拉祕教」(Kabbalah)或「繼承的傳統」。但是，最後卡巴拉的神會以哲學家的神從未做到的方式吸引大多數人，並深深影響猶太教徒的想像力。哲學有將神變成疏遠的抽象之虞，但是神祕家的神卻能夠觸及比理性埋藏更深的恐懼與焦慮。「王座神祕家」以外在象徵凝視神的榮光為滿足，而卡巴拉神祕家則試圖要貫穿神與人類意識的內在生活。卡巴拉神祕家並不對神的本質，以及他與世界關係的形上問題作理性的臆測，而是轉向想像力。

和素菲派一樣，卡巴拉神祕家利用諾智派與新柏拉圖主義，區別神的本質和我們在啟示與創世中見到的神。神本身基本上是不可知的，無法想像的，也不具位格性的。他們稱隱藏的神為「恩索夫」(En Sof)，字面的意思是「沒有終點」。我們對卡巴拉的隱藏之神一無所知，因為甚至在《聖經》和猶太《大法典》中也沒有提到他。一位十三世紀的匿名作家寫道：「恩索夫」能夠成為對人類啟示的主題。和耶和華不同的是，「恩索夫」是沒有文獻記載的名字；「他」不是一個人。事實上對「神性」(Godhead) 比較正確的稱呼應為「它」。這是與《聖經》和猶太《大法典》中高度人格化的神徹底的分離出來。卡巴拉神祕家發展出他們自己的神話，以幫助他們探索一個宗教意識的新領域。為了解釋「恩索夫」與耶和華之間的關係，而不對諾智派把他倆看成不同存有的異端邪說讓步，卡巴拉神祕家發展出一種象徵的讀經方法。和素菲神祕家一樣，他們想像一位隱藏之神使自己為人類知曉的過程。「恩索夫」以不可知神性深處散發出的十層神聖真實（*sefiroth*，字面意思是計算），把自己顯現給猶太神祕家。每一層代表「恩索夫」逐漸展開啟示的一個階段，而有自己象徵的名字，但是這些神聖領域的每一層，在某個特定標題下，都包含神的全部奧祕。卡巴拉神祕家對《聖經》中每個字的解釋，都指涉到這十層神聖真實的某一層；每一章節所描述的事件或現象，都在神本身的內在生命中，有其相對應的部分。

伊本・阿拉比見到神慈悲的歎息，神藉此以創造世界的神諭把他自己顯現給人類。同樣的，卡巴拉的十層神聖真實，既是神賦予他自己的名字，同時也是他創造世界的工具。這十個名字一起形成他偉大但不為人知的聖名。它們代表「恩索夫」從他那孤獨不可接近的地方，下降到塵世來的階段。他們通常以下列的順序排出：

1. 「至高無上的皇冠」(Kether Elyon)。

2.「智慧」（Hokhmah）。

3.「知性」（Binah）。

4.「愛」或「仁慈」（Hesed）。

5.「力量」（Din，通常表現在果決的判斷上）。

6.「同情」（Rakhamim），有時稱為「美」（Tifereth）。

7.「持久的耐力」（Netsakh）。

8.「莊嚴」（Hod）。

9.「根基」（Yesod）。

10.「王國」（Malkuth）·，也稱作「樹基那」（Shekinah）。

有時十層神聖真實會以樹狀圖案表示（見附圖），上下顛倒的把它的根長在「恩索夫」不可思議的深度中，而頂端則在「樹基那」這個世界中。樹狀有機的意象表示這個卡巴拉祕教象徵的一體性。「恩索夫」是流通樹枝和賦予生命力的樹液，把它們統合在神祕而複雜的真實中。雖然「恩索夫」與其名字的世界有區別，但是這兩者就像煤炭與火焰一樣是一體的。十層神聖真實代表的是，那照亮仍然無法貫穿之黑暗的「恩索夫」光明世界。它是以另一種方式指出，我們對「神」的概念不可能完全表達它指涉的真實。

然而，十層神聖真實的世界不是神性與我們這個世界間另一個「客觀存在」的真實。

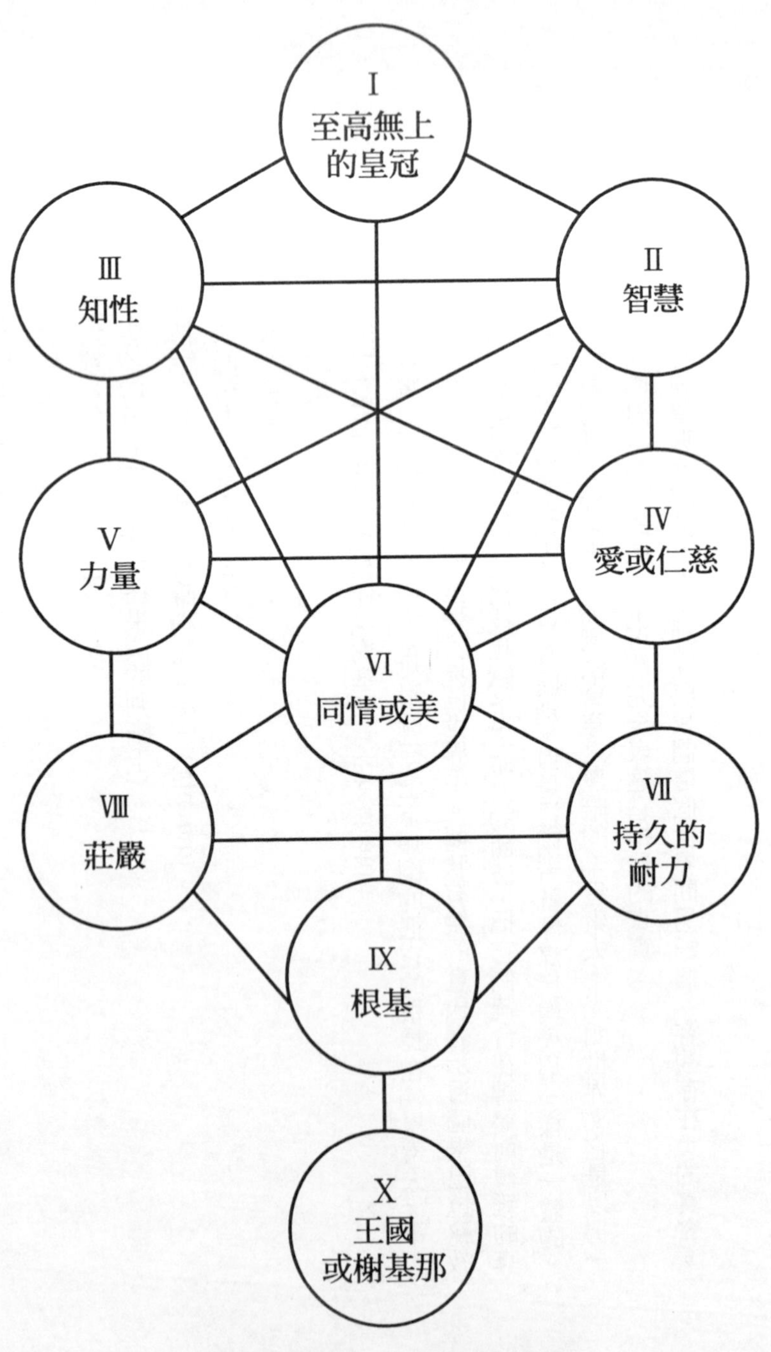

樹狀排列的十層神聖真實

他們不是天與地間的梯階，而是感官經驗世界之下的境界。因為神是一切的一切，所以十層神聖真實就在存在的每件事物上呈現與作用。它們同時也代表神祕家下降自心，上求神過程中經歷的人類意識階段。神與人在這裡又再一次被描述成不可分離。某些卡巴拉神祕家把十層神聖真實視為神原本設計之原始人類的手足。這就是《聖經》中說「人是依神肖象創造」的意義；因為此地的塵世真實，與天上世界的原型真實是相對應的。樹或人的一神意象是一種反抗理性形式，以想像力對真實所作的描繪。卡巴拉神祕家對哲學家並無敵意，他們有許多人十分尊敬沙廸亞和麥摩尼德斯等人物，但是他們發現象徵主義與神話比形上學更能穿透神的奧祕。

最具影響力的卡巴拉祕教文獻就是《光輝之書》（*The Zohar*），它大約是在一二七五年由西班牙萊昂的摩西(Moses of Leon)所著的。他在年輕的時候曾學習麥摩尼德斯的哲學，但卻逐漸感覺到神祕主義與卡巴拉神祕傳統的吸引力。《光輝之書》是一種神祕主義的小說，描述與其子艾里札爾在巴勒斯坦一帶雲遊的第三世紀猶太《大法典》學家塞門(Simeon ben Yohai)，與他弟子談論神、自然與人生的故事。該書並沒有清楚的架構，也沒有對主題或觀念做有系統的發展。這種方式對《光輝之書》的精神而言是很陌生的，因為書中的神抗拒任何精細的思想系統。和伊本·阿拉比一樣，萊昂的摩西相信，神賦予每個神祕家獨特的啟示，因此猶太律法的詮釋方式是沒有限制的；隨著卡巴拉神祕家不斷的進展，一層又一層的意義會顯現出來。《光輝之書》指出，十層神聖真實的神祕發散，乃是非人格化的「恩索夫」形成人格的過程。在最高的三層真實——「至高無上的皇冠」(Kether)、「智慧」(Hokhmah)與「知性」(Binah)中，當「恩索夫」正「決定」要表達他自己時，神聖的真實稱為「他」。當「他」下降到中間的神聖真實——「愛」(Hesed)、「力量」(Din)、「美」(Tifereth)、「持久的忍耐」(Netsakh)、「莊嚴」(Majesty)和「根基」(Foundation)時，「他」變成了「你」。最後當神出現在這個世界(Shekinah)時，「他」便稱他自己為「我」。就是在這裏神成為個人，而他的自我表述也告完成，於是人可以開始他的神祕旅程。一旦神祕家了解他最深層的自我，他便覺察到神在他心中的呈現，然後就可以上升到超越人格與自我中心的更高境界。這是回歸到我們不可想像的存有源頭，以及未造真實的隱藏世界。依據這個神祕主義的觀點，我們感官印象所成的世界，只是神聖真實最後和最外的一層。

和素菲派一樣，在卡巴拉祕教中，創世的教義並不真的關切宇宙的物質起源。《光輝之書》把「創世紀」的解釋，看成是「恩索夫」內部危機的一種象徵表示，它迫使神性從它不可測度的內省中分裂出來，而顯現它自己。誠如《光輝之書》中所說：

> 最初當國王的意志開始產生作用時，他把符號刻入神聖的光環中。一把黑色的火焰從「恩索夫」的最深層中噴出來，就像從無形中形成的霧一樣，包圍在這光環

的圓圈中，非白非黑，非紅非綠，不屬於任何顏色。

在創世紀中，神最初的創造性語句是：「讓光出現！」在《光輝之書》對創世紀的評論（在創世紀開場的「最初」之後，創世紀一詞皆以希伯來文中的*Bereshit*稱之）中，這個「黑色火焰」乃是十層神聖真實的第一層——神性的「至高無上皇冠」。它不具任何顏色或形式，其他的卡巴拉神祕家喜歡把它稱作「無」（*ayin*）。人類心靈所能想像的最高神性形式就是「無」，因為其他存在的事物無法與它相提並論。因此，其他層級的神聖真實都是從「無」中醞釀而生的。這是對傳統「從無創世」（the creation *ex nihilo*）教義的神祕主義詮釋。當光向無盡開展的領域湧現出來的同時，神性自我表述的過程也隨之繼續。《光輝之書》繼續說：

> 但是當這個火焰開始有大小和長度時，它便產生了光芒的顏色。因為在最深處的中心有一口井，火焰就是從這裏往下方世界傾瀉，隱藏在「恩索夫」神祕的祕密中。這口井穿透環繞在它四周的永恆光環，但卻沒有完全穿透。直到在它穿透的衝擊之下，一個隱藏的神點照徹四方時，才完全被看見。超越這一點就沒有事物可以被知道或了解，它是「創世之初」（*Bereshit*）；是創世的第一個字。

這個「點」是十層神聖真實的第二層——「智慧」，包含的是所有事物的理想形式。發展成宮殿或建築物的那一點，就成為第三層的「知性」。第三層最高的神聖真實，所代表的是人類理解的限制。卡巴拉神祕家說，神在「知性」的層次是以偉大的「誰？」（*Mi*）而存在於每個問題的開端。但是這個問題不可能有答案。儘管「恩索夫」逐漸使自己適應人類的限制，我們無法知道他是「誰」，我們上升得愈高，他愈被遮掩在黑暗與神祕中。

以下的七層神聖真實據說與創世紀中創世的七天過程相對應。在《聖經》時代，耶和華最後終於戰勝迦南地的古代諸女神，以及她們的色情崇拜。但是當卡巴拉神祕家試圖要表達神的神祕性時，古老的神話又重新出現，儘管是以不同裝扮的形式進行。《光輝之書》把「知性」層的神聖真實，描述為「神的母親」，她的子宮被「黑色的火焰」貫穿而誕生了十七個較低的神聖真實。第九層的「根基」引發了是否為陽具的臆測；它被描繪成是神聖生命以神祕的生殖行為注入宇宙的管道。但是在第十層神聖真實的「榭基那」中，古代創世與諸神譜系的性象徵主義，才明顯的呈現在猶太《大法典》中，「榭基那」變成神的女性面。卡巴拉祕教最早文獻之一的《智慧書》（*Bahir*，約在一二〇〇年），把「榭基那」當成是諾智派的人物蘇菲亞，她位於神聖發散層級的最後一層，從神聖世界墮落下來，在世間遊蕩、迷失而與神性疏離。《光輝之書》把這個「榭基那的流放」和創世紀中敘述的亞當的墮落連結在一起。它說亞當是在生命之樹的「中間層級」,而在知識之樹的底層「榭基那」。他並沒有一起崇拜中間的七個層級,反而選擇單獨尊崇「榭基那」,把生命從知識中分離,破壞了十層神聖真實的一體性。神聖的生命不再能夠不受阻礙地流入世界中;世界因此從它神聖的源頭孤立出來。但是藉著遵守猶太律法,以色列社群可以治癒「榭基那」流放的創傷,也可以使世界與神性重新結合。不奇怪的是,許多嚴謹的《大法典》學者認為這是個令人厭惡的觀念,但是與古代女神遠離神聖世界遊蕩的神話相呼應的「榭基那」流放,卻成為卡巴拉祕教最受歡迎的部分。女性的「榭基那」帶給神概念一點性別的平衡,因為神的概念過度傾向強調陽剛的一面,所以這個平衡明顯的滿足了一個重要的宗教需求。

神的流放這個概念,也訴求於造成許多人類焦慮原因的分離感。《光輝之書》不斷把邪惡定義成分離的事物,或是進入一種不適合的關係。倫理一神教的問題之一,就在於它的孤立邪惡。因為我們不能接受神有邪惡的觀念,所以我們就可能有無法忍受邪惡在我們身上的危險。於是它可能被推開,變成怪獸和非人性化。西方基督教世界恐怖的撒旦意象,就是這種扭曲的投射。《光輝之書》在神身上發現了邪惡的根;也就是在第五層的「果決判斷」中。「果決判斷」被描繪成神的左手,而「仁慈」則是他的右手。只要「果決判斷」與神聖的「仁慈」和諧運作,就是正面而有效益的。但是如果它破裂而與其他層級的神聖真實分開,那麼就變成邪惡而具有破壞性。《光輝之書》並未告訴我們這個分離是如何發生的。

在下一章我們會談到，後期的卡巴拉神祕家反思邪惡的問題，他們認為邪惡是神在自我顯示的最初階段，所發生的一種原初「意外」結果。如果我們以字面的意義理解，那麼卡巴拉祕教不具意義，但是它的神話證明能在心理上令人滿足。當十五世紀災難與悲劇吞噬西班牙的猶太人時，就是卡巴拉祕教的神幫助他們體悟到苦難的意義。

開啟靈魂，解開結

我們可以在西班牙神祕家阿布拉菲亞(Abraham Abulafia, 1240-1291)的著作中，看出卡巴拉祕教在心理上的敏銳度。他的著作集大約和《光輝之書》同一時期編成，但是阿布拉菲亞專注在培養對神感覺的實用方法上，而不是神自身的本質。這些方法與今日心理心析人員在追求世俗明覺過程中，所使用的方法類似。當素菲神祕家像穆罕默德一樣經驗到神時，阿布拉菲亞宣稱他發現了達到先知式啟發的方法。他發展出猶太式的瑜伽，運用一般集中精神的訓練如呼吸，持咒和某種特殊姿勢的採行，以達到另一種意識狀態。阿布拉菲亞是個不凡的卡巴拉神祕家。他十分博學，在三十一歲因一次強烈的宗教體驗而轉向神祕主義前，他已經研習過《摩西五書》、《大法典》和哲學。他似乎相信自己不僅是猶太人的彌賽亞，同時也是基督徒的彌賽亞。因此，他幾乎遊遍整個西班牙四處收徒，甚至還遠到近東一帶。一二八〇年他以猶太人大使的身分訪問教宗。雖然阿布拉菲亞對基督宗教的批評往往毫不保留，但是他似乎十分欣賞卡巴拉的神與三位一體神學間的相似性。最高三層的神聖真實讓我們想到道與聖靈、從天父來的神的智性與智慧，以及消失在不可接觸光中的「無」。阿布拉菲亞本人喜歡以三位一體的方式來談論神。

為了要找到這個神，阿布拉菲亞教導說，有必要「開啟靈魂，解開綁住的結」。「解開結」這個用語也可以在西藏佛教中找到，這再一次顯示出全世界神祕家基本的共同點。上述的過程或許可以被比喻成心理分析企圖要打開阻礙病患心理健康的情結。身為卡巴拉神祕家，阿布拉菲亞較關心的是，啟動整個創世但卻無法感知的神聖能量。只要我們以建立在感官知覺上的觀念阻礙我們的心，要辨識生命中超越的質素就很困難。藉著他的瑜伽訓練，阿布拉菲亞教導其弟子超越平常的意識，以發現一個全新的世界。其中一個方法是「字母結合術」（*Hokhmah ha-Tseruf*），是以神之名而冥思。卡巴拉神祕家以不同的組合方式組合神之名，目的在將心從較實際的知識模式中脫離出來，以臻於較抽象的知識模式。這種訓練的效果，對門外漢而言，聽起來十分沒有希望，但效果卻十分顯著。阿布拉菲亞把它比喻成聆聽音樂和聲時的感動，字母就好比是音階上的音符。他同時也使用一種觀念聯想的方法，稱為「跳動」（*dillug*）與「輕躍」（*kefitsah*），這顯然與當代自由聯想的分析式作法相似。這種方法據說也達到令人驚訝的成就。誠如阿布拉菲亞所解釋，它揭露了隱藏的心理過程，而且將卡巴拉神祕家從「自然領域的監牢中解脫出來，而且引領『他』到神聖領域的邊界。」就依這種方式，靈魂的「封口」得以打開，而初學者得以發現心靈力量的泉源，使他們的心明覺並減輕他們精神上的痛苦。

就像心理分析的病患需要治療者的引導一樣，阿布拉菲亞堅持心靈的神祕之旅，只能在卡巴拉導師的監督之下才能進行。他充分了解其中的危險，因為他自己在年輕時，便曾受過破壞性宗教經驗之苦，差點使他陷入絕望之地。今天病患們往往會把分析人員加以內化，以便得到他所代表的力量或健康。阿布拉菲亞也類似地寫道，卡巴拉神祕家會常常「看到」和「聽到」他的精神導師，他變成「內在的推動者，並把他內在關閉的門打開。」他感覺到一股新力量的湧現和內在的轉化，它的力量是如此強大，似乎是來自神聖之源。阿布拉菲亞的弟子對出神的狀態做了另一種詮釋；他說，神祕家成為他自己的彌賽亞。在狂喜的狀態中，他面臨的是解脫、覺悟自我的神視：

> 要知道先知經驗的整個精神就在於，他突然間看到他自己的形體站在他面前，他忘了自己，而且從他分離出來……我們的老師（在《大法典》中）告訴我們這個祕密：「先知的力量是偉大的，他們可以比擬形成這個力量的『他』之形態」（也就是說，他們把人比擬成神。）

猶太神祕家一直不願宣稱與神合一。阿布拉菲亞和他的弟子只會說，藉著與精神導師合一的體驗，以及個人解脫的實現，卡巴拉神祕家因此間接地為神所觸碰。中世紀的神祕主義與現代的心理治療有明顯的不同，但是兩種訓練領域都演化出達成治療與個人整合的類似技術。

神祕主義宗教運動

西方的基督徒發展出神祕主義傳統的時間比較慢。他們落在拜占庭與伊斯蘭帝國的一神教徒之後，或許是尚未準備好開始這項新的發展。不過在十四世紀期間，爆發了一場名副其實的神祕主義宗教運動，特別是在北歐。在德國就產生了一羣神祕家：有愛柯哈特(Meister Eckhart, 1260–1327)、陶勒(Johannes Tauler, 1300–61)、大格芻德(Gertrude the Great, 1256–1302)和蘇所(Henry Suso，約在1295–1306)等。英國也對西方的這個發展提供了重大貢獻，並產生了四位神祕家，他們很快地在自己國家以及歐洲大陸吸引大眾的追隨：他們是婁勒(Richard Rolle of Hampole, 1290–1349)、《未知之雲》(*The Cloud of Unknowing*)一書的無名作者希爾頓 (Walter Hilton, 1346歿) 和朱利安(Dame Julian of Norwich，約在1342–1416)。這些神祕家的境界高下有別。以婁勒為例，他似乎陷在追求奇異感覺的境地中而無法自拔：他的精神境界有時帶有自我中心的特質。不過他們中間的佼佼者，卻為他們自己發現了許多希臘人、素菲神祕家和卡巴拉神祕家已達到的洞見。

例如影響陶勒和蘇所極大的愛柯哈特，本身就受到廸尼斯和麥摩尼德斯的影響。他身為道明會修道士，他是極聰明的知識分子，而且在巴黎大學講授亞里斯多德哲學。但在一三二五年，他的神祕主義教理卻使他與其主教，亦即科隆(Cologne)的大主教產生衝突。主教以異端的罪名審訊愛柯哈特；他被指控否定神的善良，宣稱神本身由靈魂產生，以及教導世界是永恆的。即使某些愛柯哈特最嚴厲的批評者都相信他是正統的，錯誤在於教會有意以字面而非象徵意義詮釋他的某些言論。愛柯哈特是位詩人，他極喜愛弔詭和隱喻。雖然他認為相信神存在是理性的，但卻否定單靠理性可以形成任何有關神聖本質的適當概念。他論證說：「證明可知的事物不是訴諸感官就是理智，但是關於神的知識，既不可能從感官知識求證，因為他是無實體的，也不可能從理智得知，因為他不具備任何我們知道的形式。」神不是另一個存有，他的存在不可能像其他平常的思想客體一樣的被證明。

愛柯哈特宣稱神是「無」。這並不表示他是個幻象，而是神的存在形式比我們所知道的更豐富、更圓滿。他也稱神為「黑暗」，並不是表示缺少光亮，而是指出某種較明亮事物的呈現。愛柯哈特同時區別最好以否定詞語，如「沙漠」、「荒原」、「黑暗」與「無」形容的神性，以及我們所知的父、子及聖靈的神。身為西方人，愛柯哈特喜歡用奧古斯汀對人心三位一體的比喻，並引伸其義認為即使三位一體說本身，也不能被理性所知，智力只能感知神為三個位格；一旦神祕家與神合一，他們會把他視為一體。希臘人不喜歡這個觀念，不過愛柯哈特同意他們所說，三位一體說基本上是神祕的教義。他喜愛談論在靈魂中生出子的父，而非瑪麗的子宮孕育基督之時。魯祕也把先知耶穌由處女誕生一事視為神祕家心中靈魂誕生的象徵。愛柯哈特堅稱，這是靈魂與神合作的譬喻。

神只能靠神祕的體驗了解。誠如麥摩尼德斯所建議，我們最好以否定的詞語來談論他。事實上，我們確實必須淨化我們對神的概念，怯除我們荒謬的先入為主觀念，以及以人為中心的意象。我們甚至應避免使用「神」一詞。這是當愛柯哈特說：「人最後與最高的分離就是，為了神而離開神之時」的真正意義。這是個痛苦的過程。因為神是「無」，所以我們也必須準備成為無，以便與他合而為一。在類似素菲派描述的「寂滅」過程中，愛柯哈特談到「淡漠」或甚至「分離」（*Abgeschiedenheit*）。和穆斯林把尊崇除神之外的任何事物稱為偶像崇拜（*shirk*）一樣，愛柯哈特教導說，神祕家必須拒絕被神有限的觀念困住。只有如此他才能與神一致，而神的存在必然是我的存在，神的「是」（*Istigkeit*）就是我的「是」。因為神是存有的基底，所以沒有必要「客觀地」尋求他，也沒有必要把他想像成上升到某個超越我們所知世界以外的領域。

阿哈拉吉曾因高喊「我是真理」而令伊斯蘭法律學者產生敵意，而愛柯哈特的神祕主義教義也震撼了德國的主教：說人能與神合一是什麼意思呢？在十四世紀期間，希臘的神學家激烈地辯論此一問題。因為神是不可接觸的，他自己怎麼可能與人類溝通？假如先祖所說的沒錯，神的本質與他的「活動」或「實現」之間有區別，那麼把基督徒在祈禱經驗的「神」和神本身相提並論，確實是褻瀆的行為。撒洛尼基(Saloniki)的大主教帕拉馬斯(Gregory Palamas)說，雖然看起來很弔詭，但是任何一個基督徒都可能喜歡這種對神的直接知識。是的，神的本質總是超越我們的理解，但是他的「活動」與神並無區別，不應該被認為只是神聖的餘暉。猶太神祕家同意，雖然「恩索夫」總是保持在不可穿透的黑暗中，但是他的「十層神聖真實」(相當於希臘人的「活動」)本身就是神聖的，從神性的心中永恆地流出。有時人們可以直接看到或經驗到這些活動，就像《聖經》裏說神的「榮光」出現一樣。沒有人見過神的本質，但是這並不表示直接與神本身接觸的經驗是不可能的。這個矛盾的主張一定也令帕拉馬斯困擾。希臘人長久以來就一致認為，有關神的陳述「必須」是矛盾的。只有如此人們才能保有他神祕與不可言喻的感受。帕拉馬斯這樣說：

> 我們參與神聖的本質，但是同時它仍然完全不可接觸。我們需要同時肯定這兩個觀點，「把矛盾律當成是正確教義的標準」。

帕拉馬斯的教義並不新鮮；它在十一世紀期間就由新神學家西麋盎提出。但是帕拉馬斯受到卡拉布里亞人(Calabrian)巴爾拉姆(Barlaam)的挑戰，他曾在義大利讀書，並受到聖多瑪斯理性主義的亞里斯多德學說的強烈影響。他反對傳統希臘人區分神的「本質」和他的「活動」的觀點，並指控帕拉馬斯把神分裂成兩個不相連的部分。巴爾拉姆提議的神的定義，可以追溯到古代希臘理性主義者所強調神的絕對單純性。巴爾拉姆宣稱，已被神明覺的希臘哲學家如亞里斯多德教導我們說，神是不可知的而且與我們的世界相距遙遠。因此，人要「看到」神是不可能的；人們只能從《聖經》或創世的驚奇中，間接地感受到它的影響力。巴爾拉姆在一三四一年被東正教會大公議會(Council of the Orthodox Church)所譴責，但是也受過聖多瑪斯影響的僧侶卻對他表示支持。基本上這個議題已成為神祕家的神與哲學家的神的衝突。巴爾拉姆和他的支持者阿金廸諾斯 (Gregory Akindynos，他喜歡摘錄希臘版的《神學大全》)、葛雷哥拉斯(Nicephoras Gregoras)和聖多瑪斯學派的賽東斯(Prochoros Cydones)都與強調靜默、矛盾和神祕的拜占庭沈默神學疏遠。他們喜歡西歐比較正面的神學，把神界定成「存有」而非「無」。針對廸尼斯、西麇盎和帕拉馬斯的神祕神祇，他們設立了一個可以對他作出陳述的神。希臘人一直對西方思想中的這個傾向不信任，而在面對理性主義的拉丁觀念時，帕拉馬斯重申東正教的弔詭神學。神必定無法被化約成能以人類語言表達的概念。他同意巴爾拉姆所說的，神是不可知的，但卻堅稱他已被人們經驗過。在他伯山上轉化耶穌人性的光不是無人見過的神的本質，但是就某種神祕的觀點而言，他就是神本身。依據希臘神學，含藏正教看法的禮拜儀式宣稱，在他伯山上「我們見到父像光，聖靈也像光。」這是當我們像耶穌一樣神化時，對「過去的我們和將來的我們」的一種啟示。當我們在此生冥思神時所「見」到的，並不是神的替身，而是神本身。當然這是一種矛盾的說法，不過基督教的神就是矛盾的；矛盾律與沈默是我們在稱為「神」的奧祕之前唯一正確的姿態，而不是試圖祛除困難的一種哲學「傲慢」。

巴爾拉姆曾試圖使神的概念在邏輯上太過一致；依據他的觀點，神要不是與他的本質相同，就是不同。他試圖要把神局限在他的本質中，而認為他在本質之外的「活動」中出現是不可能的。但這是把神想成仿佛是其他的現象，而且完全建立在人類概念的可能與不可能上。帕拉馬斯堅稱神的心象是雙向的狂喜：人們超越自己，「但」神也藉著超越自己以使其受造物了解他的方式，經歷了超越的狂喜：「神也走出他自己，謙虛地與我們的心結合在一起。」帕拉馬斯的神學在東正教中保有正統地位，且戰勝十四世紀的希臘理性主義者，代表神祕主義在所有三大一神教中更廣泛的勝利。自十一世紀以來穆斯林哲學家就得出以下的結論：理性在如醫藥或科學的研究中是不可或缺的，但是在研究神時，它就相當不適當了。只依賴理性就好像是用叉子喝湯一樣。

在伊斯蘭帝國的許多部分，素菲派的神比哲學家的神獲得更大的優勢。在下一章中我們會看到，在十六世紀期間卡巴拉神祕家的神將成為猶太教精神的主流。神祕主義得以比知性和法制型態的宗教更深刻地打入人心。它的神更可以觸及人心中原始的希望、恐懼與焦慮，哲學家的遙遠之神在這些情緒之前卻顯得束手無策。到了十四世紀，西方已開始它自己的神祕主義宗教，而且有個非常有希望的開始。但是西方的神祕主義從不曾像其他傳統一樣普遍。十六世紀在英國、德國和蘇格蘭東南部低地等產生非常著名神祕家的地方，新教改革家卻公開譴責這個違背《聖經》的宗教精神。在羅馬天主教，主要的神祕家如聖泰瑞莎(St. Teresa of Avila)則常常受到反宗教改革之宗教裁判所(Inquisition of the Counter-Reformation)的威脅。宗教改革的結果造成歐洲開始以更理性主義的名詞來了解神。

改革家的「神」

8

A GOD FOR REFORMERS

決定性的時期

十五和十六世紀對神的所有子民而言，都是具決定性的時期。對於信仰基督教的西方社會而言更是特別關鍵的時期，它不僅成功地追趕上「文明世界」的其他文化，而且即將超過它們。在這兩個世紀間，我們看到迅速傳播到北歐的義大利文藝復興、新世界的發現、以及將為世界其他地區帶來致命結果的科學革命。到了十六世紀末，西方已瀕於創造出一種完全不同的文化。因此，它是個轉變的時代，但正因為如此，除了成就之外，焦慮也成為這個時代的特徵。這在該時代的西方一神觀念中表現得很明顯。儘管他們具世俗成就，歐洲人比以前更關心他們的信仰。非神職的信仰者對中世紀的宗教形式特別不滿，因為它們不再能回應他們在這個美麗新世界的需求。偉大的改革家對此不安發出關懷之聲，而發現思考神與解救的新方式。這把歐洲分裂成兩個敵對陣營——天主教與新教；他們彼此間的憤恨與猜忌從未完全消失。在宗教改革期間，天主教與新教的改革家都激勵信徒不要狹隘地對聖徒和天使奉獻，而只專注在神本身。確實，當時的歐洲似乎被神佔據心靈。但是到了十七世紀初，某些人卻開始對「無神論」產生奇想。這是否表示他們已準備好把神丟掉了呢？

這也是希臘人、猶太教徒和穆斯林的危機時期。一四五三年奧圖曼土耳其攻佔了基督教的首府君士坦丁堡，並摧毀了拜占庭帝國。自此以後，俄國的基督徒會繼續希臘人發展出來的傳統與精神。在哥倫布發現新大陸的一四九二年一月，費迪南(Ferdinand)和伊莎貝拉(Isabella)征服了穆斯林在歐洲最後的大本營——西班牙的格拉納達(Granada)；後來穆斯林會被逐出他們定居達八百年之久的伊比利亞半島。穆斯林西班牙的毀滅對猶太人是致命的打擊。在一四九二年三月，也就是格拉納達被征服後幾週，基督教的君主專制政體給西班牙猶太人的選擇，不是受洗就是放逐。許多西班牙猶太人因為眷戀家園而成為基督徒，儘管某些人仍祕密地奉行他們的信仰；和從伊斯蘭教改信基督教的摩爾人(*Moriscos*)一樣，這些猶太改信者後來受到宗教審判所的迫害，因為他們被懷疑是異端。然而也有大約十五萬猶太人拒絕受洗，而從西班牙被驅逐出來；他們分別到土耳其、巴爾幹半島和北非等地避難。西班牙的穆斯林可說給予猶太人自巴比倫的離散後最好的家園，因此西班牙猶太社區的毀滅讓全世界的猶太人感到悲傷，認為是自紀元七十年聖殿毀滅後，降臨到他們同胞身上最大的災難。流放的經驗比以往更深刻地進入猶太人的宗教意識之中；它導致新型卡巴拉祕教的產生，也演化出一種新的一神概念。

新的保守主義

這對世界其他地區的穆斯林而言，也是複雜的一段歲月。在蒙古人入侵後的幾個世紀，無可避免地造成了新的保守主義，因為人們都試圖要恢復他們所失去的。十五世紀遜尼派伊斯蘭研究學院的法律學者宣告「獨立思考（*ijtihad*）之門已經關閉。」自此以後，穆斯林要練習的是「模倣」（*taqlid*）過去偉大傑出的人物，特別是在研究神意法方面更是如此。在這種保守的氛圍下，要產生有關神的革新觀念是不太可能的，事實上，也不可能產生任何其他新穎的事物。但是像西歐人所想的，把這個時期看成是伊斯蘭衰退的開始也是不正確的。誠如哈德森(Marshall G. S. Hodgson)在《伊斯蘭的冒險，世界文明的良知與歷史》（*The Venture of Islam, Conscience and History in a World Civilization*）一書中所指出的，我們對這段時期的知識根本不足以讓我們作出這樣全面的概括評論。例如，我們在沒有足夠的證據下，就假定穆斯林科學在這段期間衰退下來，這不論怎樣都是不正確的。

這種保守的傾向在十四世紀神意法第一流專家伊本・泰米亞（Ahmad ibn Taymiyah of Damascus, 1328歿）和他的學生加瓦吉亞(Ibn al-Qayin al-Jawziyah)身上浮現出來。為人們喜愛的伊本・泰米亞延伸神意法，使它能應用到所有穆斯林可能遇到的處境。這並不是一種壓抑的訓練；他要怯除過時的規則而使神意法與生活更相關，並減輕穆斯林在這段困難時期的焦慮。神意法應該要針對他們的宗教問題提出清楚而邏輯的答案來。但是基於對神意法的狂熱，伊本・泰米亞攻擊伊斯蘭神學、哲學、甚至阿沙里主義（Asherism，伊斯蘭神學的一支）。和其他的改革家一樣，他要回歸到源頭——《古蘭經》與《聖訓》（神意法即奠基於此），同時怯除所有後來添加的部分：「我曾檢視所有神學與哲學的方法，發現它們不能治療我的疾病，也不能止息我的飢渴。對我而言，最好的就是《古蘭經》的方法。」他的學生加瓦吉亞在這些添加的名單上又加上素菲派，他擁護對經典作字面意義的詮釋，而且譴責素菲崇拜，這種態度與後來歐洲新教改革家的態度，並沒有太大差異。和路德與喀爾文一樣，伊本‧泰米亞和加瓦吉亞並沒有被他們同時代的人視為落伍；他們被視為是進步的，因為他們要減輕他們同胞的負擔。

哈德森警告我們不要把這個時期所謂的保守主義，斥責為「停滯」。他指出，我們之前沒有一個社會可以負擔或想像如今我們享受的進步程度。西方學者常常斥責十五和十六世紀的穆斯林，沒有能認真思考義大利的文藝復興。這是歷史上偉大的文化果實之一沒錯，但是它並沒有超過十二世紀曾啟發穆斯林的中國宋朝文化，或有什麼不同。文藝復興對西方是很重要的，但是沒有人預見現代科技時代的誕生，從後見之明的角度我們可以看出前者預示了後者的發生。假如穆斯林沒有受到西方文藝復興太大的影響，這並不必然表示是不可挽救的文化弊端。不令人感到驚訝的是，穆斯林更關心的是他們自己在十五世紀期間不算微小的成就。

事實上伊斯蘭仍然是這段時期的世界最大強權，而西方驚恐地發覺它正在歐洲的門檻上。在十五和十六世紀期間，有三個穆斯林帝國建立：它們是小亞細亞與東歐的奧圖曼土耳其、伊朗的撒發維王朝(Safavids)，以及印度的蒙兀兒王朝。這些新的冒險顯示伊斯蘭精神絕非垂死，而仍能在災難和解體後，啟發穆斯林再度興起，獲取新的成功。這三個帝國都各自達到了相當高的文化成就。有趣的是，薩發維王朝在伊朗與中亞的文化復興，與義大利的文藝復興十分相似；兩者皆以繪畫傑出地表現自己，而且都感覺到自己創造性地回歸到文化中的異教根源。然而，儘管這三大強權的力量與偉大，所謂的保守心態仍然很普遍。早期的神秘家與哲學家如法拉比和伊本・阿拉比，都曾有意識地開拓新的基礎，而這段時期所見到的，則是細膩小心地重複古老的主題。這使西方人更難欣賞，因為我們的學者已經忽略這些比較現代的伊斯蘭冒險過久，而且哲學家與詩人期待讀者的心靈，能儲存過去的意象與觀念。

什葉派與遜尼派

然而，這裡有與當代西方發展相似之處。一個新型的十二教長什葉派，在撒發維王朝統治下的伊朗成為國教，這就是什葉派與遜尼派間前所未有的敵意開端。在此之前，什葉派與比較智識傾向且具神祕性的遜尼派，有許多共同之處。但是在十六世紀期間，這兩派不幸和當時歐洲教派戰爭類似地形成了敵對的陣營。撒發維王朝創建者伊朗國王依斯麥爾(Ismail)於一五〇三年在亞塞拜然(Azerbaijan)掌握權力，並把他的勢力擴展到伊朗西部和伊拉克。他決心要消滅遜尼派，並且強迫什葉教派以前所未有的殘忍對待他的臣民。他認為自己是他這一代的什葉教長。這個運動類似歐洲的新教改革運動，兩者都有反抗傳統的根源，都反對貴族政體，而且都與皇家政府的建立有關。改革後的什葉派在他們的領土中廢除了素菲教的道派，這使我們想到新教徒毀掉修道院的情形。不令人感到驚訝的是，他們對在領土內壓迫什葉派的奧圖曼帝國遜尼派產生啟發作用，也採取了不妥協的態度。

視自己為站在最近一次聖戰前線，對抗西方十字軍的奧圖曼人，也對他們基督徒的屬民產生一種新的不妥協態度。但是，如果把整個伊朗宗教組織看成是狂熱的，也是不正確的。伊朗的什葉派傳教士對這個改革後的什葉派抱持藐視的態度：和與他們對立之遜尼派不同的是，他們拒絕「關閉獨立思考的大門」，而堅持他們有權不受伊朗國王控制，自主的詮釋伊斯蘭。他們拒絕接受撒發維王朝，以及後來的卡加爾(Qajar)王朝為教長的繼承者。相反的，他們與反抗統治者的人民結盟，而成為伊斯蘭社會在依斯法汗(Isfahan)及後來在德黑蘭，對抗皇家壓迫的鬥士。他們發展出支持商人與窮人有權對抗伊朗國王侵犯的傳統，正因為如此，他們才能在一九七九年動員人民，對抗伊朗國王巴勒維的腐敗政權。

穆拉·薩德拉

伊朗的什葉派也發展出他們自己的哲學，繼續蘇拉瓦底的神祕主義傳統。此一什葉派哲學的創建者達馬德（Mir Damad, 1631歿）既是科學家也是神學家。他把神聖之光看成與穆罕默德及教長們等具象徵性人物的明覺一致。和蘇拉瓦底一樣，他強調宗教經驗的無意識心理質素。但是伊朗學派最崇高的代表人物，卻是達馬德的弟子施拉吉(Sadr al-Din Shirazi，約在1571-1640)，他通常是以穆拉·薩德拉(Mulla Sadra)之名為人所知。今日許多穆斯林視他為所有伊斯蘭思想家中最深刻的一位，宣稱他的著作乃是形上學與穆斯林哲學特質的宗教精神融合的縮影。不過，他近來才逐漸為西方所知，在本書寫作之時，他的許多論文中只有一篇被翻譯成英文。

和蘇拉瓦底一樣，薩德拉相信知識不僅只是獲得資訊，而且也是轉化的過程。蘇拉瓦底描述的「純粹意象世界」對他的思想十分重要：他自己把夢與心象視為是真理的最高形式。因此，伊朗的什葉派仍然把神秘主義視為是發現神最適當的工具，而不是純粹的科學和形上學。薩德拉教導說，「師法神」(*imitatio dei*)是哲學的目標，不可能局限於任何一個教義或信仰。誠如伊本·希那證明的，只有神這個至高無上的真實擁有真正的存在(*wujud*)，而這個唯一的真實賦予從神聖領域到塵土整個存有鍊的生機。薩德拉不是一個泛神論者。他只是把神當成是所有存在事物的源頭：我們所看見和經驗到的存有，只不過是以有限形式承載神光的軀殼罷了。神也超越世俗的真實。所有存有的一體性並不表示神單獨存在，而是類似光芒四射的太陽一樣。和伊本·阿拉比一樣，薩德拉也把神的本質，或「黑暗性」

(Blindness)與它許多不同的顯現加以區分。他的看法與希臘神祕家及卡巴拉神祕家的看法並無太大差異。他把宇宙看成是從「黑暗」中放射出來，形成許多層級的「單一珠寶」；這些層級也可以被看成是神以他的屬性或「象徵」(*ayat*)開展自我啟示的層級。它們同時也代表人類回歸存有源頭的階段。

與神結合並不需要等到來世。和某些希臘神祕家一樣，薩德拉相信它可以透過知識在此生就獲得實現。不用說他並不單指知性、理性的知識；在上升到神那兒時，神祕家需要穿越「純粹意象世界」。神不是可以被客觀了解的真實，而是可以在每一個穆斯林意象塑造的功能中發現。當《古蘭經》或《聖訓》談到天堂、地獄或神的王座，它們所指的並不是在不同地方的真實，而是指隱藏在感官現象帷幕下的內在世界：

> 人們渴望的每件事，他欲求的每件事，都立即的呈現在他的面前，或者我們應該說：要描繪他的欲望本身，就是去經驗欲望所求物體的真正呈現。不過，甜美與快樂乃是天堂與地獄，善與惡的表達，這一切之所以能構成他另一世的報應，都是因為人根本的「我」，由他的意圖與計劃、他內在的信仰及他的行為而形成。

和他極為尊敬的伊本·阿拉比一樣，薩德拉不認為神坐在另一個世界，一個所有信徒可以在死後修補的外在客觀世界。天堂與神界是在自己內心，在每個人都具有的個人意象世界中發現。每個人的天堂或神都不可能完全相同。

寬容與合作的精神

尊崇遜尼派、素菲派、希臘哲學家及什葉派教長的薩德拉提醒我們，伊朗的什葉派不總是排他和狂熱的。在印度，許多穆斯林也培養出對其他傳統寬容的類似態度。雖然伊斯蘭在文化上主控印度的蒙兀兒王朝，但是印度教仍然發展得生機蓬勃而富創造性，某些穆斯林與印度教徒甚至在藝術和智識的項目中合作。印度半島長久以來一直是宗教寬容的自由之地，在十四和十五世紀期間，最具創造性的印度教形式強調宗教理想的一體性：所有的道路都是有效的，只要它們強調對神的內在之愛。這很明顯的與印度兩大主流伊斯蘭精神的素菲派和伊斯蘭哲學相應。某些穆斯林與印度教徒組成交互信仰的團體，其中最重要的就是由上師拿馬克(Guru Namak)在十五世紀時創建的錫克教(Sikhism)。這種新形的一神教相信，阿拉與印度教的神是一致的。在穆斯林這一邊，與達馬德和薩德拉同時代的伊朗學者芬迪里斯基(Mir Abu al-Qasim Findiriski, 1641歿)，在依斯法汗教授伊本•希那的著作，同時也花了許多時間在印度學習印度教和瑜伽。我們很難想像同時代研究聖多瑪斯神學的羅馬天主教專家，會對一個甚至不屬於亞伯拉罕傳統的宗教，表現類似的熱衷態度。

這種寬容與合作的精神在蒙兀兒王朝第三位君主阿克巴爾(Akbar)的政策中顯著的表現出來；他在一五六〇年到一六〇五年期間統治該國，並尊重所有的信仰。由於受到印度教徒的影響，他便成素食者，放棄甚為喜愛的打獵活動，而且禁止在他的生日或印度教聖地以動物為犧牲。一五七五年他建立了一座「禮拜之屋」(House of Worship)，來自各宗教的學者都可以在那裡聚會討論神。其中來自歐洲的耶穌會傳教士顯然是最積極的一支。他建立了自己的素菲道派，奉獻於「神聖的一神教」(*tawhid-e-ilahi*)；這個一神教激進的宣稱，信仰那可以顯現在任何正確引導的宗教中的一神。阿克巴爾的一生在阿拉米(Abulfazl Allami, 1551-1602)的著作《阿克巴爾之書》中被頌揚；該書試圖把素菲派的教義應用到文化史中。阿拉米把阿克巴爾視為理想的哲學家皇帝和當代的「主人」。如果像阿克巴爾這樣寬容的統治者能開創出一個寬大而自由的社會，文明就能走向普遍的平和。伊斯蘭原始意義中對神「臣服」的精神，可以由任何信仰達成；他稱為「穆罕默德宗教」的信仰並不能獨佔神。然而，並不是所有的穆斯林都和阿克巴爾看法一致，許多人認為他會危害到伊斯蘭的信仰。他的寬容政策只有當蒙兀兒王朝保持強大地位時才能維繫。當他們的力量式微時，許多團體開始反抗蒙兀兒的統治者，穆斯林、印度教徒與錫克教徒間的宗教衝突也隨之升高。歐倫塞貝(Aurengzebe, 1618-1707)國王可能是相信在穆斯林陣營中貫徹較高的紀律，可以恢復伊斯蘭社會原有的純一；他頒布法令禁止如飲酒等的放縱行為，停止與印度教徒的合作，降低印度教徒節慶的數目，並加倍徵收印度教徒商人的稅賦。他的部落主義政策最驚人的表現，就是廣泛地摧毀印度教廟宇。這些完全與阿克巴爾寬容路線背道而馳的政策，在歐倫塞貝死後被禁止，但是蒙兀兒帝國從此無法自他假上帝之名合理化的毀滅性偏執中恢復過來。

超越，再超越

阿克巴爾一生中最嚴峻的對手之一，乃是傑出的學者舍辛迪長老(Sheikh Ahmad Sirhindi, 1564-1624)，他也是個素菲神祕家，和阿克巴爾一樣的被其弟子尊為「至人」。舍辛迪站出來反對伊本・阿拉比的神祕主義傳統，阿拉比的弟子後來把神視為是「唯一的」真實。前面我們已提過，薩德拉主張這個「存在的唯一性」(*wahdat al-wujud*)的看法。這是神祕主義對伊斯蘭信仰者表白——「阿拉是唯一真實」的重述。和其他宗教的神祕家一樣，素菲神祕家也經驗到萬物一體的境界，而且覺得與整個的存在合而為一了。但是舍辛迪把這種感知斥為一種純粹的主觀體驗。當神祕家專注在神身上時，其他的事物便從他的意識中漸漸消失，但是客觀的真實並非如此。實際上，任何有關神與世界一體或一致的言論，都是非常錯誤的觀念。事實上，我們不可能直接經驗到神，他完全超越人類的了解；「他是神聖的，超越那超越的，再超越，再超越。」神與世界間的關係只能間接透過對自然「象徵」

的冥思才能了解。舍辛迪宣稱他自己已和伊本・阿拉比一樣，超越了神祕家狂喜的狀態，而達到更高、更沈靜的意識境界。他利用神祕主義與宗教經驗重新肯定哲學家客觀而不可接近的遙遠一神真實。他的觀點受到弟子們的熱切歡迎，但是仍然相信神祕家內在主觀之神的大多數穆斯林則非如此。

被驅逐的猶太人

當芬迪里斯基和阿克巴爾等穆斯林尋求了解其他信仰者時，西方的基督徒卻在一四九二年證明，他們甚至不能容忍與亞伯拉罕的其他兩個宗教的接近。在十五世紀期間，反閃族主義逐步在歐洲升高，一個城市接一個城市的猶太人被驅逐出去：一四二一年從林茲(Linz)和維也納，一四二四年從科隆(Cologne)，一四三九年從奧格斯堡(Augsburg)，一四四二年及一四五〇年從巴伐利亞(Bavaria)，以及一四五四年從摩拉維亞(Moravia)。他們在一四八五年的佩魯幾亞(Perugia)、一四八六年的維森沙(Vicenza)，一四八八年的帕爾馬(Parma)、一四八九年的魯加(Lucca)和米蘭，以及一四九四年的突斯卡尼(Tuscany)也都遭到逐出的命運。西班牙猶太人的放逐必須要放在這個較廣泛歐洲趨勢的系統中來了解。定居在奧圖曼帝國的西班牙猶太人，持續為一種精神錯置的感覺所苦；它是伴隨著生還者非理性、不可消除的罪惡感而產生的。或許這與在納粹大屠殺中，設法生存下來的猶太人所經驗到的罪惡感，並無太大差異；因此，今日有些猶太人為西班牙猶太人在十六世紀演化出來，並幫助他們接受流放命運的宗教精神所吸引，是極富意義的。

新型態的卡巴拉祕教可能起源於奧圖曼帝國的巴爾幹(Balkan)省，許多西班牙猶太人在那裡定居。一四九二年的悲劇似乎使得猶太人普遍渴求先知預言的以色列救贖。某些猶太人由卡羅(Joseph Karo)和阿卡巴茲(Solomon Alkabaz)帶領，從希臘移民到以色列的家園巴勒斯坦。他們的宗教精神致力於撫平由流放帶給猶太人和他們的神的痛苦和屈辱。他們說他們要「將『樹基那』從塵土中升起。」不過他們既不尋求政治的解決，也不預期猶太人會大舉返回預許之地。他們在加利利(Galilee)的薩菲德(Safed)定居下來，而且從他們無家可歸的體驗中發現深刻的意義，因而開啟了非凡的神祕主義復興運動。在此之前卡巴拉祕教只吸引菁英階層，但是在這次災難後，全世界猶太人熱切地轉向更具神祕主義傾向的宗教精神。哲學的安慰現在似乎很空洞：亞里斯多德聽起來枯燥無味，而他的神遙遠又不可接觸。事實上，許多人把這場災難歸咎於哲學，宣稱它削弱猶太教，並沖淡了以色列的特別使命感。異教哲學的普遍性與包容性說服許多猶太人接受洗禮。哲學將不再是猶太教中的重要精神。

更直接的一神經驗

人們渴望更直接的一神經驗。在薩菲德，這個渴望幾乎強烈到一種性愛飢渴的程度。卡巴拉神祕家習慣在巴勒斯坦的山丘間遊走，並且躺在偉大猶太《大法典》法學家的墓地，儼然想要把他們的觀點融入自己困頓的生命中。他們常常徹夜不眠，像受挫戀人般的對神唱情歌，並且以他們喜歡的名字暱稱他。他們發現卡巴拉祕教的神話與訓練，以形上學和《大法典》研究所不能做到的方式，打開他們封閉的心靈，並觸及到他們靈魂中的痛苦。但是因為他們的情況和《光輝之書》作者萊昂的摩西大不相同，被流放的西班牙猶太人需要調整他的觀點，以便能夠針對他們特別的情況發言。他們得出一個想像力超凡的解決之道，也就是把絕對的無家可歸看成是絕對的神聖(Godliness)。猶太人的流亡象徵所有存在心中的劇烈錯置感。不僅整個創世不再處於正常的狀態，就連神也從自己流放出來。薩菲德的新卡巴拉祕教幾乎在一夜之間贏得大眾的歡迎，不僅成為啟發西班牙猶太人的大眾運動，同時也使得在歐洲基督教世界中找不到落脚處的德國猶太人燃起新希望。這個異常的成功顯示，外人覺得奇怪甚至迷惑的薩菲德神話，確實具有點出猶太人狀況的力量。它是幾乎所有人都能接受的最後一次猶太人運動，而且在全世界猶太社群的宗教意識中，造成深刻的改變。卡巴拉祕教的特殊訓練只有入會的菁英才能學習，但是它的觀念，它的一神概念卻成為猶太教虔信的標準表現。

為了要正確的解析這個新的一神洞見，我們必須知道這些神話並不是要以字面的意義來了解的。薩菲德的卡巴拉神祕家明白，他們使用的意象十分大膽，並且常常用「它或許是如此」，或者「我們可能會這樣認為」等表達方式，為他們的話留下餘地。但是任何有關神的談話都是不確定的，即使《聖經》有關宇宙創造的教義也是如此。卡巴拉神祕家也和哲學家一樣，覺得這點很困難。他們兩者都接受柏拉圖主義式的「流出」隱喻，其中包括神和從他綿延流出的世界。雖然先知們強調神的神聖性與世界分開的事實，但是《光輝之書》則認為由神的十層神聖真實所成的世界，就是整個真實。假如他是一切的一切，怎麼可能和世界分開呢？寇多維洛(Moses ben Jacob Cordovero of Safed, 1522-1570)清楚地看出其中的矛盾，並試圖處理這個問題。在他的神學中，神「恩索夫」不再是不可理解的神性，而是世界的思想；他與所有受造物在它們理想的柏拉圖式狀態中合而為一，但卻與它們下方有缺陷的實體分隔開來。「只要存在的每件事物包含在他的存在中，（神）就涵括所有存在。」他解釋說，「他的本質呈現在他的十層神聖真實中，而他自己是每件事物，除他之外沒有任何事物存在。」他的觀點非常接近伊本．阿拉比和薩德拉的一元論。

但是薩菲德的卡巴拉祕教英雄兼聖徒路里亞(Isaac Luria, 1534-1572)試圖以前所未有、最震撼的一神觀念，更完整的解釋神之超越性與內在性的弔詭。大部分的猶太神祕家都對他們的神性經驗保持緘默。這種宗教精神的矛盾之一是，神祕家宣稱他們的經驗是不可言喻的，但卻準備要把它全寫下來。不過，卡巴拉神祕家對這點很謹慎。路里亞是第一個以他個人的魅力，吸引弟子歸於其神祕主義門下的聖徒(Zaddikim)。他不是作家，我們對其卡巴拉體系的了解是依據他的弟子維托(Hayim Vital, 1542-1620)和塔布爾(Joseph ibn Tabul)記錄的會話而來；前者著有論文《生命之樹》(*Etz Hayim*)，後者的手稿則到一九二一年才出版。

「退縮」的行為

路里亞面對困擾一神教徒千百年的問題：完美而無限的神怎麼可能創造出帶有邪惡的有限世界呢？邪惡是怎麼產生的？路里亞找到這個答案的方式是，想像當「恩索夫」轉向它自己進行昇華的內省時，在十層神聖真實發散出來「以前」發生了什麼事。路里亞教導我們說，為了要騰出空間給世界，「恩索夫」或許在自身內空出一個區域來。由於這個「收縮」或「退縮」(*tsimtsum*)的行為，神因此創造出一個非他的地方，一個他可以藉自我啟示兼創造的過程來填補的虛空。這是說明由無創世教義的一個大膽嘗試：「恩索夫」的第一個動作乃是從他的某一部分，自我強制放逐出來的。這個觀念和基督徒在三位一體說中，所想像的原初「自我空虛」(*kenosis*)並無太大差異；在這個過程中，神以自我表達的行為空虛自己成為他的子。對於十六世紀的卡巴拉神祕家而言，「退縮」基本上是流放的象徵，它埋藏於所有受造存在結構的底層，並且由「恩索夫」自己經驗過。

由神的「退縮」所創造的「虛空」被想像成一個圓圈，四方皆由「恩索夫」環繞。這是創世紀中所提到的「無形荒地」(*tohu u-bohu*)。在他蜷縮之前，所有神的不同「力量」(後來變成十層神聖真實)和諧地混合在一起。它們尚未彼此從對方分化出來。特別是神的「仁慈」(Hesed)和「果決的判斷」(Din)，完全和諧地存在神之內。但是在「退縮」期間，「恩索夫」把「果決的判斷」從他其餘的屬性中分離出來，並且把它推入他所棄置的虛空中。因此「退縮」的行為不僅只是一種自我空虛的愛，並可以被視為是一種神聖的淨化：神已在他最深處的存有中，把他的「憤怒」或「判斷」(《光輝之書》認為是邪惡的根源)除去。因此，他最初的行為顯示出他對自己的嚴酷和殘忍。既然「果決的判斷」從「仁慈」和其他神的屬性中分離出來，它便具有潛在的危險性。不過「恩索夫」並未完全放棄虛空。一道「細微的」神光穿透《光輝之書》稱為「原人」(Adam Kadmon)形狀的這個圓圈。

「容器破裂」

接下來就是十層神聖真實的流出，雖然並不像《光輝之書》中所說的那種景況。路里亞教導說，十層神聖真實是在「原人」中形成，最高的三層神聖真實──「皇冠」、「智慧」

與「知性」分別從他的「影子」、「耳朵」與「嘴巴」照射出來。但是後來路里亞稱作「容器破裂」(*Shevirath Ha-Kelim*)的災難發生了。十層神聖真實需要包藏在特殊的覆蓋物或「容器」中，以便將它們區別和分隔開來，並防止它們重新與以前的單位融合。這些「容器」或「導管」當然不是物質的，而是由作為純粹之光「表殼」(*kelipot*)的一種較厚重的光組合而成。當這最高三層的神聖真實從「原人」狀態照射出來時，它們容器的功能完全正常。但是當下面六層真實從他的「眼睛」發出來時，它們的容器強度不夠包藏神聖之光而為之粉碎。因此，光便四處分散。有些光向上升回到神性，但是有些神聖的「火花」墜落到空虛的荒地，仍舊困在混沌之中。從此以後，沒有任何事物留在它該在的位置。甚至最高三層的真實也因為這場災難而降到較低的界域中。原有的和諧被破壞了，神聖的火花則從神性流放出來，迷失在無形的荒地中。

這個奇怪的神話使我們想起早期諾智派「原初錯置」(primordial dislocation)的神話來。它所描述創世過程中的緊張狀態，十分接近科學家想像的宇宙「大爆炸」(Big Bang)，而與創世紀中描述的平和而有秩序的發展較不相同。「恩索夫」要從他隱藏的狀態中浮現出來是不容易的：他或許只能以一種嘗試錯誤，邊做邊學的方式進行。在猶太《大法典》中，猶太教法律學者有類似的觀念。他們說神在創造這個世界之前，已經創造了其他世界，並且將它們摧毀。但是這一切功不唐捐。某些卡巴拉神祕家把這個「破裂」(*Shevirath*)比喻成生產的「突破」或是種子豆莢的迸裂。破壞只是一個新創造過程的序曲罷了。雖然每件事物皆不安其位，「恩索夫」會以「重整」(*Tikkun*)的過程，從這明顯混亂的狀態中創出新生命。

在這場災難後，一道新的光從「恩索夫」射出，並穿透「原人」的「前額」。這次十層神聖真實被重新組合成新的結構；它們不再是神的籠統面向。每一層都變成一張「面貌」(*parzuf*)，神整個的位格都由此以獨特的特質顯現出來，這和三位一體中的三個「位格」(*personae*)十分相似。路里亞試圖尋找一種新方法來表達卡巴拉祕教中，不可思議的神把自己誕生成人的古老觀念。在「重整」的過程中，路里亞以位格誕生與發展的象徵概念，來說明神的類似演化過程。它以圖案的形式被複雜化，或者也是最佳的解釋方式。在「重整」的過程中，神恢復秩序的方法是把十層神聖真實，重新組合成以下列順序排列的五個「面容」(*parzufim*)：

1. 「皇冠」(Kether)，《光輝之書》中稱為「無」的最高層真實，變成第一個「面容」，稱作「先祖」(「Arik」Anpin)。
2. 「智慧」(Hokhmah)變成第二個「面容」，稱作「父」(Abba)。
3. 「知性」(Binah)變成第三個「面容」，稱作「母」(Ima)。
4. 「判斷」(Din)、「仁慈」(Hesed)、「同情」(Rakhamim)、「耐力」(Netsakh)、「莊

嚴」(Hod)和「根基」(Yesod)都變成第四個「面容」，稱作「性急者」(Zeir Anpin)。

他的夥伴是：

5. 最後一層真實的「王國」(Malkuth)或「榭基那」(Shekinah)，變成第五個「面容」，稱作「性急者的女人」(Nuqrah de Zeir)。

在這裡，性的象徵是為了描繪十層神聖真實重新結合的大膽嘗試，它會癒合容器破裂時發生的裂痕，並且恢復原有的和諧。「父與母」(Abba and Ima)、「性急者及其女人」(Zeir and Nuqrah)這兩「對」男女進行交媾(*ziwwug*)，而這在神內部男女質素的交合所象徵的就是恢復的秩序。卡巴拉神祕家不斷警告讀者不要以字面意義解讀這個象徵。這是個虛構故事，設計來暗示無法以清晰理性詞彙描述的整合過程，同時把一面倒的一神陽剛意象加以中性化。神祕家想像的解救不需要依賴類似彌賽亞到來的歷史事件，而是一個神自己必須經歷的過程。神最初的計劃是把人造成他的幫手，協助救贖那些在「容器破裂」過程中分散和陷在混亂中的神聖火花。但是亞當在伊甸園中犯了原罪。假如他不如此，原初的和諧就可以恢復，而神聖的流放在第一個安息日便會停止。不過亞當的墮落重複了原初「容器破裂」的災難。已創造出來的秩序墮落，他靈魂中的神聖之光分散到遠處，而且被困在破碎的狀態中。因此，神演化出另一個計劃。他選擇以色列做為協助他爭取主權和控制的幫手。儘管以色列和神聖火花一樣，在殘酷而無神的離亂境域中四處逃散，猶太人卻負有特殊的任務。只要神聖的火花分散迷失在物質中，神就不完整。謹慎遵守猶太律法並經由祈禱的鍛鍊，每個猶太教徒都可將神聖火花恢復到它們的源頭，而救贖這個世界。在這個解救的看法中，並非神屈就降格地俯視人類，而實際上是好像猶太教徒一貫所堅持的，是神依賴人類。猶太教徒擁有獨特的特權幫助「改造」神，並重新創造他。

路里亞賦予「樹基那」流放這個原始意象新的意義。我們應該還記得，在《大法典》中猶太教士認為「樹基那」在聖殿摧毀後，自動的和猶太人一起流亡。《光輝之書》則把「樹基那」視為是最後一層的神聖真實，而且認為它是神性的女性面向。在路里亞的神話中，「樹基那」在「容器」散裂時，與其他層級的神聖真實一起墮落。在第一階段的「重整」中，她變成「性急者的女人」，而與「性急者」（第六個「中間層級」的神聖真實）交配後，幾乎被重新整合入神聖世界。但是當亞當犯下原罪後，「樹基那」又再一次墮落，從其餘的神性中流放出來。基督宗教的諾智派曾發展出非常類似的神話，但路里亞極不可能接觸過他們的作品。他很自然地重創流放的古老神話，而且也符合了十六世紀的悲劇情勢。神聖交媾與流放女神的故事，曾被《聖經》時期的猶太人排斥，當時他們正在發展自己的一神教義。它們與異教主張和偶像崇拜的關連，在邏輯上應該會引起西班牙猶太人的反感。然而，路里亞的神話從波斯到英國，從德國到波蘭，從義大利到北非，從荷蘭到葉門，都熱切地受到猶太人的歡迎：用猶太教的術語來說，它觸碰到埋藏的心弦，並在絕望中賦予新希望。它使猶太人相信，儘管他們許多人生活在可怕的情境中，但是這其中卻含藏終極的意義與重要性。

對人性的正面觀點

猶太人可以結束「樹基那」的流亡。藉著遵守誡律，他們可以重新建立他們的神。把這個神話與馬丁路德和喀爾文約在同時於歐洲創造的新教神學作一比較，是很有趣的事。這兩個新教改革家都宣揚神的絕對至高無上；下面我們會談到，在他們的神學中，人類對他們自己的解救是無能為力的。但是路里亞宣教的是一種「努力」的教義；神需要人類，如果沒有他們的祈禱和善良行為，他就不是很完整。儘管有降臨在歐洲猶太人身上的悲劇，他們對人性還是能夠抱持比新教徒樂觀的看法。路里亞是以冥思的詞彙來理解「重整」的任務。當歐洲的基督徒，亦即天主教徒和新教徒，訂定愈來愈多的教條時，路里亞恢復阿布拉菲亞的神祕主義技術，幫助猶太人超越這種智識活動，開發出較直觀的覺醒來。藉由重新組合聖名字母的方式，阿布拉菲亞的宗教精神提醒我們，「神」的意義不可能用人類的語言適當地表達出來。在路里亞的神學中，也同樣把神性的重組與重塑加以象徵化。維托如此描述路里亞訓練方法產生的巨大情緒性效果：把自己和日常的經驗分離——當別人熟睡時保持徹夜不眠，當別人飲食時絕食，與外界隔離一段時間，卡巴拉神祕家可以專注在與一般語言毫無關聯的奇怪「字詞」上。他覺得他在另一個世界，也可能發現自己彷彿被自己以外的力量佔有，而震撼顫抖。

但是他們卻沒有焦慮。路里亞堅定地表示，卡巴拉神祕家必須先達到心靈的平靜，才能開始精神的鍛鍊。幸福與喜悅是基本而重要的；這裡無須搥胸或自責，也無須對個人的表現感到罪惡或焦慮。維托堅稱「榭基那」不可能生活在悲傷痛苦的地方，我們知道這個觀念是根植於猶太《大法典》中。悲傷由世界邪惡的力量生出，而幸福則使卡巴拉神祕家鍾愛神，而且固守著他。在卡巴拉神祕家心中，不論對任何人都不應憤怒或攻擊，即使對異教徒也是如此。路里亞把憤怒視為偶像崇拜，因為憤怒的人是被「奇怪的神」所控制。要批評路里亞的神祕主義是很容易的。誠如史考蘭(Gershom Scholem)指出，在《光輝之書》中十分重要的神「恩索夫」奧祕，似乎在「退縮」、「容器破裂」和「重整」的故事情節中消失了。在下一章中我們會談到，它終將造成猶太教歷史中一段不幸而令人困窘的事件。不過路里亞的一神概念卻能夠幫助猶太人培養出喜樂而仁慈的心靈，同時也在猶太人的罪惡感和憤怒可能使得許多人絕望，甚至完全失去對生命信仰的時候，提供了對人性的一個正面觀點。

《模倣基督》

歐洲的基督徒無法產生這種正面的宗教精神。他們在歷史上也忍受過無法靠學院式哲學宗教減輕痛苦的災難。一三四八年的黑死病，一四五三年君士坦丁堡的敗亡，阿維農囚禁(Avignon Captivity, 1334-42)的教會醜聞和教派大分裂(Great Schism, 1378-1417)等一連串事件，已把人類無能的處境鮮明而顯著的暴露出來，而且使得教會惡名昭彰。不靠神的幫助人類似乎無法將自己從恐怖的困境中解救出來。因此在十四和十五世紀，神學家如牛津的董史考特斯(Duns Scotus of Oxford, 1265-1308)——不要和另一位史考特斯(Duns Scotus Erigena)混淆——以及法國的神學家格爾森(Jean de Gerson, 1363-1429)都強調神的至高無上，他對人類事物的控制就像絕對統治者一樣的有力。人類對他們的解救是無能為力的；善良行為的本身並不值得讚賞，只因為神仁慈地判定它們是善良的。但是在這幾個世紀期間，強調的重點也有所轉變。格爾森本身是個神祕家，他相信最好要「掌握住神的愛，不要好高騖遠的探求」，也不要「依據真正信仰的理性來尋求了解神的本質。」我們前面談到，神祕主義在十四世紀的歐洲掀起高潮，人們開始體會到理性不足以解釋他們稱為「神」的奧祕。誠如坎皮斯(Thomas à Kempis)在《模倣基督》(*The Imitation of Christ*，按：早期譯為《師主篇》)中所說：

假如你不謙遜而使聖三不悅，縱然你把它講得高妙，又有什麼用？……我寧願覺得悔悟，也不願界定它的意義。假如你能背誦全部《聖經》和哲學家的學說，而沒有神的恩寵與慈愛，又怎麼幫助你呢？

雖然《模倣基督》一書的宗教信仰十分陰鬱、沈悶，但是卻成為所有西方宗教精神經典中最受歡迎的著作之一。在這幾個世紀期間，敬神的對象愈來愈集中在耶穌這個人身上。天主教中拜苦路(stations of the cross)的宗教修持，特別著墨於耶穌生理上的痛苦與悲傷等細節。一位匿名作者所寫的十四世紀冥思錄告訴我們，當經過一整夜冥思「最後晚餐」和「園中痛苦」(Agony in the Garden)圖象，一早醒來後，讀者的眼睛還應該是哭得紅腫的。讀者此時應該立刻沈思耶穌的審判，並且隨著他前往「髑髏地」受難，時刻不間斷地繼續下去。讀者被激發想像自己祈求當局挽救耶穌的生命，和他比肩坐在牢獄中，並親吻他上了鎖鍊的手與腳。在這個陰暗沈悶的故事情節中，幾乎沒有強調「復活」一事。相反的，重點卻放在耶穌脆弱的人性上。劇烈的情緒以及令當代讀者興奮的病態好奇，可以說是這些描述的主要特質。甚至偉大的神祕家如瑞典的布里吉特(Bridget)或諾爾維奇(Norwich)的茱利安(Julian)，都對耶穌的生理狀態臆測，其瑣細的程度到令人恐怖的地步：

我看到他可愛的臉乾枯、沒有血色、蒼白得像死人一樣。它變得更蒼白、死氣沈沈而無生氣。然後死去，它開始發青，隨著血肉之軀繼續耗死，又逐漸變成深青色。對我而言，他的熱情主要是透過他神聖的臉龐表現出來，特別是他的嘴唇。在那裏我也看到了這四種同樣的顏色，雖然不久前他們就像我見到的那樣鮮活、紅潤而可愛。看著他隨著死亡而變化是件可悲的事。他的鼻孔太過收縮，而在我面前乾枯，他可愛的身體隨著死亡乾枯而變成黑色及棕色。

這使我們想起十四世紀德國的耶穌釘死十字架像中，怪誕扭曲的形象以及湧出的鮮血，這種畫風當然在格倫沃德(Matthias Grünewald, 1480–1528)的作品中達到極致。茱利安具有看清神的本質的偉大洞見；她把三位一體描繪成活在我們的靈魂中，而不是「客觀存在」的外在真實，像個真正的神祕家一樣。但是西方把注意力集中在人身耶穌上的力量，似乎強大得令人無法抗拒。在十四與十五世紀期間，歐洲人愈來愈把人當成精神生活的中心，而不是神。中世紀的瑪麗敬禮和聖徒敬禮，隨著對人身耶穌漸增的奉獻而增加。對歷史遺跡和聖地的狂熱，也使西方基督徒從唯一必要的事情上分心出來。人們似乎專注於神「以外」的任何事。

重新解讀神

西方心靈的黑暗面在文藝復興期間甚至更明顯。文藝復興的哲學家與人文主義者，對大多數的中世紀虔信持高度批判的態度。他們非常不喜歡經院式神學，覺得他們對神艱深的臆測，使神變得疏離而無趣。相反的，他們要回歸到信仰的根源，特別是奧古斯汀。奧古斯汀以神學家的身分受到中世紀人們的尊敬，但是文藝復興的人文主義者卻重新解讀《懺悔錄》，而把他當成追求個人信仰的同伴。他們爭論說，基督教不是一堆教義而是一種經驗。瓦拉(Lorenzo Valla, 1407–57)強調把神聖的教條和「辯證的把戲」、「形上學的詭辯」混在一起是無用的；聖保羅本人也譴責過這種「無用」。派特拉克(Francesco Petrarch, 1304–74)說過，「神學實際上是詩，有關神的詩。」它之有效並不是因為它「證明」任何事，而是因為它打動人心。人文主義者重新發現了人性的尊嚴，但這並沒有使他們拒絕神；相反的，作為他們時代的中堅分子，人文主義者強調的是已成為人的神之人性。不過古老的不安全感仍然存在。誠如派特拉克所說：

> 多少次我沈思自己的悲慘和死亡；我用洪水般的眼淚想要洗去我的汙點，所以我談到它時少有不哭泣的，不過到目前為止，一切都是徒然。神確實是最好的，而

我是最壞的。

因此人與神間存在著極大的距離：沙路塔提(Coluccio Salutati, 1331-1406)和布魯尼(Leonardo Bruni, 1369-1444)都把神視為完全超越，而且不可能讓人心觸及的。

不過德國哲學家與神職人員尼古拉斯(Nicholas of Cusa, 1401-64)對我們了解神的能力較有信心。他對新科學極感興趣，認為可以幫助我們了解三位一體的奧祕。例如，只處理純粹抽象的數學可以提供其他學科做不到的準確性。因此數學的「極大」與「極小」概念雖然明顯是對立的，但是事實上卻可以在邏輯上視為一致。這種「對立的統一」(coincidence of opposites)包括了神的觀念。「極大」這個概念包括所有事物：它隱含有一體與必然的概念，直接指向神。此外，「極大」的線不是三角形、圓形或球體，而是這三者的綜合：對立的統一也是一種「三位一體」。不過，尼古拉斯聰明的證明並沒有太多宗教的意義。它似乎把神的觀念化約成邏輯的難題。但是他認為「神包括一切，甚至矛盾」的信念，卻與希臘正教認為所有真正神學必須是弔詭的觀點接近。當他以一個精神導師而不是哲學家或數學家的身分寫作時，尼古拉斯察覺到，基督徒在尋求接近神時，必須「放下一切」而且「甚至要超越智識」和所有感官與理性。神的真面目將仍舊掩藏在「祕密和神祕的靜默中。」

大女巫狂熱

文藝復興的新洞見沒有辦法訴求於這些深層恐懼，就像神一般，超越了理性之所能及。尼古拉斯死後不久，在他的祖國德國爆發了一場危害特別劇烈的心理恐懼症，並且傳播到整個北歐。一四八四年教宗英諾森八世(Pope Innocent VIII)出版了一道「至高渴望」通諭(Bull *Summa Desiderantes*)。這標示了所謂「大女巫狂熱」(the great witch craze)流行的開始，它在十六和十七世紀期間陸續傳播到整個歐洲，為新教與天主教社群帶來極大的苦難。它顯現出西方心靈中隱藏的黑暗面。在這次可怕的迫害中，數以千計的人被殘酷地刑求，直到他們坦承令人震驚的罪惡為止。他們說他們與魔鬼性交，從幾百哩以外的地方飛來縱酒狂歡，在猥褻的彌撒中被崇拜的是撒旦而非神。我們現在知道當時並無女巫，這場狂熱代表的是一場由博學的宗教審判者與他們的受害者共同分享的巨大集體幻想；他們曾夢想過這些事情，所以很容易就相信它們真的發生了。這場幻想是與反閃族主義和深層的性恐懼有關。撒旦乃是由善良而有力量到不可能地步的神所顯現的陰影。這在其他的一神宗教中從未發生過。例如，《古蘭經》說得很清楚，撒旦將在最後審判日被赦免。某些素菲神祕家宣稱，他從神的恩典墜落，因為他比其他天使更愛神。神在創世日曾命令他向亞當鞠躬，但是撒旦拒絕，因為他相信自己只能屈從於神之前。然而撒旦在西方變成一個無法駕馭的邪惡形象。人們逐漸以性慾不斷和擁有巨陽的龐大動物來代表他。誠如孔恩(Norman Cohn)在他《歐洲的內在魔鬼》(*Europe's Inner Demons*)一書中所說，把撒旦描繪成這種模樣，不只是人們潛伏之恐懼和焦慮的投射而已。女巫狂熱同時也代表了無意識對壓迫性宗教和顯然冷酷無情之神的強制性反抗。在刑求室中，審判者與「女巫」一起創造了這個幻想；它是基督教的逆轉現象。「黑色彌撒」(The Black Mass)遂成為恐怖，但卻邪惡得令人滿足的儀式，它崇拜魔鬼而不是那看來嚴苛並且太令人驚嚇、不易相處的神。

馬丁路德(Martin Luther, 1483-1546)曾堅信巫術，而且把基督徒的生活看成是對抗撒旦的戰場。宗教改革運動可以被看成是針對此一焦慮而發的企圖，儘管大部分的宗教改革者並未推行任何新的一神概念。當然，把十六世紀發生在歐洲的一長串宗教變遷稱為「宗教改革運動」是太過簡化了。實際發生的運動並不如這個名詞所代表的那樣愼思熟慮和統一。許多宗教改革者——不論是天主教徒或新教徒——都試圖要表達出那強烈感受到，卻尚未被概念化或有意識思考過的新宗教自覺。我們並不知道「宗教改革」發生的確切原因；當代學者警告我們不要輕信教科書中的解釋。這些變遷並不如一般認為完全與教會的腐化有關，也不是因為宗教熱情的消退。事實上，歐洲當時似有一股宗教熱情，引領人們批判他們原先視為理所當然的弊端。宗教改革家的真正概念全都來自於中世紀的天主教神學。和十六世紀一般信徒的新虔信與神學覺醒一樣，主義的興起以及德國與瑞士城邦的興起，都扮演了部分的角色。此時歐洲也有一種高漲的個人主義意識，這往往會激烈修正當前的宗教態度。歐洲人並不以外在集體的方式表達他們的信仰，反而開始探索宗教內在的反應。所有這些因素造成了痛苦而激烈的變遷，而促成西方邁向現代性。

在他改變信仰之前，馬丁路德幾乎對取悅他所憎恨的神的可能性絕望了：

> 雖然我像僧侶一樣的過著無罪的生活，但在神之前我良知不安地覺得自己是個罪人。我也不能相信我的努力已取悅了他。我一點也不愛那處罰罪人的正義之神，反而憎惡他。我是個好修士，我是如此嚴謹地守著我的清規，如果有修士可以因謹遵修院規則而升天堂，我一定是那個人。所有我在修道院的同伴可以證實這點……但是我的良知使我不能確定，我總是懷疑地問說，「你沒有做好。你悔悟不夠。你沒有告解完整。」

今天許多基督徒……不論是新教徒或是天主教徒——都會體認到這個症候群，這是宗教改革也不能完全消止的。馬丁路德的神是以他的憤怒為特質。沒有一位聖徒、先知或「詩篇」作者能夠承受這個神聖的憤怒。只試圖要「盡最大的努力」是不夠的。因為神是永恆而全能的，「他對自我滿足罪人的激怒也是不可測量而無限的。」他的意志不是我們所能發現的。

遵守神的律法或是某個教派的規則，並不能解救我們。事實上，律法只會帶給我們責備與恐懼，因為它顯示出我們不當的程度。律法並沒有帶給我們希望的訊息，反而顯現了「神的憤怒，以及我們在神眼中的罪惡、死亡與詛咒。」

十字架神學

馬丁路德個人的突破是出現在他形成「稱義」（justification）的教義之後。人類無法解救他自己。神提供每件必要的事來「稱義」，亦即恢復罪人與神之間的關係。神是積極的，而人只能是消極的。我們「良好的努力」和律法的遵守，不是我們稱義的「原因」，而是結果。我們能夠遵守宗教的誡律，只因為神已經拯救了我們。這是聖保羅所說「由信仰稱義」的意思。馬丁路德的理論並無新意；它自十四世紀早期便已在歐洲流行。但是一旦馬丁路德理解它，而且使它成為自己的觀念，便覺得自己的焦慮一掃而空。隨之而來的啟示「使他覺得有如再生，而且像是進入敞開的天堂大門一般。」

但是他仍然對人性十分悲觀的。到一五二〇年他已發展出自己的「十字架神學」。他從聖保羅借用這個名詞；保羅曾告訴改信基督教的哥林多人說，基督的十字架告訴我們「神的愚痴比人類的智慧還聰明，神的柔弱比人類的堅強還要強。」神赦免「罪人」，但從純粹人類的標準而言，他是一定要受懲罰的。神的堅強顯現在人類眼中的柔弱事物之中。路里亞教導他的卡巴拉神祕家說，神只能在愉悅與寧靜中找到，馬丁路德則宣稱「神只能在苦難與十字架中才能找到。」從這個立場出發，他發展出一套對付經院神學的論證，以分辨出假的神學家和真的神學家：前者展現了人類的聰明，「把無形的神看成是可以清楚感知的事物」，後者則「從苦難與十字架理解神有形和顯現的事物。」三位一體與道成肉身的教義以教會歷來教父表達的方式來理解，自然令人懷疑：它們的複雜性說明這是錯誤的「榮光神學」(Theology of glory)。不過馬丁路德仍然相信尼西亞、以弗所(Ephesus)和迦克敦(Chalcedon)等正統派。事實上，他的稱義理論必須依賴基督的神性和他三位一體中的位格。雖然這些傳統的一神教義根深柢固的植於基督徒的經驗中，不是馬丁路德或喀爾文所能質疑的，但是馬丁路德拒絕了假神學家艱深的神學形式。當他面對複雜的基督論教義時，他問說：「這和我有什麼關係呢？」他唯一需要知道的就是基督是他的救贖者。

無法看見的知識與黑暗

馬丁路德甚至懷疑可以證明神的存在。唯一能從如聖多瑪斯所用的邏輯論證中演繹出來的「神」，乃是異教哲學家的神。當馬丁路德宣稱說我們因「信仰」而稱義，他並不是指採用正確的一神觀念。他在一場講道中說，「信仰不需要資訊、知識與準確性，而是要對他那沒有感覺、沒有經驗而未知的善良，自由地臣服且愉快地信賴。」他預示了巴斯噶與祈克果對信仰問題的解決方案。信仰並不是要贊同某個信條的命題，它不是正教觀點中的「信仰」。相反的，信仰是必須以信才能在黑暗中躍昇掌握住的真實。它是「一種無法看見的知識與黑暗。」他堅稱，神嚴格禁止對他的本質作臆測性的討論。試圖依靠理性來接近他可能會很危險，而且會導向絕望，因為我們所能發現的就是神的力量、智慧與公正，這只會恐嚇到有罪的罪人。基督徒不應進行對神的理性討論，而應該獲取《聖經》中顯示的真理，把它們融入自己的生命中。馬丁路德在《簡要教理問答》(*Small Catechism*)中，以他制定的信條顯示該如何做到這點：

我相信耶穌基督，永恆天父的後裔，以及耶穌的人身，由童女瑪麗所生，是我的主；他替我這個迷失而被譴責的受造物贖罪，而且把我從所有的罪惡、死亡和魔鬼的力量中解救出來，他不是用銀和金，而是用他神聖而珍貴的血，以及他無辜的苦難與死亡來拯救我，以便我或許能成為他的，在他之下和他的王國中生活，並且以永不中斷的正義和幸福侍奉他，甚至他從死亡復活而永遠為王時亦復如是。

馬丁路德曾受過經院派神學的訓練，但是他回歸到較單純形式的信仰中，而且對不能安撫他內心恐懼的十四世紀枯燥神學採取反抗行動。但是當他試圖確切解釋「為何」我們可以稱義時，也可能令人覺得艱深難懂。馬丁路德的英雄奧古斯汀曾經教導說，授與罪人的正義，並不屬於人自己的，而是神的，馬丁路德針對這點做了點微妙的修正。奧古斯汀說這個神聖的正義變成我們的一部分；馬丁路德則堅稱它仍然在罪人之外，但是神卻把它認為「彷佛」是我們自己的。諷刺的是，宗教改革運動會導致教義上更大的混淆，以及衍生出許多作為教派旗幟的新教義，其考究與瑣細的程度與它們要替代的某些教義如出一轍。

馬丁路德宣稱，當他形成他的稱義教義時，他已獲得再生，但事實上並不是他的所有焦慮都得到緩和。他仍然是個騷動不安、易怒而暴烈的人。主要的宗教制統都宣稱，任何宗教精神的嚴格考驗，表現在它溶入日常生活中的程度。誠如佛陀所說，大覺悟之後人應該「回到市街去」，學習培養對眾生的慈悲。平和、沈靜與關愛的仁慈是所有真正宗教洞見的標幟。然而，馬丁路德是個激烈的反猶太主義者，厭惡女人的人，對性極為憎惡，而且相信所有反抗的農民都該被殺死。他的憤怒之神心象使他個人充滿憤恨，一般認為他好戰的特質使宗教改革運動遭到極大的傷害，在他早期宗教改革家的生涯中，他的許多觀念都得到正統天主教的支持，它們本有可能為教會注入新活力，但是由於馬丁路德的攻擊性策略，而使得它們受到不必要的懷疑。

喀爾文主義

從長期的角度而言，馬丁路德並不如喀爾文(Joha Calvin, 1509-64)來得重要。他倡導的瑞士宗教改革，在文藝復興理想上的扎根較馬丁路德為深，對於行將浮現的西方精神產生了深遠的影響。到十六世紀末，「喀爾文主義」已成為一個國際性的宗教，不論是好是壞，它能改變社會，而且能啟發人們相信自己能夠成就他們要做的任何事。喀爾文的觀念啟發了一六四五年克倫威爾(Oliver Cromwell)統治下的英國清教徒革命，以及一六二〇年代的新英格蘭墾殖。馬丁路德的觀念在他死後基本上局限在德國境內，但是喀爾文的觀念則似乎較有發展。他的弟子們進一步衍伸他的教義，並促成了第二波的宗教改革運動。誠如史學家羅帕(Hugh Trevor Roper)所說，喀爾文主義比羅馬天主教容易被他的信徒揚棄，因此俗語說「一旦成為天主教徒，一生都是天主教徒。」但是喀爾文主義本身卻給人留下另一種印象：一旦被揚棄，它可以用世俗的方式表達出來。這種情形在美國特別明顯。許多不再相信神的美國人謹守清教徒的工作倫理，並接受喀爾文教派的「選民」(election)概念，認為他們自己是「被選中的國家」，他們的國旗和理想具有準神聖的目的。我們從前文的討論可以知道，從某個意義而言，主要宗教都是文明的產物，說得更明確些，是城市的產物。他們的發展都發生在富有商人階級對舊有異教秩序取得優勢，並且要自己掌握命運的時候。喀爾文教派的基督教在歐洲新興城市中，因為當地居民想要擺脫壓迫階層的桎梏，對布爾喬亞階級(bourgeoisie)特別具有吸引力。

和較早的瑞士神學家慈運理(Huldrych Zwingli, 1484-1531)一樣，喀爾文並不特別對教條感興趣，他的關懷主要放在宗教的社會、政治與經濟層面。他想要回歸到《聖經》中較簡單的虔信，卻墨守三位一體的教義；儘管這個名詞出處是沒有《聖經》依據的。誠如他在《基督宗教的原理》(*The Institutes of the Christian Religion*)一書中所寫的，神宣稱他是唯一，卻「明顯的以三個位格存在的方式表現在我們面前。」一五五三年西班牙的神學家瑟維特(Michael Servetus)被喀爾文以否定三位一體說的罪名處決。在此之前，瑟維特是從天主教的西班牙逃到喀爾文的日內瓦避難，宣稱他已回歸使徒及教會早期先祖的信仰，他們從未聽過如此異常的教義。瑟維特爭論說，《新約》並沒有與嚴格一神主義的猶太經典有任何相左之處，這個見解倒不失客觀公正。三位一體的教義是人所編造出來的，「它使人心從真正基督的知識分離出來，帶給我們的是三個分裂的神。」他的信念得到兩位義大利宗教改革家布郎德拉塔(Giorgio Blandrata，約在1515-1588)和蘇西尼(Faustus Socinus，1539-1604)的贊同。他們兩人都逃到日內瓦，但是都發現他們的神學對瑞士的宗教改革運動而言太過激進；他們甚至不贊同傳統西方贖罪的觀念。他們不相信人類可因基督的死亡而稱義，而是因為他們的「信仰」和對神的信賴使然。索契努斯在他《救主基督》(*Christ the Savior*)書中，斥責所謂的尼西亞正統神學：，他認為「神之子」一詞並不是有關耶穌神性的陳述，而只是表示他特別得到神的喜愛。他並不是以死贖我們的罪，而只是位「示範、教導我們解救之道」的老師。至於三位一體說，它根本就是個「怪物」，是「厭惡理性」的想像虛構故事，而且還鼓勵信徒相信三個不同的神。在瑟維特被處決後，布郎德拉塔和蘇西尼一起逃往波蘭和川斯法尼亞(Transylvania)，並把他們的「唯一神教派」(Unitarian，不承認三位一體者)的宗教一起帶去。

慈運理和喀爾文所依據的是比較傳統的一神觀念，而且和馬丁路德一樣，他們強調神的絕對主權。這不只是智識上的信念，而是某種強烈的個人經驗所產生的結果。一五一九年八月他在蘇黎士開始神職生涯後不久，慈運理感染了後來造成該城四分之一人口死亡的瘟疫。他感覺全然無助，並了解到他絲毫不能解救自己。他並未祈求聖徒幫助，也沒有央求教會代他說情。相反的，他把自己完全交給神的仁慈。他作了下面這首簡短的禱詞：

隨你的意思做囉！
因為我不什麼也不缺。
我是你的容器，
可以盛裝，也可以被摧毀。

他的臣服與伊斯蘭的理想類似：就像猶太人與穆斯林的發展階段一樣，西方的基督徒不願再接受中介者，而要在神面前發展出不可分割的責任感來。喀爾文的改革宗教也是建立在神的絕對統治上。他並沒有完整的告訴我們他改變信仰的經驗。在他的《詩篇評註》（*Commentary on the Psalms*）中，他直截了當的告訴我們，這完全是神造成的。他曾被教會組織和「教宗的迷信」迷惑住。他既不能也不願打破束縛得到自由，是神採取行動才改變了他；「最後，神用他具有遠見的隱密韁繩，把我的道路轉向另一個方向……我突然間變為溫馴，他馴服了我多年來過於頑固的心。」神是唯一的控制者，而喀爾文是絕對無能為力的，不過他覺得自己被挑選出來從事特殊的任務，正是因為他對自己的失敗與無能有敏銳的感覺。

命運預定論

自奧古斯汀以來，激烈的信仰轉變一直是西方基督教的特質。新教會在美國哲學家詹姆斯（William James）稱作給「病態靈魂」「再生」（twice-born）的宗教中，繼續激烈地打破過去的傳統。基督徒在神的新信仰中「再生」，而且拒絕中世紀教會裡一群站在他們與神之間的中介者。喀爾文說，人們因為焦慮才尊崇聖徒；他們想要獲得接近神的人的支持，以安撫憤怒的神。但是在他拒絕聖人崇拜的舉動中，新教徒往往也在無意中洩露出另一種同樣嚴重的焦慮。當他們聽到這些聖徒不受影響的消息時，他們原本對這個不妥協的神的許多恐懼與敵意，就在強烈的反應中爆發出來。英國的人文學者莫爾(Thomas More)在許多那些對聖徒「偶像崇拜」的謾罵中，發現一種人身攻擊式的仇恨。這在他們搗毀偶像的暴力行為中表現來。許多新教徒與清教徒非常認真的看待《舊約》中詛咒偶像的教訓，他們把聖像與童貞瑪利亞的雕像打破，而且把白漿投擲到教堂的壁畫上。他們瘋狂的熱情顯示，他們對冒犯這個易怒而嫉妒的神，仍舊和他們祈求聖徒代為求情時一樣的害怕。這同時也顯示，這種只崇拜神的熱情不是從冷靜的信念產生，而是從造成古代以色列人拆毀以希拉(Asherah)女神的竿子，以及他們鄰族罵不絕口的焦慮否定中產生的。

喀爾文是因為他對「命運預定論」(predestination)的信仰而為人所知，但是事實上這並不是他思想的核心；這個想法直到他死後才成為「喀爾文主義」的重要部分。如何調和神的全能全知與人類自由意志間的問題，將從以人類為中心的一神概念中產生。前面我們談過，穆斯林在第九世紀期間曾起而對抗這個難題，但卻沒有找出任何邏輯或理性的解決之道；相反的，他們都強調神的神祕與不可思議。這個問題從來沒有困擾過希臘正教的基督徒，他們喜歡弔詭，而且覺得它是光明與啟發的泉源，不過它卻一直是西方基督教神學爭論的精髓，他們普遍接受位格性的一神觀點。人們試圖談論神的「意志」，彷彿他是個人，與我們同樣受到束縛，而且像塵世的統治者一樣統治著世界。然而天主教教會曾譴責神命定那些受詛咒者永遠在地獄的觀念。例如奧古斯汀曾把「命定論」一詞應用到神解決被選中者的決定，但卻否定某些失落的靈魂註定要下地獄，儘管這是他思想的邏輯推論。喀爾文在《基督教的組織》一書中，談到命定論這個主題的篇幅極少。他承認，當我們環顧四周，神似乎確實比較優惠某些人。為什麼某些人會對福音書有反應，而其他人卻無動於衷？神是獨斷而不公平的嗎？喀爾文否定這點；他認為這種明顯選擇某些人而拒絕其他人的作法，乃是神的神祕性的一個象徵。這個問題沒有理性解決的辦法，這個論調似乎意味神的愛與公正是不能調和的。但這並沒有過度困擾喀爾文，因為他對信理並不是很感興趣。

然而在他死後，當「喀爾派教徒」需要把他們自己和路德教派及天主教作一區別時，卻曾是喀爾在日內瓦左右手，並在他死後接掌領導權的伯撒(Theodorus Beza, 1519–1605)，卻把「命定論」變成喀爾文教派的明顯標幟。他用冷酷無情的邏輯一舉消除所有的弔詭。因為神是無所不能的，因此人對他自己的解救無能為力。神是永恆不變的，而他的命令是公正而永恆的，因此他自永恆以來即已決定解救某些人，並命定剩餘的人受到永恆的詛咒。某些喀爾文教徒從這可怕的教義中畏懼地退縮出來。在荷蘭、比利時與盧森堡一帶的亞米紐斯(Jakob Arminius)爭論說，這是個壞神學的例子，因為它把神當成好像只是個人一樣來論述。不過喀爾文教徒相信神可以像任何其他現象一樣客觀地討論。和其他的新教徒與天主教徒一樣，他們逐漸發展出一種新的亞里斯多德主義，強調邏輯與形上學的重要性。這與聖多瑪斯的亞里斯多德主義不同，因為新的神學家對亞氏思想的內容並不那麼感興趣，而是對他理性思考的方法感興趣。他們想要把基督教表現成一個內在連貫的理性體系，可以基於已知的公設從三段論的演繹中得出。這當然是極大的諷刺，因為宗教改革家都反對這種理性地討論神的形式。後期的喀爾文命定神學可以告訴我們，當神的弔詭與神祕不再被視為詩，而被視為內部連貫但恐怖的邏輯時，會發生什麼事。一旦《聖經》依字面意義而非象徵意義來詮釋時，它的一神觀念便成為不可能。把一個神祇狹隘地想像成要為所有發生在地球上的事負責，將造成無法解決的矛盾。《聖經》的「神」不再是超越真實的象徵，而變成殘酷專制的暴君。命定論的教義顯示出這種人格化神的局限。

清教徒的宗教經驗奠定在喀爾文的基礎上，而且明顯的認為神是個掙扎的經驗；他似乎並未帶給他們幸福或慈悲的影響。他們的日記和自傳顯示，他們受命定論和無法被解救的恐懼所困擾。宗教心理的轉變成為他們最關注的事；這個轉變乃是「罪人」與精神導師「爭奪」其靈魂的暴烈、痛苦過程。通常懺悔者必須要經歷嚴厲的侮辱，或對神的恩典真正絕望，直到他體認到他是完全依賴於神為止。這種宗教心理上的轉變一般代表心理上的宣洩，是一種從極端的不安到得意洋洋的不健康擺盪。強調地獄與詛咒加上過度的自我檢討，使得許多人得到臨床上的憂鬱症；自殺現象很普遍。清教徒把這個現象歸因於撒旦；

他在他們的生活中被視為與神一樣強而有力。不過清教確實也有它正面的層次；它在工作上賦予人們自尊，過去工作被認為是奴隸，如今則被視為是一種「召喚」(calling)。它熱切的天啟式宗教精神，啟發了某些人前往新大陸拓荒。但最糟糕的一點是，清教徒的神使人產生焦慮，同時也對那些不在選民之列的人極端的不容忍。

依納爵

天主教徒與新教徒現在彼此把對方視為敵人，但事實上他們的一神概念與經驗卻十分相似。在特蘭特大公會議(The Council of Trent, 1545-63)後，天主教神學家也致力於把神的研究化約成自然科學的新亞里斯多德神學。宗教改革家羅約拉之依納爵(Ignatius of Loyola, 1491-1556)，也就是耶穌會(Society of Jesus)的創始人，贊同新教徒對神直接經驗的強調，以及得到啟示並將它融入生命中的需求。他為首批耶穌會士發展出來的「神操」(*Spiritual Exercises*)是為了要誘發心理的轉變，它可能既是具破壞性、痛苦的經驗，也是極端快樂的經驗。強調自我檢討與個人決定的三十天靜修，是由精神導師一對一指導的，這與清教徒的宗教精神並無太大差異。這種神操在神祕主義中代表的是一種系統化、高度效率化的急進課程。神祕家所演化出的訓練方式，往往與今日心理分析人員所使用的方法類似；因此很有趣的是，這些訓練方法今天也為天主教徒和英國國教徒用來提供另一種治療的方式。

不過，依納爵了解錯誤的神祕主義可能帶來的危險。和路里亞一樣，依納爵在《分辨神類的規則》(*Rules for the Discernment of Spirits*)中，強調寧靜與喜悅的重要性，並警告他的弟子避免把某些清教徒推到瘋狂邊緣的極端情緒。他把修鍊者在靜修期間可能會經歷的多種情緒，區分哪些可能來自於神的，和可能來自於魔鬼的。神的經驗是和平、希望、愉悅和「心靈的提昇」；而不安、悲傷、枯燥和散亂則來自「邪惡的神靈。」依格內舍斯本人對神的感受是很敏銳的；它常常使他喜極而泣，而且他說要是沒有它，他會活不下去。不過，他不信賴情緒的劇烈擺盪，而強調在修鍊新自我的旅途上必須要接受鍛鍊。和喀爾文一樣，他把基督教看成是與基督的接觸，這也是他在「神操」中所構思的；最高的境界是「獲得愛情的沉思」(Contemplation for Obtaining Love)，此時「所有的事物都來自神的善良和它的反映。」對依格內舍斯而言，世界充滿了神。在他被宣布為聖人的過程中，他的弟子回憶說：

> 我們常常看到即使最小的事情，也可以使他的心靈上升到神那兒；神即使在最小的事情中，也是最偉大的。依納爵看到一株小樹、一片葉子、一朵花或一個水果，一隻毫不起眼的蟲子，或是小動物，都可以使他飛升到天上，而且可以穿透進入事物超越感官的層面。

和清教徒一樣，耶穌會士把神的體驗看成一種動力，在最佳的狀態下可以使他們充滿自信與能量。當清教徒勇敢地越過大西洋到新英格蘭開墾時，耶穌會的傳教士則環繞世界佈道；沙勿略(Francis Xavier, 1506-1552)把福音傳到日本與印度，利瑪竇(Matteo Ricci, 1552-1610)把福音帶到中國，而諾俾里(Robert de Nobili, 1577-1656)則到印度。和清教徒一樣，耶穌會士也往往是狂熱的科學家，而且一般認為的最早科學社團，不是倫敦皇家協會(Royal Society of London)或是西曼托學院(Accademia del Cimento)，而是耶穌會。

天主教徒似乎與清教徒一樣困擾。例如，依納爵就把自己視為一個大罪人，因此他祈禱在死後，他的身體可以被曝露在糞堆上被鳥和狗吞噬。他的醫生警告他，假如他繼續椎心地在彌撒中哭泣，他可能會失明。在赤脚的加爾慕羅修會(Carmelites，即聖衣會)中改革女性修道院生活的泰瑞莎(Teresa of Avila)，曾在異象中見到為她在地獄中保留的地方。這段時期的偉大聖徒似乎都把世界和神視為不可妥協的對立；換言之，要得救個人必須棄絕世界以及所有自然的情感。一生慈善的保羅(Vincent de Paul)祈禱神會奪走他對雙親的愛；建立聖母訪問會(The Order of the Visitation)的尙達爾(Jane Francis de Chantal)在前往加入她的修女會時，踏過她兒子伏臥的身體；當時他急忙衝到門口要阻止她的離去。文藝復興要調和的是天堂與人世，而天主教改革則試圖要把它們分開。神也許使改革後的西方基督徒有效能而強大，但是他並沒有使他們快樂。宗教改革期間雙方都感到極大的恐懼：僅有的是對過去激烈的斥責，尖銳的譴責與詛咒，對異端與教義偏離的恐懼，對罪惡的過度警覺，以及對地獄的迷戀。一六四〇年荷蘭大主教楊森(Cornelis Jansen)具爭議性的一本書出版了，和新喀爾文主義一樣，書中宣稱的是命定所有人（少數中選者除外）遭到永恆詛咒的恐怖神。喀爾文派教徒很自然地讚賞這本書，認為它「教導了神的恩典是不可抗拒的教義，這是正確而符合改革派的教義。」

無神論者

我們要如何解釋歐洲這普遍的恐懼與驚慌呢？這是個極端焦慮的時代；一個基於科技而成的新型社會正開始浮現，而在不久後征服了整個世界。然而神似乎無法減輕這些恐懼，並提供像西班牙猶太人在路里亞神話中所找到的安慰。西方的基督徒似乎總是把神視為某種緊張扭曲的事物，而尋求減輕這些宗教焦慮的改革家，最後似乎把問題弄得更糟。被認為命定數以百萬計人類遭到永恆詛咒的西方之神，甚至變得比特士良(Tertullian)或奧古斯汀在他們黑暗時刻想像的嚴苛神祇還要恐怖。是不是建立在神話與神祕主義上審慎想像的一神概念，要比純粹以字面意義詮釋其神話的神，更能有效地賦予人們在悲劇與苦惱中求生存的勇氣呢？

事實上，到了十六世紀末，許多歐洲人確定覺得宗教已經遭到極大的貶抑。他們對新教徒和天主教徒彼此仇殺感到噁心。成千上百的人為了堅持根本不可能證明的觀點而成為烈士。教會宣講有關得救的教義種類多到令人困惑的地步，而且還以驚人的速度繼續分化擴增中。神學的選擇太多了：許多人對各方提供的各種宗教詮釋感到麻木而困擾。某些人覺得要成就信仰變得前所未有的困難。因此，在西方神的歷史中的這個時刻，人們開始污蔑「無神論者」便是件很有意義的事：此時的無神論者似乎與神的老敵人、魔鬼盟友的「女巫」一樣的多。據說這些「無神論者」否定神的存在，爭取他人改變信仰到他們的教派中，並且侵蝕社會的結構。但是事實上當時要產生我們今天概念中成熟的無神論是不可能的。誠如費布瑞(Lncien Febvre)在他的經典之作《十六世紀不信的問題》(*The Problem of Unbelief in the Sixteenth Century*)中所提到的，此時完全否定神所存在的概念性困難鉅大到無法克服的地步。從出生受洗到死時埋在教堂墓園中，宗教控制著每個人的生活。隨著教堂鐘聲召集信徒祈禱和作息的每日活動，都被宗教的信仰與組織所滲透；它們控制了專業與公共的生活，即使同業公會與大學也是宗教組織。誠如費布瑞指出，神與宗教是如此的無所不在，以致沒有人在這個階段會想到說：「我們的人生，我們整個的人生，是被基督教所控制，我們已經世俗化的生活領域，和仍由宗教統治、規範和形塑的範圍比較起來，是如此的狹小。」即使有人能例外的達到追問宗教本質和神存在必須的客觀性，他也會發現當時的哲學或科學不能提供支持。在形成一套前後連貫的理由，而且每個理由都能奠定在另一套科學的驗證基礎以前，沒有人可以否定神的存在，他的宗教形塑並控制著歐洲的道德、情感、美學與政治生活。沒有這種論據的支持，這種否定只是個人一時的幻想或興致，根本不值得認真考慮。誠如費布瑞所指出的，地方方言如法文缺乏懷疑主義所需的詞彙與句法。「絕對」、「相對」、「因果關係」、「概念」和「直觀」等字詞都尚未使用。我們也應該記得，到目前為止，沒有一個社會曾消除宗教；宗教被視為生活中理所當然的事實。一直要到十八世紀末，才會有幾個歐洲人覺得有可能否定神的存在。

那麼，當人們互相指控對方為「無神論者」又是什麼意思呢？法國科學家同時也是嚴格的聖方濟各修會(Franciscan order)會士的麥爾森(Marin Mersenne, 1588–1648)宣稱，單是在巴黎就有五萬名無神論者，不過他稱為「無神論者」中的大多數人相信神。因此，蒙田(Michel Montaigne)的朋友卡蘭(Pierre Carrin)在他的論文《三項真理》(*Les Trois Vérités, 1589*)中為天主教辯護，但是在他主要的著作《智慧》(*De La Sagesse*)中，卻強調理性的脆弱，並宣稱人只能靠信仰接近神。麥爾森否定這一點，而把它視為與「無神論」無異。另一個他譴責的「不信仰者」(unbelievers)，乃是義大利的理性主義者布魯諾(Giordano Bruno, 1548–1600)，儘管布魯諾相信某種斯多噶學派的神；他是宇宙的靈魂，開始與結束。麥爾森稱這兩個人為「無神論者」，因為他不同意他們的一神觀念，而不是因為他們否定至高無上存有的存在。同樣的，羅馬帝國的異教徒曾經稱猶太人與基督教徒為「無神論者」，因為他們之間對神性的看法不同。在十六世紀與十七世紀期間，「無神論」這個字仍然專門被用作神學上的辯論。事實上，我們可以稱任何敵人為「無神論者」，就像十九世紀末二十世紀初的人，很容易被貼上「無政府主義者」或「共產主義者」的標籤一樣。

在宗教改革運動後，人們開始以一種新的方式對基督教感到焦慮。和「女巫」（或者，實際上是「無政府主義者」或「共產主義者」）一樣，「無神論者」乃是掩藏焦慮的投射。它反映出一種對信仰的隱藏不安，而且可以當作一種震撼的策略，用來恐嚇善男信女和鼓勵他們遵守道德。在《教會政體的律法》（*The Laws of Ecclesiastical Polity*）一書中，英國國教派神學家胡克(Richard Hooker, 1554-1600)宣稱有兩種無神論者：一種是極少數不相信神的人，另一種是在生活中彷彿沒有神存在一樣的大多數人。人們似乎不能分清這個區別，而把注意力集中在後者比較實際的那種無神論。因此，在《神的判斷劇場》（*The Theatre of God's Judgements, 1597*）中，畢爾德(Thomas Beard)想像的「無神論者」否定神的眷顧、靈魂的不朽和死後生命，但卻沒有明顯否定神的存在。在他的宗教小冊子《無神論的結束與剖析》（*Atheism Closed and Open Anatomized, 1634*）中，溫菲德(John Wingfield)宣稱「偽君子是無神論者；軟弱邪惡的人是公開的無神論者；堅定、固執而自大的侵犯者是無神論者；不接受教誨和不改革的人也是無神論者。」對幫助開墾新大陸的威爾斯詩人沃恩（Wiliam Vaughan，1577-1641)而言，那些提高租金和圈圍公地的人都是明顯的無神論者。英國的劇作家內詩(Thomas Nashe，1567-1601)宣稱，有野心的人，貪吃的人，自負的人和妓女全都是無神論者。

「無神論者」一詞是一種侮辱。它還是不榮譽的徽章。不過在十七到十八世紀期間，西方人培養出一種態度，使得否定神存在不僅可能，而且是可欲的。他們在科學中找到支持的論據。然而宗教改革家的神可以被視為是贊同新科學的，因為他們相信神的絕對主權，馬丁路德和喀爾文都否定亞里斯多德把自然看成內在本具力量的觀點。他們相信自然和基督徒一樣是被動的；基督徒只能接受神的救恩贈禮，而自己則無能為力。喀爾文曾明確地稱讚科學對自然世界的研究；無形的神就是在自然的世界中讓自己為人所知的。科學與《聖經》之間不可能有衝突；神已經在《聖經》中遷就我們人類的限制，就像一個技巧嫻熟的演說者，可以針對聽眾的能力調整他的思想與講詞一樣。喀爾文相信，創世的陳述是個嬰兒語言(*balbutive*)的例子，它把複雜而神祕的過程包容在人們簡單的想法中，以便使每個人都能信仰神。它不應該以字面的意義來了解。

太陽中心論

但是，羅馬天主教會並不總是心胸開放的。一五三〇年波蘭的天文學家哥白尼完成了他的論文《運轉論》(*De revolutionibus*)宣稱太陽是宇宙的中心。本書在他一五四三年死前不久出版的，而且被教會列在禁書的名單上。一六一三年比薩的數學家伽利略宣稱：他發明的天文望遠鏡證明哥白尼的系統是正確的。他的案子變成了著名的案例(*Cause célèbre*)：被傳喚到宗教法庭前的伽利略，被勒令收回他的科學信條，並被判處無期徒刑。並不是所有的天主教徒都同意這個判決，但是在這個保守風氣充斥的時代裏，羅馬天主教會就和其他組織一樣，本能地反抗變遷。教會不同的地方在於它有貫徹反對意見的權力，而且這個平順運作的組織機器，在強迫達到智慧上的一致時，卻可以變得令人可怕的有效率。對伽利略的譴責無可避免地禁止了天主教國家的科學研究，儘管許多早期著名的科學家如麥爾森、笛卡兒、和巴斯噶都仍然忠於他們的天主教信仰。伽利略的例子很複雜，我無意深談其中的政治細節。不過有一件事實對我們現在的陳述很重要；那就是，羅馬天主教會並不是因為太陽中心說危害到對創造者神的信仰才譴責它，而是因為它與《聖經》中的文字發生矛盾。

在伽利略審判期間，這也困擾了許多新教徒。馬丁路德和喀爾文都沒有譴責哥白尼，但是馬丁路德的夥伴墨蘭頓(Philipp Melanchthon, 1497–1560)卻拒絕地球繞太陽轉動的觀念，因為它與《聖經》中的某些章節相衝突。這不只新教徒關心而已。在特蘭特大公會議後，天主教徒已發展出一種對他們自己經典的新狂熱，這部經典就是聖耶柔米的拉丁文《聖經》的武加大譯本(The Vulgate)。用西班牙萊昂宗教審判所(Leon of Castro)在一五七六年所說的話來表明就是，「凡與聖耶柔米拉丁文《聖經》抵觸者，皆須修正，不論是一個句點，一個小結論或一個子句，一個字詞的表達，一個音節或一個字母。」我們知道過去某些理性主義者和神祕家曾以他們自己的方式，脫離以字面意義解讀《聖經》和《古蘭經》的作法，而改採審慎的象徵性詮釋。現在新教徒和天主教徒卻開始把信仰完全建立在對經典的字面了解上。伽利略與哥白尼的科學發現也許不會攪亂以實馬利派、素菲派、卡巴拉祕教及希臘的神祕家，但是它們確實對那些接受新字面主義的天主教徒和新教徒造成問題。地球繞太陽的理論要如何與《聖經》中的說法調和呢？「世界也形成了，它不能移動」；「太陽也升起了，而且太陽下山後又急速地回到它升起的地方」；「他指定月亮為季節；太陽知道他的落下。」神職人員對伽利略的某些談話特別感到不安。假如真如他所說，月亮上可能有生命，那麼這些人是如何從亞當那兒降下來，又如何逃離諾亞的方舟呢？地球轉動的理論要如何與基督上升到天堂的說法調和呢？《聖經》上說天地是為人創造的。如果真如伽利略所說，地球只不過是另一個環繞太陽的行星，上述的說法怎麼可能呢？天堂與地獄被認為是真實的地方，但在哥白尼的系統中卻很難找到它們的位置。例如地獄普遍認為是在地球的中心，但丁就是這麼說的。紅衣主教拜拉明(Robert Bellarmine)，也是新創的「傳信會」(Congregation for the Propagation of the Faith)諮詢伽利略問題的耶穌會學者，就向傳統靠攏說，「地獄與墓地不同，是在地層底下的地方。」他的結論說，它必定在地球中心；他把最後的論證放在「自然理性」上：

最後是自然理性。魔鬼和邪惡、被詛咒的人所在的地方，應該儘可能的永遠遠離天使與幸福人們所在的地方，這點無疑是十分合理的。幸福人的居所（我們的敵對者也同意）是在天堂，而與天堂距離最遠的地方就是地球的中心。

拜拉明的論證今天聽起來是很可笑的。即使是最依表面字義解讀《聖經》的基督徒，也不再把地獄想像成是在地球的中心。不過許多人卻被其他嚴謹的宇宙論中，認為「沒有神存在空間」的科學理論所震撼。

從理性的神中尋求啟蒙

當薩德拉教導穆斯林天堂與地獄是存在於每個人心中的想像世界時，像拜拉明這樣老練的神職人員，卻費力爭論說它們有客觀的地理位置。當卡巴拉神祕家以縝密象徵的態度，重新詮釋《聖經》的創世敘述，並警告他們的弟子不要以字面的意思理解這個神話時，天主教徒與新教徒都堅稱，《聖經》的每個細節都是確有其事。這使得傳統的宗教神話在新科學之前顯得脆弱不堪，而且最終會使許多人根本不相信神。神學家們並沒有為他們的人民準備好面臨這個即將到來的挑戰。自從宗教改革及天主教徒和新教徒對亞里斯多德主義掀起新狂熱以來，他們便開始把神當成彷彿是其他客觀的事實一樣來討論。這最終會使十八世紀末和十九世紀初的新「無神論者」，得以完全除掉神。

因此具有高度影響力的魯汶耶穌會神學家萊席烏斯(Leonard Lessius, 1554-1623)在他的論文《神的眷顧》(*The Divine Providence*)中，便忠於哲學家的神。這個神的存在可以像其他生活的事實一樣，用科學加以證明。宇宙的設計不可能只是隨機的發生，這就指向「原初推動者」(Prime Mover)和「支撐者」(Sustainer)的存在。不過，萊席烏斯的神毫無基督教的味道；他是可以被任何理性者發現的科學事實。萊席烏斯極少提到耶穌。他似乎認為，神的存在可以從普通的觀察，哲學、比較宗教的研究和常識中演繹出來。神已變成另一個存在，就好像西方科學家與哲學家開始探求的一群物體一樣。哲學家沒有懷疑他們對神存在證明的有效度，但是與他們相對的宗教學家最後卻決定，這個哲學家的神幾乎沒有宗教價值。阿奎那也許認為神只是存有鍊中的另一項目——儘管是最高的，但是他個人相信這些哲學的論證，與我們在祈禱中經驗到的神祕之神毫無關聯。但是到了十七世紀初，主要的神學家與神職人員繼續在完全理性的基礎上論證神的存在。許多人直到今日一直這樣做。當這些論證被科學否決，神本身的存在便受到攻擊。不把神的觀念看成不存在於一般字義中，而只能靠祈禱與冥思的想像訓練才能發現的真實象徵，人們愈來愈假定神只是和其他事物一樣的生活事實。我們從如萊席烏斯這樣的神學家身上可以看出，當歐洲朝向現代發展時，神學家自己把彈藥交到未來的無神論者手中，而讓他們否定神的存在；這個神不具宗教價值，讓許多人感到恐怖而不是帶給他們希望與信仰。和哲學家與科學家一樣，宗教改革運動後的基督徒已經實際放棄了神祕家的想像之神，而從理性的神中尋求啟蒙。

啟蒙時代

ENLIGHTENMENT

專技化社會的本質

十六世紀末，西方已開始專技化(technicalization)的過程，由此逐步產生一個截然不同的社會和嶄新的人性典範。這無可避免的會影響西方對神的角色與本質的看法。新近工業化的成就及有效率的西方，也改變了世界歷史的軌跡。文明世界的其他國家發現，要漠視西方世界已日益困難，就像過去當西方落後於其他主要文明時，它如果不能漠視其存在，便只有學習效法。由於這是歷史上的頭一遭，因此要應付西方所產生的問題是十分困難的。例如，直到十八世紀，伊斯蘭教一直是非洲、中東和地中海區域的主控力量。儘管十五世紀的文藝復興，使得西方基督教世界在某些方面領先伊斯蘭世界，但是多元的穆斯林力量很輕易的便能圍堵這些挑戰。奧圖曼帝國不斷在歐洲擴張，而穆斯林本身也能夠對抗那些趁勢崛起的葡萄牙探險者和商人。但到十八世紀結束前，歐洲已經開始主控世界，而它的成就的特性基本上是不可能讓其他國家追趕上的。英國也控制了印度，歐洲正準備將世界盡可能的納入其殖民統治範圍。西化的過程已經開始，同時宣稱獨立於神控制的世俗主義(secularism)崇拜也隨之而來。

什麼是現代專技社會的本質呢？所有以前的文明都是奠基於農業。正如它的名字所示，文明(civilization)是城市(cities)的成就。城市裡的精英靠農民生產的農業剩餘生活，於是有閒暇和資源創造許多文化。和其他許多主要的宗教思想一樣，一神信仰也是同時在中東和歐洲的城市發展起來的。但是這些農耕文明是脆弱的。它們必須依賴穀物、收穫、氣候、土壤腐蝕等變數存活。每個帝國隨著擴張而逐步增加其負擔和責任，最終會超過它有限資源的負荷。在它達到權力的頂峯後，便無可避免的開始衰退、崩潰。然而，新的西方並不仰賴農業文化。它在技術方面的專精，意味著它可不受地域條件和外在、時序循環反復的限制。資本累積所建立的經濟資源，直到近年以前，似乎是可以無限再生的。現代化的過程使得西方經歷了一連串的重大變遷：它導致工業化和連帶而來的農業轉型，知識上的「啟蒙」，以及政治與社會的革命。這些巨大的變遷自然便影響了人們對自己的看法，也使得他們重新修正自己與傳統稱為「神」的極終真實間的關係。

專業化(specialization)是這個西方技術社會十分重要的一環：在經濟、知識、社會各領域的創新，都需要在許多不同領域的特別專業。例如，科學家需要仰賴儀器製造者日益增進的精確度；工業需要新機器、能源，以及科學理論的引進。許多專業交互結織成網而逐漸形成相互依賴；某一領域的創新證明，會啟發另一個不同或甚至從來無關領域的發展。這是個逐步積累的過程。某個專業的成就會因為被其他專業運用而增加，而這又反過來促進該專業的效用。資本在持續發展的基礎上被有系統的再投資和擴大。這些環環相扣的變遷，需要不斷進步而且顯然無法遏止的動力才能達成。愈來愈多各階層的人被捲入這個不斷擴張範圍的現代化過程。文明與文化的成就不再是少數精英所擁有，而要仰賴工廠勞工、地方上的礦工、印刷工和店員。他們不僅只是勞力，而且也是不斷擴增市場中的買主。假如工業社會最重要的價值——效率，要得到保障，那麼這些下層人士學習識字，和某種程度的分享社會財富，便成為不可避免的事。生產量的大幅增加、資本的累積、大眾市場的擴增，以及科學的新發展，在在都造成了社會的革命；擁有土地的士紳階級權力開始沒落，取而代之的乃是中產階級的金融力量。這個新效能也在社會組織等事務中展現出來，逐漸帶動西方臻於其他世界如中國和奧圖曼帝國的水準，並進一步能超越它們。到了法國大革命的一七八九年，公共服務已依其效率與功用來加以衡量了。許多歐洲國家發覺有必要重新組合它們，並不斷重新修訂它們的法律，以便應付現代社會日新月異的情勢。

這在古老農耕社會天命思想中是不可思議的事，因為法律被視為不變而神聖的。這是專技化帶給西方社會自主性的一個徵兆；人們覺得他們從未能如此隨意的主宰自己的事務。前面談到傳統社會對創新與變遷所抱持極深重的恐懼，那是因為文明被視為脆弱的產物，因此任何破壞過去傳統的舉動都會遭到抵抗。然而由西方引介的現代專技社會，卻是建立在持續發展與進步的期待上。變遷被制度化而理所當然。事實上，這些制度化的機構如倫敦的皇家協會(Royal Society)，就是致力於蒐集新知識以替代舊有知識的一例。許多科學領域的專家被鼓勵共同分享他們的發現，以促進此一過程。新的科學機構不但不對它們的發現保密，反而要廣為傳播它們的知識，以便能在它們自己和其他的領域中進一步發展。因此，古代文明世界的老舊保守心態，在西方便由渴求變遷和認定持續發展是可行的信念所取代。和過去恐懼下一代將過著豬狗一般生活不同的是，現在老一代開始期待他們的孩子過得比他們好。歷史的研究由新的神話取代——亦即進步的神話。雖然它成就了偉大的事物，但是由此造成的環境破壞已讓我們了解到，這種生活方式和舊有的一樣脆弱不堪，而且或許也使我們開始領悟到，它和過去其他曾啟發人類的多數神話一樣的虛幻不實。

文化英雄

就在分享各種資源與發現把他們緊繫在一起的同時，新興的專業化趨勢無可避免的卻在其他方面把他們拆散開來。在此之前個人要通曉各種最新知識是可能辦到的。例如，穆斯林哲學家就精通於醫藥、哲學和美學。事實上，伊斯蘭的哲學曾提供其弟子一套有關整體真實有系統而詳盡的解說。到了十九世紀，成為西方社會特色的專業化過程開始變得明顯。許多學科如天文學、化學與幾何學開始變成獨立自主的研究。到了我們這個時代，某個領域的專家，想要在另一領域競爭已完全不可能。於是每個主要的學者很自然的便不會把自己看成是傳統的維護者，而是個先驅者。他是個探險家，就像貫穿世界新領域的航海員一樣。他為了社會冒險投入未知的領域中。努力以想像突破新領域，並在過程中推翻舊殿堂的創新發明家，遂成為文化英雄。

一種新的人性樂觀主義於焉興起，過去一度束縛人類的自然世界，現在則被視為可以控制，顯然是突飛猛進的改變。人們開始相信更好的教育和改進的法律可以使人的靈性更加光明。這種對人類自然力量的新信心，代表人們開始相信他們可以靠自己的努力完成啟蒙。他們不再覺得他們需要依賴繼承的傳統——不論是組織或某個精英，或甚至神的啟示——來發現真理。

然而專業化的經驗同時也意味著，投身於專業化過程的人們愈來愈無法看到事象的全面。因此創新的科學家和知識分子，覺得有義務從頭開始發展出他們自己的生活與宗教理論。他們覺得他們進步的知識與效能，使他們有義務對傳統基督教的真理解釋重新加以檢視，並賦予現代化的意義。新的科學精神乃是實證的，完全建立在觀察與實驗的基礎上。前面曾談到伊斯蘭哲學的古典理性主義，乃是建立在對理性宇宙的先驗信仰上。西方的科學不可能僅依信仰就把理論視為理所當然，各領域的先驅者愈來愈以實事求是的精神，推翻既定的權威與制度，如《聖經》、教會與基督教傳統。原有對神存在的「證明」不再令人完全滿意，對於實證方法充滿熱情的自然科學家與哲學家，不可遏止的想要以他們證明其他現象的方式，來檢驗神的客觀真實。

巴斯噶

無神論仍然不為大眾所接受。我們將談到，大多數啟蒙時代的哲學家仍然隱約相信一位神的存在。不過多數人開始發現，甚至連神都不會被視為理所當然。第一個持此觀點並認真看待無神論的人，或許是法國物理學家、數學家和神學家的巴斯噶(Blaise Pascal, 1623-62)。由於他是個多病、早熟的孩子，從小便與其他孩子隔離，由他科學家的父親教導。他發現這個十一歲的男孩，已經不動聲色的把歐幾里德幾何學第一組的二十三道命題貫通。十六歲時，他發表了一篇幾何學的論文，科學家笛卡兒不相信是由這麼年輕的人所撰寫的。後來他設計了一個計算器，氣壓計和水壓印刷機。巴斯噶家族並非特別虔誠，但在一六四六年他們曾改信楊森派 (Jansenism，由十七世紀荷蘭神學家楊森所創)。

巴斯噶的姊妹賈克林(Jacqueline)進入法國西南部波特—羅雅(Port-Royal)的一所楊森派女修道院，並成為該天主教派中最具信仰熱情的信徒。一六五四年十一月二十三日晚上，巴斯噶自己經歷了一次宗教體驗，這個由晚上十點半到凌晨一點半的體驗，使他了解到他的信仰太疏離、太學術化。在他死後，有關這次天啟經驗的「回憶」(Memorial)被發現縫在他的緊身上衣上：

火焰

「亞伯拉罕的神，雅各的神，」不是哲學家和學者的神。
確實、確實、衷心、喜悅、平靜。
耶穌基督的神。
耶穌基督的神。
「你的神與我的神。」
「你的神將是我的神。」
世界除了神之外，忘記了一切。
他只能通過福音書的教導而被尋獲。

這個基本上屬於神祕經驗的體會表示，巴斯噶的神與本章將討論的其他科學家、哲學家的神有所不同。這不是哲學家的神，而是天啟的神，這個讓他改變信仰的巨大力量，使得巴斯噶傾其生命之力於楊森教派，而與耶穌會士(Jesuits)為敵。

依納爵(Ignatius)認為世界是神的全部，而且鼓勵耶穌會開發神聖無所不在、無所不能的感覺；而巴斯噶和傑森派人士則把世界看成是滲漏而空虛的，是神聖的縫隙。儘管他有前述的天啟經驗，巴斯噶的神仍然是個「隱藏的神」，不能由理性證明發現。《深思錄》(*The*

Penseés)是巴斯噶有關宗教問題的摘要記錄，直到一六六九年他死後才出版。該書對人類處境顯出極度的悲觀。人類的「卑劣」(vileness)是永恆常在的，甚至不可能由基督加以減輕，「他會一直處於極大的痛苦中，直到世界末日」。寂寞感和神不在的恐懼，大致勾劃出當時新歐洲的精神輪廓。《深思錄》持續不斷的廣受歡迎，說明巴斯噶的黑暗精神與他的隱藏之神。對西方宗教意識的某個重要部分具有極強的訴求力量。

因此，巴斯噶的科學成就，並未使他對人類的處境更具信心。當他沈思宇宙的浩瀚無涯時，他為神聖的力量驚嚇得僵住了：

> 我看見人類盲目而又可憐的狀態，我發覺整個宇宙是處於沈默無言的狀態，而人類則好像迷失在宇宙毫無光亮的一角，不知道是誰把他放在那裡，他來做什麼，死後會如何，他不知道任何事情，我為此感到恐怖，這就好像一個人在睡夢中被運到某個恐怖的荒島，一覺醒來，卻發現迷失在無所遁逃的困境中。如此可憐的處境竟然未使人們感到絕望，這令我感到震驚。

這對我們具有建設性的提示作用，我們不應該一面倒的把科學的時代概括為樂觀主義。巴斯噶預見一個不具終極意義的空虛世界是充滿恐懼的。縈繞人類心中一覺醒來置身異邦的恐懼，極少能如此流暢的表達出來。巴斯噶對自己可說是赤裸裸的誠實；和他同時代哲學家、科學家不同的是，他不認為神的存在可被證明。他假想自己與完全不相信的某人爭論，巴斯噶不認為有任何論證可以使對方信服。這在一神教的歷史中是個新的發展。到此為止，倘未有人認真的懷疑神的存在。在這個美麗新世界中，巴斯噶是第一個承認對神的信仰乃是個人選擇的問題。就這個意義而言，他是第一個現代人。

賭注說

巴斯噶對神存在問題的革命性解釋方式，只有從它的衍伸意義中得出，它從未被任何教會公開的接受。大體而言，基督教的辯護者偏好前一章所討論的萊席烏斯的理性途徑。但是此一途徑只能導向哲學家的神，而非巴斯噶通過天啟經驗到的神。他堅稱，信仰不是基於常識得到的理性共識。它是一種賭博。理性不可能證明神的存在，同時也一樣不能證明其不存在：「我們不可能知道神是什麼，也不知道是否他是……理性不能決定這個問題。無限的混沌分開了我們。在這無盡距離的盡頭，一枚被拋起的硬幣不是正面便是反面落下。你將如何下注呢？」但是這場賭博並非完全非理性。選擇神是只贏不輸的。巴斯噶繼續說，選擇信仰神的危險是有限的，而其收穫卻是無限的。當基督徒在信仰之路上不斷前進時，他會不斷意識到明覺的體驗；這種覺察到神顯現的意識，乃是得救保證的徵兆。仰賴外在權威是無益的；每個基督徒都該走出自己的路。

巴斯噶在《深思錄》中的悲觀主義，由一種漸增的理解來加以平衡，這個理解就是當賭注決定後，隱藏的神便會向尋求他的人現身。巴斯噶代神說：「如果你尚未發現我，你就不會尋覓我。」真正的人性不能以論證、邏輯或以接受制度化教會的教導，而開拓出接近遙遠之神的道路來。但是一旦個人決定奉獻於神，虔誠的人可感受到自己被轉化，神成為「虔誠、誠實、謙虛、感恩、充滿善意的真正朋友」。基督徒於是便將發現，在無意義和絕望中產生信仰並意識到神之後，生命充滿意義和價值。神是真實的，因為他在我們的生命中發揮作用。信仰不是智性的確切，而是跳躍到黑暗中並且帶來道德覺醒的經驗。

笛卡兒(René Descartes, 1596-1650)，另一個新時代的人，對人類心智發現神的能力懷有極大的信心。事實上，他堅稱智性本身便足夠提供我們所追求的確定性。他不會同意巴斯噶的賭注說，因這些話完全建立在主觀的經驗上。儘管如此，他自己對神存在的證明也是依賴另一種形式的主觀上。他急於反駁法國論說文作家蒙田(Michel Montaigne, 1533–92)的懷疑主義——否定一切事物的確定性或甚至可能性。身為一位數學家和天主教信徒，笛卡兒覺得他的任務在於提出實證理性論，以對抗此一懷疑論，和萊席烏斯(Lessius)一樣，笛卡兒認為理性本身便足以說服人類，接受他認為是人類文明基礎的宗教與道德真理。對於無法以理性證明的事，信仰並不能告訴我們任何道理。

聖保羅在他致羅馬人書第一章便曾作如此主張：「神的事情人所能知道的，原明顯在人心裡。因為神已經給他們顯明。自從造天地以來，神的大能和神性是明明可知的，雖然眼不能見，但藉著所造之物，就可以曉得，叫人無可推諉。」笛卡兒更進一步的論證說，神比其他任何的存在更容易、更確定的被了解。此說與巴斯噶的賭注說一樣的具革命性，特別是因為笛卡兒的證明，駁斥了保羅所提出的外在世界是神蹟見證之說，而支持心智轉向內在自身的反思。

神，必定存在

運用他以邏輯逐步推出簡單的或第一原則的普遍數學實證法，笛卡兒試圖以同樣的分析證明神的存在。但是與亞里斯多德、聖保羅和所有以前的一神論哲學家不同的是，他認為宇宙完全與神無涉，自然毫無設計可言。事實上宇宙是混沌的，並未有任何跡象顯示它經過智慧的設計。因此，要從自然推衍出確定的第一原則是不可能的。笛卡兒不願浪費時間在或然或可能的事上，他所尋求的乃是數學所能提供的那種確定性。此一確定性也可以在如「凡是已完成之事實不可能是未完成的」這類簡單不證自明而無可置疑的命題中得到。

因此，有天當他坐在火爐旁沈思時，便得出那著名的格言：我思，故我在(*Cogito, ergo sum*)。和十二個世紀前的奧古斯汀一樣，笛卡兒在人類的意識中找到神存在的證據；即便是懷疑也可以證明背後有一個懷疑者存在！雖然我們不能確知外在世界的事物，但是我們可以確定自己的內在經驗。於是笛卡兒的論證便成為安瑟倫（*Anselm*）本體論證明的翻版。當我們懷疑時，自我的局限和有限的本質便表露出來。但假如我們不預設「完美」的概念，又怎麼會得出「不完美」的想法？和安瑟倫一樣，笛卡兒認定一個不存在的完美本身就是矛盾的說法。因此，我們對懷疑的體驗告訴我們，至高無上，完美的存有——神，必定存在。

接下來，笛卡兒就像他證明數學定理一樣的，在神存在的這個「證明」基礎上，推衍出有關神的本質的諸多事實。誠如他在《方法論》（*Discourse on Method*）一文中所說：「神這個完美存有的存在，至少是和任何幾何學證明一樣的確定。」就像歐幾里德直角三角形中，二餘角相加必然等於直角一樣，笛卡兒的完全存有必然也擁有某些確定的屬性。經驗告訴我們，世界有其客觀的真實，完美而真實的神不可能欺騙我們。因此笛卡兒不用世界去證明神的存在，反而用神的概念使他相信世界的真實。

笛卡兒和巴斯噶一樣對世界感到疏離，只是方式不同罷了。他沒有向外擁抱世界，反而蹺曲於自己的內心世界中。儘管神的概念使得人類對自己的存在感到確定，而且也是笛卡兒認識論的基礎，但笛氏的方法所揭露的疏離和自主意象，則將成為我們這個時代西方對人的意象的核心。從世界疏離出來和驕傲的自主性，將導致許多人完全拒絕神這個概念，因為它把人降格為依賴者。

荒謬的基督教護教論

早在太初，宗教就已幫助人們建立自己與世界的關聯，並紮根在世界之中。對聖地(holy place)的崇拜乃是對世界反思後最早出現的一種反應，而這幫助人們在這可怕的世界中找到了安身立命之所。把自然力量神化，表達了人類對世界一貫的驚奇與敬畏。儘管奧古斯汀痛苦的靈修，仍然覺得世界是美妙之地。建立在奧氏內省傳統上的笛卡兒哲學，卻對驚奇感無暇一顧。不計一切代價避免論及神祕感，是因為它代表的乃是文明人已經超越的原始心態。在他論文《流星》(*Les météores*)的導論中，笛卡兒解釋說：「我們對高於自身的事物總是比對和我們同等或較低的事物來得欽羨。」這是十分自然的事。因此，詩人和畫家把雲描繪成神的寶座，想像神把雨露撒在雲上，用手投擲閃電打在巖石上：

> 這使我希望，假如我解釋了雲的性質，使得我們不再對任何可以被看成是它們，或由它們降下的東西感到驚奇，那麼我們便容易相信，要找出地表上之最受崇敬的萬物之因，也是同樣的可能。

笛卡兒把雲、風、雨露和閃電解釋為純粹的物理事件，以便如他所言的去除「任何造成驚奇的因素」。然而，笛氏的神乃是不食人間煙火的哲學家所創造的事物。他不是在《聖經》描述的奇蹟中，而是在他制定的永恆律法中顯現。《流星》一文也解釋說，在沙漠中餵飽古以色列人的天賜糧食乃是一種甘露水。於是最荒謬的一種基督教護教論乃告產生，亦即藉由賦予各式奇蹟與神話理性解釋，來「證明」《聖經》的真實性。例如，耶穌使五千人吃飽的故事，被解釋成跟隨他群眾中的可恥之徒，暗地把攜帶的食物傳遞出去後的野餐會。儘管這些解釋用心良苦，但這種說法違背了《聖經》故事最重要的象徵意義。

笛卡兒一直很用心的遵守羅馬天主教的規誡，而且自視為正統的基督徒。他認為信仰與理性間沒有衝突。他在《方法論》一文中論證說，有一個系統可使人類了解所有的真理。它無所不包。唯一需要做的便是把這個方法應用到各個學科中，這樣便能拼湊出一個可資信賴，而又能驅除所有疑惑與無知的知識體系。

奧祕被搞得一團糟，而原先理性主義者小心翼翼想把他和其他現象分開的神，現在則被包含在人類的思想體系中。神祕主義還來不及在十六世紀宗教改革(Reformation)對教義激起震盪前在歐洲紮根。因此，由奧祕與神話而激起生機，以及與其名稱「神祕」所隱含意義有關的那種宗教精神，對西方許多基督徒而言是十分陌生的。即使在笛卡兒的教會中，神祕家也很稀有，而且通常會令人懷疑。神祕家的神乃是建立在宗教體驗上，對於思想純屬腦力活動的笛卡兒而言，是十分陌生的。

褪去基督教的神祕色彩

同樣把神化約在他機械體系中的英國物理學家牛頓（Isaac Newton, 1642-1727）也急於褪去基督教的神祕色彩。他的起點是機械而非數學，因為科學家必須在他精通幾何學之前，先學會如何正確地畫圓圈。和按幾何次序逐步證明自我、神和自然世界存在的笛卡兒不同的是，牛頓試圖先解釋物理世界，而神則是此一體系的核心。在牛頓物理中，自然完全是被動的，神則是唯一的動力來源。因此，就像亞里斯多德一樣，神只被視為是自然、物理秩序的延續。在他《自然哲學原理》（*Philosophiae Naturalis Principia*, 1687）這本偉大的著作中，牛頓想要以數學語詞來描述各種天體和地球上物體的關係，以便能創造出一個彼此相關而完整的體系。牛頓介紹的地心引力概念，把他體系的各部分結合在一起。他以引力的概念冒犯了某些科學家，他們指控牛頓回歸到亞里斯多德物質具吸引力量的概念上。這個觀點與新教徒的神具絕對主權的概念不相容。牛頓否定此說，他說主權的神乃是他整個體系中的核心，因為沒有這個神聖的「技工」（Mechanick），該體系便無法存在。

和巴斯噶、笛卡兒不同的是，當牛頓沈思宇宙時，他相信他已證明神的存在。為何天體的內部引力不致把它們拉扯聚在一起，而成為一個巨大的球團呢？因為它們被謹慎的安置在無限的空間中，彼此間保持適當的距離，因而可以防止該情況發生。誠如他對聖保羅教堂主任，也是他朋友的班特利(Richard Bentley)所做的解釋，如果沒有智慧而神聖的主宰是不可能如此的。「我不認為僅以自然因素便可以解釋，我不得不把它歸因於一個具備自由意志的主宰的策劃和設計。」一個月後他再度寫信給班特利：「地心引力也許能起動星球的運行，但沒有神的力量，它們不可能被安放成如行星環繞太陽般的運動，基於此一理由及其他因素，我不得不把此一體系的架構，歸因於一個有智慧的主宰者。」例如，假使地球只以每小時一百英里的速度自轉，而非每小時一千英里，則夜晚會是現在的十倍長，而世界則變得太冷而不適於生命存活；而如果白晝過長，熱度又將使植物凋萎。把這一切設計得如此完美的存有，必然是至高無上的智慧「技工」。

除了具有智慧之外，這個主宰必須力量大到足夠能控制這些體積龐大的物體。牛頓的結論是，起動這個無限而複雜系統的原始力量乃是管轄權(*dominatio*)，僅此力量便足以形成宇宙，並使神成為神聖的。牛津大學第一位阿拉伯文教授波卡克(Edward Pococke)告訴牛頓說，拉丁文中*deus*是從阿拉伯語中的*du*（主）衍生出來的。因此，管轄權乃是神的基本屬性而非完美的狀態。笛卡兒便以完美的狀態為起點來討論神。在《自然哲學原理》的完結篇「一般評註」(General Scholium)中，牛頓從神的智慧與力量演繹出他所有傳統的屬性：

這個由太陽、行星與彗星所組成的最美麗系統，只有在有智慧而又有力量的存有的策劃和設計下，才可能運行……他是永恆而無限的、全能而全知的；也就是說，他的時間從永恆到永恆；他的存在從無限到無限；他統治一切，而且知道一切已成或能成之事……我們能知道他，只有透過他對事物最聰慧和精良的設計，以及最後因；我們歎美他的完美；但是我們卻因他無所不在的管轄權，而對他敬畏和崇拜，我們崇拜他乃是因為我們是他的僕人；而沒有管轄權、眷顧，和最後因的神，便只是命運和自然罷了。盲目的形而上學必然性，由於總是一成不變，因此無法產生各種不同的事物。自然事物在各個時空的多樣性，只有從這必然存在的存有的理念與意志才可能產生。

牛頓並未提到《聖經》，我們只能透過沈思世界才知道神。迄今創世教義已表達了精神上的真理；它進入了猶太教和基督教體系為時甚晚，而且一直不無疑義。現在新科學已將創世擺在最重要的位置，而且提供此一與神的概念極度相關的教義，一種表面而機械式的理解。當今天人們否定神的存在時，他們通常拒絕接受的是牛頓的神，亦即科學家不再能涵括的宇宙源起和支撐者。

牛頓本人必須訴諸某種驚人的解決之道，以便把神安置在他本質上必須無所不包的體系中。假如空間是不可改變而且無限——牛頓系統中的兩個主要特質——那麼要如何把神擺進這個系統呢？擁有永恆與無限特質的空間本身，不就是神聖的嗎？它是第二個神聖體嗎？它自時間開始以來便存在於神之旁？牛頓一直關切這個問題。在他早期的論文《論地心引力及流體之等量》(*De Gravitatione et Aequipondio Fluidorum*)中，他回溯到古代的柏拉圖派流出理論(doctrine of emanation)。因為神是無限的，他必定無所不在。空間是神存在的效應，從神聖的無所不在處永恆的發散出來。它並不是由他的意志行為創造出來，而是他遍在存有的必然結果或延伸。同樣的，因為神自身是永恆的，他遂發散出時間。因此，我們可以說神造就了我們生存的時空，同時推動和擁有我們的存在。另一方面，物質乃是神在創世當天以意志的行動創造出來的。我們也許可以說他決定賦予空間的某些部分形狀、密度、可知性和可動性。基督教教義是可以接受無中生有的創造性，因為神便是從空無的空間生出物質的，換言之，他從虛無中造出物質。

和笛卡兒一樣，牛頓對神祕現象不屑一顧，他將之視同無知和迷信。他急欲將基督教中的奇蹟色彩清除，即使這會使他與如基督的神性等重要教義相衝突，也在所不惜。在一六七〇年代他開始認真研究三位一體的神學學說，所得到的結論是，此一學說乃是亞他那修以似是而非的代價，換取異教徒改信基督教後的混雜產物。亞流說的對，耶穌基督確實不是神，而那些過去用來「證明」三位一體和道成肉身說的新約章節都是偽造的。亞那修斯和他的同僚揑造了這些內容，但把他們附加到《聖經》中，以用來滿足大眾低俗而原始的幻想。「三位一體說是人類宗教熱中、迷信神祕現象的特質，因為這個原故便對他們了解最少的部分最為喜歡。」從基督教信仰中去除這個符咒般的惡魔，便成為牛頓縈繞心中揮之不去的欲望。

在一六八〇年代早期，也就是他出版《自然哲學原理》一文後，牛頓開始寫作一篇叫做《異邦神學的哲學起源》(*The Philosophical Origins of Gentile Theology*)的論文。在這篇文章中他論證說，諾亞創立了原初的宗教——已經免除迷信和理性崇拜一神的異邦神學。唯一的誡條就是愛神和愛鄰人。人類被要求要沈思大自然這偉大之神唯一的殿堂。後來的子孫用奇蹟和驚異的故事，腐化了這個純粹的宗教。某些還倒退回到偶像崇拜和迷信的程度。不過神派遣了一系列的先知，欲將他們導回正途。畢達哥拉斯學習到這種宗教，而把他帶入西方。耶穌是被送來呼籲人們回歸真理的其中一個先知，但是這個純粹宗教被亞他那修和他的同伴腐化了。啟示錄(The Book of Revelation)中曾預言三位一體說的出現——「這個西方的奇怪宗教」、「對三個平等的神崇拜」——乃是對精神荒蕪不安的厭惡。

跳躍的基點

西方的基督徒對三位一體的教義一直很難領會，而他們的新理性主義會使啟蒙時代的哲學家和科學家急於揚棄它。牛頓對神祕現象在宗教生活中扮演的角色並不十分明白。希臘人曾用三位一體作為使人類心靈停留在驚奇狀態的工具，以及提醒人們理智永遠無法了解神的本質。但是對像牛頓這樣的科學家而言，要培養這種態度是非常困難的。在科學的領域中，人們所學習的是必須要把過去抹掉，而從第一原則從新開始，以便找出真理。宗教卻像藝術一樣，往往包括了和過去的對話，以便從中找出看待當下的觀點。傳統提供了一個跳躍的基點，使得人們得以進行對生命的終極意義此一永恆問題的探討。因此，宗教與藝術和科學的運作方式不同。然而在十八世紀期間，基督徒開始把新的科學方法應用到基督教的信仰上，而得出了和牛頓一樣的結論。在英國，激進的神學家如廷德爾(Matthew Tindal)和托蘭德(John Toland)急於要回歸到基點，想清除基督教的神祕色彩而創立一個真正理性的宗教。在《基督教非神祕之教》(*Christianity Not Mysterious*, 1696)中，托蘭德論證說，神祕現象只有導致「暴政和迷信」。把神想像成不能夠清楚的表達自己，是一件冒犯的事。宗教必須合理。在《基督教與創世同樣古老》(*Christianity as Old as Creation*)中，廷德爾試圖和牛頓一樣，重新創造一個原初的宗教，並把後世附加的質素加以清除。理性是所有宗教的基石：「從最早的創世紀開始，我們每個人心中就有一個自然而理性的宗教，人類應以之為準則，判斷任何宗教組織所傳揚的真理。」因此天啟是不必要的，因為真理可以經由我們理性的探求而發現；三位一體與道成肉身等神祕現象可以有一個完美的合理解釋，而不應該被用作束縛單純的信徒於迷信或某個教會的手段。

懷疑主義的開始

當這些激進的觀念傳播到歐陸後，一批新的歷史學家便開始客觀的檢驗教會的歷史。因此，在一六九九年阿諾(Gottfried Arnold)出版了他超教派觀點的書《從新約到一六八八年的教會史》(*History of the Churches from the Beginning of the New Testament to 1688*)。他在書中論證說，現在被認為是正統的教會，並無法在早期的教會史中找到根源。莫山姆爵士(von Mosheim, 1694-1755)在他的權威著作《教會歷史的制度》(*Institutions of Ecclesiastical History, 1726*)中，刻意的將歷史與神學加以區隔，並在不追究其真確性的情況下，把教義的發展記錄下來。其他的歷史學家如瓦赫(Georg Walch)，布特(Giovanni But)和諾里斯(Henry Noris)，則檢視了許多困難而具爭議論的教會歷史，如亞流教、分裂東西方基督教的父及子的辯論(*filioque* debate，註：出現於八世紀，重點在闡述聖靈與父及子的順位，東正教認為是對父至高無上地位的一種損傷)，以及許多第四及第五世紀間基督論的辯論。

讓許多虔誠的信徒感到困擾的是，有關神和基督本質的基本教義，乃是後來經過幾百年時間才演變出來的，在《新約》中並未記載。這是不是表示這些說法是錯誤的呢？其他的人甚至更進一步把這新的客觀性應用到《新約》本身。萊馬魯斯(Hermann Samuel Reimarus, 1694-1768）事實上便試圖以批判的角度寫耶穌本人的傳記。耶穌是人或是神的問題，便不再是個神祕或教義上的問題，而被放在理性時代的科學下檢驗。一旦蔚為風潮，當代的懷疑主義便告開始。萊馬魯斯論證說，耶穌只是想建立一個神的國度，而當他彌賽亞任務失敗後，他便在絕望中死去。他指出，在《四福音書》中耶穌從來沒有宣稱他是來為人類贖罪的。後來成為西方基督教世界核心的這個概念，只能追溯到聖保羅，他才是基督教真正的建立者。因此，我們不應該把耶穌尊為神，而應該把他視為「一個不平凡、簡樸、崇高而務實的宗教」的導師。

失樂園

這些客觀的研究乃是建立在對《聖經》表面意義的理解上，而忽略了信仰象徵和暗喻的性質。也許有人會反對說，這類研究就像是對藝術或詩文的批評一樣，是與主旨無關的。但是一旦科學的精神變成許多人的規範態度，就很難以另外的方式來讀福音了。西方的基督徒現在是以表面意義來理解信仰，而且採取了從神話退出的堅決態度，一個故事要不是真有事實就是幻象。有關宗教起源的問題對基督徒而言，比佛教徒等其他宗教人士更為重要，因為他們的一神教傳統，一貫宣稱神是在歷史事件中顯現自己。因此，如果基督徒在科學時代中要保持他們的一貫態度，這些問題就必須加以回應。某些比萊馬魯斯或廷德爾更傳統的基督徒，也開始質疑傳統西方對神的理解。

在他的宗教短文《韋特堡雙重謀殺的無辜》(*Wittenburg's Innocence of a Double Murder*, 1681)中，一位路德教派人士馬耶爾(John Friedmann Mayer)寫道，由安瑟倫勾勒出的傳統贖罪論，認為神要求其子以死贖罪的說法，乃是對神性不正確的概念。他是個「正義的神，憤怒的神」，而且是個「怨恨的神」，他要求嚴厲報復的作法，讓許多基督徒感到恐懼，而使他們從他們的「罪過性」退縮出來。愈來愈多的基督徒對基督教歷史中為數眾多的殘酷事實感到困窘，這些殘酷的事實乃是以神之名執行恐怖的聖戰、鎮壓異端和迫害。強迫人們相信正統教義，在一個愈來愈醉心於良知自由的時代裡，似乎特別可怕。宗教改革以來產生的大屠殺似乎已是最後的極限。

理性似乎是答案。但是，數千年來在其他傳統中成為重要宗教價值的神，一旦其神祕色彩乾枯殆盡，能否對較具想像力而直觀的基督徒產生吸引力呢？清教徒詩人米爾頓(John Milton, 1608-74)對教會不寬容異己的記錄特別感到不安。身為該時代的真情至性者，試圖在他未出版的論文《論基督教教義》(*On Christian Doctrine*)中，重新改造宗教改革，同時為自己提出一套不依賴別人的信念與判斷的宗教信條。他也對三位一體說感到懷疑。不過極富意義的是，在他的傑作《失樂園》(*Paradise Lost*)中，真正英雄是撒旦而非神，而他有意以其行為來為人類辯護。撒旦具有歐洲新人類的許多特質，他反對權威、投身於未知中，而且自他經歷地獄、混亂到新生地的勇敢旅程後，便成為第一個探險家。

然而米爾頓的神似乎點出了西方以表面意義解讀《聖經》故事的內在荒謬性。沒有對三位一體神祕的領悟，聖子在詩文中的地位便顯得高度曖昧。雖然他的地位高於天使，但是他究竟是第二位的神，還是類似於神的受造物，卻一點也不清楚。總之，他和父是兩個完全不同的存有，二者必須進行冗長而極度沈悶的對話，以便了解彼此的意圖，即使子被公認是父的聖言和智慧。

然而米爾頓認為，神對地球事物的先知先覺能力，是使他成為不平凡之神的關鍵。由於神必然早已知道亞當和夏娃會墮落——即使在撒旦到達地球之前——他必定在事件發生前已對他的行動進行某種似是而非的辯解。他不可能從強迫他人順從中得到快感。他解釋給聖子了解，他也賦予亞當和夏娃抗拒撒旦的力量。神因此可以為自己辯護說，他們對他的指控不公。

他們的創造者，或是他們在創造，或是他們的命運；
好像一切都是預定的。
他們的意志，是絕對的神諭所安排的。
或是高度的先知先覺；他們可以宣告自己的命運。

是他們自己反抗，而非我；假如我預先知道，
先知先覺並不能影響他們所犯的錯誤，
即使不預先知道，也不能保證就不會發生……
我把他們造成自由的，他們必須繼續是自由的，
直到他們自縛手腳，我也必須改變
他們的本質，並且廢止最高的敕令
不變的、永恆的，保障他們自由的敕令，
是他們造成了自己的墮落。

這種仿造神的思考不僅很難讓人尊敬，而且變成無情，自以為是完全欠缺慈悲的神，根本失去了宗教應有的鼓勵人心作用。迫使神以和我們一樣的方式談話思考，顯露出這種神人同形和人格化的神性概念是不恰當的。有太多的矛盾使得這種神無法言行一致，或者值得令人敬重。

這種以表面意義解讀神無所不在等教義的作法是行不通的。米爾頓的神不僅冰冷無情，而且大體上是沒有能力的。在《失樂園》的最後兩卷中，神因亞當的罪過而派遣天使麥克去安慰他，指示他的子孫將如何被救贖。整個救贖歷史的發展過程，是以一系列活動

的畫面顯示給亞當看，而且還附帶麥克的解說。他看到亞伯(Abel)被其兄該隱(Cain)所殺，洪水與諾亞方舟，巴別塔(Tower of Babel)、招喚亞伯拉罕、出埃及記和西奈山頂的頒佈戒律。麥克解釋說，《摩西五書》中壓迫神的選民達數百年之久，看似不當，實則是為了要使他們渴求更高精神律法的策略。

當這個未來世界救贖的解說，隨著大衛王被剝削、流放巴比倫、基督誕生等故事而推展時，讀者一定會覺得必然有更簡單、更直接救贖人類的方法才對。這個漏洞百出和動機虛假的折磨計畫，如果是「預先」就寫下的話，只有使人對計畫者的智商抱持極大的懷疑。米爾頓的神不可能啟發人們的信心。有意思的是，在《失樂園》之後，便沒有那個主要的英語系創作家敢於嘗試描述超自然的世界了。再也不會有史賓塞(Spensers)和米爾頓一類的人物了。自此而後，超自然和精神性的事物便成為較具想像力作家的領域，如麥克唐納(George MacDonald)和劉易士(C. S. Lewis)等人。然而一個不能訴求於想像力的神是有麻煩的。

神不存在，就創造他

在《失樂園》的結尾，亞當與夏娃以他們孤獨的方式離開了伊甸園而進入了世界。在西方也是一樣，儘管他們仍然堅信神，基督徒正瀕臨進入一個更世俗化時代的關口。崇尚理性的新宗教，也就是一般所知的自然神論(Deism)。它對神秘主義與神話的想像訓練不屑一顧，它反對天啟的神話以及傳統如三位一體的「神祕學說」，因為它們長久以來一直把人們束縛於迷信中。相反的，它卻宣佈對不具位格性、可以靠人自己的力量發現的「神」(Deus)效忠。伏爾泰(François-Marie de Voltaire)便是這個後來稱作啟蒙運動的中堅人物，他在他的《哲學字典》(*Philosophical Dictionary*, 1764)中，界定了這個理想的宗教。最重要的是，它盡可能的簡要。

它難道不就是那賦予許多道德教訓、卻極少教條的存有嗎？不就是那使人正直卻變得不荒謬的存有嗎？不就是那不命令人相信不可能、矛盾、有害神性、有害人類的事物，以及那不願以永恆處罰來威脅任何有常識人的存有嗎？它難道不就是那不以劊子手支持自己的信仰，同時不用難以了解的詭辯為由，來血淹地球的存有嗎？……它不就是那只教授崇拜一神、公義、寬容和人性的存有嗎？

教會對這個蔑視的激挑文字只能怪自己，因為多少年來他們以許多窒礙不通的教義，加重了虔誠信徒的負擔。這樣的反應是無可避免的，而且還有積極正面的意義。

然而，啟蒙時代的哲學家並未拒絕神的概念。他們拒絕的是正統教義中，以地獄永火恐嚇人類的殘酷之神。他們也拒絕那些有關他不為理性接受的神祕教義。但是他們對至高無上存有的信仰仍然完整無缺。伏爾泰在弗爾內(Ferney)蓋了一座小教堂，在門楣上題詞刻有「伏爾泰為神所建」(Deo Erexit Voltaire)，他甚至還離譜的寫道，如果神不存在，就必然要創造他。在《哲學字典》中他曾論證說，對人類而言，一神信仰比多神信仰更符合理性、更自然。居住在孤立的村落和社區的原始人類，早已認識到是一個獨一無二的神在主導他們的命運，多神教是後來的發展。科學與理性的哲學都指出一個至高無上存有的存在。「我們可從這些事實中得到什麼結論呢？」伏爾泰在《哲學字典》論「無神論」的論文結尾處提出了這個問題。他回答說：

> 無神論是這些統治者心中如怪獸般的邪惡；這同時也適用於飽學之士，即使他們的生活是天真無邪的，理由是他們的研究可以影響掌握權力的人；而且就算它不像宗教狂熱那樣有害，它也總是對德性有近乎致命的影響。最重要的是，讓我補充一點，現在的無神論者比以前要少了，因為哲學家已經了解，沒有胚芽就沒有生命，而沒有設計就沒有胚芽，依此類推。

伏爾泰把無神論與哲學家急欲剷除的迷信和宗教狂熱畫上等號。他的問題不在於神，而是有關神的那些違背理性的神聖標準的教義。

史賓諾莎

歐洲的猶太人也受到新理念的影響。史賓諾沙(Baruch Spinoza, 1632-77)這個西班牙後裔的荷蘭猶太人，對猶太法典的研究感到不滿，並加入了一個異教自由思想家的哲學社團。他演化出一套與傳統猶太教極為不同的理念，這是受到科學哲學家如笛卡兒和基督教學者的影響所致。一六五六年當他二十四歲時，他正式被逐出阿姆斯特丹的猶太教會。當逐出教會的公告宣讀出來時，猶太教堂的光逐漸暗淡下來，直到集會淹沒在完全的黑暗中，讓他們自己也經驗到史賓諾沙在無神世界裏所遭遇的黑暗：

> 讓他日以繼夜的被詛咒；在他睡覺、起床和進出時亦復如此。願主絕不寬容他、接受他！願主的憤怒與不悅從此燒毀這個人，以所有律法書中記載的詛咒加在他的身上，而且把他的名字在藍天底下剔除。

從此以後，史賓諾沙便不屬於任何一個歐洲的宗教團體。也正因如此，他便成為現代西方潮流中自主、世俗外觀的原型。在二十世紀早期，許多人把史賓諾沙尊為現代的英雄，覺得與他具象徵意義的被逐、疏離和尋求世俗得救的處境頗有共鳴之感。

史賓諾沙被認為是個無神論者，但是他確實相信神，儘管那不是《聖經》中的神。和伊斯蘭哲學家一樣，他認為天啟的宗教次於哲學家所獲得有關神的科學性的知識。他在《神學—政治論文》(*A Theologico-Political Treatise*)中辯稱，宗教信仰的本質已被誤解。它已變成「只是騙術和偏見的複合體」、「無意義神祕現象的組合」。他以批判的態度檢視《聖經》歷史。以色列人把任何他們不了解的現象稱作「神」。例如，先知被認為是受到聖靈啟發的人，只因為他們是超凡的智者和聖者罷了。但是這種「靈感啟發」並不僅限於精英分子，而是可透過自然理性賦予每個人的。信仰的禮儀和象徵只是用來幫助那些無法以科學、理性來思考的大眾。

和笛卡兒一樣，史賓諾沙歸回到本體論證以解決神存在的問題。「神」這個概念本身便蘊含了神存在的有效性，因為完美的存有如果不存在，本身便是矛盾。神的存在是必然的，因為只有它才能為其他的真實推論提供必要的確定性和信用。我們對世界的科學理解告訴我們，它是由不可改變的定律所控制的。對史賓諾沙而言，神只是定律的總原則而已，也就是所有存在的永恆律法的總合。神是物質的存有，相當於統治宇宙的秩序。和牛頓一樣，史賓諾沙回溯到古典哲學的流出概念。因為神內涵於所有的事物中——物質的和精神的——它可以被定義成規範他們存在的定律。談論神在世間的活動，只是描述存在的數學和因果關係的一種方式。它是一種對超越的絕對否定。

這個教義看似陰沈，但是史賓諾沙的神卻使他激發出一種真正神祕的敬畏感。作為存在所有律法的總合，神是最高的完美，把所有的事物接合成一個和諧的整體。當人們按笛卡兒的方式沈思他們心靈的運作時，他們便在自身內開啟了永恆、無盡的神。和柏拉圖一樣，史賓諾沙相信直觀和立即的知識，比辛苦蒐集事實更能揭示神的存在。我們從知識得到的喜悅和幸福，就相當於神的愛；神並非是思考的永恒對象，而是思想的原因和原則，它與每個人深深的合為一體。天啟或神聖的律法是沒有必要的，這個神可以與所有的人接觸，而唯一的法典便是自然的永恆定律。

史賓諾沙把古典的形而上學帶進新興的科學中並加以調和；他的神不是新柏拉圖主義者的不可知者，而較接近像聖多瑪斯等哲學家所描述的絕對存有。但是它也接近正統一神教徒自身經驗到的神祕之神。猶太教徒、基督徒和哲學家傾向把史賓諾沙視為無神論者，因為他的神毫無個人色彩，而且與其他的真實密不可分。事實上，史賓諾沙只是因為歷史的因素才使用「神」這個字，他同意無神論者的說法，亦即真實不能被分隔成「神」和非神兩部分。假如神不能和其他事物分開，則我們不可能以平常的意義說「他」存在。史賓諾沙真正要說的是，並沒有符合我們通常賦予神一詞意義的那個神。但是神祕家和哲學家們提出同樣的主張已有千百年之久。某些人說，在我們所知的世界之外，只是「無」(Nothing)

而已。假如不是缺少超越而不可知的神的本質(En Sof)，史賓諾沙的泛神論將和猶太教的祕教傳統卡巴拉相似，而我們也可由此看出激進的神祕主義與新興的無神論間密切相關。

孟德爾頌

然而是德國哲學家孟德爾頌(Moses Mendelssohn, 1729-86)為猶太人進入現代歐洲開啟了一條路，雖然他最初並無意特別建立一套猶太哲學。他對心理學、美學和宗教皆感興趣，而他早期的著作《費登與晨間》(*Phaedon and Morning Hours*)，完全是在較廣義的德國啟蒙運動系絡內寫成的。這些著作意欲將神的存在建立在理性的基礎上，而不從猶太教的觀點考慮這個問題。在法國和德國這樣的國家中，啟蒙運動的自由概念帶來的是解放，和促使猶太人進入社會中。對這些聰明的猶太知識分子(*maskilim*)而言，接受德國啟蒙運動的宗教哲學並不困難。猶太教從沒有像西方基督徒那樣對教義執著。它的基本教義與德國啟蒙運動的理性宗教基本上相同，因為在德國仍然接受奇蹟以及神干預人類事務的概念。在《晨間》(*Morning Hours*)一書中，孟德爾頌的哲學之神與《聖經》中的神十分相似。人類的特質如智慧、善良、公義、慈愛和知識，都可以以它們最崇高的意義用來形容這個至高無上的存有。

但這使得孟德爾頌的神和我們非常相近。他的神乃是典型的啟蒙時代信仰，冷漠、無情而傾向於忽略宗教經驗中的矛盾與曖昧。孟德爾頌認為沒有神的人生是無意義的，但這並非充滿熱情的信仰，他對理性能達到對神的知識一事，十分有信心。神的良善正是他的神學所繫。孟德爾頌辯稱，假如人類必須只能仰賴天啟，這將與神的良善不一致，因為許多人顯然被排除在這個神聖計畫之外。因此他的哲學袪除了伊斯蘭哲學要求的艱深智性技巧——只有少數人能做到——而多仰賴一般人能掌握的常識。但是這個途徑有個危險，因為它很容易就把神變成符合我們的偏見，並將這些偏見絕對化。

當《費登》(*Phaedon*)一書在一七六七年已經出版時，他對靈魂不朽的哲學辯護為非猶太教徒，亦即基督徒正面的接受，即使有時是以恩賜的態度接受的。一位年輕的瑞士牧師拉瓦特(Johann Caspar Lavater)寫道，該書作者已到了改信基督教的成熟時機，並挑戰孟德爾頌要他公開為他的猶太教辯論。於是孟德爾頌幾乎是在違背他意願的情況下，為猶太教作理性辯護，即使他並不支持傳統的信仰，如神的選民或預許之地。他必須為自己劃清界線，假如他為猶太教的辯護太成功，他不願重蹈史賓諾沙的覆轍，或引起基督徒對他同胞的憤怒。就像其他的自然神論者一樣，他辯稱只有在其真理可以被理性證明的情況下，天啟才能被接受。三位一體說並不符合這個標準。猶太教並非天啟的宗教，而是一套天啟的律法。猶太教的一神概念基本上與自然宗教是一致的，因為它屬於所有人類，而且可以純粹的理性驗證。依據傳統的宇宙論和本體論證明，孟德爾頌論證說，律法的功能已幫助猶太人學習對神正確的概念，同時避免偶像崇拜。他以呼籲寬容作為結束。理性的普遍宗教應該帶來對其他認識神不同方式的尊重，包括數百年來被歐洲教會迫害的猶太教在內。

康德

比起孟德爾頌來，猶太人受到康德(Immanuel Kant)哲學的影響更大。他的《純粹理性批判》(*Critique of Pure Reason*, 1781)就是在孟德爾頌一生的最後十年中出版的。康德把啟蒙運動界定成「人類從加於自身的監護，或對外在權威的依賴中走出來。」通往神的唯一道路就在他稱為「實踐理性」的道德良知領域中。他除去了許多宗教的陷阱，如教會的權威，祈禱與儀式，這些都是造成人類不能依賴自己的力量，而鼓勵他們依賴「他者」的原因。但是康德對神的概念並不反對。就像早他幾百年的安薩里(*al-Ghazzali*)就辯稱，傳統對神存在的論證是沒有用的，因為我們的心智只能了解存在於時空中的事物，而無法勝任了解超越這個概念範疇之外的真實。但是他卻承認人類自然會傾向於跨越這些限制，並尋求一個可賦予我們完整真實意象的統合原則。這就是神的概念，要以邏輯證明神的存在是不可能的，但是要證明他不存在也同樣不可能。神的概念對我們是不可或缺的，它代表了使我們能夠對世界作完整了解的典型限制。

因此，對康德而言，神只不過是個可被誤用的方便罷了。有智慧而無所不能的創造者這個概念，可以破壞科學的研究，而且還會使我們懶惰的依賴一個工具性的神（*deus ex machina*），一個填補我們知識空缺的神。它也可能是種種不必要神祕化的來源，這就會導致類似為教會歷史烙下傷痕的種種尖酸刻薄的爭論。與他同時代的人把他描述成一個虔誠的人，他對人類為惡的潛能有深刻的了解。這是為何神這個概念對他如此重要的原因。在他的《實踐理性批判》（*Critique of Practical Reason*）中，康德論證道，為了過道德的生活，人們需要一個賞善罰惡的管理者。就這個觀點而言，神只是附加在倫理體系上的事後聰明罷了。宗教的核心不再是神的神祕，而是人類自己。神於是變成鼓勵我們更有效、更道德運作的策略，而非所有存有的基石。接下來不久就會有人更進一步發揮這個自主的理念，而除掉這個微弱而貧乏的神。康德是西方第一個質疑傳統證明有效度的人，並說明事實上它們什麼也沒證明。它們不再令人那樣信服了。

心的宗教

然而，對某些堅決相信神關閉某個信仰之路，乃是開啟另一條路的基督徒而言，這似乎是個具有解放作用的見解。在《真基督教義的平實解說》（*A Plain Account of Genuine Christianity*）中，衛斯理（John Wesley, 1703-91）寫道：

我有時幾乎就要相信，在較晚期的歷史中，我們可從外在的跡象了解，基督教或多或少是為了神的智慧而受到阻礙和妨害。而且人類（特別是反省的人類）可能無法完全就此打住，而被迫要檢視他們自己，從而注意到他們心中的亮光。

與啟蒙時代的理性主義一起發展出來的一種新信仰，通常稱為「心的宗教」(the religion of the heart)。雖然中心是心而非頭腦，它卻與自然神論分享許多共同關心的事物。它強烈主張人們放棄外在的證明與權威，而發掘每個人心中的神和能力。和許多自然神論者一樣，循道會弟兄的弟子們，或是德國虔信教徒(German Pietist)親岑多夫伯爵(Count Nikolaus Ludwig von Zinzendorf, 1700-60)的弟子們，都覺得他們是把千百年來累積的雜質抖去，而回歸到「平實」、「純正」、屬於基督的基督教，以及最早的基督徒。

衛斯理一直是個熱情的基督徒。當他還是牛津林肯學院的年輕成員時，他和他的兄弟查爾斯成立了一個給大學部學生參加的社團，叫做神聖俱樂部(Holy Club)。因為它強調方法與訓練的重要性，所以它的成員後來便被稱為循道會教徒(Methodists)。在一七三五年，衛斯理和查爾斯以傳教士的身分航行到美國的喬治亞殖民地，但兩年後衛斯理絕望的回來，並在他的期刊上作了這樣的記述：「我到美國去改變印第安人的信仰；但是誰來改變我的信仰呢？」在航行期間，衛氏兄弟對某些莫拉維教派(Moravian sect)的傳教士印象深刻，該教戒絕所有的教義，並堅持宗教乃是存乎一心的事。一七三八年衛斯理在倫敦艾德斯該特街上一座小教堂的摩拉維亞教會議上，經歷了一次信仰轉變的體驗，這使他相信，他已直接從神那兒接收到傳播此新基督教到全英國的使命。從此以後，他與弟子們周遊全國，在市場和田野向工人階級和農民傳教。

「再生」的感覺是很重要的。「體驗神好像常持續不斷的在人的心靈上賦予生命」是「絕對必要的」，這種對可感知神的一種持續和感恩的愛，充滿了基督徒的生命，而這也使得以慈愛、溫柔和長久的苦痛來愛護每個神的孩子，成為一件自然，而且從某個角度而言，必然的事。」有關神的學理是無用的，而且可能有害。基督對信徒所言的心理效應，是宗教真理的最佳證明。例如在清教中，對宗教的情緒體驗乃是真正信仰和得救的唯一證明。但是這種普及每個人的神祕主義是危險的。神祕家們一再強調修行路上的危險，而且對歇斯底里的精神狀態提出警告。祥和與平靜才是真正的神祕主義表徵。這種「再生」(Born-Again)的基督教可能產生瘋狂的行為，貴格教徒(Quakers)和震教徒(Shakers)暴烈的狂喜狀態便是例證。它也可能導致絕望。當詩人考培(William Cowper, 1731-1800)不再感覺到得救，而且把這種感覺欠缺的情況想像成是被詛咒的徵兆時，便告瘋狂。

在「心的宗教」中，有關神的教義被轉換成內在的情緒狀態。因此，親岑多夫這個居住在撒克森尼(Saxony)同時屬於好幾個宗教團體的伯爵，和衛斯理論調一致的說：「信仰不在思想也不在頭腦，而是在心中，在心裡燃亮的光中。」學者們可以繼續「喋喋不休的談論三位一體的奧祕」，但是該教義的意義不在於三個位格間關係為何，而在於「他們對我們的意義」。當基督便成「心的國王」(the King of the heart)時，道成肉身所表達的便是個別基督徒新生的奧祕。這種情緒型的宗教精神也在羅馬天主教會中以奉獻「耶穌的聖心」(the Sacred Heart of Jesus)的方式呈現出來。它的設立乃是為了對抗懷疑此儀式過於多愁善感的耶穌會與其他機構。它一直流傳到今天，許多羅馬天主教堂都有一座基督的雕像，它敞開的胸膛展露一個有火焰光輪環繞的球根狀的心。他顯現給在法國巴萊・樂摩尼亞(Paray-le-Monial)的女修道院中的瑪加利大・阿拉高克(Marguerite-Marie Alacoque, 1647-90)。這個基督和《四福音書》中經過修飾的角色是不同的。在他自我憐憫的哀鳴中，我們可看出強調心而完全排除頭腦的危險。阿拉高克記得在一六八二年四旬齋(Lent)的開期，耶穌顯現在她面前：

滿身是傷痕及淤血。他令人敬慕的血在身上的每一處流竄。他以悲傷而悽慘的聲調說：「特別是在罪人把我變成這樣悲慘狀態的時刻，難道沒有人可憐我、同情我和分擔我的悲哀嗎？」

一個坦承對性感到厭惡、高度神經質的女子，為飲食失調所苦，同時為了證明她對聖心的「愛」，而沈溺於不健康的被虐待行為；阿拉高克讓我們了解，只有心的宗教是可以歪曲出錯的。她的基督往往只是她願望的滿足而已，基督的聖心補償了她從未經驗到的愛。「你將永遠是它的愛徒，是它善樂的對象，同時也是它願望的犧牲。」耶穌告訴她。「它將是你所有欲望唯一能得到的快樂；它將針對你的缺失修補，並且卸下你的重擔。」單單把注意力集中在耶穌這人身上，這種虔誠只不過是把基督徒囚困在神經質自我中心的投射罷了。

這顯然與啟蒙時代冷靜的理性主義相去甚遠，但是達到最佳狀態的「心的宗教」和自然神論間確有其關聯。例如，康德便曾在科尼格斯堡(Königsburg)長大，成為一位虔信派教徒(Pietist)，該派屬路德教派的一支，親岑多夫的宗教信仰亦淵源於此。康德提議宗教應在純粹理性的界線內，與虔信教派堅持宗教必須「建立在靈魂的構造中」，而非權威性教會教義啟示的看法十分接近。當他因其激進的宗教觀點而廣為人知時，據說他曾向他虔信派的僕人再度保證說，他只是「摧毀教條以容納信仰罷了」。衛斯理對啟蒙運動十分嚮往，而且對自由的理想特別感到共鳴。他對科學與技術感興趣，涉獵各種電子實驗，並分享啟蒙運動對人性和進步可能性的樂觀主義觀點。

美國學者奧特勒(*Albert C. Outler*)指出，新的「心教」和啟蒙時代的理性主義，兩者都是反制度組織和不信任外在權威的；兩者都把自己定位為現代的思潮以對抗古代傳統，而且兩者分享對非人性的憎恨及對慈善事業的狂熱。事實上，激進的虔信似乎確實為啟蒙運動的理想在猶太教徒和基督徒中生根，鋪下了一條路。在這些極端的運動間，確有極為相似之處。這些教派似乎皆以違反宗教禁忌，來回應時代的巨變。某些反應似是褻瀆；某些是徹底的無神論者，而其他也確實有教主自稱是神的降凡。這些教派有許多都是彌賽亞式的，宣告一個全新的世界即將到來。

克倫威爾時代

在英國克倫威爾（*Oliver Cromwell*）統治下的清教徒政府，爆發了天啟示的興奮氣氛，特別是在一六四九年處死國王查理一世後更為熱烈。清教當局對由軍隊和老百姓中爆發出來的宗教狂熱感到難以控制。他們中間有許多人相信，主降臨的日子就快到來。神會照《聖經》中許下的諾言，把他的聖靈賦予這些子民，而且一定會在英國建立他的王國。克倫威爾本人似乎也和在一六二〇年代定居英國的清教徒一樣，懷著類似的希望。一六四九年溫斯坦里（Gerard Winstanley）在沙里（Surrey）靠近考伯罕（Cobham）的地方，建立了他稱作「掘土靈修派」（Diggers）的社區，決心要把人類帶回到亞當耕種伊甸園的原始狀態。在這個新社會中，私人財產，階級區分和人的權威都將凋逝。第一批貴格教徒——弗克斯（George Fox）、芮勒爾（James Naylor）和他們的徒眾——宣教說，所有的人都可以直接接觸神。每個人心中都有一道內在之光，一旦它被發現、培養，不論階級或地位，每個人都可以在這個世上得到救恩。弗克斯本人在他的「公誼會」(Society of Friends)宣教和平主義、非暴力和激進的平等主義。在巴黎人湧進巴士底獄之前約一百四十年，自由、平等、博愛的希望已經出現在英國。

這些新宗教精神最極端的例子，和中古世紀晚期的異教組織「自由靈弟兄派」(the Brethren of the Free Spirit)十分相似。誠如英國史學家寇恩(Norman Cohn)在《黃金時代的追求，中古時代相信黃金時代的革命者和神祕的無政府主義者》(*The Pursuit of the Millennium, Revolutionary Millennarians and Mystical Anarchists of the Middle Ages*)一書中所解釋的，「自由靈弟兄派」被他們泛神論的敵人指控。他們「毫不猶豫的說：神是所有的一切；神存在於每塊石頭和人體的每一手足中，就像他存在於聖餐禮麵包中那樣確定；每件被創造的事物都是神聖的。」這是對普羅提諾觀點的重新詮釋。所有事物的永恆本質，都是從那個整體發散出來，所有事物都是神聖的。所有存在的事物都渴求回到那神聖的源頭，而被重新吸納進入神，即使是三位一體的三個位格，最後也會沈入這原初的一體。救恩乃是透過在塵世體認自己的神聖本質來完成。在靠近萊茵河附近一個隱士斗室找到的一篇《自由靈弟兄派》論文解釋說：「神聖的本質就是我的本質，而我的本質就是神聖的本質。」他們不斷的主張：「每個理性受造物的本質都是蒙祝福的。」說這是哲學的信條，倒不如說是想超越人類限制的熱情渴望。誠如史特拉斯堡(Strasbourg)主教所言，「自由靈弟兄派把他們自己說成本質上是神，和神毫無區別。他們相信所有神聖的完美都在他們生命中，他們是永恆的，他們在永恆中。」

寇恩認為在克倫威爾時代英國的極端主義基督教派如貴格教派、平等靈修教派(Levelers)和初期的循道會或浮囂教派(Ranters)等，都是十四世紀異端「自由靈弟兄派」的復興。當然這不是有意識的復興運動，但這些十七世紀的狂熱分子已自行得出一個泛神的觀點，我們很難不認定這乃是不久後史賓諾沙解說的哲學泛神論的大眾版。溫斯坦里雖然和其他的激進分子一樣，不願用概念組織其信仰，但他可能完全不相信有個超越的神。這些革命性的教派沒有一個相信，他們的得救是靠歷史上的耶穌為他們贖罪而得。他們認為重要的基督乃是遍在社群各個成員身上的基督，它基本上是與聖靈密不可分的。他們都同意先知的預言仍然是接近神的原始方式，直接受聖靈的啟發遠勝過宗教組織的教化。弗克斯教他的貴格派信徒要在靜默中等待神，這使我們想起古希臘的「內在靜默」(*hesychasm*)或是中世紀哲學家的「否定之道」。三位一體的神這個古老概念於是崩潰，因為這個內涵的神聖存在不可能被分成三個位格。它的標記乃是由各個社群一致和平反應出來的同一性。像「自由靈弟兄派」一樣，某些初期的循道會教徒把他們自己看成是神聖的，某些人宣稱自己是基督或是神的新降凡。至於彌賽亞，他們所宣教的乃是革命性的教義和新的世界秩序。因此在他辯證的宗教短文《當代教派謬誤、邪說、褻瀆和脆弱修行的總探討》(*Gangraena or a Catalogue and Discovery of Many of the Errours, Heresies, Blasphemies and pernicious Practices of the Sectarians of this time*, 1640)中，他們長老教會的批評者艾德華(Thomas Edwards)把循道會的信仰摘要如下：

> 每個受造物在創造的最初時期都是神，而現在每個受造物也都是神，每個從神流出有生命、有氣息的生物，都將會再度回歸神，就像大海中的一粒水珠那樣的被吞沒……以聖靈受洗的人甚至不像神一樣知道所有的事情，這是個令人難解的奧祕……假如某人因聖靈而知道自己受神恩典的照拂，即使他確曾犯下謀殺或酗酒之罪，神也不見其有罪……所有現世的人都是聖徒，那兒必有美好的社群，而聖徒則與紳士和相類的人共享這片土地。

和史賓諾沙一樣，循道會也被指控為無神論者。他們刻意以他們自由的信條打破基督教的禁忌，而且褻瀆的宣稱神和人之間毫無分別。並非每個人都能像康德或史賓諾沙一樣具有科學抽象的能力，但是在循道會的自我提升(self-exaltation)或貴格教派的內在之光中，卻可以看到類似一百年後由將理性女神列於萬神廟法國革命家所表達的靈感。

神再生的彌賽亞？

好幾位循道會教徒宣稱是建立新王國、神再生的彌賽亞。我們現有他們生活的資料顯示，某些人屬精神不正常，但是他們似乎仍吸引了一批追隨者，顯然是針對當時英國的精神與社會需求提出了他們的方案。因此富蘭克林(William Franklin)這位受人敬重的大家長，在一六四六年他的家人受瘟疫襲擊後，便成為精神異常。他因宣稱自己是神和基督，而讓他的基督徒同伴感到恐懼。不過事後他又收回前說並向大家致歉。他似能完全控制他的感官，但他仍然離開妻子，開始和其他女人在一起，從而導致聲名狼籍的乞討生活。蓋德博里(Mary Gadbury)是他眾多女人之一。她開始看到影像、聽到聲音，預言一個廢除所有階級區別的新社會秩序即將出現。她把富蘭克林當成他的主和基督。他們似乎吸引了不少信徒，但在一六五〇年被逮捕，在鞭打後關入布萊威(Bridewell)監獄。約在同時，有個叫羅賓斯(John Robbins)的人也被尊奉為神，他自稱是神，天父，而且相信他的妻子不久將產下世界的救主。

某些史學家否認像羅賓斯和富蘭克林這類人是屬於循道會，因為我們是從他們的敵對團體聽到這些事情，他們可能會因論辯的原因而扭曲對方的信仰。但是某些著名循道會教徒如鮑遜里(Jacob Bauthumely)、卡平(Richard Coppin)和克拉森(Laurence Clarkson)的作品亦流傳下來，其中也顯示出同樣的一套理念。他們也宣教一套革命性的社會信條。在他的論文《神的光明與黑暗面》(*The Light and Dark Sides of God*, 1650)鮑遜姆里談論神所用的詞彙，使我們聯想到素菲祕教的信仰，亦即神是轉向他的人之眼、耳與手。「哦！神，我該說你是什麼呢？」他問道。「因為如果我說看到你，就是你看到你自己；因為在我身上，除了你看到你自己外別無其他；如果我說我認知你，那就是你對自己的知識」。和理性主義者一樣，鮑遜里拒絕接受三位一體說，而且也和素菲教一樣，他自己對基督具神性的信仰加以限定。他說當他是神時，神不可能只在他一人身上顯現出來。「他駐足在其他的軀體中，就和他在耶穌基督身上一樣真實而實在。崇拜一個獨特的地域性之神，乃是一種偶像崇拜。天堂不是一個地方，而是基督精神的顯現。

鮑遜里相信，《聖經》中對神的概念是不恰當的；罪過不是行動，而是指缺少神性的一種情況。然而神祕的是，神以有罪的姿態出現，那只是「神的黑暗面，失去了光的情況。」鮑遜里被他的敵人貶抑為無神論者，但是他的觀點與弗克斯、衛斯理和金湛堡(Zinzenburg)相去不遠，只是他表達得較粗糙罷了。和後來的虔信教徒及循道會教徒一樣，他也試圖要把遙遠、非人的客觀之神內化，並把傳統的教義調換為宗教體驗而已。他同時也對後來啟蒙時代哲學家，以及信仰「心教」信徒的反對權威和對人性樂觀的主張表示贊同。

在壓抑與自由寬大間交替更迭

鮑遜里對刺激且具顛覆性的罪過神聖性教義，極盡調戲撥弄之能事。假如神是每件事物，那麼罪便沒有了。循道會的克拉森和考普(Alastair Coppe)都曾惡名昭彰的違反當時的性規範，或公開發誓和褻瀆來證明這個主張。考普特別以酗酒和吸煙出名。他一變成循道會教徒，那顯然已長期壓抑的詛咒和發誓欲望便一發不可收拾。據說他曾在倫敦某教堂的講道壇上詛咒長達一小時，而且還在一個酒店的女老闆面前發誓，恐怖得讓她在事後數小時還嚇得發抖。清教不健康的把注意力集中在人類的罪上，可能是對其壓抑的倫理所作的一種反動。弗克斯和他的貴格派信徒堅稱，罪絕不是不可避免的。他當然沒有鼓勵他的弟兄們去犯罪，而且也憎恨循道會教徒的淫蕩，但是他想要宣教的是對人性更樂觀的看法，以保持平衡。

在他的宗教短文《一隻眼》(*A Single Eye*)中，克拉森論證說，因為神使所有的事物變得良善，「罪」只存在於人的想像中。神在《聖經》中已宣稱，他會使黑暗變成光明。雖然神祕家們試圖找出一個更整合的觀點，一神教徒總是難於包容罪的真實。瑙維奇(Norwich)的茱利安(Julian)相信，罪是人的本分而且有其必要。猶太教卡巴拉神祕家認為罪神祕的根源於神。循道會極端的如考普和克拉森的自由主義，大體已準備好要擺脫以憤怒、報復的神來恐嚇鎮壓信徒的基督教。理性主義者與「啟蒙」的基督徒也試圖要擺脫把神說成是殘酷威權人物的宗教藩籬，以發掘出較溫和的神來。

社會歷史學家已注意到，西方基督教在壓抑與自由寬大兩階段間劇烈的交替更迭，在世界宗教中是十分特殊的。他們也注意到，壓抑的時期通常都會碰巧出現宗教復興運動。在維多利亞時代的壓抑下，啟蒙運動較寬鬆的道德氣氛，便在西方許多地方受到歡迎；而高壓的維多利亞時代本身，則是隨著更強調基本教義宗教性的崛起而誕生的。在我們這時代，我們親眼目睹一九六〇年代的開放社會，讓渡到一九八〇年代的清教倫理，這也是與西方基督教基本教義派的興起同時發生。這是個複雜的現象，絕對不是單一原因造成的。但是試圖將此與神的概念結合，卻讓西方人覺得有問題。中世紀的神學家和神祕家也許會宣教慈愛的神，但是教堂門上的恐怖最後審判，所描繪的卻是一個詛咒故事的折磨。誠如我們所見，西方對神的感覺常被刻畫為黑暗、掙扎。當循道會教徒如克拉森和考普嘲弄基督教的禁忌，並宣稱罪是神聖的同時，瘋狂的巫術正在歐洲許多國家大為流行。克倫威爾英國的激進基督徒也正反抗過度苛求和恐怖的神和宗教。

大覺醒運動

在十七和十八世紀期間出現的「再生」(born-again)基督教，通常都不健康，而且是以暴力、情緒和叛逆為特徵。我們可以從一七三〇年代橫掃新英格蘭叫做「大覺醒運動」(the Great Awakening)的一波宗教狂熱中得到印證。它是受到衛斯理的學生兼同僚懷特腓德(George Whitfield)福音派教義，和耶魯畢業生艾德華(Jonathan Fdwards, 1703-58)煉火佈道的啟發。

艾德華在他的論文「康州諾善普頓奇妙神蹟的忠實記述」(A Faithful Narrative of the Surprising Work of God in Northampton, Connecticut)中曾描述這個覺醒運動。他把他那裡的教區居民描述成普通不過的人；他們穩重、有秩序而善良，但是卻缺少宗教熱情。他們和其他殖民地的人沒有兩樣。但是一七三四年兩個年輕人突然令人震驚的死去，這個事件便使整個城鎮陷入一股宗教狂熱的瘋癲狀態中（這似乎是因受到愛德華本人恐怖言詞的鼓動所致）。人們可以只談宗教，放下工作而整天讀《聖經》。在六個月內，當地大約有三百個來自社會各階層的人改信「再生」基督教，有時一週便有五個人改信。

艾德華把這瘋狂的現象視為神自己的傑作，他是真的認為如此，並非只是宗教虔誠的一種說法(*façon de parler*)。誠如他一再重複說的，「神似乎改變了他在新英蘭一貫的行為模式」，而以一種驚異而神奇的方式推動了人們。但是必須指出的是，聖靈有時以相當歇斯底里的症狀表現他自己。艾德華告訴我們，有時他們因對神恐懼而很「衰弱」，「墜入深淵之中而懷有罪惡感，並認為這是超越神的慈悲所能拯救的」。接下來當他們覺得得救時，就是同樣極端的自我膨脹。他們慣於「突然大笑，同時又淚水氾濫，並摻雜著嚎啕的哭聲。有時他們又無法控制的大聲喊叫，以表達他們偉大的敬慕之情。」這顯然與所有祕教傳統認為真正的啟蒙應是靜默而有節制的看法大相逕庭。

這些充滿強烈情緒的逆轉行為，將持續成為美國宗教復興運動的特質。它是由痛苦與辛勞的劇烈動盪所得的新生，是西方對神掙扎的新版本。這個覺醒運動像傳染病一樣的擴散到附近的城鎮和村落，正如百年後的紐約州被稱作「焦土區」(Burned-Over District)，因為它被宗教的熱情之火不斷的燒焦。愛德華記載道，在這種狂喜的狀態下，他的信徒們覺得整個世界都變得非常可愛。他們沒法放下《聖經》，甚至到忘食的地步。或許一點兒也不奇怪的是，約在兩年後，當他們的情緒沈寂下來時，愛德華記載著，「我們可以開始感覺到，聖靈逐漸離我們而去。」和先前一樣，這也不是暗喻的說法，愛德華在宗教問題上，是個真正的西方寫實主義者。他相信覺醒運動是神在他們身上的直接啟示，可被感覺的聖靈活動，就像是第一次聖靈降臨節(Pentecost)一樣。當神如他降臨時一樣迅速的離去時，當地——亦是極寫實的說法——便被撒旦佔據了。於是狂喜便由自殺性的絕望所取代。首先一個可憐的傢伙以割喉嚨的方式自殺，而且「這在群眾中蔓延開來後，其他的城鎮似乎也受到強烈的暗示，對他們產生壓力，做這個人所做的事。割斷你自己的喉嚨，現在是個絕佳的機會！」有兩個人在「奇怪而狂熱的幻象」中發瘋。從此不再有人改信該教，但是經歷這次事件而存活下來的人，變得比他們在覺醒運動前更沈靜和喜悅，或者這只是愛德華要我們相信的說法。

愛德華和他信徒的神，以如此不正常和痛苦的方式顯現他自己，很顯然和他以前面對他的子民一樣的可怕和獨斷。情緒的急劇擺盪，瘋狂的自我膨脹和深度的絕望，在在顯示許多低層美國人在與神打交道時，很難保持他們的平衡。這也同時使我們堅信，在牛頓的科學宗教中，神需對發生在世界上的每件事直接負責，不論是多麼怪誕的事情。

我們很難把這狂熱、非理性的宗教精神，和美國建國始祖的沈靜節制聯想在一起。自由主義人士說，神只會以理性的方式表達他自己，不會以情緒爆發的方式出現在人世中。但在《宗教與美國精神：從大覺醒到獨立革命》(*Religion and the American Mind: From the Great Awakening to the Revolution*)一文中，赫馬特(Alan Heimart)論證說，覺醒運動的新生乃是啟蒙運動追求幸福理念的新教版本；它代表了「從一個凡事都可喚起極大不安的世界中解放出來。」覺醒運動發生在較貧窮的殖民州，那兒的人儘管對深刻的啟蒙運動懷有希望，但對現世的幸福卻不抱期望。

愛德華論證說，再生的經驗會產生與任何自然感覺大不相同的一種喜悅與美感。因此，覺醒運動中對神的體驗，使得新世界的啟蒙運動不僅只為殖民地的少數成功人物開啟而已。我們應該還記得，哲學的啟蒙運動也是準宗教解放的一種體驗。法文的「闡明」(*éclaircis-*

sement)和德文的「解釋」(*Aufklärung*)等名詞，具有確切的宗教涵義。愛德華的神也對一七七五年的革命熱情起了作用。在信仰復興運動者的眼中，英國已經失去清教徒革命時期閃亮的新光芒，他們似已衰退、落後。是愛德華和他的同伴領導美國下層階級跨出革命的第一步。教主即將降臨的信仰乃是愛德華宗教的核心；人類的努力會加速天國的到來，這在新世界是可以達成的，而且很快就會到來。

覺醒運動本身（儘管以悲劇收場）使人們相信，《聖經》中描述的救贖過程已經開始。神堅定的保證這個計畫。愛德華賦予三位一體說政治的解釋。因為聖子是「神的智慧所產生的神性」，所以他是新大英國協的藍圖；付諸實踐的神——聖靈，則是及時完成這個偉大計畫的力量。在美洲新大陸，神因此能在地球上凝視他自己的完美。社會表現的乃是神自身的「卓越」。新英格蘭則是「山上的城」，是照亮異邦人的一盞明燈；它反映出耶和華的榮光，將令所有的人心醉神迷。因此，愛德華的神將降生在新的大英國協中，基督也被視為是體現在善良的社會之中。

「更簡易明白」的神

其它的喀爾文教徒則是進步的先驅，他們把化學介紹到美國學校的課程中，而愛德華的孫子杜外特(Timothy Dwight)則視科學知識為人類臻於最後完美的前奏。他們的神並不必然如美國自由主義人士所想像的那樣「蒙昧主義」(obscurantism)。喀爾文教徒不喜歡牛頓的宇宙論，因為他的神在啟動世界後便無事可做。我們前面提過，他們喜歡神真的在世界積極活動；他們的命定論顯示，在他們看來，神確實要為任何發生在塵世的事負責，不論是善或惡。這表示科學所能揭示的神，是要能夠在生命活動中被辨識出來的神——自然的、社會的、物理的和精神的——甚至在那些看似偶然的活動中。

在某些方面，喀爾文教徒比自由主義者的思想更大膽，他們反對信仰復興運動，喜歡簡單的信仰勝過臆測性和令人困惑的教義，他們對信仰復興主義者的懷特腓德和愛德華的主張感到不安，赫馬特論證道，美國社會反智主義的緣起，也許並非來自喀爾文教徒與福音派的人，而是來自更理性的波士頓人如朝恩西(Charles Chauncey)和昆西(Samuel Quincey)，因為他們偏好「更簡易明白」的神。

在猶太教中也產生了某些相當類似的發展，預先為理性主義思想在猶太人間的擴散鋪路，而且也使得許多人得以在歐洲和異教徒同化。在紀元一六六六年這個天啟的年份中，一位猶太人的彌賽亞宣稱，救贖即將到來，而且為全世界的猶太人瘋狂的接受。撒巴台．宰維(Shabbetai Zevi)於一六二六年的古猶太神廟被毀紀念日，在小亞細亞的史密爾納(Smyrna)，出生於一個富裕的西葡（譯註：即西班牙、葡萄牙系）猶太人家庭。他在成長的過程中發展出某些今日稱之為躁鬱症(manic-depressive)的奇怪傾向。他有時會陷入深度的絕望中，那時他會離開家自己一人獨居。然後他又會經驗到接近狂喜狀態的自我膨脹。在這段「躁狂」(manic)期，他有時會刻意而驚人的違反摩西的戒律；他會公開吃禁止的食物、呼喚聖名並宣稱他是因特別的天啟而這樣做的。他相信自己是等待已久的彌賽亞。最後猶太教士們再也不能忍受下去，而在一六五六年把撒巴台逐出該城。他於是變成奧圖曼帝國猶太社區的浪人。在伊斯坦堡的一段躁狂期中，他宣佈猶太律法已被廢除；他大聲說道：「你是神聖的，主啊！我們的神，你允許打破禁忌！」在開羅他因與一名逃過一六四八年波蘭大屠殺(pogroms)的妓女結婚，而鬧出醜聞來。一六六二年撒巴台前往耶路撒冷。此時他是處於抑鬱期，他以為自己被魔鬼控制住。他在巴勒斯坦聽說有個年輕博學，名叫納桑(Nathan)的猶太教士擅長驅邪，所以他便啟程前往他的家鄉迦薩(Gaza)找他。

最後的救贖

和撒巴台一樣，納桑也學習過路里亞(Isaac Luria)的猶太祕教。當他見到這個從史密爾納來遇到麻煩的猶太人時，就告訴他說，他並未被魔鬼控制；他黑色的絕望證明他確實是彌賽亞。當他降臨到這些深淵時，他正和另一邊的邪惡勢力戰鬥，並在十層神聖真實的「外殼」(*kelipoth*)地帶的領域中釋放神聖的火花。這個黑暗力量只有彌賽亞本人才能救贖。撒巴台的任務是在他完成以色列的最後救贖前，下降到地獄。最初撒巴台完全沒有這些概念，但最後納桑的能言善辯說服了他。在一六六五年的五月三十一日，他突然被一股躁狂的喜悅震懾住；在納桑的鼓勵下，他宣佈了他的彌賽亞任務。

主流的猶太教士們把這些斥為危險的無稽之談，但是許多巴勒斯坦的猶太人成群的奔向撒巴台；他選定了十二個弟子做即將被救贖的以色列部落的法官。納桑以信件向義大利、荷蘭、德國、波蘭以及奧圖曼帝國各城邦的猶太人，宣佈此一好消息。救世主降臨的興奮於是像野火燎原般的擴散到整個猶太人世界。千百年來的迫害和放逐已使猶太人和歐洲的主流分隔，而這不健康的狀態使得許多人相信，未來的世界完全寄託在猶太人身上。

流亡在西班牙一帶的猶太人，對路里亞的猶太祕教深信不疑，更有許多人相信最後審判日即將到來。這些都助長了對撒巴台的崇拜。在整個猶太歷史中，曾有許多人宣稱是彌賽亞，但是從沒有人吸引如此多人的支持。那些對撒巴台持保留態度的猶太人，若想說出真心話會對他們不利。他的支持者來自猶太社會的各個階層；富人與窮人，學者與未受教育者都包括在內。令人欣喜的時訊用小冊子和大張紙，以英語、荷蘭語、德語和義大利語廣泛傳播出去。在波蘭和立陶宛還有為推崇他的公開遊行。在奧圖曼帝國，預言家們穿梭在大街小巷，描述他們看見撒巴台坐在寶座上的異像。所有的活動都告暫停。也許是不吉祥的預兆，土耳其的猶太人把蘇丹（土耳其皇帝）的名字從安息日的禱詞中除去，而代之以撒巴台的名字。最後當撒巴台在一六六六年一月抵達伊斯坦堡時，以叛亂的罪名被逮捕，囚禁在加里波里(Gallipoli)。

在千百年的迫害、流放和羞辱之後，希望是唯一的寄託。全世界的猶太人都經驗到一種內在的自由和解放，這和猶太神祕家在冥想發散的神祕世界(*sefiroth*)後所經驗到的狂喜境界類似。現在這個救贖的經驗，不再只是少數享有特權人的專利，而是屬於大眾所有的。猶太人有史以來第一次覺得他們的生命有價值；救贖不再只是未來模糊的希望，而是當下的真實且充滿意義。救贖已經到來！這個突來的逆轉造成了永難磨滅的印象。整個猶太世界的焦點都集中在加里波里，撒巴台在那裏甚至使擄獲他的人都對他留下深刻印象。土耳其的大臣以極舒適的方式款待他。撒巴台開始簽署他的文件如下：「我是主、你的神，撒巴台・宰維。」但是當他被帶回伊斯坦堡審訊時，他再一次陷入抑鬱之中。蘇丹讓他在改信伊斯蘭教和死亡間作一抉擇。撒巴台選擇了伊斯蘭教，而且立刻被釋放。他得到帝國的生活津貼，而且在一六七六年九月十七日死亡時，顯然一直都是個忠誠的穆斯林。

這個可怕的消息自然打擊了他的支持者，許多人立刻失去了他們的信仰。猶太教士試圖要把對他的記憶從地球上清除；他們毀掉所有他們能找到有關撒巴台的書信、冊子與短文。直到今天，許多猶太人仍然對這個彌賽亞感到困窘，而且很難面對它。猶太教士與理性主義者一樣，都輕視這個事件的意義。然而近來學者遵循已故學者史考蘭(Gershom Scholem)的研究，以試圖了解這個奇怪事件的意義，以及它更具意義的事後影響。也許會令人吃驚的是，儘管知道他叛教的醜聞，竟然還有許多猶太教徒忠於他們的彌賽亞。救贖的經驗是如此刻骨銘心，以致他們無法相信神會欺騙他們。這是救贖體驗超越事實與理性的例子中最令人震撼的一件。在面臨放棄新發現的希望，或接受一位叛教彌賽亞的抉擇時，來自各階層數目多得令人驚訝的猶太人，拒絕接受難懂的歷史事實。迦薩的納桑將其餘生投注在宣講撒巴台的神祕上；他認為改信伊斯蘭教的撒巴台，繼續他一生與邪惡勢力的戰鬥。但是不要忘了，他曾被迫違反他同胞最聖潔的教義，以便下降到最黑暗的部分去解放世界。他接受這個悲劇性的任務，而從內在到最深處去征服無神的世界。

在土耳其和希臘，大約有兩百個家庭仍然對撒巴台忠誠；在他死後，他們決定效法他的例子，以便繼續他與邪惡的戰鬥，並在一六八三年集體改信伊斯蘭教。他們仍祕密的效忠猶太教。他們與猶太教士往來密切，在彼此的家中祕密的猶太會堂聚會。一六八九年他們的領袖奎里多(Jacob Querido)到麥加朝聖，前彌賽亞的遺孀宣佈他就是撒巴台的轉世。在土耳其仍有一小群叛教者(*Donmeh*)，外表上過著無懈可擊的伊斯蘭教生活，但是私底下熱情的堅信他們的猶太教。

猶太人注定要成為叛教者？

撒巴台其他的信徒並沒有到這個地步，仍然忠於他們的彌賽亞和教會。這些潛藏的撒巴台信徒似乎比認定的要多。在十九世紀期間，許多猶太人認為有撒巴台信徒的祖先是件可恥的事，遂吸收或採取了形式較自由的猶太教，但是十八世紀許多卓越的猶太教士卻相信，撒巴台是彌賽亞。史考蘭論證說，儘管這個彌賽亞信仰從未在猶太教中成為大眾運動，但是它的重要性卻不應被低估。它對被迫改信基督教，後來又回到猶太教的西班牙猶太人(Marranos)特別具有吸引力。叛教概念的神祕性減輕了他們的罪惡感與痛苦。撒巴台信仰在西葡猶太人社區所在地的摩洛哥、義大利、巴爾幹半島和立陶宛十分興盛。某些人像萊吉歐(Reggio)的孔恩(Benjamin Kohn)，和毛代那(Modena)的羅里高(Abraham Rorigo)，都是著名的猶太卡巴拉神秘家，他們一直祕密與此運動保持關聯。彌賽亞的教派從巴爾幹半島傳播到波蘭的德法系猶太人(Ashkenazic Jews)。德法系猶太人被東歐逐步升高的反猶太主義醜化和排斥。一七五九年怪異而陰險的先知法蘭克(Jacob Frank)的弟子，效法他們彌賽亞的例子集體改信基督教，但仍祕密的歸屬猶太教。

史考蘭提出了一個與基督宗教比較的洞見。大約一千六百年前，另一群猶太人也無法放棄他們對某個鬧出醜聞的彌賽亞的希望。這位彌賽亞在耶路撒冷以一個普通的刑事犯身分死去。聖保羅所謂的十字架醜聞，每一細節都和叛教的彌賽亞一樣的令人震驚。在這個兩個例子中，他們的弟子們都宣告取代舊猶太教的新教已經誕生；他們擁護的是弔詭的信條。基督教對基督受難挫敗產生新生命的信仰，與撒巴台信徒相信叛教是神聖的奧祕十分相似。雙方都認為麥種必須在土中腐敗才可能長出果實；他們相信古老的律法已死，而且已由聖靈的新律法所取代。兩者都發展出三位一體和道成肉身的一神概念。

和十七與十八世紀許多基督徒一樣，撒巴台信徒相信他們正站在新世界的門檻上。猶太神祕家曾不斷論證說，在最後審判日到來時，原先在流亡期間被模糊化了的真正神的奧祕會揭示出來。相信他們活在彌賽亞時代的撒巴台信徒，很自然的便與傳統的一神概念分道揚鑣，即使這代表接受顯然褻瀆的神學。卡達梭（Abraham Cardazo, 1706年歿）這位被迫改信基督教的西班牙猶太人，先從研讀基督教神學開始。他相信因為他們的罪，所有的猶太人注定要成為叛教者。這乃是他們的懲罰。但是神以允許彌賽亞代表他們作出至高無上犧牲的方式，把他們從這可怕的命運中拯救出來。他做出可怕的結論說，在流放的日子裡，猶太人已失去所有對神的真實知識。

兩個神

和啟蒙時代的基督徒與自然神論者一樣，卡達梭試圖要把他認為不真實的歷史積垢從他的宗教中剝除，而回到《聖經》的純粹信仰。下面我們會提醒，在紀元第二世紀，某些基督教諾智派門徒，以區分耶穌基督的隱藏之神與猶太人的負責創世的殘酷之神，演化出一種形而上學的反猶太主義。現在，卡達梭不自覺的恢復了這個舊有的理念，但完全把它顛倒過來。他也教導說有兩個神：一個是把自己顯現給以色列的神，另一個是人們常識的神。在每個文明中，人們都已證明了第一因的存在，這是亞里斯多德的神，為全異教世界所崇拜。這個神沒有任何宗教意義，他並未創世，對人也毫無興趣；因此，他並未在《聖經》中顯現自己，所以《聖經》完全沒有提到他。第二個神就完全不同了，他把自己顯現給亞伯拉罕、摩西和其他的先知們；他從虛無中創造世界、救贖以色列，而且是它的神。然而在流放期間，薩迪亞(Saadia)與麥摩尼德斯(Maimonides)等哲學家被異教徒環繞著，也吸收了他們的某些觀點。因此，他們把兩個神混淆，並教導猶太人說他們倆是同樣的一個神。結果是猶太人開始崇拜哲學家的神，彷彿他是他們祖先的神一樣。

這兩個神之間有何關聯呢？卡達梭演化出一種三位一體的神學，來解釋這個多出來的神，而不致拋棄猶太人的一神論。原神(Godhead)有三種面貌(*hypostases or parzufim*)。第一個稱作古老的神聖(*Atika Kadisha*)。這就是第一因。第二個面貌是從第一個面貌發散出來的，稱作聖主(*Malka Kadisha*)。他是以色列的神。第三個面貌則是顯現的聖靈(Shekinah)，如同路里亞所描述的，他是從原神中被放逐出來的。卡達梭辯稱這「三個信仰的結」並非三個完全不同的神，而是神祕的一體，因為他們所顯現出的都是同一原神。卡達梭是一個溫和的撒巴台信仰者。他不認為叛教是他的責任，因為撒巴台已經代表他痛苦的完成了這個工作。但在提出三位一體的說法時，他卻打破了一項禁忌。千百年來猶太人都對三位一體說感到痛恨，因為他們認為這是褻瀆和偶像崇拜的說法。但是為數驚人的猶太人，卻被這個禁止的看法吸引。隨著時光流逝而世界卻毫無改變，撒巴台信徒必須修正他們的彌賽亞希望。哈伊姆(Nehemiah Hayim)、普利茂(Samuel Primo)和艾伯許茲(Jonathan Eibeschütz)等撒巴台信徒得出的結論是，「神性的奧祕」(*sod ha-elohut*)，在一六六六年尚未完全顯露出來。如路里亞預測的聖靈(Shekinah)已開始「從塵土中升起」，但尚未回到原神中。救贖是個漸進的過程，在這個轉型期，一面繼續遵守古老律法和進會堂禮拜，一面祕密的相信彌賽亞的教義是被允許的。這個修正過的撒巴台信仰，說明了許多相信撒巴台是彌賽亞的八世紀猶太教士，如何還能夠留在講道台上。

那些真的叛教的極端分子，則採用了道成肉身的神學，因此又打破了另一項猶太禁忌。他們逐漸相信撒巴台不僅是彌賽亞，而且是降凡的神。和基督教一樣，這個信仰是逐漸演化而成的。卡達梭所教授的教義，與聖保羅對耶穌復活後神化的信仰很相似：當他叛教時開始的贖罪，使撒巴台提升到三位一體的層次，「他是被讚美的聖主(*Malka Kadisha*)，把他自己往上提升，而撒巴台便上升成為神。因此，他被提升到神聖的地位，而且已達到第二個面貌——以色列之神的層次。不久改信伊斯蘭教的猶太人，更進一步發展這個概念而認定，以色列的神已降臨塵世變成撒巴台的血肉之軀。因為他們也逐漸相信他們每個領袖都是彌賽亞的降凡，於是他們便成為和伊斯蘭什葉派教長(Shii Imams)一樣的神人(*avatars*)。

因此，叛教者的每一代都有一位領袖是神的降凡。

黑色神話學

帶領他德法系猶太(Ashkenazic)弟子在一七五九年受洗的法蘭克(Jacob Frank, 1726-1791)，在他事業生涯剛開始的時候，就曾暗示他是神的降凡，他被描述為整個猶太教歷史中最可怕的人物。他未受教育，但卻對此引以為傲。不過他有能力發展出一套黑色神話學，吸引許多對他們的信仰感到空虛和不滿的猶太人。法蘭克宣教說，舊的律法已被廢止。事實上，所有的宗教都必須被摧毀，以便使神清楚的大放光明。在他的《神的語錄》(*Slowa Panskie*)中，他把撒巴台信仰更進一步帶入虛無主義中。每件事物都必須被毀壞：「凡是亞當所到之處，就有城市建立，但凡是我駐足之處就會被摧毀，因為我來到這個世界的唯一目的便是摧毀和滅絕。」令人不安的是，這和基督的某些話類似，他曾宣稱說，我帶來的不是和平而是戰爭。然而和耶穌與聖保羅不同的是，法蘭克沒有提出任何建設性的教義取代舊有的聖訓。他虛無的信條也許和較他年輕的同時代人物薩德(Marquis de Sade)的信條無甚差別。人類只有下降到墮落的最深處，才能上升找到良善的神。這不僅意味否定所有的宗教，同時也允許做出導致自我貶抑和全然無恥的「奇異行為」。

法蘭克不是猶太神祕家，但卻宣講較粗糙版本的卡達梭神學。他認為在撒巴台三位一體之中，三個面貌的每一部分都會在地球上由不同的彌賽亞代表。法蘭克慣稱為「第一人」(The First One)的撒巴台，乃是卡達梭「古老神聖」(the Holy Ancient One)，或「良善之神」的降凡；他自己乃是第二面貌——以色列之神——的降凡。神聖降凡的第三個彌賽亞，則是法蘭克稱之為「處女」的一個女人。不過目前世界仍在邪惡勢力的掌控中。而在人們採納法蘭克虛無的福音前，世界是不可能被救贖的。他的階梯是個V字形，要上升到神那兒，必須先像耶穌和撒巴台那樣下降到深淵中。「我要告訴你們一點，」法蘭克公開說：「如你們所知，耶穌說他從魔鬼的力量中來救贖這個世界，而我則從所有曾存在的律法和習俗中來救贖。我的任務是滅絕這一切，以使良善的神能顯現他自己。」想要找到神而使自己從邪惡力量中解脫出來的人，必須按部就班的追隨他們的領袖到深淵中，違犯所有被尊為最神聖的律法：「我告訴你們，想要成為戰士的人必然要揚棄宗教，也就是說他們必須靠自己的力量達到自由。」

在這最後一段話中，我們可以感覺出法蘭克的黑色思想與理性主義啟蒙運動間的關聯。採取他的福音的波蘭猶太人清楚的發現，他們的宗教不能幫助應付猶太人不安全的可怕環境。法蘭克死後，法蘭克信仰中的無政府主義質素大體不再，保留下來的只是把法蘭克視為神之降凡的信仰，以及史考蘭稱作「強烈而明亮的救贖感」而已。

他們把法國大革命看成代表他們的神顯現的徵兆；他們捨棄反道德主義而採取政治行

動，夢想革命能重建這個世界。與此類似的是，被迫改信伊斯蘭教的土耳其猶太人叛教團體，會在二十世紀初期成為政治態度積極的「土耳其青年團」(Young Turks)，而許多成員會被世俗的「凱末爾・阿塔圖克土耳其」(Turkey of Kemal Atatürk)團體完全吸納。撒巴台信仰者對外在戒律的敵意，就某方面而言，乃是對猶太區環境的反動。看似落後而愚民的撒巴台，事實上幫助了他們從舊有的方式中解放出來，並對新的理念能夠接受。外表仍對猶太教效忠的撒巴台信仰溫和派，往往是猶太啟蒙運動(*Haskalah*)的先驅；他們也在十九世紀猶太教改革的發起上。扮演積極的角色。這些改革性的啟蒙運動的理念通常是新與舊的奇怪混合物。因此布拉格的維特(Joseph Wehte)在大約一八○○年時寫道，他心目中的英雄是孟德爾頌、康德、撒巴台和路里亞。並不是每個人都可經由困難的科學與哲學之道，而進入現代性中；激進基督徒與猶太教徒的神祕信條，使他們能夠朝一度因強調較深、較原始的靈力，而令他們厭惡的現世主義發展。他們中的某些人採取新的、褻瀆的一神概念，致使他們的子孫能完全把他拋棄。

哈西典教派

就在法蘭克推演出他虛無的福音同時，其他的波蘭猶太人則發現了一個非常不同的彌賽亞。自從一六四八年的大屠殺之後，波蘭的猶太人歷經了與西葡裔猶太人被逐出西班牙一樣強烈的打擊，士氣低落而留下創傷。波蘭許多最有教養、精神崇高的猶太家庭，要不是被殺就是遷移到西歐較安全的地方。成千上萬的猶太人流離失所，而且許多成為浪人，從一個城鎮到另一個城鎮，都不得安居落戶。殘餘的猶太教士往往僅具有限的才能，只會以做研究來遮擋外在世界的殘酷現實。流浪的卡巴拉神祕家們認為，「世界另一邊」(*archra sitra*)魔鬼般的黑暗，與神是分不開的。撒巴台的悲慘事件也造成普遍的覺醒和異常。烏克蘭的某些猶太人曾受到基督教虔信教派運動的影響，而這些運動也是在俄國正統教會中產生的。猶太教徒也開始產生一種類似的靈能宗教。記載顯示有猶太教徒進入出神之境，在禱告中融入聖歌並擊掌。一七三〇年代期間，這些經常進入出神狀態的人中，產生了一位為各方接受的領袖人物，他們創立的這個猶太「心教」就是哈西典教派(Hasidism)。

以則列(Israel ben Eliezer)不是個學者。他寧願在山林中行走、唱歌、講故事給小孩聽和研究猶太《大法典》。他與妻子在波蘭南部喀爾巴阡(Carpathian)山區的小屋中，過著極為貧困的生活。他一度挖掘石灰，賣到鄰近的城鎮。後來他和妻子又開了一家旅店。最後，當他三十七歲時，他正式宣佈成為一位信仰治療者(faith healer)和驅邪者。他穿梭於波蘭的村鎮，用草藥療法、護身符和祈禱治療農人和農夫的疾病。當時有許多這樣的治療者，皆以主之名宣稱能治好惡疾。以則列因此成為一位以聖名治病的大師(Baal Shem Tov)。雖然他從未正式被教會授職，他的追隨者開始稱他為猶太教士貝希特(Besht, Baal Shem Tov)。

大多數的信仰治療者僅以魔術為滿足，但貝希特同時也是一位神祕家。撒巴台事件使他相信，把神祕主義與彌賽亞信仰結合在一起是危險的，而他則回歸到早期的卡巴拉祕教形式，亦即那種不只為少數菁英，而為大眾存在的祕教。

貝希特不把神聖的火花下降塵世看成是災難，反而教導他的信徒多看世界的光明面。這些神聖的火花安住在創世的每一項事物上，而這意味整個世界充滿了神的存在。一個虔誠的猶太教徒可以在生活最微細的行動中——在吃飯、喝水或與妻子做愛時——經驗到神，因為神聖的火花無所不在。因此人類並非被魔鬼所圍繞，而是被存在於每一陣風或每一葉草中的神所圍繞；他要猶太教徒以信心和快樂接近他。

貝希特揚棄了路里亞救贖世界的龐大計畫。哈西典（Hasid，指信仰哈西典教派者）只負責把陷在他個人世界——他的妻子、僕人、家具和食物——中的火花重新結合起來。誠如貝希特的弟子澤特林(Hillel Zeitlin)解釋說，哈西典對只有他自己能表現的特殊環境有獨特的責任；「每個人都是他自己世界的救贖者。」他只看他應該看，而且只有他應該看的事物，只感覺他個人特別想感覺的事物。」卡巴拉神祕家設計了一種專注的訓練(*devekuth*)，幫助神祕家不論在何處都能覺察到神的存在。誠如十七世紀薩菲德(Safed)的一位卡巴拉神祕家所解釋的，神祕家們應獨自靜坐，暫停法典的研究，「想像聖靈的光就在他們頭上，好像它就在他們四周流動，而他們就坐在光中一樣。」這種對神存在的感受，帶給他們戰慄、忘我的喜悅。貝希特告訴他的信徒說，這種出神的體驗，不是保留給少數有特權的神祕家精英，每個猶太教徒都有責任練習這種專注的訓練，使自己覺察到無所不在的神。事實上，不能成功練習這種專注訓練便等於是偶像崇拜，是對只有神能賦予存在真實的信仰的否定。這使得貝希特與既有的猶太教會產生衝突，他們畏懼猶太教徒會放棄對法典的鑽研，而贊成這類有潛在危險而怪異的專注訓練。

然而哈西典教派迅速的擴展，因為他為不滿的猶太人帶來希望的訊息；所有改信此教的人似乎曾經是以前的撒巴台信仰者。貝希特不要他的弟子們揚棄猶太法典。他反而賦予它神祕主義的解釋，誡律（*mitzvot*）這個字就有繫結的意思。當哈西典練習其專注訓練，而又同時遵行法典中的某條戒律，他便是把自己和存有的基礎——神——繫結在一起，而又把個人或事物中的神聖火花和神性重新加以結合。猶太法典長久以來一直要猶太人以遵守戒律的方式淨化世界，而貝希特只不過是賦予這項宗教修持一種神祕主義的解釋罷了。有時哈西典信徒會狂熱過頭到幻想要解救世界，他們中的許多人把吸煙看得十分嚴肅，認為是在解救煙草中的火花！

梅濟博（Medzibozh）的巴魯克（Baruch, 1757–1810）是貝希特的另一個孫子。他有一座陳設美好家具和地毯的富麗庭園。他為自己辯護的理由是，他只是關心這些華麗飾物中的火花而已。阿普特（Apt）的赫舍爾（Abraham Joshua Heschel，1825年歿）三餐一向要極多的分量，以便把食物中的神聖火花重新收回來。然而我們也可以把哈西典的事業看成是，企圖在殘酷而危險的世界中尋找意義。精神專注的訓練乃是以想像力，試圖把世界熟悉的面紗揭去，從而發現內在世界的光輝。這和當代英國浪漫詩人華滋渥斯(William Wordsworth, 1770–1850)和柯立芝(Samuel Taylor Coleridge, 1772–1834)，在每件事物中看到統合整體真實生命的想像意象，不無類似之處。儘管遭遇過流亡和迫害的苦難，哈西典信仰者仍能覺察到奔流在整個世界，並把世界轉變成光輝地的神聖能量。物質世界會逐漸失去其重要性，而每件事件都會變成神的顯現。

烏積哈里(Ujhaly)的泰特邦(Moses, Teitelbaum, 1759–1841)說，當摩西看到烈焰燃燒般的荆棘叢時，他就是見到神在每株荆棘中以燃燒的方式，顯現自己並保持其存在。整個世界似乎都有天光裝飾，而哈西典信仰者會在狂喜忘我的境界中快樂的大聲呼叫，拍擊雙手並融入聖歌之中。他們中的某些人甚至習慣以翻觔斗的方式，來證明他們心象的光輝已將整個世界徹底轉變過來。

和史賓諾沙及某些基督教激進人士不同的是，貝希特並不認為每件事物都是神，而是認為所有的事物存在於賦予它們生命和存有的神之內。他是使所有事物存在的生命力量。他並不相信哈西典信仰者會因專注訓練而變成神，或者與神合一，這種魯莽的想法對所有的卡巴拉神祕家而言都是過度不當的。相反的，哈西典信仰者會接近神，以便覺察到他的臨在。他們中的大多數都是簡單、樸實的人，他們的表達往往過度誇張，不過他們清楚的知道，他們的神話是不能以字面的意義來衡量的。他們喜歡以故事取代哲學或法典的討論，並把虛構故事看成是傳達與事實和理性無關經驗的最佳工具。他們的心象乃是試圖以觀想力，描繪出神與人類間的依存關係。神不是外在客觀的真實，事實上，哈西典派教徒相信，就某種意義而言，是他們在他瓦解後，藉著重新建構他的方式，把他創造出來。經由對內在之神性火花的體察，他們將變成更完整的人。和先前一樣的，他們是以卡巴拉祕教的神話術語來解釋這個洞見。貝希特的的繼承人貝耳(Dov Baer)說，神與人是一體的，當人不再有與世界分離的感覺，而且轉化成「如以西結所見坐在寶座上的原初之人的宇宙形象」時，他就會如神在創世時所想的一樣變成亞當。這乃是猶太教對希臘人或佛教徒相信的覺悟——能使人類透徹的覺察自己本有的超越層面——的另一種表達方式。

反對個人崇拜

希臘人在他們道成肉身及基督神化的教義中，便已表達了這個洞見。哈西典教徒發展出一套他們自己的道成肉身說。哈西典派的猶太教士匝迪克(Zaddik)成為他那一代人的神人(*avatar*)，連接天國與塵世並代表神的存在。誠如車諾比爾(Chernobyl)的猶太教士拿宏姆(Menahem Nahum, 1730-1797)所記載的，匝迪克「確實是神的一部分，而且和以往一樣，在神那兒是有一席之地的。」就如同基督徒效法基督以便接近神一樣，哈西典效法的匝迪克不僅上升接近神，而且還修習完美的專注訓練。他是這種覺悟可能達到的鮮活證明。因為匝迪克比較接近神，所以哈西典教徒便可以透過他而接觸宇宙的主宰。當匝迪克在說有關貝希特的故事，或者在解釋法典中某段文字的意思時，他們會簇擁著他，對他說的每句話都專注傾聽。和基督教的狂熱教派一樣，哈西典教派不是離群索居的宗教，而是屬於社會大眾的。哈西典教徒會追隨他們的匝迪克，集體上升到最究竟處，與他們的主結合。

不會讓人驚訝的是，較正統的波蘭猶太教士對這種個人的崇拜感到恐懼，因為它完全不把長期以來被視為法典化身的猶太教士放在眼裡。反對此種個人崇拜的運動，是由猶太教士也是威爾那(Vilna)學院領袖的以利亞(Elijah ben Solomon Zalman, 1720-1797)所領導。撒巴台的潰敗使得某些猶太教徒對神祕主義極端的厭惡，威爾那學院的領袖則常被視為理性宗教之冠。然而，他既是熱誠的卡巴拉神祕家也是《大法典》的專家。他的親信弟子來自弗羅新(Volozhin)的哈因姆(Hayyim)讚賞他說：「他對《摩西五書》的重要註釋『光輝之書』(*The Zohar*)，完全通曉而且專精……他是以火焰般的熱情，對聖主的戒慎恐懼、神聖、純潔和專注的 (devekuth，此處指卡巴拉祕教的專注訓練) 加以研究。」不論何時只要他提到路里亞，他整個身子都會戰慄。雖然他有過驚奇美妙的夢與天啟，但他總是堅稱法典的研究才是他與神溝通的主要方式。不過他在直觀解析夢的目的方面有過人之處。哈因姆教士繼續說道：「他常說，這是神創造睡眠的唯一目的，當人在許多工作與努力之後仍不能理解，那麼就讓睡眠來幫助你理解，因為身體就好像是分隔的簾幕，在睡眠時靈魂與身體就結合在一起了。」

「心靈的共融」

神祕主義與理性主義之間，並不如我們想像的那樣有距離。威爾那學院領袖對睡眠的看法，顯示他對無意識的角色有清楚的認識；我們都會力勸朋友藉睡眠把問題暫拋一邊，希望在睡眠中能夠找到平日清醒時難以捉摸的解決之道。當我們的心感受敏銳而放鬆時，靈感就會由心靈深處出現。這也是科學家阿基米德的經驗，他是在澡盆中發現了他著名的阿基米德原理。真正有創造性的哲學家或科學家，必須和神祕家一樣面對未開發的黑暗世界和未知的疑雲，以便穿透它。只要他們在邏輯和概念中打轉，他們必然受到既有思想概念或形式的拘束。他們的發現似乎往往「來自於」外在世界。他們以洞察力和靈感來談論事情。因此，當厭惡宗教狂熱的吉朋（Edward Gibbon, 1737-94），在羅馬首都的廢墟中沈思時，也經驗了靈光一現的剎那，這便是促使他寫作《羅馬帝國衰亡史》（*The Decline and Fall of the Roman Empire*）的動機。二十世紀的史學家湯恩比在評論這個經驗時，把它稱之為「心靈的共融」（communion）；「吉朋直接的感受到歷史的洪流緩緩的從他身上流過，而他自己的生命則像是無邊浪潮中湧現的一個波浪。」湯恩比的結論是，這種靈恩湧現的時刻，和那被描述成賜予人們的「福視」(Beatific Vision)十分相似。愛因斯坦也曾說過，神祕主義是「所有真正藝術與科學的播種者」：

> 了解那不可測知的存有確實存在，它以最高的智慧與最耀眼的美展現出來給我們知道，而我們遲鈍的感官只能以它們最原始的形式來理解它。這個理解，這個感受，乃是所有宗教的真正核心。就這個意義而言，而且只有在這個意義下，我是屬於虔誠的宗教人。

就這點而言，像貝希特等神秘家們所發現的宗教明覺體驗，可以被看成與理性時代的其他某些成就十分相近；它使得較簡單質樸的人，能夠以想像力過渡到現代的新世界。

新哈西典教

一七八〇年代期間，雷德(Lyaday)的猶太教士匝爾曼(Shneur Zalmun, 1745-1813)並不覺得哈西典教派感情的豐富，與理性的探求毫不相干。他創建了新的哈西典教派，試圖把神祕主義與理性思考混合在一起。這就是為後人所知的哈巴德(Habad)，是神的三種屬性：智慧(Hokhmah)、理智(Binah)和知識(Da'at)起首字母的組合。和早期神祕家把哲學宗教精神混合一樣，匝爾曼相信形而上學的冥想乃是宗教祈禱的重要前奏，因為它揭露了智性的局限。他的方法是以哈西典教派神有存在於萬物中的基本看法為起點，然後依辯證的過程，引導神祕家們了解神是唯一的真實。匝爾曼解釋道：「從無限的角度而言，他就是那神聖的，所有的世界與之相較之下彷彿是完全的虛無。」如果沒有神賦予的生命力，世界便不可能有存在物。只因為我們有限的知覺能力，所以它看起來似乎獨立於世界之外存在，但這是幻象。因此，神並不是占據另一個真實領域的超越存有；他不自外於這個世界。事實上，有關神的超越性的教義乃是我們心智產生的另一種幻象，而人的心智幾乎不可能超越感官經驗的限制。哈巴德的祕教訓練，就是要幫助猶太教徒超越感官經驗，而從神的觀點來看事物。從未覺人的眼中看去，世界沒有神的存在，卡巴拉祕教的冥思可以破除理性的界限，而協助我們發現神就在我們周遭的世界中。

哈巴德同樣具有啟蒙運動對人類心智接觸神的能力的信心，只是透過耗時的弔詭辯證法和神祕的冥想來達成罷了。和貝希特一樣，匝爾曼相信任何人都可以達到觀想神的境界，哈巴德不是只為神祕家菁英而設的。即使不具宗教精神才能的人，也可以達到明覺的狀態。不過它需要辛勤努力才能做到。誠如匝爾曼的兒子路巴維奇(Lubavitch)的教士貝耳(Dov Baer)，在他《論出神》(*Tract on Ecstasy*)的宗教短文中解釋道，首先我們必須對理性的局限有徹底的體認。只靠大腦思考是不夠的，還必須輔以自我分析、法典研究與祈禱才行。要放下我們智性與想像的偏見是痛苦的，大多數的人極不情願放棄他們的觀點。一旦他們能超越自我中心的想法，哈西典教徒便能了解神是唯一的真實。就像素菲神祕家在達到與神合一前體會到的「近死」(*fana*)經驗一樣，哈西典教徒也會達到出神的境界。貝耳解釋說，他會超越他自己：「他的整個生命因為是如此的專注，以致不覺得有任何事物存在，也沒有任何的自我意識。」哈巴德的訓練使卡拉巴祕教成為一種心理分析與自我知識的工具，教導哈西典信徒進入他的內在世界，一層一層往下深掘，直到接觸到他生命的核心為止。在那心靈的深處，他發現神是唯一的真實。心藉著理性與想像的訓練而發現神，但這不是哲學家和像牛頓一類科學家的客觀之神，而是與自我不可分開而深刻的主觀真實。

瓦里—烏托

十七與十八世紀是心靈激昂而經歷痛苦極端的時期，它反映了政治與社會史無前例的動盪不安。此時的伊斯蘭世界沒有相當的事件可供比較，當然對西方人而言，這是難於確定的說法，因為十八世紀的伊斯蘭教思想尚未被充分研究。一般而言，西方學者很容易忽略這段時期的重要性，而把它視為之為無甚了了的時代。而且一般的看法是，當啟蒙運動在歐洲開始時，伊斯蘭教開始沒落。但是近來這個觀點受到挑戰，認為是太過簡化的看法。

儘管英國在一七六七年就控制了印度，但是穆斯林世界尚未能察覺到西方挑戰史無前例的特性。印度德里的素菲神祕家瓦里—烏拉(Shah Walli-Ullah, 1703-62)也許是第一個察覺到這個時代新精神的人。

他是個出色的思想家，懷疑文化的普遍性，認為穆斯林應該聯合起來保護他們的文化遺產。儘管他不喜歡什葉派，但他仍相信遜尼派(Sunnis)與什葉派(Shiis)應該找出彼此的共同基礎。他試圖改革伊斯蘭教的神意法(Shariah)，以使它更適用於印度的新情況。瓦里—烏拉似乎對殖民主義的後果已有預感；他的兒子後來領導對抗英國的聖戰(*jihad*)。他的宗教思想比較保守，大部分是依據阿拉比(*Ibn al-Arabi*)的觀點——沒有神人無法完全發展他的潛能。穆斯林在宗教問題上，仍然樂於將傳統的精華加以發揮，瓦里—烏拉便是素菲祕教仍具啟發力量的例證。然而在世界許多地方，素菲教卻變得有點沒落，而在阿拉伯世界新的改革運動，便預示了遠離神祕主義，乃是十九世紀穆斯林一神概念及對西方挑戰回應的主軸。

瓦哈伯

和十六世紀基督教的改革者一樣，阿拉伯半島內志(Najd)的法學家瓦哈伯 (Muhammad ibn al-Wahhab, 1784年歿)，想要恢復伊斯蘭原有的純淨，除去所有後來增添的東西。他對神祕主義特別有敵意。所有道成肉身神學的教義都被詛咒，包括對素菲派聖賢和什葉派教長的奉獻在內。他甚至反對麥地那對先知穆罕默德之墓崇拜的教派，不論其功績多麼輝煌，沒有人應該奪去人們對神的專注。

瓦哈伯設法改變了阿拉伯中部一個小國國王掃德(Muhammad ibn Saud)的信仰，兩人並且齊力發動了一項宗教改革，以期使先知穆罕默德及其同僚所建的第一個伊斯蘭教世界重現。他們對壓迫窮人，無視寡婦孤兒困苦、不道德及偶像崇拜的行為都加以撻伐。他們同時也從事對其帝國主人奧圖曼人的聖戰，因為他們相信領導穆斯林的，應是阿拉伯人而非土耳其人。他們設法從奧圖曼帝國控制的領域中奪取外志(Hijaz)相當大的一塊面積。土耳其人一直到一八一八年，才重新奪回這塊土地的控制權，不過這個新的教派卻已在伊斯蘭世界攫取了許多人的注意。到麥加朝聖的活動讓這個新信仰留下深刻的印象，它們似乎比更現代的素菲教來得新鮮而有活力。在十九世紀期間，瓦哈伯教派會成為伊斯蘭教的主流，而素菲教則越發邊緣化，也因此更讓人覺得怪誕和迷信。和猶太教徒與基督徒一樣，穆斯林開始從祕教的理念退卻，而採取更理性的信仰。

離開神的風潮

在歐洲有少數人開始掀起一股離開神的風潮。一七二九年一個立下生命典範的鄉下牧師麥斯里耶(Jean Meslier)，以無神論者的身分死去。他留下一份回憶錄，由伏爾泰加以流傳。他在回憶錄中表達了對人性的憎惡，以及他無法相信神的立場。麥斯里耶認為，牛頓的無限空間是唯一的永恆真實；只有物質是真實存在的。宗教是富人用來壓迫窮人以及使他們軟弱的設計。基督教特別以它荒唐的教義，如三位一體和道成肉身而聞名。他對神強硬的否定言論，甚至連哲學家也難以接受。伏爾泰把其中特別提到無神論的章節刪去，而把他轉變為一個自然神論者。然而到了十八世紀末，雖然只是極少數，但確有幾個哲學家很自豪的自稱為無神論者。

在此之前，「無神論者」一直是被用來咒罵的詞彙，特別是用來毀謗你的敵人。現在它卻開始被視為是光榮的象徵。蘇格蘭哲學家休謨(David Hume, 1711-1776)為新的經驗論(empiricism)推演出邏輯的結論來。我們不需要超越科學解釋的真實，同時也沒有哲學的理由可以讓我們相信，有超越我們感官經驗的事物存在。在《自然宗教對話》(*Dialogues Concerning Natural Religion*)中，休謨揚棄了意圖從宇宙設計的角度來證明神存在的議論，辯稱它是建立在不周延的類比論證上。也許有人可以爭議說，我們從自然世界分辨出的秩序，指向一個有智性的造物者，但是我們又如何解釋邪惡和失序的情形呢？我們無法從邏輯中找到此一問題的答案，而在一七五〇年寫成《自然宗教對話》的休謨，很明智沒有出版此書。大約一年前，法國哲學家迪德洛(Denis Diderot, 1713-84)就因為在《致盲目的人云亦云者》(*A Letter to the Blind for the Use of Those Who See*)這本把成熟的無神論介紹給大眾的書中，提出了同樣的問題而遭監禁。

迪德洛本人否認他是個無神論者。他只是說他不關心神究竟是否存在。當伏爾泰對他的書提出反對意見時，他答覆說：「我相信神，雖然我也可以無神論者的態度活得很好……重要的是不要把美國松錯看成荷蘭芹；不過，相信或不相信神，一點兒也不重要。」迪德洛準確無誤的指出了關鍵的重點。一旦「神」不再是充滿熱情的主觀經驗，「他」便不存在了。誠如迪德洛在同一封信中所指出的，相信從不涉足世事的哲學家之神，是一件毫無意義的事。隱藏的神變成輕閒的神(*Deus Otiosus*)，「不論神存不存在，他已成為最崇高而無用的真理。」

他得到的結論和巴斯噶正好相反，巴氏把下賭注者看成具有無上的重要性，而完全不可能忽略。在他一七四六年出版的《哲學深想錄》(*Pensées Philosophiques*)中，迪德洛把巴斯噶的宗教經驗斥為太過主觀；他和耶穌會士們都對神加以非常熱情的關注，但卻有非常不同的觀點。我們如何在他們之間做一抉擇呢？這樣的「神」只不過是主觀的情緒(*temperament*)罷了。在這個時刻，也就是出版《致盲目的人亦云亦者》前三年，迪德洛確實相信科學——而且只有科學——可以駁斥無神論。他演變出一套對「宇宙設計說」的新詮釋，令人印象深刻。他不檢驗宇宙無邊的運動，反而力勸人們檢驗自然的基底結構。種子、蝴蝶或昆蟲的組織太過複雜，以致根本不可能偶然發生。在《哲學深想錄》中，迪德洛仍然相信理性可以證明神的存在。牛頓已把所有的宗教迷信和愚癡都除去了；顯現奇蹟的神乃是我們嚇小孩用的瓶中精靈。

然而三年後，迪德洛開始質問牛頓，而且不再相信外在世界可以提供任何神存在的證據。他清楚的看到，神和新科學一點兒關係也沒有。但是他只能以小說語言來表達這個革命性而且具煽動性的思想。在《致盲目的人云亦云者》中，迪德洛虛構了一則論爭；爭論的一方是他稱為荷姆斯先生的牛頓主義者，另一方則是從小失明的已故劍橋數學家桑德森(Nicholas Saunderson, 1682–1739)。迪德洛讓桑德森問荷姆斯，將如何調和「宇宙設計說」和他這樣毫無智識與慈善的偶發「怪物」：

> 這個世界是什麼，荷姆斯先生，不過是受制於變化循環的複合體罷了，所有的這一切都顯示出一個持續的毀滅傾向；是一種事物一個接一個快速出現，興盛而後消失的連續體；只是一種變遷的對稱平衡和一部暫時的秩序表象。

牛頓的神以及許多基督徒的神，是要確實為每件發生的事情負責；這不僅荒謬而且是可怕的想法。以「神」來解釋我們現在不能解釋的事，乃是一種虛偽的謙卑。「我的好朋友，荷姆斯先生，」迪德洛筆下的桑德森結論說：「承認你的無知吧！」

無神物質主義的《聖經》

從迪德洛的觀點而言，根本沒有需要談創世者。物質並非如牛頓和新教徒所想像的那樣被動和微不足道，而是自有一套規律的動能。是這個物質規律——而非神聖的「技工」——造成我們認為是顯而易見的規劃。只有物質是真正的存在。迪德洛把史賓諾沙的立論往前再推一步。他不說神不存在而自然存在，反而宣稱只有自然存在，根本沒有神。不只他一人持此觀點，科學家如川伯雷(Abraham Trembley)和尼德漢(John Turbeville Needham)發現了「衍生物質原理」(principle of generative matter)，現在已出現在生物學、顯微鏡使用(microscopy)、動物學、自然歷史與地質學各領域中，成為一種假設。但是，極少人願意與神完全絕裂。即使經常出入侯巴克男爵(Baron of Holbach, 1723-89)罕利克(Paul Heinrich)上流社交圈的哲學家們，雖然很喜歡公開而坦白的討論，但也沒有公開的擁護無神論。

由於這些辯論，於是產生了侯巴克男爵的書《自然的系統：或道德與物理世界的規律》(*The System of Nature: or Laws of the Moral and Physical World*, 1770)，這本書後來變成了一股熟知的無神論物質主義的《聖經》。自然之外再也沒有超自然的事物存在，侯巴克論證說：「有的只是一個不斷接續流動的巨大因果鏈。」相信神的舉動是對我們真實經驗的欺騙與否定，也是絕望的行為。宗教創造出神來，是因為人們無法找出其他解釋，來安慰他們在世界上遭遇的悲劇。他們轉向由宗教哲學想像出來的安慰，試圖建立起某種控制感的幻象，藉安撫他們想像中位於舞台後的「行為者」(agency)來抵擋恐懼與災難。

亞里斯多德錯了，哲學不是追求知識的高貴欲望，而是渴望避免痛苦的結果。因此，宗教的搖籃是無知與恐懼，而成熟、覺悟的人則必須從中爬出來。

侯巴克試圖建立他自己的神的歷史。最初人類崇拜自然的力量。這種原始的萬物有靈論(animism)可以被接受，因為它並未試圖超越這個世界。當人們開始以他們的意象，把太陽、風和水造成位格化的神時，腐敗墮落之因便已種下。最後他們把所有這些神融合成一個巨大的神，這無非只是心理的投射和一團矛盾而已。詩人與神學家千百年來什麼也沒做，但是卻：

> 造了一個巨大、誇張的人，他們藉著滙聚互不相容的特質，來解釋他這個幻象。人類永遠看不到神，所見的只是人的同類，他們會不斷試圖把他放大比例，直到他們所造的存有大到完全不可思議為止。

歷史告訴我們，要調和神的良善與他的無所不能，是不可能的。因為這缺乏內在的一致性，所以神的概念註定要崩潰。哲學家與科學家盡最大的努力要救它，但他們並沒有比詩人與神學家好到那裏去。笛卡兒宣稱證明的「最高完美」(*hautes perfections*)只不過是他想像的產物而已。即使偉大的牛頓也不過是「他嬰兒般偏見的奴隸」。他發現了絕對的空間，而且從虛無中創造出一個神，他只是個「有力量的人」(*un homme puissant*)，像個神聖的暴君恐嚇把他創造出來的人類，而且把他們降格為奴隸。

幸好啟蒙運動使人類能夠袪除這種幼稚的思想。科學於是取代宗教。「假如自然的無知產生神，自然的知識則是用來摧毀他。」沒有更高的真理，或是基底的模式，也沒有偉大的設計。有的只是自然本身：

> 大自然不是人為的產物；它一直是獨立自存的；在它的懷抱中萬物齊作；它是一座巨大的實驗室，提供我們原料，並且利用這些做為行動的工具。它所有的作品都是它自己的能量，以及它製作、包容、推動的動力或原因的效應。

神不僅不必要，而且絕對有害。到十八世紀末時，拉普拉斯(Pierre-Simon de Laplace, 1749-1827)便把神從物理中驅逐出去。行星系統乃是由逐漸冷卻下來的太陽所延伸出來的發光體。當拿破崙問他：「誰是這一切的作者？」時，拉普拉斯只是回答說：「我不需要這個

假設。」(*Je n'avais pas besoin de cette hypothèse-là*)

千百年來每個一神教都堅稱，神不只是另一個存有者而已。他的存在方式和我們經驗到的其他現象不同。然而，西方的基督教神學家習慣於談論神，好像他真的是存在的事物之一。他們抓住新科學來證明神的客觀真實，好像他可以像其他事物一樣的被驗證和分析。迪德洛、侯巴克和拉普拉斯以子之矛攻子之盾的攻擊這些言論，而且達到一個比神祕家更極端的結論：根本沒有神的存在。這是早在其他的科學家和哲學家得意宣稱神已死之前好久的事。

「神」死了嗎？

無神論大勢已成

到了十九世紀初期，無神論毫無疑問的已成為眾所討論的議題。科學與技術的進步所帶來新的自主與獨立的精神，使某些人宣稱獨立於神之外。這是費爾巴哈、馬克思、達爾文、尼采和佛洛伊德等人，塑造出對真實的哲學與科學詮釋的時代；而在他們的理論解讀中，完全沒有神的地位。事實上，到了十九世紀末，有相當多的人開始覺得，假如神還未死，那麼將他殺死便是理性和已解放的人類的責任。千百年來由西方基督宗教所孕育出來的一神概念，如今看來非常不幸的已與時代脫節，而理性的時代似乎又對千百年來的迷信和偏執占了上風。這是真的嗎？西方在這點上掌握了發起的先機，而它的相關活動將對猶太教徒和穆斯林產生致命的後果，他們將被迫重新檢視他們的立場。許多排斥一神概念的意識形態很有道理。西方基督宗教世界神人同形的人格化神確實異常脆弱。多少恐怖的罪行都是假神之名而行。但是他的死亡並沒有讓人感覺到愉快的解放，伴隨而來的卻是懷疑、恐懼，和在某些案例中，痛苦的衝突。雖然某些人試圖演化出新神學來拯救神，以便使他從實證思想的禁錮體系中解放出來，但是無神論大勢已成。

對理性崇拜的反動

對理性的崇拜的反動也是同時並存的。浪漫主義運動的詩人、小說家和哲學家指出，徹底的理性主義乃是一種化約論，因為它避而不談人類心靈中的想像與直觀的活動。某些人以世俗的角度重新詮釋基督宗教的教條與奧祕。這個重新組合過的神學，把地獄、天堂、再生和救贖等傳統的主題，轉化成為理智上可讓「後啟蒙時代」接受的用語，並把它們與「客觀」(out there)超自然真實的關係袪除。這種「自然的超自然主義」(natural supernaturalism)的主題之一，如美國文學批評家阿布拉姆斯(M. R. Abrams)所說，乃是創造的想像。這是一種能夠投入外在真實，從而創造出新真理的一種感官能力。英國詩人濟慈(John Keats; 1795-1821)對此簡潔明瞭的說：「想像力就像亞當的夢——他一覺醒來就發現了真理。」他所指的是米爾頓《失樂園》(*Paradise Lost*)中夏娃誕生的故事：亞當在夢中見到一個尚未創造的真實，而在醒後遭遇的女人身上發現了它。在同一封信中，濟慈把想像力描寫成一種神聖的感官能力：「我對心靈感應的神聖性與想像力的真實性確定無疑——想像力所捕捉的美必然是真理——不論它過去存在與否。」理性在這個創造過程中所扮演的角色有限。濟慈同時描述了一種他稱之為「否定能力」(Negative Capability)的心靈狀態，亦即「一個人能夠在不汲汲援引事實和理性的情況下，坦然面對不確定、奧祕和懷疑的能力」。

和神祕家一樣，詩人也必須能夠超越理性，並抱持一種靜默等待的態度。

中世紀的神祕家也以同樣的方式描述神的經驗。阿拉比(Ibn al-Arabi)甚至談到想像力在自性深處尚未分化的階段中創造出自己的一神體驗來。雖然濟慈對與柯立芝(Samuel Taylor Coleridge, 1772-1834)同為英國浪漫運動先驅的華滋渥斯(William Wordsworth, 1770-1850)抱持批判的態度，但是他們倆對想像力都有類似的看法。華滋渥斯最好的詩都是歌詠讚賞人心與自然世界間的連繫，由於二者相互作用所以才產生夢想與意義。華滋渥斯本身便是一個神祕家，他對自然的體驗近似於對神的體驗。在《距提籐修道院數哩之遙詩作》(*Lines Composed a Few Miles above Tintern Abbey*)裡，他對出神狀態下的真實體驗的敏銳心態有如下的描述：

在那愉悅的心境中，
奧祕的負擔，
這個難以了解世界的沈重與疲倦都為之減輕；
在那寧靜而愉悅的心境中，
情感輕柔的引導著我們前行，——
直到這血肉之軀的氣息，

甚至我們血液的流動幾乎暫時停止，
我們沈睡在身體中，
於是變成一個活生生的心靈；
當和諧的力量與深刻的喜悅力量，
使我們的眼光寧靜而深遠時，
我們便看見事物的生命。

這樣的觀察與洞見是由心與感情而生，而不是由華滋渥斯所謂的「好管閒事的智性」(the meddling intellect)所生。智性純粹分析的力量是會摧毀這種直觀的。人們不需要書籍與理論。唯一需要的只是「有智慧的接受」(wise passiveness)和「一顆專注與敏銳的心」。洞見是主觀的體驗產生的，當然這必須是「有智慧的」，而不是愚昧無知和自我放縱的。濟慈會說，真理只有在生命的脈動中感受到，和由感情活生生的帶入心中，才會成為真正的真理。

華滋渥斯曾描述一種「精神」(spirit)，既內涵於自然現象中，而又與它有別：

一種讓我感到喜悅的精神來自崇高的思想；
一種卓越超群的感覺來自那更為原初未分化的事物。

它駐足在落日的餘暉中，
也在大海和空氣中，
還有藍天，以及人的心中；
那運行與精神就是推動所有思想，
所有思想的對象，
以及貫穿所有事物的東西。

哲學家如黑格爾便在歷史的事件中找到這個精神。華滋渥斯雖然很樂意在其他場合談論「神」，特別是在倫理的問題上，但是他卻很小心的不對這個經驗提出傳統的宗教解釋。英國的新教徒對神祕家的神並不熟悉，因為它被宗教改革者輕視。神是通過責任召喚的良知來表達自己；他糾正人的欲望，但似乎與華滋渥斯在自然中感覺到的神並無共通之處。由於他一向注意言語表達的準確性，華滋渥斯只會稱它為「某物」（something），以替代確切的定義。華滋渥斯用它來描述這個他不願命名的精神，因為基於真正的神祕不可知論，它不符合他所知的任何一個概念範疇。

布雷克

另一位同時期的神祕主義詩人布雷克則發出啟示般的論調，並宣稱神已死。在他早期的詩作中，布雷克(William Blake, 1757-1827)所用的是一種辯證的方法，例如「天真」(innocence)與「體驗」(experience)似乎是兩個截然相對的名詞，但進一步則會發現它們是一個更複雜真實的一半真理。布雷克把英國理性時代以押韻對句為特色的詩風，轉變成凝塑個人主觀想像的風格。在《天真與體驗之歌》(*Songs of Innocence and Experience*)中，兩種對立的心靈狀態在結合以前都被視為不恰當：天真必須變成體驗，而體驗本身在恢復成真正的天真前，則必須先謙卑的落入經驗的谷底。詩人於是變成了「看見現在、過去與未來」，以及傾聽遠古時期向人類揭示的神諭(Holy Word)的先知：

呼喚墮落的靈魂，
在傍晚的露水中哭泣，
那或許能掌控星空的極地，
於是墜落、墜落、以至重新燃亮。

和諾智派及猶太神祕家一樣，布雷克想像出一種絕對墮落的狀態。除非人能認識到他們墮落的情況，否則不可能會有真正的洞見。和這些早期的神祕家一樣，布雷克用人類原本即在墮落中的概念，來象徵一個持續出現在我們世俗現實中的過程。

布雷克反對啟蒙運動試圖要把真理系統化的看法。他同時也反對與人性疏離的基督教之神。神被用來傳播不自然的律法，以壓抑性慾、自由及隨心所慾的快樂。布雷克在「老虎」（The Tyger）一詩中對人性之神的「恐怖平衡」（fearful symmetry）加以斥責，因為它把神看成來自那非言語所能形容的「遙遠深處與天際」。然而這完全屬於「他者」的神，上界的創造者，在詩裡產生了變化。神自己必須墮入世界中，而以耶穌的人身死去。他甚至成為人類的仇敵撒旦。和諾智派、猶太神祕家以及早期的三位一體說信仰者一樣，布雷克想像出一神神性的自我否定(*kenosis*)，神自他獨立存在的天國墜落，而降凡人世。他不再是個獨處於自己世界，要求人類臣服在外在他律下的自主神祇。沒有任何一種人類活動可與神分離；即使教會所壓抑的性，也在耶穌的熱情中顯現出來。神自願的以耶穌之身而死，神不再超越、疏離。當神徹底死去，具有人性的神性便將呈現：

耶穌說：你會愛一個從來不曾為你而死的人，
或者會為一個不曾為你而死的人而死嗎？

假如神不為人而死，而且不把他自己永恆的獻給人類，
人類不可能存在。因為人是愛，就像神是愛一樣：
對他人每一個慈愛便是上帝肖像的小型死亡。
同樣的，沒有兄弟之情，人類也不能存在。

布雷克斥責制度化的教會，但某些神學家則試圖把浪漫主義的想像意境融入正統的基督教中。他們也覺得疏離超越的神，既令人討厭也與人不相干，於是反而強調主觀宗教體驗的重要性。一七九九年，也就是華滋渥斯及柯立芝在英國出版了「田園歌謠」(*Lyrical Ballads*)後，士萊馬赫(Friedrich Schleiermacher, 1768-1834)以德文出版了自己的浪漫主義宣言《論宗教：對那些輕視宗教但有教養的人的講詞》(*On Religion, Speeches to its Cultured Despisers*)。宗教條並非神聖的事實，只不過是「基督徒宗教情感的言辭敘述」罷了。宗教信仰不能只局限於信條的命題上，它還涉及情感的體悟，以及內在的順服(surrender)。思想與理性有其必要性，但它們亦有其局限性。當我們達到理性的臨界點，感情會帶領我們完成達到終極的旅程。但他提到「感情」時，士萊馬赫並非意指那種軟弱的感情主義，而是能推動人類朝向無限的直觀。感情並非與人類的理性對立，而是帶領我們超越個別事件，達到整體了解的想像躍升。因此，對上帝的感受需要從每個個人心靈深處升起，但這並不會與客觀事實

有所抵觸。

「絕對依存的感覺」

西方的神學自聖多瑪斯開始，便有過度強調理性重要性的傾向，此一傾向在宗教改革運動後，又有日益增加的傾向。士萊馬赫的浪漫神學就是試圖要糾正這種不平衡的現象。他說的很清楚，感情本身不是目的，而且也不能完全解釋宗教的內涵。理性與情感同樣指涉一個超越它們而不可言詮的真實。士萊馬赫把宗教的本質定義為「絕對依存的感覺」。下面我們會提到，這個態度將成為被十九世紀先進思想家詛咒的對象，但是士萊馬赫此一定義並不是指在神之前卑微的屈從。在上下文中，此一定義所指的是那種當我們思索人生奧祕時，由內在升起的一種崇敬感。這種敬畏感乃是源自人類對超自然神祕現象共有的體驗。以色列的先知對此現象的體驗，乃是他們感應到神聖時的一種深度震撼。浪漫詩人如華滋渥斯在體驗到大自然的精神時，也有一種類似的崇敬感和依存於此精神的感覺。士萊馬赫的高足奧圖(Rudolf Otto)在他的重要著作《神聖的概念》(*The Idea of the Holy*)中探討了這個經驗，他認為當人們經歷到這種超越的境界時，他們便不再覺得自己是存在的全部。

在他晚年時，士萊馬赫覺得自己可能過度強調了感情與主體性的重要。他清楚的了解到，基督宗教開始讓人覺得是個過時的信條：基督宗教的某些教義被誤導，而使得信仰在新的懷疑主義下顯得異常脆弱。例如三位一體說似乎暗示有三個神。士萊馬赫的弟子立敕爾(Albrecht Ritschl, 1822–89)認為這個神學主張乃是基督宗教希臘化最惡名昭彰的例證。它藉引介希臘異教自然哲學衍生出來的「形上概念層級」(layer of metaphysical concepts),腐蝕了基督教所要傳遞的訊息;希臘哲學此一概念分層說與原始基督教的經驗毫不相干。然而士萊馬赫和立敕爾卻沒有了解到,每一代人都必須創出他們自己想像中的一神概念,就像每一位浪漫詩人必須以他們自己的生命脈動來體會真理一樣。希臘的神職人員只不過是想以他們自己文化的概念,使閃族的神概念能為他們接受罷了。當西方進入現代的科技時代;古老的一神概念也被證明是不恰當的。不過,從頭到尾士萊馬赫都堅稱,宗教情緒與理性不是對立的。他在臨終時說:「我必須思索那最深奧的玄思,但對我而言,這與最切身的宗教情緒完全一致。」除非神的概念能被感情和個人的宗教體驗創意的轉化,否則它們是沒有用的。

黑格爾

十九世紀期間,主要的哲學家一個接一個挑戰傳統的一神概念,至少對在西方流傳的「神」有異議。他們特別對客觀存在的超自然神概念不能接受。我們前面提過,雖然把神視為至高無上的概念在西方大行其道,但是其他的一神教傳統卻以他們自己的方式,和此一神學作出區隔。猶太教徒、穆斯林和正統的基督教徒都以各自不同的方式堅稱，人類的一神概念與不可言喻的真實並不對等，它只是一個象徵而已。在歷史上許多時期各方都認為，把神描述成「無」，比至高無上的存有要來得正確，因為「他」存在的方式絕非我們所能想像。千百年來，西方逐漸喪失了這種較具想像力的一神概念。天主教徒與新教徒把「他」看成是我們所知世界之外的另一個存有和真實，好像是個天國的「老大哥」一樣監控我們的活動。不令人訝異的是，在「後革命」的世界中，這個對神的概念對許多人來說是相當不能接受的，因為它似乎把人類詛咒成卑微的僕役，以及不符人類尊嚴的可恥依賴。十九世紀的無神論哲學家以充分的理由斥責這個概念。他們的批判帶動了許多同時代的人起而效尤；他們所說的似乎是嶄新的事物，但當他們談到「神」這個問題時，往往不自覺的重述過去其他一神論者的舊見解。

因此，黑格爾(Wilhelm Hegel, 1770-1831)所演化出的哲學，與猶太卡巴拉祕教在某些方面極為相似。這是很諷刺的，因為他把猶太教視為卑賤的宗教，要對犯下大錯的原始一神概念負責。在黑格爾看來，猶太教的神是要求人類無條件臣服於毫不寬容律法的暴君。耶穌試圖把人類從這種卑微的奴隸狀態中解放出來，但是基督徒也和猶太教徒一樣掉入相同的陷阱中，推銷這個神聖暴君的概念。現在是把這個野蠻的神棄置一旁，並演化出對人類處境更光明觀點的時候了。黑格爾依據《新約》說法，而對猶太教有不正確的看法，乃是一種新型的形而上學的反猶太主義。

和康德一樣，黑格爾把猶太教看成所有宗教偏失的代表。在《精神現象學》（*The Phenomenology of Mind*, 1807）一書中，他以代表世界生命力量的「絕對精神」(Spirit)，代替傳統的神性。然而和猶太卡巴拉祕教一樣，絕對精神也願意忍受局限和放逐，以便能完成真正的宗教精神和自我意識。另一點和卡巴拉祕教相同的是，絕對精神要依存於世界和人類，才能完成它的使命。黑格爾因而主張古老的一神教見解——基督教與伊斯蘭教皆有此特質——「神」及世俗的真實是不可分的；對他自己的世界而言，這是多餘的選擇，但對人類而言，卻是密不可分的。和布雷克一樣，他以辯證的方式來表達這個洞見，人類與絕對精神、有限與無限，都被看成同一真理的兩個部分，互相依存而且涉及同一個自我了解的過程。不以遵守那疏離而違反人類意願的律法來取悅神，黑格爾實際上是說神是人類的一部分。事實上，黑格爾的絕對精神自我否定性(*kenosis*)的觀點，與三大一神信仰所發展出來的道成肉身神學有許多相似之處。

不過黑格爾既是浪漫主義者，也是啟蒙運動者，所以他對理性賦予的價值比想像力為高。這又是他和過去見解唱和之處的例證。和伊斯蘭哲學家一樣，他認為理性與哲學比陷於具象思想模式的宗教要高明。另一點和伊斯蘭哲學家相同的是，黑格爾也從個人心靈的運作中得出絕對精神的結論；在他看來，個人的心靈乃是困在一個反映全體的辯證過程中。

叔本華

黑格爾的哲學對於叔本華(Arthur Schopenhauer, 1788-1860)而言，似乎樂觀得荒唐可笑。一八一九年在柏林，叔本華有意挑戰的把演講日期訂在和黑格爾演講的同一天。同年，他的著作《作為意志與理念的世界》(*The World as Will and Idea*)也告出版。叔本華認為世界上沒有絕對、沒有理性、沒有神、也沒有精神在推動運作，唯一存在的乃是非理性的求生存本能意志。灰色的看法對浪漫主義運動的黯淡心靈頗具訴求作用。不過它並未輕視所有的宗教見解。叔本華相信印度教與佛教（包括主張萬物虛空的那些基督徒）所宣稱世界萬物皆屬虛幻的看法，達到了對真實的正確概念。因為沒有「神」會解救我們，只有藝術、音樂及自制與慈悲的訓練，才能使我們對寧靜詳和的境界有所了解。叔本華對猶太教與伊斯蘭教不屑一顧；在他看來，它們簡單而有目的的歷史觀點太過荒謬。就這點而言，他確有先見之明，下面我們會談到本世紀的猶太教徒與穆斯林也覺得，他們傳統上把歷史看成是神顯現的觀點，已不再站得住腳。許多人已不再接受神作為歷史主人的看法。但是叔本華的救贖觀點與猶太教徒和穆斯林相近的地方，在於二者皆認為每個人必須為自己創造出終極意義感來。這與新教徒的絕對主權之神毫無共通之處；依據該觀點，人對自己的解脫完全無法有所作為，只能仰仗他們之外的神。

祁克果、費爾巴哈

這些有關神的老舊教義，逐漸被指責為不完美和不適當。丹麥哲學家祁克果(Søren Kierkegaard, 1813–55)堅稱，舊有的信條與教義已成為偶像，本身已自成目的而取代神那不可言喻的真實。真正的基督教信仰乃是從世界躍昇出來，離開這些已成化石的人類信仰與過時的態度，進入未知的世界。然而其他人則希望把人類紮根於這個世界，而把這「偉大的選項」(Great Alternative)徹底去除。

德國哲學家費爾巴哈(Ludwig Andreas Feuerbach, 1804–72)在其深具影響力的著作《基督教的本質》(*The Essence of Christianity*)中辯稱，神只是人類心理的投射。神這個概念假定了一個不可能的完美和人類的脆弱對立，已使我們疏離自己的本性。因此，神無限而人類有限；神全能而人類軟弱；神神聖而人類有罪。費爾巴哈所指出的正是西方傳統中的基本弱點，也常被認為是一神論的危險之處。把神推出人類處境的那種投射，可能導致製造偶像的結果。其他傳統已有許多方式來對應這種危險，但很不幸的是，在西方神這個概念確實變得愈來愈外在化，而且是造成人性負面看法的主因。自奧古斯汀以來，西方的一神宗教一直強調罪惡感與罪，掙扎與壓迫，而此一神的概念，對希臘正教的神學而言是極陌生的。難怪對人性持較正面看法的哲學家如費爾巴哈和孔德(Auguste Comte, 1798-1857)，都想除去這個過去普遍使人缺乏信心的神。

人民的鴉片

無神論向來否定當時的神性概念。猶太教徒與基督徒都曾被稱為「無神論者」，因為儘管他們也信仰神，但卻否定異教徒的神性概念。十九世紀無神論者所痛罵的乃是特指西方流行的一神概念，而非泛指其他的神性概念。因此馬克思(Karl Marx, 1818-83)把宗教看成是「被壓迫者的悲歎……，人民的鴉片，而使這種痛苦得以忍受」。儘管他採用了猶太教—基督教傳統的彌賽亞史觀，但他把神斥為無關的概念。因為除了歷史過程以外別無意義、價值與目的，所以神的概念無法幫助人類。否定神的無神論也是浪費時間。「神」在面對馬克思主義者的批判時是脆弱不堪的，因為他往往被既得勢力用來支持一種貧富懸殊的社會秩序。不過並不是整個一神教都如此。寬容社會不義的神會令阿摩斯、以賽亞或穆罕默德等先知感到震驚，他們雖然把神的概念應用在不同的目的上，卻與馬克斯的理想十分接近。

科學的挑戰

同樣的，對神與《聖經》作字面意義的理解，也使得許多基督徒的信仰禁不起當代科學發現的挑戰。揭示了許多地質時代觀點的萊奧爾(Charles Lyell)《地質學原理》(*Principles of Geology*, 1830-33),與提出進化假說的達爾文(Charles Darwin)《物種源起》(*The Origin of Species*, 1859)都與《聖經》創世紀的創世說明相牴觸。自牛頓以來,創世說成為許多西方人了解神的核心,但卻忽略了《聖經》故事從未意圖要賦予宇宙物理源起的確切解釋。事實上,從虛無中創造世界向來是具爭議的教義,而且在相當晚期才進入猶太教與基督教的信仰體系;在伊斯蘭教中,世界由阿拉創造被視為理所當然,但有關如何發生的細節都沒有討論。和所有其他《古蘭經》中有關神的言論一樣,創世紀的教義也只是一則「寓言」而已,是一種符號或是象徵。三大一神教徒都把創世看成是一個神話,這裡的用法是取其最正面的意義而言,亦即它是幫助人們開發某種特定宗教態度的象徵性解釋。某些猶太教徒和穆斯林還特意創造出某種富有想像的創世詮釋,以與任何字面上的意義截然區分。但西方向來有把《聖經》的每個細節都當作是事實的傾向。許多人相信神確確實實需要為發生在地球上的每件事情負責,就好像我們製造東西或推動事情一樣。

然而,也有相當多的基督徒立即看出,達爾文的發現絕不可能對神的概念產生致命的影響。基本上,基督教已能適應進化論,而猶太教徒與穆斯林則從未因為有關生命起源的科學新發現而受到嚴重影響;他們對神的焦慮基本上是來自於相當不同的原因,這點容後討論。但是當西方世俗主義廣為傳播後,它便無可避免的影響了其他信仰的成員。以表面意義理解神的觀點仍然普遍流行，而且西方世界許多人——來自各種不同階段、信仰——都把現代宇宙論致命打擊一神概念的說法視為理所當然。

尼采

在整個歷史中，當神的概念不再對人們有用時，他們便會揚棄它。有時這種揚棄舉動會以暴力破壞偶像的形式出現，例如當以色列人把迦南地的神廟拆毀，或者學先知對異教徒的神加以斥責時皆是如此。一八八二年當尼采（Friedrich Nietzsche）宣告神死亡時，他也是運用類似的暴力策略。他在一則寓言中宣告了這個具催化作用的事件。這則寓言敘述一個一早闖進鬧市的瘋子，大聲高喊道：「我找神！我找神！」當妄自尊大的旁觀者問他，要他想像神到哪裡去了——是跑掉了呢？還是移民了呢？——這個瘋子瞪著他們。「神到哪裡去了呢？」他大叫。「讓我告訴你們。我們已經把他殺死了——你和我，我們都是謀殺者！」一個無法想像且不可逆轉的事件，已把人類從根拔起，把地球扔出軌道，而且讓它從此飄浮在沒有軌跡的宇宙中。從前賦予人類方向感的所有事物都消失無蹤。神之死將導致前所未有的絕望與焦慮。「世界仍有上下之分嗎？」這個瘋子悲痛的嚷著。「我們難道不像是在無盡的虛空中徬徨無措嗎？」

尼采了解西方的意識已歷經了一次激烈的轉變，使得它愈難去相信多數人稱為「神」

的現象。不僅是因為我們的科學使得以字面意義的創世理解不可能，同時因為我們擁有更大的控制與力量，也使得神聖監督者的概念無法被接受。人們覺得他們正目睹一個新的開始。尼采的瘋子堅稱，神的死亡將帶來一個新的、更高的人類歷史階段。要使他們殺神之舉值得，人們便必須自己成為神。在《查拉斯圖特拉如是說》(*Thus Spake Zarathustra*, 1883)一書中，尼采宣告將取代神的超人誕生了；新覺醒的人類將對古老的基督教價值宣戰，踐踏下層社會卑微的習俗，並預告嶄新且強而有力的人性即將到來，其中沒有愛與憐憫這類的基督教軟弱德性。他同時也轉向如佛教等宗教中不斷重現、再生的古老神話。既然神已死，那麼這個世界便可取代他作為最高價值的地位。凡逝去的會再回來；凡凋萎的會再盛開；凡破裂的又再重新復合。我們的世界可以被尊崇為永恆與神聖，這些屬性在以前只能用來描述遙遠、超越的神。

尼采說基督教的神是可憐、荒謬而且「反對生命的罪行」。「他」鼓勵人們恐懼自己的身體、熱情與性慾，而且鼓吹使我們軟弱、哭哭啼啼的慈悲道德。人生沒有終極意義或價值，而且人類沒有提供「神」這個放縱選項的義務。我們必須再次說，西方的神在這個批判下也是非常脆弱的。「他」曾被用來否定生命的苦行，把人們從自己的本性和性熱情中疏離出來。「他」也曾被做成廉價的萬靈丹，和替代凡塵俗世的選項。

佛洛依德

佛洛依德(Sigmund Freud, 1856–1939)明確地把對神的信仰視為成熟的人所應棄置的幻象。神的概念不是謊言，而是潛意識的一種機制，需要心理學解釋其意義。位格神只是個崇高的父親人物罷了；對此種神祇的需求源自嬰兒期對有力量、具保護性父親的渴求，以及對正義、公平和生命永久存在的盼望。神只是這些欲望的投射，人們因揮之不去的無望感恐懼他、崇拜他。宗教屬於人類的嬰兒期；它是從兒童期到成熟期必經的階段。它鼓吹社會必要的倫理價值。不過既然人類已歷經這麼多年，它應該被丟棄。科學——時代的新理性，可以替代神的地位。它可以提供道德一個新基礎，而且可以幫助我們面對恐懼。弗洛依德十分強調科學的信仰，其重視的程度幾乎有如宗教一般；他說：「不，我們的科學不是幻象！如果是幻象，那就表示科學不能給我們的，我們可以從別處獲得。」。

並非所有的心理學家都同意佛洛依德的一神觀點。阿德勒(Alfred Adler, 1870–1937)也認同神是投射的觀點，但卻相信它對人類有益；它是聰明而有效的代表卓越超群的象徵。榮格(C. G. Jung, 1875–1961)的神和神祕家的神相似，他是每個人主觀經驗到的心理真實。在那著名的「面對面」節目訪談中，當他被傅利曼(John Freeman)問及是否相信神時，榮格以強烈的語調說：「我不需要相信他，我知道他。」榮格對神持續的信仰，說明被神祕的認為是自性深處存有基礎的主觀之神，可以在心理分析科學的檢視下存活下來，但較為人格化、擬人化而促進永恆幼稚的神則無法如此。

和其他許多西方人一樣，佛洛依德似乎並未覺察到此一內化主觀的神。然而，在他堅稱試圖廢除宗教是件危險的事時，卻是有其道理而且一語中的。人們必須在適當的時候因年長而自然脫離神，在他們尚未預備好就強迫他們相信無神論或世俗主義，可能會導致不健康的否定或壓抑。我們在前面已談過，反偶像主義可能源自潛藏的焦慮和我們對「異己」(the other)恐懼的投射。某些想廢去神的無神論者確實有某種歪曲、緊張的跡象。因此，儘管叔本華提倡慈悲的倫理，但是他卻無法面對人世，而變成一個只和他的寵物——阿特曼(Atman，亦即印度教的「真我」概念)溝通的隱士。尼采是個軟心腸、孤獨寂寞的人，飽受疾病折磨，與他的超人大不相同。最後他發瘋了。他不會如他的散文令人想像那般會以出神的喜悅去放棄神。在一首詩中說完「在戰慄、哆嗦和自我扭曲許久後」之後，他讓查拉斯圖特拉懇求神回來：

不！回來，
帶著你所有的痛苦！
哦！回來，

回歸那最後的隱居者！
我的眼淚一如泉湧，
都是為你而流！
而我心中最後的一把火苗——
也燒向你！
哦！回來，
我未知的神！我的痛苦！我最後的——幸福。

和黑格爾一樣，尼采的學說後來被德國後裔用來為國家社會主義政策辯護，這提醒我們無神論的意識形態可以和「神」的概念一樣，導致殘酷的聖戰倫理。

曖昧不清的遺棄感

神在西方一直是人類的一種掙扎。他的死亡也伴隨著緊張、不安與震驚。因此，在偉大的維多利亞疑情詩「憶亡友」(*In Memoriam*)中，但尼生爵士(Alfred Lord Tennyson)齒爪鮮紅而光榮的從漫無目的、無動於衷的自然情景中退縮出來。這首出版於一八五〇年，也就是《物種源起》一書出版前九年的詩，顯示但尼生已經覺得他的信仰瓦解，而他自己也退降成為：

一個在夜裡哭泣的嬰兒，
一個為夜晚哭泣的嬰兒，
而且沒有任何語言，只有哭泣。

在「多佛海灘」(Dover Beach)中，阿諾(Matthew Arnold)對信仰如海潮般無情的抽退感到悲傷，它使得人類在令人害怕的平原中四處流浪。雖然此一對神的否定並非西方懷疑精神的確切體現，而且本質上接近對終極意義的一種否定，但懷疑與震驚已傳播到正統基督教世界。杜斯妥也夫斯基(Fyodor Dostoyevsky)的小說《卡拉馬助夫兄弟們》(*The Brothers Karamazov*, 1880)可以被看成是描述神之死的作品，他在一八五四年三月寫給一位朋友的信上，說明了他自己信仰與信念間的衝突：

我把自己看成是當代的一個孩子，一個沒有信仰與懷疑的孩子；或許是，不，我不確知我是否會一直這樣直到臨終。我一直為渴望信仰之情所磨——事實上，甚至現在也是如此；而且這個渴望愈強烈，阻礙其間的智性困難也愈有力。

他的小說也同樣是模稜兩可的。被其他書中角色描述為無神論者的伊凡（他們把下面這句現在已極有名的格言套用在他們身上：「假如神不存在，那麼便百無禁忌。」），毫不含糊的說，他確實相信神的存在。但是他卻不能接受這個神，因為他並未對生命的悲劇提供終極的意義。伊凡並未受到進化論的困擾，真正令他不安的是歷史中人類所受的苦難；以一個孩子的死亡來換取所有人安好的宗教觀點，代價似乎太高。我們在本章中將談到，猶太教徒也會獲致共同的結論。另一方面，聖賢的亞羅修(Alyosha)卻坦承他不相信神——此一告白似乎是他無意中由某個未知的無意識領域，突然宣洩暴露出來的。模稜兩可以及一種曖昧不清的遺棄感，一直在二十世紀的文學中縈繞不去，荒原和人類久等不來的果陀(Godot)是常見的意象。

進步的先驅？

在穆斯林世界也有類似的抑鬱和不安，不過它的來源卻大不相同。在十九世紀結束前，歐洲的文明化任務（*mission civilisatrice*），亦即對殖民運動的文化霸權自我中心說法，早已在進行。法國在一八三〇年殖民統治阿爾及利亞人，而一八三九年英國殖民統治了亞丁(Aden，今日的南葉門)。他們也占領了兩者之間的突尼西亞（一八八一）、埃及（一八八二）、蘇丹（一八九八）、利比亞和摩洛哥（一九一二）。在一九二〇年，英國與法國把他們兩者領地間的中東地區切割成攝政政治的屬地(protectorates)及託管地。這個殖民計畫只有使原本靜默的西方過程變得官方化，因為歐洲人在十九世紀期間，已經以現代化的名義建立了一個文化與經濟的霸權。專技化的歐洲已成為領導強權而控制了整個世界。早在西方正式統治前，交易所和領事館在土耳其與中東的設立，就開始破壞這些社會的傳統結構。這是完全嶄新的殖民運動。當蒙古人占領印度時，印度教徒吸收許多伊斯蘭教的質素進入其文化中，但是最後土著文化又捲土重來。新的殖民秩序把臣屬人民的生活徹底轉化，而建立了一個永久依存的政體。

對殖民地人民而言，要趕上西方是不可能的。舊有的制度已遭到致命的破壞，而且穆斯林世界本身則分化成「西化」和「非西化」兩個陣營。某些穆斯林接受西方人對他們的稱呼——「東方人」(Orientals)——亦即把印度人、中國人和他們混為一談的稱號。某些人則鄙視他們比較傳統的鄉下人。在伊朗，那西魯定國王(Shah Nasiruddin, 1848-96)堅稱，他鄙視他的子民。原本各有其獨特性與完整性的鮮活文明，逐漸被轉化成胡亂複製且依賴異國世界的國家集團。創新乃是歐洲與美國現代化過程的本質，它不可能由模仿做到。今日研究阿拉伯世界現代化國家或如開羅等城市的人類學家指出，該城市的建築與都市計畫反映出的乃是控制而非進步。

另一邊的歐洲人則相信，他們的文化不僅在現代才比較優越，自古以來一向是進步的先驅。他們由此顯現出來的，往往是一種對世界歷史的極端無知。印度人、埃及人和敘利亞人為了他們自身的好處，必須要西化。這種殖民態度可由一八八三年到一九〇七年擔任埃及總領事的克洛莫爵士(Evelyn Baring, Lord Cromer)談話中窺見一斑：

> 里奧爾爵士(Sir Alfred Lyall)曾經對我說：「東方人厭惡精確。每個盎格魯─印度人(Anglo-Indian)要永遠記得這警句。」缺乏準確性容易更進一步造成不真實，這乃是東方人心智的主要特質。
>
> 歐洲人乃是極理性的人；他對事實的陳述絕不模稜兩可；他是天生的邏輯家，雖然他並不一定學過邏輯；他的天性好疑，而且在接受任何命題為真前，一定要有證明；他受過訓練的智性，就像某種機器一樣。東方人的心智則像他如圖畫般美麗的街道一樣，顯然缺乏對稱。他的理性過程是最隨便的一種描述。雖然古代阿拉伯人擁有較高程度的辯證科學能力，他們的後裔在邏輯能力上的欠缺則令人驚訝。他們往往無法從認定為事實的簡單前提中，導出至為明顯的結論來。

需要克服的「問題」之一是伊斯蘭教本身。對先知穆罕默德及其宗教持負面印象的態度，在十字軍東征期間的基督教世界便已發展出來，而且與歐洲的反猶太主義並行而存。在殖民時期，伊斯蘭教被認為是慢性反對進步的致命宗教。例如卡洛莫爵士便對埃及的宗教改革者阿布達(Muhammad Abduh)的努力加以斥責，辯稱「伊斯蘭」本身是不可能推動改革的。

陷於追趕西方的掙扎

穆斯林沒有時間或精力，以傳統的方式發展出他們對神的理解。他們正陷於追趕西方的掙扎中。某些人認為西方的世俗主義是解答，但歐洲積極和有活力的一面，對伊斯蘭世界而言，似乎只是陌生而遙遠的，因為它並未自然的從他們的歷史傳統中發展出來。在西方，「神」被視為是異化的呼聲；在穆斯林的世界它則是殖民化的過程。由於文化的根被斬斷，人們覺得茫然失據。某些穆斯林改革者以強迫把伊斯蘭降格為次要角色的方式，試圖強化其進步的因素。結果完全不是他們所預期的。一九一七年奧圖曼帝國潰敗後崛起的土耳其新族國(nation-state)的凱末爾(Mustafa Kemal, 1881-1938)，也就是後來眾所周知的阿塔圖克(Kemal Atatürk)，試圖要把他的國家轉化成一個西方國家；他廢除伊斯蘭教，使宗教成為完全私人的事務。素菲祕教被廢止而轉入地下；伊斯蘭教的研究院(*madrasahs*)被關閉，而且由國家訓練的伊斯蘭法律學者(*ulema*)的制度也宣告停止。這個世俗化政策可由對土耳其氈帽(fez)的禁止作為具體的表徵，它降低了宗教階級的區分，同時也是想在心理上企圖強迫其人民與西方一致化的作法。「戴上西方帽子」而非土耳其氈帽便意味著「歐洲化」。伊朗從一九二五到一九四一的國王卡恩(Reza Khan)仰慕阿塔圖克，並試圖推行類似的政策：面紗被禁止；伊斯蘭教神學家(mullahs)被迫剃淨鬍鬚，並且帶上法國軍用的平頂帽而非傳統的頭巾；傳統對什葉派教長及烈士胡塞因(Husayn)的慶祝儀式也被禁止。

強制的壓抑，只會帶來災難

佛洛依德曾明智的看出，任何對宗教強制的壓抑，只可能帶來災難。宗教和性一樣是影響生命每個層面的人類需求。假如被壓抑，其結果就像嚴厲壓制性慾一樣具爆炸性和毀滅性。穆斯林對新的土耳其和伊朗既懷疑又迷戀。在伊朗就有伊斯蘭神學家以人民之名反對國王的既定傳統。他們有時可達到意想不到的成功。在一八七二年當伊朗國王把製造、銷售與出口煙草的專賣權賣給英國，而把伊朗的生產業者逐出生意行列時，伊斯蘭教學者發出一項禁止伊朗人吸煙的禁令(*fatwa*)。伊朗國王於是被迫廢止這項讓渡條約。廓姆(Qom)這個聖城在德黑蘭成為專制而逐漸殘酷政權的替代選擇。宗教的壓抑可以滋長基本教義派，就像不適當的有神論可以導致對神的排斥一樣。在土耳其伊斯蘭研究院的關閉無可避免的導致了伊斯蘭神學家權威的衰退。這表示伊斯蘭教中比較有教養、冷靜而負責任的質素開始衰退，而地下素菲教這種多數菁英的宗教，則成為唯一殘存的宗教形態。

其他的宗教改革者則認為強制的壓抑並非解決之道。伊斯蘭教一直是在與其他文明的接觸中興盛茁壯，而且他們相信宗教乃是他們社會任何深刻、長遠改革的基礎。儘管有許多需要改變，有許多變得退縮、保存，也有迷信和無知。但是伊斯蘭教也幫助人們培養出重要的理解，假如它變得不健全，則全世界的穆斯林也會隨之受苦。穆斯林改革者對西方並無敵意。許多人覺得西方平等、自由、博愛的理想與伊斯蘭教共通，因為伊斯蘭教與在歐洲和美國有重要影響的猶太—基督教的價值相同。西方社會的現代化——就某些方面而言——已創造出一種新平等，而且伊斯蘭改革者告訴他們的人民說，基督徒似乎比穆斯林過著更好的伊斯蘭式生活。這次與歐洲的新遭遇可說充滿熱情和刺激。較富有的穆斯林在歐洲受教育，吸收它的哲學、文學與理想，然後回到他們自己的國家與同胞分享所學的成果。在二十世紀初，幾乎每一個穆斯林的知識分子都是西方的熱烈仰慕者。

宗教改革者都具有知識上的偏見，但他們也幾乎都與某種形式的伊斯蘭神祕主義有關。較具想像力和智慧形式的素菲祕教和伊希拉基神祕主義(Ishraqi mysticism)，在以前的危機中已幫助過穆斯林，現在它們又再度轉向他們。神的經驗並不被認為是一種障礙，而是一種在深層加速轉型到現代的動力。因此，伊朗的宗教改革者阿富汗尼(Jamal ad-Din al-Afghani, 1838-87)是個充滿熱情的現代化支持者，但同時也是蘇拉瓦底(Suhrawardi)的伊希拉基祕教精通者。當他前往伊朗、阿富汗、埃及和印度遊歷時，阿富汗尼試圖以所有當地人的方式來對待他們。他能夠以遜尼教徒的方式和遜尼教徒相處，以什葉教徒的方式對什葉教徒，對革命家、宗教哲學家和議會法規專家也是如此。伊希拉基祕教的訓練幫助穆斯林對周遭的世界有合為一體的感覺，而且使他們經驗到撤去自我藩籬的解放感。一般認為，阿富汗尼的莽撞以及不同角色的扮演，乃是受到祕教自性概念擴大的影響。宗教是不可或缺的，但改革也是必要的。阿富汗尼是個有神論者，甚至是熱情十足的一類，但在他唯一的著作《駁斥物質主義者》(*The Refutation of the Materialists*)中，他卻幾乎不談神。因為他知道西方重視理性，而且把伊斯蘭和東方人視為非理性，因此阿富汗尼試圖把伊斯蘭描述成一個對理性毫不留情崇拜的信仰。即使理性主義者如穆太齊拉(Mutazilis)也會覺得此一對伊斯蘭教的描述奇怪。阿富汗尼是個積極的行動家而非哲學家。因此，我們不應以此一嘗試就遽而判斷他的一生和功過。然而，把伊斯蘭刻意描繪成符合西方理想的作法，顯示穆斯林世界一種新的自信缺乏，這在不久後便變成具有毀滅的力量。

反思神的創世，而非本質

阿富汗尼的埃及學生阿布達(Muhammad Abduh, 1849-1905)採取了另一不同的途徑。他決定只把注意力集中在埃及，而且專注於穆斯林的知識教育上。他是在傳統伊斯蘭教的環境下撫育長大，並受到素菲神祕家達維士(Sheikh Darwish)的影響。達維士教育他說，科學與哲學乃是通往神的知識最穩當的兩條道路。因此，當阿布達開始在開羅聲譽卓著的阿滋哈爾清真寺的學院(al-Azhar mosque)學習時，他很快便因對它陳舊的課程感到失望而覺醒。但是教授他邏輯、神學、天文學、物理學與神祕主義的阿富汗尼，卻對他產生吸引力。某些西方的基督徒覺得，科學是信仰的敵人，但穆斯林的神祕家卻往往用數學和科學作為冥思的幫助。今日某些什葉派中較激進、神祕的分支如杜魯派(Druzes)或阿拉維派(Alawis)，特別對現代科學感興趣。伊斯蘭世界對西方的政治有極大的保留，但很多人會覺得，把他們對神的信仰和西方的科學加以調和，會是一個問題。

阿布達對他與西方文化的接觸感到興奮，而且特別受到孔德、托爾斯泰和史賓塞的影響；尤其史賓塞還是他的私人朋友。他從未完全採行西方的生活方式，但喜歡定期造訪歐洲，以便在知識上日新又新。這並不表示他放棄了伊斯蘭。事實正好大相逕庭；和許多改革者一樣，阿布達想要回歸他信仰的根源。因此他倡導回歸先知與四位正確引導哈里發（*rashidun*，伊斯蘭教國王）的精神。然而，這並不意味是一種基教派對現代性的排斥。阿布達堅稱，穆斯林必須研究科學、技術與世俗的哲學，以便能在現代世界中占一席之地。神意法(The Shariah Law)必須改革，以便能使穆斯林得到他們需要的知識自由。和阿富汗尼一樣，他也試圖把伊斯蘭說成是一個理性的信仰；他辯稱在《古蘭經》中，理性與宗教首次在人類歷史中並行不悖。在穆罕默德先知之前，天啟曾以神蹟、傳說和非理性的言辭出現，但是《古蘭經》並未採取這些較原始的方法。它「改善了證明與說明的方式，詳細解釋非信仰者的觀點，並以理性駁斥他們。」由安薩里發起對哲學家的攻擊是太過度了。它造成了信仰與理性主義間的分裂，而影響到伊斯蘭學者的知識立場。這在阿滋哈爾清真寺過時的課程可以看得很清楚。因此，穆斯林應該回歸到《古蘭經》較敏銳開放而理性的精神。但是阿布達從完全化約主義的理性中抽身而退。他摘述穆罕默德的箴言：「反思神的創世而非他的本質，否則你會毀滅。」理性無法了解仍包裹在迷霧中的神之基本存有。我們所能確定的是，神和任何其他存有皆不相同的事實。所有神學家絞盡腦汁的問題，都是毫無裨益，而被《古蘭經》斥之為臆測之詞（*zanna*）。

實證態度源於伊斯蘭

在印度的宗教改革領袖乃是伊庫巴爵士(Sir Muhammad Iqbal, 1877-1938)，他在印度穆斯林的地位，就像甘地之於印度教徒。他基本上是個冥想者——素菲神祕家和烏都語（Urdu波斯語與印度語的混合語言）詩人——但他同時也受過西方教育，並擁有哲學博士學位。他對柏格森、尼采和懷德海充滿熱情，而且試圖依據他們的洞見來重新賦予伊斯蘭哲學新活力；他視自己為東方與西方的橋樑。他被自己在印度所目睹的伊斯蘭衰退而震驚。自十八世紀蒙古帝國衰敗以來，印度的穆斯林就覺得自己進退失據。他們對他們在伊斯蘭大本營的中東同胞缺乏信心。因此，他們在英國人面前更加的防衛而不安。伊庫巴試圖以通過詩與哲學，創造性重建伊斯蘭原則的方式來治癒其子民的不安。

從像尼采這樣的西方哲學家那兒，伊庫巴認識到個人主義的重要性。整個宇宙代表個人成長最高形式的絕對，也就是人們所謂的「神」。為了要了解他們自己獨特的本質，所有人類都必須變得更像神。這也就是說，每個人必須變得更個人、更具創造性，而且必須在行動中表達這個創造性。印度穆斯林的被動和畏縮不喜出風頭（伊庫巴認為是波斯的影響）必須加以揚棄。穆斯林獨立判斷（*ijtihad*）的原則，應能鼓勵他們對新觀念開放的接受：《古蘭經》本身就需要不斷的修訂和自我檢視。和阿富汗尼、阿布達一樣，伊庫巴想要顯示的是，進步的重要關鍵——實證態度，乃是發源於伊斯蘭，然後在中古世紀期間經由穆斯林的科學與數學傳到西方。在軸心時代偉大的正信宗教出現前，人類的進步乃是偶然、隨意的，完全依賴某些聰穎而具啟發性的個人。穆罕默德的先知預言乃是這些直觀接受天啟的最高峯，更進一步的啟示已屬不必要。因此，人們可以依賴理性與科學。

大災難年

不幸的是，個人主義在西方已經變成一種偶像崇拜的新形式，因為它本身現在就是目的。人們忘記所有真正的個體性都來自神。個人的天賦如果可以被毫無限制的運用，則必會產生危險的後果。尼采指向自視為神的超人族裔，是個令人可怕的前景；人們需要接受超越任性與短視觀念規範的挑戰。支持真正個人主義的本質，以對抗西方腐化的個人主義理想，乃是伊斯蘭的使命。他們的素菲教有至人(Perfect Man)、創世的目的及其存在的意義等理想。這和把自己看成至高無上，並鄙視下層社會的超人不同，素菲教至人的特質乃是對絕對的完全開放，而且會帶領大眾和他一起成長。這個世界目前的狀態表示，進步需依賴某個具前瞻性，能把人類帶領到未來的先知天賦。但最終每個人都會在神那兒達成完美的個體性。雖然伊庫巴對伊斯蘭扮演角色的觀點是以偏概全，但比西方目前許多企圖排除伊斯蘭來證明基督教正確性的作法，則顯得成熟精練多了。他對超人理想的擔憂，大體上都從他晚年在德國的事件中得到驗證。

此時中東的阿拉伯穆斯林對他們抵擋西方威脅的能力，不再那樣有自信。一九二〇年英國與法國聯合開進中東，也就是後來為人所知的「大災難年」(*am-al-nakhbah*)，這個詞彙具有宇宙毀滅的意思。阿拉伯人在奧圖曼帝國瓦解後，希望能獨立自主，但是這個新的外國統治，似乎顯示他們永遠不可能控制自己的命運；甚至有傳言說英國要把巴勒斯坦轉交給猶太復國主義者 (Zionists，亦即錫安山教徒)，好像阿拉伯居民完不存在一樣。這是非常強烈的羞恥與侮辱。

加拿大學者史密斯(Wilfred Cantwell Smith)指出，因為他們對自己以往偉大歷史的記憶，這種羞辱感便更形加重：「例如，存在於（現代阿拉伯人）與現代美國人間的鴻溝中，具有重大意義的問題之一，就是一個社會對過去強大的記憶，以及另一社會對目前強大自豪間，所造成的深刻差異。」這點具有重大的宗教意含。基督教基本上是個苦難與不幸的宗教，至少在西方的困難時期可說是非常真確的；要把塵世的榮耀與基督受十字架刑的意象加以調和，並不是件容易的事。但是伊斯蘭卻是個成功的宗教。《古蘭經》說凡按神的意志（執行正義、平等與公平的財富分配）而行的社會，不可能遭致失敗。穆斯林歷史似乎對這點是肯定的。和基督不同的是，穆罕默德並沒有明顯的失敗，反而是耀眼的成功。他的成就在十七至十八世紀期間，由於穆斯林帝國卓越的進步而更加輝煌。這似乎很自然增強了穆斯林對神的信仰；阿拉證明是極為有效能的，而且在歷史中實現了他的諾言。穆斯林的進步持續不斷。即使如蒙古入侵這樣重大的災難都能被克服。千百年來，伊斯蘭教社會（*ummah*）已取得幾近神聖的重要性，而且也揭示了神的存在。但是，現在的穆斯林社會似乎非常不對勁，而這無可避免的影響了他們對神的感覺。因此許多穆斯林會專注於把伊斯蘭的歷史重新導入正軌，並使《古蘭經》的遠景在世上實現。

兩位編輯：胡笙和瓦吉迪

當他們更進一步熟知西方對先知穆罕默德及其宗教侮辱之深時，原有的羞辱感更為加深。穆斯林的學術研究逐漸熱中於對伊斯蘭的辯護，或是沈浸在昔日勝利的夢幻中，這種作法是危險的。神不再占有核心的地位。史密斯仔細檢視了從一九三〇到一九四八年埃及的阿滋哈爾(Al-Azhar)期刊，以追踪這個過程。在這段期間，該期刊有兩位編輯。從一九三〇到一九三三年，該期刊是由胡笙(Al-Khidr Husain)主編；他是個最標準的傳統主義者，把他的宗教看成是個超越的觀念，而非政治或歷史的實體。伊斯蘭是未來行動的召喚，而非已經完全實現的真實。因為總是很困難——甚至不可能——在人類生活中具現這個神聖的理想，胡笙對伊斯蘭社會在過去和現在的失敗並不感到震驚。他很有信心的批判穆斯林的行為，「應該」與「當然」等字眼，不斷的出現在他主編的各期刊物中。但是也很明顯的是，胡笙無法想像要相信卻無法相信的人的困境；阿拉的真實被視為理所當然。在早期的某期刊物中，由迪吉尼(Yusuf al-Dijni)所寫的文章，把傳統對神存在的目的論論證加以提綱挈領的介紹。史密斯注意到，該文的風格基本上是虔誠尊敬的，而且對揭示神聖存在的自然之美與崇高，表達了強烈而生動的欣賞。迪吉尼對阿拉的存在毫不懷疑。他的文章乃是一種對神的冥思，而非邏輯的證明，而且他對西方科學家早已將此「證明」推翻的事實漠不關心。不過這種態度是過時了。該期刊的發行量於是遽降。

當瓦吉迪(Farid Wajdi)在一九三三年接手編務後，該期刊的讀者人數倍增。瓦吉迪的主要關懷是向他的讀者保證，伊斯蘭「不是那麼糟」。對把伊斯蘭看成是神心中一個超越觀念的胡笙，也許不認為伊斯蘭偶爾也需要援手，但瓦吉迪卻把伊斯蘭看成飽受威脅的人類組織。它最主要的需求乃是辯護、崇敬與鼓勵。誠如史密斯所指出，瓦吉迪的著作中彌漫著一股極深的非宗教性。和他的先祖一樣，他不斷論證說西方現在教授的只是幾百年前伊斯蘭已發現的道理，但和他們不同的是，他很少提到神。「伊斯蘭」在人世的現實乃是他的主要關懷；而這種世俗的價值，就某種意義而言，已取代了超越的神。史密斯結論說：

> 一個真正的穆斯林並非相信伊斯蘭的人——特別是歷史的伊斯蘭；而是相信神並且對先知啟示奉獻的人。後者被高度崇敬，但卻不見奉獻的精神。而神在整個篇幅中出現的次數出奇的少。

相反的，其中卻可看出不穩定和欠缺自尊的跡象；西方的意見受到極度的重視。像胡笙這樣的人了解宗教和神的重要性，但卻失去了與現代社會的聯繫。而與現代有所接觸的人卻又喪失了神的意識。從這不穩定的情勢中，於是產生了當代基要派最主要特質的政治激進主義，這也是從神退卻的一種表現。

重新詮釋以色列歷史

歐洲的猶太教徒也受到對他們信仰惡意批評的影響。在德國的猶太哲學家發展出他們稱之為「猶太教科學」的看法，把猶太教歷史以黑格爾的哲學語言重新加以改寫，以對抗把猶太教看成是奴隸性、疏離信仰的指控。第一個試圖重新詮釋以色列歷史的人是佛姆斯特赫(Solomon Formstecher, 1808–89)。在《精神的宗教》(*The Religion of the Spirit*, 1841)一書中，他把神描述成是內涵於所有事物中的世界精神。然而誠如黑格爾所論證的，世界精神並不依賴世界而存在。佛姆斯特赫堅稱它超越理性的掌握，又回歸到分隔神本身與其活動的古老區分。黑格爾駁斥宗教中具象語言的使用，但佛姆斯特赫卻辯稱，象徵主義是神的語言的最佳工具，因為他超越哲學概念的範疇。然而，猶太教是第一個產生先進神性概念的宗教，而且不久後便會告訴全世界真正具崇高精神性的宗教為何。

佛姆斯特赫論證說，原始的異教徒宗教把上帝與自然等同。這段自然的、未經反思的時期代表人類的嬰兒階段。當人類具有較高程度的自我意識後，他們便可以朝更成熟的神性概念邁進。他們開始了解到，這個「神」或「精神」不包含在自然中，而是存在於超越自然或在其之上的領域中。達到這種新神性概念的先知，便教授倫理的宗教。最初他們相信，他們得到的天啟是來自於他們之外的力量，但他們逐漸了解到，他們並非依存於一個外在的神，而是被他們自己內涵的精神本質所啟發。猶太人是第一個達到這倫理的一神概念的族群。他們長期放逐流浪和失去廟堂的經驗，使得他們斷絕了對外在事物與控制的依賴。他們因此進化到最高級的宗教意識，而能自由自在的接觸神。他們不依賴中介的神職人員，也不受疏離律法的管束，就像黑格爾與康德所論證的一樣。相反的，他們通過自己的心與個體性來學習找到神。基督教與伊斯蘭教都模仿猶太教，但很不成功。例如，基督教對神的描述中保留了許多異教的質素。既然猶太教徒已被解放，他們很快便能達到完全的自由；他們應該揚棄早期較不進化歷史階段殘留下來的儀式律法，以準備完成他們發展的最後階段。

和穆斯林的改革者一樣，「猶太教科學」的解說者，也急於把他們的宗教說成是完全理性的信仰。他們特別急於想把卡巴拉祕教除去，因為它自撒巴台的慘敗與哈西典教派興起後，便成為令猶太教徒困窘的質素。因此，一八四二年出版《猶太宗教哲學》（*The Religious Philosophy of the Jews*）一書的希爾斯（Samuel Hirsch）所寫的以色列歷史，便略去猶太教中的神祕層面，而把重點放在自由的概念上，闡述一部倫理而理性的神的歷史。能夠說「我」的能力，才是人之所以為人的特質。這種自我意識所代表的是無可異化的個人自由。異教徒的宗教尚未能開發出這樣的自主性，因為在人類發展的最早期，自我意識的天賦似乎是由神而來。異教徒在自然中找到他們個人自由的來源，而相信他們的某些罪惡是不可避免的。然而亞伯拉罕拒絕這種異教徒的宿命論與依存性。他完全掌控自己的獨自站立在神之前。這樣的人在生活的每個面向中都能找到神。宇宙主宰的神已安排這個世界幫助我們達到這個內在自由，而每個人都由神本身教育，以達到這個目的。猶太教並非如異教徒所想像的是奴隸性的信仰。它一直比基督教等宗教先進，因為基督教違反它的猶太教根源，而回歸到異教的非理性與迷信。

克樂瑪爾(Nachman Krochmal, 1785-1840)的著作《當代迷惑者指南》(*Guide for the Perplexed of Our Time*)是在他死後的一八四一年出版，他並未像他同伴一樣從神祕主義中退卻。他和卡巴拉神祕家一樣，喜歡稱「神」或「精神」為「無」，而且也用卡巴拉神祕家的「流出」暗喻來描述神本身展現啟示的過程。他辯稱猶太教徒的成就並非卑微依存神的結果，而是集體意識的功能。千百年來，猶太教徒已逐漸把他們對神的概念精緻化。因此在出埃及時的神，就必須以奇蹟來顯現自己。但是到從巴比倫城回來時，猶太教徒已達到對神性更高的理解，神蹟與驚奇已不再必要。猶太教對神崇拜的概念，並不如異教徒想像的那樣具奴隸依存性，而幾乎是與哲學理念若合符節的。宗教與哲學的唯一區別，在於後者以概念來表達它自己，而宗教則使用具象的語言。這點黑格爾已很明確的指出。但是這種象徵語言是適當的，因為神超越所有描述他的概念。事實上，我們甚至不能說他存在，因為我們存在的經驗是如此地局部而有限的。

反猶太運動

這個由解放帶來的新自信，卻由於一八八一年在沙皇亞歷山大三世統治下的俄國和東歐，爆發了邪惡的反猶太運動，而遭到嚴厲的打擊。這個運動又傳播到西歐。在法國這個首先解放猶太人的國家中，當一八九四年猶太官員德萊弗斯(Alfred Dreyfus)被錯誤的以叛國罪定讞後，反猶太運動也就歇斯底里的升高。同年路格爾(Karl Lueger)這位著名的反猶太人士，被選為維也納的市長。而德國在希特勒掌權之前，猶太人仍覺得他們是安全的。因此，柯亨(Hermann Cohen, 1842–1918)似乎仍然全神貫注於康德與黑格爾反猶太的形而上學。對於他最關切的指控——把猶太教視為奴隸性的信仰，柯亨否認神是一位從上強迫人類服從的外在真實。神只是人類心理形成的觀念，是倫理理想的象徵。當討論到荆棘叢的《聖經》故事，神把自己定義成「我即是我」(I am what I am)時，柯亨辯稱這是我們稱「神」即其自身存有的原始表達方式。它和我們所經驗的存在物極不相同，它們只能被包含於這個基本的存有中。在《猶太教中的理性宗教》(*The Religion of Reason Drawn from the Sources of Judaism*，在他死後的一九一九年出版)中，柯亨仍然堅稱神只是人的一個觀念。但他也重視宗教在人類生活中扮演的情緒性角色。只有倫理性的觀念——如「神」——是不夠安慰我們的。宗教教導我們愛我們的鄰人，所以我們可以說宗教的神——和倫理與哲學的神不同——是那情感的愛。

與神性相遇

這些觀念都是由羅森茲外(Franz Rosenzweig, 1886–1929)發展出來，他由此演化出和他同代哲學家對猶太教完全不同的概念。不僅因為他是最早的實存主義者之一，同時他也塑造出和東方宗教近似的觀念來。他的獨樹一幟與他一生的經歷有關；他年輕時離開猶太教，變成一個不可知論者，然後考慮改信基督教，最後又回到正統的猶太教。羅森茲外強烈的否認，遵守法典會促成對殘暴之神奴隸般的卑微依存。宗教不只和道德有關，它基本上是要與神性遭遇。人類怎麼可能與超越的神遭遇呢？羅森茲外從未告訴我們和神遭逢的景象為何——這是他哲學的弱點。他懷疑黑格爾把世界精神與人和自然結合的作法；假如我們只把人類意識看成世界精神的一部分，那麼我們便不是真正的個人。身為一個真正的實存主義者，羅森茲外強調每個人的絕對孤獨性。我們每個人都在廣大的人群中獨處、失落和恐懼。只有當神轉向我們，我們才能從這匿名和恐懼的狀態中救贖出來。因此，神並不減損我們的個體性，卻使我們達到完全的自我意識。

我們不可能以任何擬人化的方式與神相遇。神是存有的基礎，他與我們的存在是如此緊密的結合在一起，以致我們不可能像和其他人談話那樣的和他交談。沒有言語和觀念能描述神。但是他與人類之間的鴻溝都由法典的戒律連接起來。這些戒律並非如異教徒所想像的只是剝奪人權的律法。它們是超越自身的聖禮與具象徵意義的行動，引領猶太教徒臻於潛藏在我們每個人存有之下的神聖領域。和猶太教士一樣，羅森茲外論證說，戒律非常明顯的是象徵性的——因為它們往往本身並無意義——它們推動我們超越有限的言語與概念，而達到不可言喻的絕對存有自身。它們幫助我們開發一種傾聽、等待的態度，以使我們平衡並關注自身存在的基礎。因此，戒律並不是自動運作的。他們必須由個人體悟了解，以致於每個戒律不再只是外在的強制要求，而是表達我內在的態度，我內在的「必然」。雖然猶太法典專屬猶太教徒的宗教修行，但是天啟卻不僅限於以色列人。羅森茲外會以傳統猶太人的象徵方式和神相遇，但基督徒會用不同的象徵。有關神的教義主要並非懺悔的說明，但它們是內在態度的象徵。例如，創世與啟示的教義並非對神生活與世界真實事物的確切描述。啟示的神話乃是表達我們對神的經驗。創世的神話象徵的是我們人類存在的絕對條件性，以及我們對存有基礎完全依存的震撼性了解。身為創世者，直到他在他們面前顯現自己之前，神並不關心他的創造物；但是假如他不是創造者，亦即所有存在的基礎，那麼對整個人類而言，宗教經驗便沒有意義了。它便只是一連串恐怖的事件罷了。羅森茲外把宗教看成普遍整體的觀點，使他對於對抗反猶太運動的新興政治猶太教抱持懷疑態度。他辯稱，以色列人已成為埃及而非預許之地的民族，而且假如它能與世俗世界保持聯繫，但卻不牽涉到政治中，那麼它便能完成它作為永恆民族的使命。

馬克思主義的夢幻

但自覺已成為逐漸升高的反猶太運動犧牲者的猶太人，並不認為他們能自外於政治。他們不能坐視等待彌賽亞或神來拯救他們，而必須靠自己的力量救贖。一八八二年，也就是俄國第一次猶太人大屠殺的次一年，一群猶太人離開東歐到巴勒斯坦定居下來。他們相信猶太人將仍會是不完全、疏離的人，直到他們能擁有自己的國家為止。他們渴望回到錫安山（Zion，耶路撒冷的主要山丘之一）的期盼，開始成為一個大膽的世俗運動，因為歷史的變遷使從事猶太復國運動的錫安山教徒相信，他們的宗教和神不發生作用。在俄國和東歐，猶太復國運動乃是實踐馬克思理論的革命社會主義的一支。猶太革命者已體認到，他們的共產黨同志和沙皇一樣的反閃族，而且恐懼他們的命運也無法在共產政權中得到改善；事實證明他們是正確的。因此，熱情的年輕社會主義者如班—古里恩(David Ben-Gurion, 1886-1973)就收拾行囊，航行前往巴勒斯坦，決心要創造一個可為異教徒燈塔及為社會主義世紀先鋒的模範社會。其他人則無暇作這些馬克思主義的夢幻。具領袖魅力的奧地利人赫哲爾(Theodor Herzl, 1860-1904)把猶太人的新冒險視為殖民的事業，在歐洲帝國強權的卵翼下，猶太教國家將會是伊斯蘭荒地中進步的先驅。

「精神的中心」

儘管它聲明是世俗主義，錫安山教派卻本能的以傳統宗教術語來表達它自己，它基本上是個沒有神的宗教。它在救贖、朝聖和再生等古老主題上發揮，對未來充滿了激情和神秘的希望。錫安山教徒甚至給他們自己取新名字，以作為自我被救贖的符號。因此，早期的一位宣傳家金斯伯(Asher Ginzberg)便稱他自己為哈姆（Ahad Ha'am，人民的一員）。他現在成為他自己的人，因為他與新的國家精神一致，雖然他並不認為在巴勒斯坦可以建立一個猶太國家。他只是要在那有一個「精神的中心」，以取代神作為以色列人唯一焦點的地位。它會成為「生活中所有事務的指引」，觸及「心靈的深處」，而且「與個人所有的感情相連接」。錫安山教徒倒轉了傳統宗教的趨向。猶太人不再被引導朝向一個超越的神，而是在塵世中尋求滿足。希伯來語 *hagshamah*（字面的意思是「具體化」）在中世紀猶太哲學中是具負面意義的詞彙，所指的是把人類或物理的屬性歸於神的習慣。在錫安山教派中，*hagshamah*的意義變成滿足，是以色列希望在世俗世界中的具體化。神聖的神不再駐足於天國；巴勒斯坦就是「聖地」，與該詞最完整的意思分毫不差。

我們在戈登（Aaron David Gordon ,1922年歿）這個早期先驅者改信錫安山教時的寫作中，看出它有多神聖。他在四十七歲以前一直都是正統的猶太教徒和卡巴拉神祕家。髮鬚斑白、微弱而病痛纏身的戈登，與年輕的墾荒者一起在田野工作，晚上也與他們手舞足蹈的狂喊著「喜悅！……喜悅！」以前他寫道，與以色列土地的重新結合乃是神的啟示。聖地已成為神聖的價值；它有一種只有猶太教徒能夠觸及的精神力量，它創造出獨特的猶太精神。當他描述這個神聖性時，戈登使用的是一度被用來描述神祕的神之領域的卡巴拉神祕家術語：

> 猶太人的靈魂乃是以色列土地自然環境的後裔。清明，無限晴空的深處；一個清晰的觀點，純淨的霧。即使是未知的神性似乎也在如此的清明中消失無踪，從有限顯現的光滑退到無限隱藏的光。這個世界的人不了解在猶太靈魂中，有這清晰的觀點及明亮的未知。

最初，這個中東的景觀和他自然的祖國——俄國是如此的不同，使戈登覺得可怕而疏離。但他了解他可以勞力（*avodah*，此字彙也用來指宗教儀式）使它變成自己的土地。錫安山教徒宣稱阿拉伯人忽略對這塊土地耕作；猶太人可以藉耕作而使它被征服成為自己的土地，而且可以同時把他們從流放的疏離中救贖出來。

社會主義者的錫安山教徒稱他們的先驅運動為「勞力的征服」；他們的社會主義社區

(*kibbutzim*)變成他們世俗的修道院，他們在此平等的生活並完成他們自己的救贖。他們對土地的耕種遂導致再生和博愛的神祕體驗。誠如戈登解釋道：

只要我的雙手逐漸習於勞力，我的眼與耳便學會如何觀察與傾聽，而我的心也會知道內涵其中的事物，我的靈魂也學會在山頂跳躍、上升和飛揚——散播到那未知的廣闊天地，去擁抱周圍所有的土地、世界和其中所有的事物，並且看它自己被擁在整個宇宙的懷抱裡。

他們的工作是世俗的祈禱。大約在一九二七年，年輕的先驅者兼學者但卻是築路工人的史科隆斯基(Avraham Schlonsky, 1900-73)，給以色列的土地寫了這首詩：

好母親，為我穿上許多顏色的亮麗袍子，
在晨曦中引領我開始一天的辛勞。
我的土地被像禮拜披肩的晨光所包裹。
突出的房子好像額上的護符，
石頭以手鋪成，溪流如經匣的繩帶。

在此可愛的城鎮說出對造物的晨間禱詞。
而你的兒子阿夫拉罕也在眾多創作者中，
他是以色列一位築路的詩人。

錫安山教徒不再需要神；他自己就是造物者。

其他的錫安山教徒則保持較傳統的信仰。卡巴拉神祕家古克（Abraham Isaac Kook, 1865-1935）乃是巴勒斯坦猶太人的首席猶太教士。在他來到以色列這塊土地之前，他與異教世界幾無接觸。他堅稱，只要侍奉神的概念被定義成對某個存有的服務，和宗教的理想與責任分開，它就無法「從注意特定存有的不成熟看法中解放出來。」神不是另一個存有，不可知的神超越人格等所有的人類概念。把神想成是某種特定的存有，乃是偶像崇拜和原始心態的表徵。古克很深入猶太教傳統，但他並不會對錫安山教派的意識形態感到驚訝。是的，這些勞動者相信他們已拋去宗教，但這無神的錫安山教派只是一個階段。神在先驅者身內運作：神聖的「火花」陷在這些黑暗的「外殼」中，正等待著救贖。不論他們是否這麼想，猶太人本質上便與神不可分，而且在不知情的狀況下完成神的計畫。在流放期間，聖靈離開了他的子民。他們在猶太會堂與研究廳中，把聖靈的顯現掩藏起來，但不久以色列將變成世界的精神中心，而向異教徒指示真正的一神概念。

神已死

這種宗教精神也可能是危險的。對聖地的奉獻將導致我們今日對猶太基本教義派的偶像崇拜。對歷史的「伊斯蘭」奉獻也在穆斯林世界造成類似的基教派。猶太教徒與穆斯林都在黑暗的世界中，為找出意義而掙扎。歷史的神似乎拋棄了他們。錫安山教徒恐懼他們的人民最後將被清除是正確的。對許多猶太人而言，傳統對神的概念在猶太人大屠殺之後，便成為不可能。諾貝爾獎得主威瑟爾(Elie Wiesel)在匈牙利的童年時期只為神而活；他的生活則被猶太《大法典》的訓練所塑造，而且希望有一天能被傳授進入卡巴拉的奧祕中。當他還是個孩子時被帶到奧斯威茨(Auschwitz)和布臣沃得(Buchenwald)集中營。他在死亡集中營的第一個晚上，看著黑煙從他母親和姊妹屍體被丟入的焚化爐中裊裊升空時，他知道這些火焰已將他的信仰永遠的吞噬了。他所在的世界乃是實際上相當於尼采所想像的無神世界。「我永遠忘不了那永遠奪去我生存欲望的夜間靜默。」多年後他這麼寫道。「我將永遠忘不了那些謀殺我的神、我的靈魂，以及把我的夢想化為灰燼的時刻。」

有一天，德軍蓋世太保(Gestapo)吊死了一個小孩。甚至黑衫黨（SS，德國祕密警察）也對在成千旁觀者前吊死一名年輕男孩的景象而感到不安。威瑟爾回憶道，這個有張「悲眼天使」(sad-eyed angel)般臉龐的孩子，靜靜地，臉色土青蒼白，而且幾乎是沈靜的走上絞刑臺。在威瑟爾後的一名囚犯問道：「神在哪裡？他在哪裡？」那個孩子半個小時後才斷氣，其間囚犯們被迫要看著他的臉。同樣的人又問道：「神現在何處？」而威瑟爾則在心中聽到一個聲音說出這樣的答案：「他在哪裡？他在這裡——他在這絞刑臺上被絞死了。」

杜斯妥也夫斯基曾說，僅僅一個小孩的死亡也無法令神接受，但即使對非人性不陌生的他，也無法想像小孩在這樣的情況下死去。奧斯威茨集中營的恐怖，是對許多傳統一神概念的嚴峻挑戰。哲學家失落在超越、冷漠中的遙遠上帝，變得令人無法忍受。許多猶太人不再能接受《聖經》中一神現身於歷史的概念；他們和威瑟爾一樣的說，這個神已死在奧斯威茨集中營了。像是將我們放大的位格神也充滿了困難。假如這個神是全能的，他應能防止大屠殺的發生。假如他不能防止它的發生，他便是無能而且無用；假如他能而不願如此做，那麼他是個怪獸。猶太人並不是相信大屠殺結束了傳統神學的唯一民族。

但同樣真實的是，即使在奧斯威茨集中營某些猶太教徒仍然繼續研讀《大法典》，遵行傳統的祭禮，並不是因為他們希望神會解救他們；而是因為它有道理。有個故事說，有一天在奧斯威茨，某個猶太人團體審判神。他們對他定以殘酷和背叛之罪。和雅各一樣，他們在這個褻瀆的行為中，無法從對邪惡與苦難的普通答案中得到慰藉。他們認為神沒有藉口，也沒有酌情減輕量刑的條件，於是他們判他有罪而且推定為死刑。猶太教士宣讀了判決書。然後他抬起頭說：審判結束，晚禱的時候到了。

「神」有未來嗎？

11

·····DOES GOD HAVE A FUTURE?·····

神的概念如何存續

西元二千年逐漸迫近，人類已知的世界卻似乎與我們漸行漸遠。數十年來，人類在生活中深知自己創造的武器能夠摧毀地球上所有的生命。冷戰可能結束了，但新世界的秩序看來和舊世界同樣可怕，我們可能面對生態的慘劇。愛滋病毒的威脅，是一場無法控制後果的黑死病。在未來二、三代之內，地球上的資源將不足以供應為數過多的人口。數以千計的人將死於糧荒及旱災。雖然數代前的人類祖先便感覺到世界末日的迫近，但我們今日要面對的未來確實無法想像。

神的概念如何在未來存續下來？過去的四千年來，神的概念已不斷經過調整，以符合當代社會要求，然而本世紀以來，越來越多的人不再認同這個概念。宗教概念一旦不見效用，便會逐漸消退。可能神真的是個老舊概念。美國學者拜格(Peter Berger)指出，人類將自己的時代與過去相比較時，經常應用雙重標準。當過去被分析得只具相對價值時，我們對目前的理解則不受此限，當下的立場因而變成絕對了。因此，「新約聖經的作者被認為受到他們那個時代錯誤意識的折磨，但分析者卻將他時代的意識視為純粹的智識福音。」十九世紀和二十世紀早期的世俗論者，於是把無神論視為科學時代中不可逆轉的人類處境。

支持此一觀點的證據很多。在歐洲，教堂越來越空蕩；無神論不再只是少數智識先驅痛苦爭取到的意識形態，而是普遍風行的心理狀態。過去這種情況總是由神的某種觀念所造成，但是現在它似乎與有神論毫無內在關聯，而變成世俗化社會中對生活經驗的直接反應。就像是圍繞在尼采的狂人四周好玩的民眾一樣，多數人並不認為神不存在的生活有什麼不對。更有人因為神的消失而得到正面的解脫。你我這些對宗教有過痛苦經驗的人，則覺得祛除孩童時代令我們感到恐懼的神真是一大解放。不需要再面對充滿復仇心態的神，真是很棒的感覺，因為如果我們不遵守他的規則，他便威脅要永遠譴責我們。現在我們享有全新的思想自由，不需要躡手躡腳的繞過刁難人的信條，可以大膽的按照自己的想法行事，也不再會有不誠實的沈重失落感。我們認為自己經驗到的可怕神祇，就是猶太人、基督徒和穆斯林真正的神，而不了解那只是不幸的意外罷了。

但是它也帶來了空虛寂寞。沙特(Jean-Paul Sartre, 1905-80)談到神所在的人類意識中有神塑造的空洞。不論如何，他堅持認為就算神真的存在，仍然有必要拒絕他，因為神的概念否定了人類的自由。傳統的宗教告訴我們，必須按照神的人性概念，才能成為完全的人。其實不然，我們應該把自己視為自由的化身。沙特的無神論不是可供慰藉的信條，而其他存在主義論者則視神的不存在為人類正面的解脫。梅洛龐蒂(Maurice Merleau-Ponty 1908-61)論證說，神不僅不能增加我們的想像力，反而否定它。因為神代表絕對的完美，我們便無事可做，也無事可成。卡繆(Albert Camus, 1913-60)提倡英雄式的無神論。人類應大膽的排拒神，以便釋放出對其他人的關懷。一如以往，無神論者確有其見解。過去神確實被用來阻礙人類的創造力；如果他是解答所有可能的問題和提供人生意義的唯一答案，那麼他確實會窒息我們的驚奇感與成就感。熱情、奉獻的無神論者，可能比一位軟弱或不當的有神論者更具宗教情懷。

敘述無效

一九五〇年代的邏輯證論者如愛爾(A. J. Ayer, 1910-91)曾質疑信仰神是否有意義。自然科學被視為知識的唯一可靠來源，因為它可以經由實驗來證明。愛爾並不質疑神存在與否，而是懷疑神這個概念是否有意義。他辯稱如果某項敘述沒有證明的過程，或不能被證明是錯誤的，則這項敘述無效。「火星上面有生命」並不是沒有意義的敘述，因為只要人類科技夠進步，便可證明這項敘述真確與否。同樣的，當傳統相信「天上有老人」的天真信仰者說：「我相信神的存在」時，他的敘述並不是沒有意義，因為我們死後便能知道這件事情的真相。反而是較成熟的信仰者會有問題。他們說：「神不是我們所了解的那種存在」，或「神不是人類語言意義下的良善」便是例證。這些敘述太過含混，而且不可能得到證實，因此這些聲明是無意義的。正如愛爾所說的：「有神論是如此令人困惑，而『神』的意義在語句中是如此的不連貫，無法被證明為真或偽，以致要論及相信或不相信，信仰或不信仰的問題，在邏輯上是不可能的。」無神論和有神論一樣的含糊不清而沒有意義。「神」這個概念沒有任何可否認或懷疑之處。

和佛洛依德一樣，實證主義者認為宗教信仰代表的是科學所要克服的幼稚心理。自一九五〇年代以來，語言哲學家便批判邏輯實證論，認為愛爾的實證原則本身即無法得到證明。當代人類對於只能解釋物理世界的科學，比較不可能抱持樂觀的態度。史密斯（Wilfred Cantwell Smith）指出，就在科學史無前例公開的把自然世界從人類分離出來的那一段時期，邏輯實證論者也成為科學成員的一分子。愛爾所指稱的那一類敘述對科學的客觀事實非常適用，但對不是那麼截然劃分的人類經驗便不合適。就像詩或音樂一樣，宗教不適用於這一類的論述和驗證。近代的語言哲學家如福祿（Antony Flew）便辯稱，尋找自然的解釋比宗教的解釋更具理性。舊有的「證明」沒有用了；認為宇宙是經由設計的論證已告崩解，因為我們需要到系統外去了解自然現象是由它們自己的規律，或由「某種外在的事物」造成的。把人類視為偶然或有缺陷之存有的論證不能證明什麼，因為儘管解釋是終極的，卻不是超自然的。福祿不如費爾巴哈、馬克思或存在主義者樂觀。沒有極度痛苦和英雄式的反抗，只是客觀的把理性和科學認同為進步的唯一途徑。

然而，並不是所有的信徒都會向「神」尋求宇宙的答案，許多人了解到這些證明只會擾亂注意力。只有那些習慣性以字面意義閱讀《聖經》，並將教條當成客觀事實加以解釋的西方基督教徒才覺得受到科學的威脅。那些在他們的理論系統中容不下神的科學家及哲學家，通常把神的觀念當成「第一原因」，而此概念在中古世紀時，終究為猶太人、穆斯林及希臘正教的基督徒所拋棄了。他們所尋求較主觀的「神」，無法被視為一放諸四海皆準的客觀事實來加以證明。它不可能在宇宙的物質系統中找到，佛教的涅槃也是如此。

激進神學家

一九六〇年代激進神學家則比語言哲學家更誇張，這些神學家熱切的追隨尼采，並宣稱神死了。在《基督教無神論福音書》（*The Gospel of Christian Atheism*, 1966）一書中，作者阿堤滋(Thomas J. Altizer)宣稱，神死了的「好消息」將我們從一個暴虐超越神祇的奴隸中解放出來：「只有藉著接受，甚至祈求自己經驗中的神死去，我們才能自超越和疏離中解放出來；這疏離與超越一度因神在基督中自我異化，而變得空虛黑暗。」

阿堤滋以神祕的字眼談到靈魂的黑夜和被拋棄的痛苦。神之死代表的乃是神再度變得有意義之前的必要沈默。我們所有的舊有神性概念都必須先死去，神學才能再生。我們現在等待的乃是一種能使神再變成可能的語言及方式。阿堤滋的神學屬於一種熱情的辯證，他攻擊黑暗的無神世界，以使它失去神祕性。而范柏仁(Paul Van Buren)的主張則較為精確且具邏輯性。在《福音的世俗意義》（*The Secular Meaning of the Gospel*, 1963）一書中，范柏仁聲稱我們已無法再論及神在這個世界的顯現。科技已使得古老的神話不再見效。「天上老人」這個單純信仰已明顯的不復存在，取而代之的是對神學的成熟信仰。人類必須放棄神，並信奉來自拿撒勒的基督。福音是「解放他人的自由人帶來的好消息」。拿撒勒的基督是一位解放者，是「界定何謂人類的人」。漢彌頓（William Hamilton）在《激進神學與神之死》（*Radical Theology and the Death of God*, 1966）一書中指出，激進神學發源於美國這個具烏托邦傾向，卻沒有自己偉大神學傳統的國家。神之死的意象代表科技時代的混亂與野蠻，它使得以傳統方式相信《聖經》裡的神成為不可能。漢彌頓本人認為此一神學氣氛，在二十世紀成為清教徒的生活方式。馬丁路德已經離開修道院，走入世俗世界。同樣的，他和其他基督教激進分子也確已成了世俗之人。他們遠離過去神的聖潔之地，而要在科技、權力、性慾、物質及城市的世界中，找尋他們的鄰居耶穌。當代世俗社會的人不需要神。漢彌頓內在並沒有神塑造的漏洞；他會在俗世中找到自己的解答。

這個六〇年代快活的樂觀主義也有它沈痛的一面。當然，激進分子認為許多人已不可能接受談論神的古老方式，這是沒錯的；但九〇年代所令人悲哀的是，人們根本感覺不到解放和曙光的到來。此時，甚至主張神之死的神學家也備受批評，因為他們的觀點代表的是生活富裕的中產階級美國白人。黑人神學家如孔恩（James H. Cone）質疑說，白人怎麼認為自己有權利透過神之死而得到自由，而實際上卻以神之名奴役黑人。猶太神學家魯賓斯坦(Richard Rubenstein)則無法了解他們如何能在納粹大屠殺後，這麼快就肯定沒有神的人類社會。他本人深信被想像成歷史之神的這個神祇已在奧斯威茨集中營(Auschwitz)永遠死去。然而，魯賓斯坦並不認為猶太人可以揚棄宗教。在歐洲，猶太人幾乎絕種後，他們不可切斷自己的過去。然而，自由派猶太教所主張之良善、道德的神也不好。這個神被保護得太好了；它無視生命中的悲劇，而一味認為世界終將改善。魯賓斯坦偏好的神是猶太神祕家的神。他深為路里亞「神是自我外推」(*tsimtsum*)的教義而感動；這個教義主張因為有神主動自我外推的行為，才有這個世界的誕生。所有神祕主義者皆視神為虛無，人類來自虛無又回到虛無。魯賓斯坦贊同沙特的主張，認為生命是空的；他視神祕主義者的神為進入這種人類虛無經驗的一種想像方式。

無能的神是無用的

其他猶太神學家同樣認可路里亞卡巴拉(Lurianic Kabbalah)猶太神祕哲學。約納斯(Hans Jonas)相信在奧斯威茨大屠殺後，猶太人無法再相信全知的神。神在創造這個世界時，他便自願局限自己，並分擔人類的弱點。如今，他不能再如此做，人類必須以祈禱和猶太律法重新恢復世界與神性的完整。英國神學家雅各(Louis Jacobs)則不贊同這個概念，並認為神自我疏離這個意象粗糙而具擬人化傾向；這個意象鼓勵我們以太過表面的意義探求神創世的答案。神並沒有局限自己，並沒有在呼氣前屏住呼吸。一個無能的神是無用的，而且不可能是人類存在的意義。人類最好回歸古典對神的解析，把神看成比人類偉大，而且他的想法和方式也和我們不同。神可能無法理解，但人們可以選擇信任這位不可名狀的神，即使在無意義中也可以肯定某種意義。天主教神學家孔格(Hans Kung)和英國神學家雅各的意見一致，對人類的悲劇寧願有一個比空想的神之自我外推神話更合理的解釋。他指出，人類不能信仰一個軟弱的神，而要相信一個能使人堅強到足以在奧斯威茨集中營祈禱的活生生的神。

位格神必須淘汰

仍有部分人士認為可以從神的概念中找出意義來。瑞士神學家巴爾特(Karl Barth，1886-1968)便反對強調宗教經驗之士萊馬赫的自由派新教。他同時也是反對自然神學的先驅分子。他認為試圖以邏輯的語言來解釋神是極端錯誤的，這不僅是因為人類心靈的局限，更因為人性自從伊甸園的墮落便腐化了。因此人類塑造有關神的任何自然概念都注定是有瑕疵的，而崇拜這樣的神等於是偶像崇拜。有關神的知識之唯一有效的來源乃是《聖經》。這似乎是全世界最糟糕的說法：經驗沒有用；排除掉自然因素；人心是腐化且不值得信任的；而且不可能由其他信仰學習到什麼，因為《聖經》是唯一有效的啟示。以理智的力量陳述如此偏激的懷疑論，卻同時對《聖經》記載的事實抱持毫不質疑的全盤接受態度，似乎是不健康的。

保羅・田立克(Paul Tillich，1868-1965)相信傳統西方有神論的人格化神必須淘汰，但他也深信宗教是人類所必須的。根深柢固的焦慮已是人類存在狀態的一部分；這不是神經過敏，因為這種焦慮是無法拔除的，也不是任何心理治療能夠醫好的。隨著軀體的日益老化我們會不斷有失落感和死亡的恐懼。田立克贊同尼采的說法，人格化的神是個有害的概念，應該除去。

> 干擾自然事件或是自然事件獨立原因的「位格神」概念，使得神變成其他事物之外的自然物體。他是其他物體中的一個，是其他存有中的一個。也許他是最崇高的，但卻只是一個存有罷了。這不僅摧毀了物質系統，同時更破壞了任何有意義的神的概念。

一個不斷和宇宙無事瞎忙的神是荒謬的；干擾人類自由和創造力的神是暴君。如果神被視為他自己世界中的自我，與神性相關的自我，以及與結果分離的原因，則「他」成了某個存有，而不是絕對存有本身。一位無所不在，無所不知的暴君，和世俗的獨裁者沒有兩樣，他們把每個人、每件事變成只是受其控制的機器齒輪。反抗這種神的無神論主張是能夠得到充分支持的。

找出超位格的神

反之,我們應試著找出一位超越位格神的「神」。這種想法並不新鮮。自聖經時代開始,有神論者已意識到他們所祈禱的神具有矛盾的本質,他們也意識到這個位格神要靠本質上超位格的神性加以平衡。每篇禱詞都是一個矛盾,因為它試圖要與那無法以言語溝通的對象交談。它要求恩賜的對象在請求還沒有提出前就已決定是否賜與;它稱為「祢」的神乃是絕對存有本身,他比我們的自我(ego)更接近「我」。田立克偏好將神定義為存有的基礎。參與這位超越「神」的神,並不致使我們遠離這個世界,反而使我們融入現實之中。使得我們回歸自己。人類必須應用象徵來談論絕對存有本身;以字面上的意思或寫實的方式稱呼它是不正確,也不真實的。千百年來,「神」、「神的眷顧」及「不朽」這幾個象徵使得人們得以忍受生死的恐懼,然而在這些象徵失去其力量後,恐懼與疑慮便出現了。曾有這種恐懼及焦慮經驗的人,應尋求那超越已失去象徵力量而聲譽不彰的有神論「神」之上的神。

在對神職人員以外的人們說話時,田立克偏好以「終極關懷」取代「存有基礎」這個專有名詞。他強調,「神之上的神」這個概念所代表的人類信仰經驗,並非獨立於人類情感或理智經驗之外的另一種獨特殊狀態。我們不能說：「我現在有一種特殊的『宗教』經驗」，因為神是先於宗教經驗，而且也是我們勇氣、希望及沮喪種種情緒的基礎。宗教經驗並不是擁有自己名稱的獨特狀態，而是普遍存於所有人類經驗之內。早於一世紀前，費爾巴哈便持同樣的看法，他說神是無法從正常的人類心理狀態分離的。這種無神論如今已經轉型成新的有神論。

自由派神學家一直想了解能否信任當代的知識界，以及把自己融入成為其一部分的可能性。在塑造他們有關神的概念時，他們轉向其他學科：科學、心理學、社會學以及其他的宗教。同樣的，這並不是一種新的嘗試。由這層意義看來，在把柏拉圖學派哲學引入耶和華的閃族宗教時，第三世紀亞歷山大城的俄利根及革利免早已是自由派的基督徒了。耶穌會士德日進(Pierre Teilhard de Chardin, 1881-1955)將他對神的信仰與當代科學結合起來。德日進是一位對史前生命有特殊興趣的古生物學家，他把自己對生命演化的認識寫成一種新的神學。他把整個演化競爭看成是神聖的力量，將宇宙由物質推進到精神，再到人格，而最後超越人格到達神格。神內涵於世界且展現於世界，因此世界遂成為他親臨的聖禮。德日進建議，基督徒應該培養歌羅西書及以弗所書中耶穌所代表的宇宙觀，而不要只專注於耶穌的人身；從這觀點看來，耶穌是宇宙的「終極點」，是當神成為全體時的演化過程最高峯。《聖經》說神就是愛，而科學則告訴我們，自然世界朝向愈益複雜的方向演進，同時又在分歧中朝向更高的統一發展。這種分化中具統一的描述，乃是以另一種方式來看待賦予宇宙生命的愛。德日進被批評為太過於把神和這個世界等同，而使得神的超越性全然喪失，但他這種此岸(this-worldly)神學，是值得擊掌歡迎的變化，它與一向被認為是天主教精神的「輕看世俗」(*contemptus mundi*)大不相同。

一九六〇年代美國威廉斯 (Daniel Day Williams，生於1910) 發展出我們熟知的過程神學(process theology)，它也同樣強調神與世界的統一。威廉斯深受英國哲學家懷海德(A. N. Whitehead, 1861-1947)的影響，後者認為神不可分離的與世界過程糾結在一起。雖然懷海德已證明視神為自我獨立而無感情的另一個存有是沒有意義的，但另一方面卻發展出先知預言式的當代神之悲憫概念：

> 我堅決認為，當神持續參與存有者的社會的生活時，他確會受苦。他參與世界的苦難乃是了解、接受、和以愛轉化世界苦難的絕佳實例。我肯定神的同情悲憫。沒有了它，我不知道神的存在有何意義。

他形容神為「同情而了解的偉大伴侶和受難同伴」。威廉斯喜愛懷海德的定義；他喜歡稱神為世界的「行為」或者「事件」。設定超自然秩序以對抗人類經驗的自然世界是錯誤的。存有的秩序只有一個。然而，這不是化約主義。在我們的自然概念中應該包括所有一度看似奇蹟的憧憬、能力及潛能。它也包括佛教徒一向肯定的「宗教經驗」。當被問到是否認為神與自然分離時，威廉斯回答說他無法肯定。他憎恨希臘的冷漠無情(*apatheia*)概念，認為那幾乎是褻瀆的；它所呈現出的神是遙遠、漠不關心而自私的。他否認自己倡導泛神論。他的神學純粹在修正導致異化了神的不平衡狀態，這樣的神自奧斯比茨和廣島的悲劇後，便不可能被接受了。

各自發展的神概念

其他神學家則對當代社會的成長較不樂觀，意欲維持神的超越性，以作為對人類的挑戰。另一耶穌會士拉納(Karl Rahner)則發展出一套更具超越性的神學；它把神視為至高無上的奧祕，而耶穌則是人類所能達到境界的顯現。羅能根(Bernard Lonergan)同樣強調超越性，以及相對於經驗之思想的重要性。只有理性是無法達到它所尋求的夢想；它不斷對抗理解的障礙，從而要求我們改變態度。在所有的文化中，人類都被同樣的無上命令所驅使；要聰明、要負責任、要合理、要有愛心，必要的話，還要改變。因此，人性的本質要求我們超越自己以及自己既有的想法，而這項原則正顯示出，在人類嚴肅探討的本質中有所謂的神性呈現。然而瑞士神學家巴爾大撒(Hans Urs von Balthasar)認為我們不應從邏輯和抽象中尋求神，而應自藝術中尋找；天主教的天啟在本質上一向是入世化的。在對但丁和波拿文土拉的精闢研究中，巴爾大撒證明天主教徒是以人類形象來了解神的。他們對儀式姿態、戲劇，以及偉大天主教藝術之美的強調顯示，神要靠感官來發掘，而不止是靠人類較理性及抽象的器官。

穆斯林及猶太人也試圖回歸過去，以發掘適用於現代社會的一神概念。知名的巴基斯坦神學家阿匝德（Abu al-Kalam Azad, 1959 年歿）回到《古蘭經》去挖掘了解神的方式，不致因過於超然而使神成為無用者，也不至於太人格化而使其變成偶像。他指向《古蘭經》論述的象徵性本質，一方面說明隱喻性、比喻性以及擬人化描述之間的平衡，另一方面也不斷提醒我們神是不可被類比的。其他的穆斯林神學家則重新由素菲神祕家身上尋求神與世界之關係的見解。瑞士籍素菲神祕家蘇安(Frithjof Schuon)復興了後來被認為是伊本・阿拉比所發明的存有唯一性(Oneness of Being, *Wahdat al-Wujud*)教義。此教義強調因為神是唯一的真實，只有他存在，而且這個世界本身便是神聖的。他附帶澄清指出，此一神祕真理只有在素菲教派的神祕教義下才得以明瞭。

其他伊斯蘭神學家則使神更能為大眾接近，且更能與當時的政治挑戰契合。在伊朗革命之前，年輕的非神職哲學家沙里阿堤博士(Dr. Ali Shariati)便自受過教育的中產階級中吸收數量驚人的信眾。儘管其他伊斯蘭教學者對沙里阿堤的宗教訊息大多不表贊同，但他仍為吸收這批學者反抗伊朗國王的主要關鍵。在示威遊行中，群眾經常並舉著沙里阿堤和柯梅尼的照片，雖然稍後在柯梅尼主政的伊朗，沙里阿堤下場如何並不清楚。沙里阿堤深信西化造成穆斯林與其文化根源的疏離，而要改善此一混亂的秩序，穆斯林必須重新解釋他們信仰中的古老象徵。穆罕默德也完成過同樣的工作，他賦予「朝聖」（*hajj*）這個古代異教禮儀一神論的意義。在其著作《朝聖》（*Hajj*）中，沙里阿堤帶領讀者完成通往麥加的朝聖之旅，逐步詮釋每個朝聖者都必須以想像力為他自己創造的動態的一神概念。因此，朝聖者一到達卡巴聖廟，就能體會到「聖廟是虛空」這句話是多麼貼切的描述：「這不是你的最後終點；卡巴廟只是個標誌，使你不致在路上迷失；它只是在指示你方向。」卡巴聖廟見證了超越所有人為表達神性的重要性，這些人為的表達方式不應成為目的本身。為什麼聖廟卡巴只是個簡單的立方體，沒有任何點綴及裝飾呢？因為它代表「宇宙中神的奧祕：不見形狀，不著顏色，不需偽裝，不論人類選擇、看到或想像的形式或條件為何，都不是神。」朝聖本身乃是後殖民時代眾多伊朗人所經歷到的疏離感的相反經驗。它代表人類調整自己生命，並將其導向那不可名狀之神的實存過程。沙里阿堤的激進信仰是很危險的：伊朗國王的祕密警察整肅他並將其驅逐出境，甚至直接造成他在一九七七年死於倫敦。

布伯

布柏(Martin Buber, 1878-1965)同樣也把猶太教視為一個精神過程，以及追求基本統一性(unity)的努力。宗教完全是由與人格化的神接觸而形成，而它幾乎都在我們與他人接觸中出現。這有兩種不同的領域：其一為我們以主體客體關係，亦即我—它(I-It)關係，和其他人連接而成的領域。在第二個領域中，我們以他人真正的本質相連，把他們視為目的本身。這是揭示神現身的我—祢(I-Thou)關係領域。生命是與神永無休止的對話，而神並不會威脅我們的自由或創造力，因為他從不曾告訴我們他要求什麼。我們只能從其顯現與必然性來體會神，但真正的意義仍必須靠我們自己找出來。這個觀點與多數猶太傳統分道揚鑣，而布柏對傳統經文的註釋有時也被歪曲了。身為一位康德學派的哲學家，布柏無瑕顧及他認為疏離的猶太律法；神不是制定律法者！我—你的接觸意即自由和自發，而不是過去傳統的重擔。然而戒律(*mitzvot*)仍為多數猶太精神的中心，這點可能用來解釋基督徒比猶太人更易接受布柏的原因。

布柏體認到，「神」這個名詞一直受到污蔑和貶抑，但他拒絕放棄它。「我在哪裡找一個和它對等的字，在哪裡找一個形容相同真實的字？」它蘊含極偉大而複雜的意義，並且有許多神聖的相關意義。不過，那些抗拒「神」這個字眼的人必須受到敬重，因為已有太多令人戰慄的事是以其名義而做的。

我們很容易了解為什麼有人提議對「終極事物」要保持一段靜默，以便使誤用的字得以恢復原義。但這本是恢復這些字原義的方式。我們無法消解「神」這個名詞：無法完全掌握其意義，儘管它受到污染和嚴厲批評，我們將它由地面提升起來，超越偉大的苦難之上。

不同於其他的理性主義者，布柏並不反對神話：他發現描述困在世上之神聖火花的路里亞神話具有重要的象徵意義。自神的本質中分離出來的火花代表人類的異化經驗。當我們和他人發生關連時，將可重新恢復原始的統一，並減少世上的疏離。

布柏回歸《聖經》及哈西典教派。海斯修耳(Abraham Joshua Heschel, 1907-72)則回歸到猶太法律博士及《大法典》的精神之中。不同於布柏的是，他相信戒律可幫助猶太人正視當代社會非人性的層面。它們是實現神的需要而非人類需要的行動。現代生活的特色是非人性化和剝削；連神也被貶降為可被操控的事物，並使它為我們的需要提供服務。因此，宗教便變得呆滯而無趣；我們需要一種「深層神學」(depth theology)來深入挖掘下層結構，並回復原始的敬畏、奧祕及驚奇，嘗試要以邏輯證明神的存在是沒有用的。對神的信仰源自一種和概念以及理智無關的立即領悟。假如要使它產生神聖感，我們就必須以讀詩的隱喻性方式來讀《聖經》。戒律也應被看成是訓練我們，依神的精神而活的象徵方式。每一條戒律都在應對世俗生活的每個細節，如同藝術作品，戒律的世界自有其邏輯和節奏。最重要的是，我們應意識到神需要人類。他不是哲學家的冷漠之神，而是先知描述的悲憫之神。

海德格

本世紀中葉之後，無神論哲學家也對神的概念產生興趣。在《存有與時間》(*Being and Time*, 1927)一書中，海德格(Martin Heidegger, 1899-1976)以近似田立克的方式看待絕對存有，雖然他否認那是基督教概念的「神」，亦即它不是特定的存在物，而且和一般的思考領域分隔開來。部分基督徒由海德格著作中得到啟發，雖然其道德價值因他與納粹政權的關係而受到質疑。在《何謂形上學》(*What is Metaphysics?*)一書中，也就是他在弗萊堡(Freiburg)大學的就職演說中，海德格發展出許多早已在普羅提諾、假名迪尼斯及艾利基納作品中浮現的概念。因為絕對存有是「完全地他者」(Wholly Other)，它事實上是「無」(Nothing)——不是任何事物，既非某個物體也非特定的存有。然而它卻使得所有其他的存在成為可能。古人早已相信無中不生有，但海德格卻改寫了一切存有來自虛無(*ex nihilo omne qua ens fit*)的格言。海德格的演講以萊布尼茲問的一個問題做結：「為什麼不是無，而是存有？」在人類對世界的反應中，這一直是個激起訝異和驚歎的震撼性問題：為什麼會有事物存在？在他的另一本著作《形上學導論》(*Introduction to Metaphysics*, 1953)中，海德格以同一問題做為該書的開端。神學相信自己提供了答案，並溯源每一事物到另一種存有(Something Else)，亦即神那兒去。然而神不過是另一個存有，不是完全地他者。海德格提供的是有點化約的宗教一神概念——這個概念為許多宗教人士分享——但他常以神祕的語言來談論絕對存有。他把它當成極度的弔詭來談論，並形容思維過程為等待或傾聽絕對存有，並經驗到絕對存有的回歸與退縮，這與神祕家感覺到神的消失不同。人類無法以思考的方式使絕對存有存在。自古希臘人開始，西方世界的人們一直試著要忘掉絕對存有，而專注在存在物上；這個過程於是導致了當代的科技成就。海德格晚年寫了一篇名為「只有神能解救我們」(Only a God Can Save Us)的文章中，他說當代社會對神消失的體驗，能夠使人類從對存有者的執著中解放出來。然而我們無法將絕對存有帶回現代的時空下。只能期望在未來能有一個新的開始。

馬克思主義、法蘭克福學派

馬克思主義哲學家布勞赫(Ernst Bloch, 1885-1977)認為神的概念對人類而言是再自然不過的。整個人類生活是朝向未來的；因為我們體會到自己的生命是不完整的而且有待完成。人類和動物不同，我們從不感到滿足，而且需索無度。也就是這種特性迫使人類去思考和發展，因為在人生中的每一階段，我們都必須超越自己，並繼續向下一階段前進；嬰兒必須變成學走路的小孩，然後再克服自己的缺點，而成為較大的小孩，依此類推。即使哲學也是從好奇開始，那正是未知與一切尚未開始的經驗。社會主義也尋求烏托邦，儘管馬克思主義者抗拒信仰，但有希望的地方，就有宗教存在。和費爾巴哈一樣，布勞赫眼中的神是人類尚未實現的理想，然而他並不視它為異化，反而認為是人類的基本處境。

德國法蘭克福學派的社會理論學家霍克海默(Max Horkheimer, 1895-1973)也認為「神」是可使我們聯想到先知的重要理想。不論他是否存在，不論我們「相信他」與否，都是多餘的。沒有神的概念便沒有絕對的意義、真理或道德；倫理變成只是不同品味，心情或幻想的問題而已。除非政治及道德能夠在某個程度上包含「神」的概念，否則它們仍只是實用和機巧的，算不上有智慧。若沒有絕對，我們便沒有理由不仇恨，也沒有理由認為戰爭比和平糟糕。人類最早期的夢之一便是祈求公理（我們不是常聽孩子們報怨說：「那不公平！」）。宗教記錄了無數人在面對苦難及錯誤時的渴望和指控。它促使我們意識到人類有限的本質；我們不希望不公正的世界是最後的答案。

揚棄人格化神

沒有宗教信仰的人，應該不斷回歸到神的歷史中已存的重要主題，事實證明神的概念並不像許多人所想像的那麼疏離。然而，二十世紀的後半葉，把神看成是巨型人類之人格化神的觀念，有逐漸被揚棄的傾向。這個概念並不新鮮。我們在前面已談過，基督徒稱之為「舊」約的《猶太聖經》便出現過類似的過程；《古蘭經》從一開始便不像猶太教—基督徒傳統，以較不具位格化色彩的名詞來指稱阿拉。三位一體的教義以及神祕宗教系統中的神話與象徵主義，都試圖說明神是超越位格的。然而這似乎不容易讓許多信徒了解。烏爾威治(Woolwich)主教羅賓森(John Robinson)於一九六三年出版《真誠面對神》(*Honest to God*)一書，闡明他無法再同意那被認為是「客觀存在」(out there)的古老位格神，英國輿論隨之譁然。德瑞謨(Durham)主教詹欽司(David Jenkins)的許多意見雖然在學術界早已司空見慣，但也遭遇類似的憤怒之聲。劍橋以馬內利學院(Emmanuel College)院長克匹特(Don Cupitt)就曾被稱為「無神論牧師」，他無法接受傳統一神論寫實的神，而提出基督教的佛教，認為宗教經驗的重要性更優於神學。和羅賓森一樣，克匹特在智識上已體認到三大主要信仰中，神祕家依據更直觀方式所獲致的洞見。但是神不存在，以及無客觀實存之物的概念絕不是新鮮的。

基教派

人們對絕對存有的不適切意象，漸有不能容忍的趨勢。這是一種健康的反偶像主義，因為過去神的概念的應用大都造成悲慘結果。一九七〇年代以來最典型的新發展之一，就是被包括三大一神教在內的世界主要宗教稱之為「基本教義派」的狂熱信仰之興起。基教派是一種高度政治化的宗教心態，它的看法純就表面字義而來，而且不具寬容精神。在美國這個易於滋養極端主義者以及天啟狂熱的國家，基督教的基教派則一直附身於新右派(New Right)。基教派人士參與競選活動以廢止墮胎合法化，並且推動道德及社會規範的強硬標準。法威(Jerry Falwell)所創的「道德多數」(Moral Majority)組織在雷根政府時代獲得令人驚訝的政治權力。其他福音傳播者如塞魯羅(Maurice Cerullo)以字面的意義解釋耶穌的話，相信神蹟為真正信仰的基本標記。神將給予信仰者在禱告中要求的任何東西。英國的基教派信徒如烏爾廓哈特(Colin Urquhart)也同樣聲明過。基督教的基教派信徒似乎不甚關心耶穌的博愛。他們對他們認為是「神的敵人」的人立即加以譴責。他們中多數認為猶太人和穆斯林注定要下地獄，而烏爾廓哈特則辯稱所有的東方宗教皆受到魔鬼的啟發。

穆斯林世界中類似的發展，已廣為西方公眾所熟知。穆斯林的基教派分子顛覆過政府，並曾暗殺或以死刑威脅伊斯蘭的敵人。同樣的，猶太基教派分子也在約旦河西岸佔領區和加薩走廊定居下來，誓言要將境內的阿拉伯居民驅逐出去，必要時還將使用威力。因此，他們相信自己已為即將到來的彌賽亞降臨鋪好了路。在所有的宗教形式中，基教派乃是極端簡化的一種信仰。因此，一九九〇年在紐約被暗殺的猶太教士，也是以色列「極右」(Far Right)連線最極端的成員卡哈那(Meir Kahane)，便曾說：

> 猶太教不存在數個訊息，訊息只有一個。就是做神要做的事。有時候神要我們參戰，有時候要我們和平生活……但訊息只有一個：神要我們來到這裡創建一個猶太人的國家。

這把猶太人千百年來的發展一筆抹煞，又回歸到約書亞書中申命記作者的觀點了。因此，聽到這種讓「神」否定其他民族人權之褻瀆言語的人們，會認為愈早把「他」(指神)除掉愈好，就不令人驚訝了。

慈悲的理想

然而，正如我們在本章中所談到的，這種宗教狂信事實上是遠離了神。把這種人類或歷史的現象如基督徒的「家庭價值」、「伊斯蘭」或者「聖地」作為宗教奉獻的焦點，乃是一種新的偶像崇拜形式。在整個漫長的一神歷史中，這種正義之戰一直是一神教徒的誘惑。它必須被拒斥為不真實的宗教形式。自從部落神祇耶和華殘暴的偏袒他自己的族人，猶太教徒、基督徒和穆斯林的神便有了不幸的開始。後世回歸到此一原始風尚的聖戰士，乃是把部落的價值提升到一個無法令人接受的高位階，而把人為的理想代入應挑戰我們偏見的超越真實中。他們同時也否定了一個重要的一神教主題。自以色列先知改革古老異教的耶和華崇拜以來，一神教徒的神一直在促進的慈悲理想。

我們可由上文了解到，慈悲是軸心時代多數宗教思想的特質。慈悲的理想甚至促使佛教徒在他們的宗教發展方向上作出重大的改變，而把奉獻（即巴諦，*bhakti*）引介到佛陀和菩薩的概念中。先知們堅稱，除非整個社會能夠採行更公正、更慈悲的風尚，則神祇的崇拜是沒有用的。這些洞見是由耶穌、保羅和諸猶太教士所發展出來的，他們都分享同樣的猶太理想，並建議猶太教徒做出重大變革，以便能實現這些理想。《古蘭經》把慈悲與公義社會的創建視為改革後阿拉宗教的本質。慈悲是特別困難的一種德性。它要求我們超越我們的自我中心思想、不安全感和承襲的偏見等局限。毫不令人訝異的是，在歷史上某些時候，三大一神教都沒能達到這些高標準。十八世紀期間，自然神教論者拒絕傳統的西方基督教，主要是因為基督教已明顯變得殘酷和不寬容。同樣的情形在今天也一樣適用。非基教派信徒的傳統信仰者，常常也認同他們富攻擊性的正義觀念。他們利用「神」支持自己的愛與恨，而又把它們歸因於神本身。然而那些恭謹參加聖禮，卻污蔑屬於其他不同族群或意識形態團體的猶太教徒、基督徒和穆斯林，否定了他們基本的宗教真理之一。對那些稱自己為猶太教徒、基督徒和穆斯林者而言，寬恕一個不公平的社會體系也同樣是不恰當的。歷史上的一神教要求的是仁慈而非犧牲，是慈悲而非高雅的禮拜儀式。

信仰祭典崇拜形式宗教者與培養慈悲之神精神者之間，往往有明顯的區別。先知們嚴厲斥責那些認為在寺廟崇拜就足夠的同時代人。耶穌與聖保羅都說得很清楚，外在的儀式祭典假如沒有慈愛伴隨是沒有用的；它比發聲的黃銅樂器或釘鐺的鐃鈸好不到哪裡去。穆罕默德則與在古代儀禮中崇拜阿拉身旁異教女神，卻不實現神的慈悲這個真正宗教精神的人產生衝突。在羅馬的異教徒世界也有類似的分裂：古老的祭禮崇拜宗教樂於保持現狀，而哲學家則宣講他們相信可以改變世界的訊息。也許慈悲的一神宗教只為少數人所遵循；大多數人覺得要面對它無可妥協的倫理要求，並達到極致的一神經驗是很困難的。自從摩西把律法的石版從西奈山帶回後，大多數以色列人寧可以較舒適而古老的儀式，來崇拜他們為自己建立、傳統而不具威脅性的神祇形象——金牛犢。最高祭司亞倫(Aaron)親自監理金芻像的製造。宗教組織本身對先知與神祕家帶來更高標準的一神靈思，往往聽不進去。

當下的關懷

神也被當作不值錢的萬靈丹、塵世生活的另一選擇，以及縱情幻想的對象。神的概念常被用做人們的鴉片。尤其當他被想像成是另一個存有時特別危險，亦即他和我們一樣，只是較大較好，並活在充滿世俗享樂樂園之天堂。但是「神」原本是用來幫助人們專注於現世，以面對不愉快真實的。即使有種種明顯錯誤的異教徒式的耶和華崇拜，也強調他在世俗時代對現實事件的參與，以有別於禮儀和神話的神聖時代。以色列的先知們以顯現在歷史事件中的神為名，強迫他們的同胞面對自己的社會弊端，以及即將到來的政治災難。基督教道成人身的教義強調活生生世界中的神性內涵。這種對當下的關懷在伊斯蘭教中特別明顯：沒有人比穆罕默德更務實，他是個政治和宗教的天才。前面提過，後來的穆斯林以建設一個公正與高尚的社會，來回應他在人類歷史中具體顯現神之意志的關懷。自太初以來，神便被體會成行動的無上命令。當神——不論是伊勒或耶和華，要亞伯拉罕離開他在哈蘭家人的那一刻起，神的崇拜便牽涉到在現世的具體行動，而且往往要痛苦的放棄舊有的神聖義務。

從世界異化出來

這種與舊有關係的脫離也蘊含了極大的緊張。先知們對完全是另一存在的神聖之神的體驗乃是深刻的震撼。他要求其子民也展現出類似的神聖和脫離傳統之舉，當他和摩西在西奈山上談話時，以色列人不准接近山腳。人性與神性間的全新鴻溝突然張開，異教的人神一體觀為之破裂。因此，人便有從世界異化出來的可能性，這反映出個體不可分割的自主性的初期意識。難怪一神教最終會在以色列人流亡到巴比倫期間生根，因為他們當時也發展出個人責任的理想，這個概念在猶太教和伊斯蘭教中都很重要。我們前面提過，猶太教士利用神存在於內心的概念，幫助猶太人培養出人性的神聖權利意識。不過異化一直是三大信仰的一個危險；西方對神的體驗一直伴隨著罪惡感和悲觀的人性論。在猶太教和伊斯蘭教中，遵守猶太律法與神意法(Shariah)有時無疑會被視為與服從外在的法律無異，儘管我們前面也談過，遵守這些法律規範的人是不可能有進一步意圖的。

那些宣揚人自要求奴性般服從的神解脫出來的無神論者，對不恰當卻不幸是如此熟悉的神的意象提出抗議。這當然也是基於一種太過人格化的神性概念所產生的。它對《聖經》中神的判斷以太過依照字面意義的意象來詮釋，而且假定神是天空中的某個「老大哥」(Big Brother)。這種以外來律法強加在他不情願人類奴僕身上的神聖暴君意象必須除去。威脅恐嚇而使人民在政治上服從的手段，在一九八九年秋季共產黨政權戲劇化垮台後，證明已不再被人接受，甚至是行不通了。「頒布法律者」或「統治者」的擬人化一神概念，是不適於後現代氛圍的。但是抱怨一神概念不符人的本性的無神論者，也並不完全正確。我們前面提過，猶太教徒、基督徒和穆斯林發展出非常相似的一神概念，而且也與其他絕對存有的概念類似。當人們試圖在人生中找出終極意義與價值時，他們的心似乎是朝向某個特定方向的。他們並不是被迫如此；這似乎是出自人性之自然。

伊斯蘭哲學的嘗試

如果情感不要降格變成縱情、富侵略性或不健康的情緒主義，則它們需要批判理智的指導。神的經驗必須趕得上當前其他的狂熱主義，包括心靈的狂熱主義在內。伊斯蘭哲學的嘗試乃是企圖將神的信仰與穆斯林、猶太教徒以及後來西方基督徒的新理性主義崇拜加以聯繫。穆斯林與猶太教徒最終還是從哲學中撤出。他們認定理性主義有它的用途，特別是在科學、醫藥和數學等經驗研究上，但在討論超越概念的神時卻不全然合適。古希臘人已覺察到這點，而且稍早就發展出對他們自己的形而上學的不信任。以哲學方法討論神的缺點之一是，它會讓無上的神聽起來只是另一個存有，所有存在事物中最高等的一種，卻不是完全不同構造的真實。但是伊斯蘭哲學的嘗試卻很重要，因為它重視把神與其他經驗聯繫的必要性——假如它只是要確定這種聯繫可能性範疇的話。把神推入一個與智性隔離、神聖卻自我封閉的領域，是不健康也不自然的。它可以促使人們思考，我們不一定要把高雅、理性的一般標準應用在應由「神」啟發的行為上。

伊斯蘭哲學從一開始便與科學有關。是他們對醫藥、天文學與數學的熱情，引領最初的穆斯林哲學家以形而上學術語來討論阿拉。科學使他們的未來產生重大變化，他們發現自己不能以與其穆斯林同胞一樣的方式來思考神。哲學的一神概念與《古蘭經》的看法截然不同，但是伊斯蘭哲學家確實恢復了某些在當時伊斯蘭世界中可能喪失的洞見。因此《古蘭經》對其他宗教傳統抱持極為正面的態度：穆罕默德並不認為他建立了全新的唯一宗教，並且相信所有正確引導的信仰都來自同一個神。然而到了第九世紀，伊斯蘭世界卻逐漸失去這個洞見，而開始推行視伊斯蘭教為唯一真正宗教的伊斯蘭崇拜。伊斯蘭哲學家回歸到較古老的普遍主義者(universalist)的途徑，儘管他們以不同的方式完成它。今天我們也擁有類似的機會。在這個科學年代，我們不可能以先祖的方式來思考神，但是科學的挑戰可以幫助我們對某些古老的真理加以重視。

創世是《古蘭經》的中心教義

我們知道愛因斯坦欣賞神祕的宗教。儘管他有著名的「神不擲骰子」的說法，但他並不認為他的相對論會影響神的概念。在一九二一年一次訪問倫敦期間，愛因斯坦被坎特布里大主教問到有關相對論對神學的引申意義。他回答說：「沒有任何意義。相對論是純粹科學的東西，與宗教毫無關係。」當基督徒對史帝芬・霍金(Stephen Hawking)這類不把神放在其宇宙論中的科學家感到震驚時，他們或許仍然以擬人化的概念，把神想成是一個能像我們一樣創造世界的存有。但創世並不是以這種字面意義來理解的。視耶和華為創造者的興趣，一直到猶太人被放逐到巴比倫才進入猶太教。這個概念對希臘世界乃是陌生的；從無中創世一直到紀元三四一年的尼西亞會議(Council of Nicaea)才正式成為基督教的教義。創世是《古蘭經》的中心教義，但就像所有它對神的稱呼一樣，這乃是不可言喻真理的一種「寓言」或「象徵」(*aya*)。猶太人和穆斯林的理性主義者認為它是個困難而有疑義的教義，許多人並拒斥它。素菲神祕家和卡巴拉神祕家都贊同古希臘的「流出」隱喻。不管怎麼說，宇宙論並非對世界起源的科學描述，原本是對宗教與心理真實的象徵性說明。因此穆斯林世界對新科學的騷動幾乎不存在；前面我們提過，近代的歷史事件比科學對傳統的一神概念更具威脅。但在西方，一種比較以字面意義理解《聖經》的態度卻由來已久。當某些西方的基督徒覺得他們對神的信仰被新科學侵蝕時，他們或許把神想像成是牛頓的偉大「技工」(Mechanick)，這個人格化的神概念或許不僅應以宗教，也應以科學的理由加以拒斥。科學的挑戰或許使教會感到震撼因而對《聖經》故事象徵性的本質有了全新的體認。

把女性質素引介到神性中

位格的一神概念在今天對各種人而言，都愈來愈不能接受，不論是道德界、智識界、科學界或宗教界。因為「他」的性別，女性主義者也對自部落異教時代起，便是男性的位格神祇感到厭惡。但是，以「她」來稱呼——而不是以辯證的方式——則可能也一樣有局限，因為它把不可限制的神局限在純粹人類的概念範疇中。在西方風行已久，把神視為是無上存有的古老形上學概念，也不讓人覺得滿意。哲學家的神現在已是過時理性主義的產物，因此傳統對其存在的「證明」也不再管用。哲學家的神被啟蒙時代自然神論者廣泛的接受，可說是邁向當前無神論的第一步。就像古代的蒼天之神一樣，這個神祇離人與塵世是如此的遙遠，他因此很容易便成為無用的神，而淡出我們的意識之外。

神祕家的神或許代表了另一種可能。神祕家長久以來堅稱，神不是「另一個」存有；他們宣稱他並非真的存在，而且最後稱它為「無」。這個神與我們世俗社會的美學心境，以及它對絕對存有不當意象的不信任相契合。神祕家不把神看成是可用科學驗證示範的客觀「事實」，反而宣稱他是在存有基礎上神祕體會到的主觀經驗。這個神要通過想像才能觸及，可以被視為是一種藝術形式，和其他表達生命中那不可言喻奧祕、美麗與價值之偉大藝術象徵類似。神祕家曾經用音樂、舞蹈、詩、小說、故事、繪畫、雕刻與建築表達那超越概念的「真實」。然而，就像所有的藝術一樣，神祕主義必須要有理智、訓練與自我批評，以使它免於縱情的情緒主義和心理投射的侵害。神祕家的神甚至可滿足女性主義者，因為素菲神祕家與卡巴拉神祕家一直試圖把女性的質素引介到神性中。

神祕主義被視為是密教訓練

然而他們也有缺點。因為撒巴台的慘敗事件和後期素菲教沒落的緣故，神祕主義一直遭到許多猶太教徒和穆斯林的懷疑。在西方，神祕主義從不曾是主流的宗教狂熱。新教徒與天主教改革者不是禁止它就是將它邊緣化，而理性的科學時代也不鼓勵這種模式的感知。自從一九六〇年代以來，對神祕主義新興的興趣以對瑜伽、靜坐和佛教的狂熱展現出來，但是此一途徑卻不易與我們講求客觀、經驗性的心態調和。它需要專家指導下的長期訓練，並投資相當多的時間。神祕家必須辛勤努力以獲取對「神」（許多人不接受這個名稱）的真實感。神祕家通常堅持要人類以與投注於藝術創作同等的關心與注意力，刻意為他們創造出這個對神的感覺來。對習慣於快速滿足、速食和立即溝通社會中的人們而言，它極不可能對他們產生吸引力。神祕家的神不是隨手可得，也不能預先包裝好。他的體驗不可能像信仰復興運動者的講道師那樣，快速地聚集拍掌唱和的聚會成員，而創造出立即的狂喜忘我境界。

人要培養出某些神祕主義者的態度是可能的。即使我們無法達到神祕家們成就的較高意識狀態，但可以學習到神並非以簡單的意義存在，或者「神」這個字本身只是那不可言喻超越之真實的一個象徵而已。神祕主義的不可知論可以幫助我們節制，使我們避免以教條式的保證遽而對此複雜的事物妄下論斷。但是如果這些概念不是經由親身所感而內化，則它們很可能只是看似無意義的抽象罷了。二手的神祕主義和透過文學批評家的解釋而非透過原典來讀詩一樣，可以確定是不能讓人滿意的。我們前面提過，神祕主義往往被視為是一種密教的訓練，並不是因為神祕家要將粗俗的大眾排除在外，而是這些真理只能經由特殊訓練後的直觀心靈能力感知。當以不同的途徑接觸這些真理時，它們的意義也有所不同，這是不能由邏輯與理性主義者的感官接觸到的。

精神之死

自從以色列的先知開始把他們自己的情感與經驗歸因於神時，就某種意義而言，一神教徒已為他們自己創造了一位神。神很少可以像遭遇到其他客觀的存在物一樣，被看成是不證自明的事實。今天許多人似乎已經喪失努力作出這種想像的意志。這不一定是個災難。當宗教的概念失去其有效性，它們通常已經無痛楚地消褪了；假如人類的一神概念不再能於強調經驗的時代為我們效力，它就會被揚棄。但是在過去，人們總是創造出新的象徵來做為精神的焦點。人類總是為自己創造信仰，以培養驚奇感以及生命不可言喻的意義。成為現代生活主要特質的漫無目的、異化、無秩序的混亂以及暴力，似乎說明人們因為不刻意在「神」或其他事物（是什麼並不重要）中創造信仰，許多人便陷入絕望中。

在美國，我們知道有百分之九十九的人口宣稱相信神，然而基教派、天啟主義者和「速成的」靈能宗教形式的盛行，卻令人不放心。不斷攀升的犯罪率、藥物上癮和死刑的重新啟用，都不是心靈健康社會的跡象。在歐洲，過去一度有神存在的人類意識，逐漸變得貧乏蒼白。第一個說出這種乾枯荒蕪情形——和尼采的英雄式無神論大不相同——的人乃是哈地(Thomas Hardy)。在寫於邁入二十世紀一九九〇年十二月三十日的「黑夜的畫眉鳥」(The Darkling Thrush)詩作中，他陳述了那種不再能於生命的意義中創造信仰的精神之死：

我倚著一道矮樹叢大門
　當嚴霜像妖精般灰暗
而冬天的殘渣使之荒涼
　白日之眼逐漸暗弱下來。

糾纏的籐蔓刻劃著天空
　就像殘破豎琴的斷弦，
所有在附近出沒的人類
　都在尋找他們家居的火苗。

大地冷酷的景象似乎是
　過瘦的世紀屍骸，
多雲的天篷是他（放置骨灰）的地窟，
　風是他死亡的悲歌。
古老的生命脈動
　瑟縮得又硬又乾，
而地球上的每個生靈
　似乎都像我一樣毫無熱情。

突然一個聲音升起自
　頭上乾枯的瘦枝

是熱情洋溢的晚禱
　帶有無限的喜悅；
一隻脆弱瘦小的老畫眉鳥，
　全身羽毛凋零，
於是決定奮力將他的靈投入
　那逐漸彌漫的朦朧中。

幾乎沒有理由歌唱頌歌
　那如此心醉神迷的聲音
寫在地球的事物上
　遙遠的或近在咫呎的，
使我能想像那兒顫抖穿越的是
　他快樂的晚安聲
一點祝福的希望，那是他所知
　而我沒有覺察到的。

人類無法忍受空虛與荒蕪；他們會創造新的意義焦點，藉以填補此一真空。基本教義派的偶像不是替代神的好選擇；假如我們要為二十一世紀創造一個充滿生機的新信仰，我們也許應該沈思神的歷史，以汲取教訓與警惕。

內文簡介：

這是一本關於世界三大一神宗教歷史的書。作者凱倫・阿姆斯壯(Karen Armstrong)以她切身的宗教修持體驗和淵博的宗教史知識，試圖在對照猶太教、基督教和伊斯蘭教一神觀念演變的基礎上，重新反省檢討西方這個代表終極真實與意義的符號，在過去四千年人類歷史中的功過得失，並喚起有識之士，共同思考它對當前普遍瀰漫著深沈無意義感的世俗社會，所能提供的撥亂反正之道。

全書以猶太人從巴比倫的異教偶像崇拜，逐漸轉型到史無前例的真正一神概念為開端，接著討論基督教與伊斯蘭教，如何在這個革命性觀念的基礎上，重新塑造適合他們自己社會和政治環境需求的一神概念。在鋪陳過三大一神教的基本理念與架構後，作者開始轉向三大宗教後期的發展情形，從古典哲學、中世紀神秘主義，到宗教改革、啟蒙時期，以至現代的懷疑主義，每一章節均兼顧三大宗教，在同一時期或方向的對比介紹。在書末結語討論到一神概念的未來時，更強調以史為鑑對創造二十一世紀新信仰的重要性。

作者客觀處理這個題材的寫作態度，兼容並蓄地照顧到現代多元文化背景下各次級團體的關懷，企圖以相對客觀的人文主義觀點，把絕對超越的一神概念，當成是人類歷史經驗來考察的構思。本書主題內容雖然局限在西方三大一神教的範圍，但在基本的精神上，卻是以整體人類文化的終極關懷為依歸的。

作者：

凱倫・阿姆斯壯(Karen Armstrong)

曾擔任天主教修女達七年之久。一九六九年離開她的教派後，到牛津大學修得學位，並教授當代文學。她是英國最負盛名的宗教議題評論家之一，目前在里歐貝克猶太教研究暨猶太教士與教師訓練學院授課。

她同時也是穆斯林社會科學協會(Association of Muslim Social Sciences)的榮譽會員。她的著作包括《穿越窄門》（*Through the Narrow Gate*），《初創世界》（*Beginning the World*），《聖戰》（*Holy War*），及《穆罕默德》（*Muhammad*）等。

校訂：

沈清松

比利時魯汶大學哲學博士、國立政治大學哲學系所專任教授。

譯者：

蔡昌雄

美國天普大學政治學碩士暨宗教學博士班研究。譯著《進步的演化》、《榮格》。

校閱：

于士錚神父

羅馬宗座額我略大學神學系畢業，從事翻譯工作四十餘年，通曉中、英、法、義、拉丁文。

校對：

張淑芬

淡江大學中國文學研究所畢業，資深編輯人員。

宗教學

20世紀美國實用宗教學鉅著

威廉・詹姆斯 William James

百年百萬長銷書，宗教學必讀

宗教經驗之種種

這是宗教心理學領域中最著名的一本書，
也是20世紀宗教理論著作中最有影響力的一本書。
——*Psychology Today*

如果我們不能在你我的房間內，
在路旁或海邊，
在剛冒出的新芽或盛開的花朵中，
在白天的任務或夜晚的沈思裡，
在眾人的笑容或私下的哀傷中，
在不斷地來臨、莊嚴地過去而
消逝的生命過程中看見神，
我不相信我們可以在伊甸的草地上，
更清楚地認出祂。

2001年博客來網路書店十大選書
中時開卷版本周書評
誠品好讀重量書評
ISBN:957-0411-36-8
定價：420元

20世紀美國宗教學大師

休斯頓・史密士 Huston Smith

ISBN:978-986-6513-79-4
定價：400元

人的宗教：人類偉大的智慧傳統

為精神的視野增加向度，
打開另一個可生活的世界。
中時開卷版一周好書榜

半世紀數百萬長銷書
全美各大學宗教通識必讀
橫跨東西方傳統
了解宗教以本書為範本

燈光，是不會在無風的地方閃動。
最深刻的真理，
只對那些專注於內在的人開放。
——*Huston Smith*

永恆的哲學

找回失去的世界
ISBN:957-8453-87-6
定價：300元

權威神學史學者

凱倫・阿姆斯壯 Karen Armstrong

神的歷史 A History of God

紐約時報暢銷書
探索三大一神教權威鉅著
讀書人版每周新書金榜

ISBN:978-986-360-125-8
定價：460元

帶領我們到某族群的心，
最佳方法是透過他們的信仰。

宗教與靈修

強勢宗教
宗教基要主義已展現全球格局

Gabriel A. Almond、
R. Scott Appleby、
Emmanuel Sivan◎著

ISBN:978-986-7416-70-4
定價：390元

下一個基督王國
基督宗教全球化的來臨
下一波十字軍
基督徒、穆斯林、猶太人
Philip Jenkins◎著

ISBN:978-957-0411-78-2
定價：350元

耶穌在西藏：耶穌行蹤成謎的歲月
追尋耶穌失蹤的十七年
Elizabeth Clare Prophet◎編著

開卷版本周書評
ISBN:978-986-6513-69-5
定價：320元

近代日本人的宗教意識
宗教亂象之深層省思
山折哲雄◎著
誠品好讀書評推薦

ISBN:957-8453-39-6
定價：250元

德蕾莎修女：一條簡單的道路
和別人一起分享，
和一無所有的人一起分享，
檢視自己實際的需要，毋須多求。

ISBN:978-986-6513-50-3
定價：210元

沒有敵人的生活
世界各大宗教的對話
Michael Tobias等◎編

ISBN:978-986-7416-93-3
定價：350元

全球倫理與宗教對話
沒有宗教之間的和平
就不會有世界的和平

ISBN:957-0411-22-8
定價：250元

達賴喇嘛

達賴喇嘛代表了一個完整存留到今天的偉大智慧傳承。
而這個文明唯有在流亡中才能得以保全，更顯示出這個時代的脆弱。

達賴喇嘛在哈佛談四聖諦、輪迴、敵人

達賴喇嘛 ◎藏文口述
Jeffrey Hopkins ◎英譯
鄭振煌 ◎中譯
ISBN:978-986-360-024-4
定價：320元

藏傳佛教世界：西藏佛教的哲學與實踐

達賴喇嘛◎著

中時開卷版一周好書
ISBN:978-986-6513-80-0
定價：250元

生命之不可思議

達賴喇嘛揭開輪迴之謎
達賴喇嘛◎著

ISBN:957-9967-73-3
定價：230元

時輪金剛沙壇城：曼陀羅

ISBN: 978-986-6513-62-6
定價：350元

達賴喇嘛說幸福之道

ISBN: 978-986-7416-28-5
定價：300元

達賴喇嘛說喜樂與開悟

ISBN: 978-986-360-043-5
定價：300元

意識的歧路

佛法VS科學；心VS腦
達賴喇嘛與六位腦科學家的對話
Zara Houshmand◎編

中時開卷版一周好書
誠品好讀重量書評
ISBN:978-957-0411-56-0
定價：260元

達賴喇嘛說般若智慧之道

達賴喇嘛開示：
入菩薩行 智慧品

ISBN:978-986-360-056-5
定價：280元

情緒療癒

21世紀的醫療挑戰
生命科學與藏密智慧對話
Daniel Goleman◎主編

中時開卷版一周好書
ISBN:978-957-8543-40-1
定價：280元

達賴喇嘛說慈悲帶來轉變

達賴喇嘛與八位心理治療
心理輔導界頂尖人士對話

ISBN:978-986-360-045-9
定價：280元

生活哲思—新文明生活主張

孤獨
最眞實、最終極的存在
Philip Koch ◎著
梁永安◎ 譯
中國時報開卷版書評推薦

ISBN:978-957-8453-18-0
定價：350元

孤獨的誘惑
(原書名：孤獨世紀末)
Joanne Wieland-Burston◎著
宋偉航◎譯
余德慧◎導讀
中時開卷版、聯合報讀書人
書評推薦

ISBN:978-986-360-114-2
定價：280元

隱士：
照見孤獨的神性（第二版）
Peter France◎著
梁永安◎ 譯
聯合報讀書人、中時開卷
每周新書金榜

ISBN:978-986-360-115-9
定價：360元

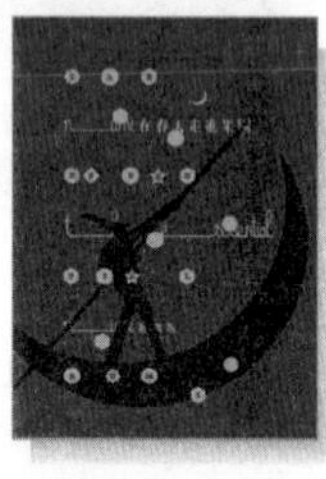

Rumi在春天走進果園（經典版）
伊斯蘭神秘主義詩人
Rumi以第三隻眼看世界
Rumi◎著
梁永安◎ 譯

ISBN:978-986-6513-99-2
定價：360元

靈魂筆記
從古聖哲到當代藍調歌手的
心靈探險之旅
Phil Cousineau◎著
宋偉航◎ 譯
中時開卷版書評推薦

ISBN:957-8453-44-2
定價：400元

四種愛：
親愛‧友愛‧情愛‧大愛
C. S. Lewis◎著
梁永安◎ 譯

ISBN:978-986-6513-53-4
定價：200元

運動：天賦良藥
為女性而寫的每天
30分鐘體能改造
Manson & Amend ◎著
刁筱華◎譯

ISBN:957-0411-46-5
定價：300元

愛情的正常性混亂
一場浪漫的社會謀反
社會學家解析現代人的愛情
Ulrich Beck
Elisabeth Beck-Gemsheim◎著
蘇峰山等◎ 譯

ISBN:978-986-360-012-1
定價：380元

內在英雄
現代人的心靈探索之道
Carol S. Pearson◎著
徐愼恕‧朱侃如‧龔卓軍◎譯
蔡昌雄◎導讀‧校訂
聯合報讀書人每周新書金榜

ISBN:978-986-360-146-3
定價:350元

生活哲思—新文明生活主張

提倡簡單生活的人肯定會贊同畢卡索所說的話：「藝術就是剔除那些累贅之物。」

小即是美

一本把人當回事的經濟學著作
E. F. Schumacher ◎著

中時開卷版一周好書榜
ISBN: 978-986-360-142-5
定價：350元

少即是多

擁有更少 過得更好
Goldian Vandn Broeck◎著

ISBN:978-986-360-129-6
定價：390元

簡樸

世紀末生活革命
新文明的挑戰
Duane Elgin ◎著

ISBN :978-986-7416-94-0
定價：250元

靜觀潮落：簡單富足/生活美學日記

寧靜愉悅的生活美學日記
Sarah Ban Breathnach ◎著

ISBN: 978-986-6513-08-4
定價：450元

美好生活：貼近自然，樂活100

我們反對財利累積，
反對不事生產者不勞而獲。
我們不要編制階層和強制權威，
而希望代之以對生命的尊重。
Helen & Scott Nearing ◎著

倡導純樸，
並不否認唯美，
反而因為擺脫了
人為的累贅事物，
而使唯美大放異彩。

ISBN:978-986-6513-59-6
定價：350元

中時開卷版一周好書榜

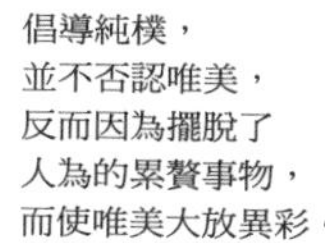

德蕾莎修女：一條簡單的道路

和別人一起分享，
和一無所有的人一起分享，
檢視自己實際的需要，
毋須多求。

ISBN:978-986-6513-50-3
定價：210元

115歲，有愛不老

一百年有多長呢？
她創造了生命的無限可能

27歲上小學
47歲學護理
67歲獨立創辦養老病院
69歲學瑜珈
100歲更用功學中文……

宋芳綺◎著
中央日報書評推薦

ISBN:978-986-6513-38-1
定價：280元

許哲與德蕾莎修女在新加坡

神話學

喬瑟夫．坎伯 Joseph Campbell

20世紀美國神話學大師

如果你不能在你所住之處找到聖地，
你就不會在任何地方找到它。
默然接納生命所向你顯示的實相，
就是所謂的成熟。

坎伯與妻子珍．厄爾曼

英雄的旅程

讀書人版每週新書金榜
開卷版本周書評
Phil Cousineau ◎著
梁永安 ◎譯

ISBN: 978-986-360-001-5
定價：420元

神話的力量

1995聯合報讀書人
最佳書獎
Campbell & Moyers ◎著
朱侃如 ◎譯

ISBN: 978-986-360-026-8
定價：390元

千面英雄

坎伯的經典之作
中時開卷版、讀書人版每周
新書金榜
Joseph Campbell ◎著
朱侃如 ◎譯

ISBN: 957-8453-15-9
定價：420元

坎伯生活美學

開卷版一周好書榜
讀書人版每周新書金榜
Diane K. Osbon ◎著
朱侃如 ◎譯

ISBN: 957-8453-06-X
定價：360元

神話的智慧

開卷版一周好書榜
讀書人版每周新書金榜
Joseph Campbell ◎著
李子寧 ◎譯

ISBN: 957-0411-45-7
定價：390元

美國重要詩人內哈特 John Neihardt傳世之作

巫士詩人神話 長銷七十餘年、譯成八種語言的美國西部經典

這本如史詩般的書，述說著一個族群偉大的生命史與心靈史，透過印第安先知黑麋鹿的敘述，一部壯闊的、美麗的草原故事，宛如一幕幕扣人心弦的電影場景。這本書是世界人類生活史的重要資產，其智慧結晶將爲全人類共享，世世代代傳承。

ISBN: 986-7416-02-3 定價：320元

羅洛．梅 Rollo May

愛與意志：羅洛．梅經典

生與死相反，
但是思考生命的意義
卻必須從死亡而來。

ISBN:978-986-360-140-1
定價：420元

自由與命運：羅洛．梅經典

生命的意義除了接納無
可改變的環境，
並將之轉變為自己的創造外，
別無其他。
中時開卷版、自由時報副刊
書評推薦
ISBN:978-986-6513-93-0
定價：360元

創造的勇氣：羅洛．梅經典

若無勇氣，愛即將褪色，
然後淪為依賴。
如無勇氣，忠實亦難堅持，
然後變為妥協。

中時開卷版書評推薦
ISBN:978-986-6513-90-9
定價：230元

權力與無知：羅洛．梅經典

暴力就在此處，
就在常人的世界中，
在失敗者的狂烈哭聲中聽到
青澀少年只在重蹈歷史的覆轍。

ISBN:978-986-3600-68-8
定價：350元

哭喊神話

呈現在我們眼前的....
是一個朝向神話消解的世代。
佇立在過去事物的現代人，
必須瘋狂挖掘自己的根，
即便它是埋藏在太初
遠古的殘骸中。

ISBN:978-986-3600-75-6
定價：380元

焦慮的意義：羅洛．梅經典

焦慮無所不在，
我們在每個角落
幾乎都會碰到焦慮，
並以某種方式與之共處。

聯合報讀書人書評推薦
ISBN:978-986-360-141-8
定價：420元

尤瑟夫．皮柏 Josef Pieper

二十世紀最重要的哲學著作之一

閒暇：一種靈魂的狀態 誠品好讀重量書評推薦

Leisure, The Basis of Culture
德國當代哲學大師經典名著

本書摧毀了20世紀工作至上的迷思，
顛覆當今世界對「閒暇」的觀念
閒暇是一種心靈的態度，
也是靈魂的一種狀態，
可以培養一個人對世界的關照能力。

ISBN:978-986-360-107-4
定價：280元

C. G. Jung 榮格對21世紀的人說話

發現人類內在世界的哥倫布

**榮格早在二十世紀即被譽為是
二十一世紀的心理學家，因為他的成就
與識見遠遠超過了他的時代。**

榮格（右一）與弗洛依德（左一）在美國與當地學界合影，中間爲威廉・詹姆斯。

人及其象徵：

榮格思想精華
Carl G. Jung ◎主編
龔卓軍 ◎譯

中時開卷版書評推薦
ISBN: 978-986-6513-81-7
定價：390元

榮格心靈地圖

人類的先知，
神秘心靈世界的拓荒者
Murray Stein◎著
朱侃如 ◎譯
中時開卷版書評推薦
ISBN: 978-986-360-082-4
定價：320元

榮格・占星學

重新評估榮格對
現代占星學的影響
Maggie Hyde ◎著
趙婉君 ◎譯

ISBN: 978-986-6513-49-7
定價：350元

導讀榮格

超心理學大師
榮格全集導讀
Robert H. Hopcke ◎著
蔣韜 ◎譯

ISBN: 978-957-8453-03-6
定價：230元

榮格（漫畫）

認識榮格的開始
Maggie Hyde ◎著
蔡昌雄 ◎譯

ISBN: 957-9935-91-2
定價：195元

大夢兩千天

神話是公眾的夢
夢是私我的神話
Anthony Stevens ◎著
薛絢 ◎ 譯

ISBN: 978-986-7416-55-1
定價：360元

夢的智慧

榮格的夢與智慧之旅
Segaller & Berger ◎著
龔卓軍 ◎譯

ISBN: 957-8453-94-9
定價：320元

國家圖書館出版品預行編目(CIP) 資料

神的歷史 / 凱倫 · 阿姆斯壯(Karen Armstrong)著；
蔡昌雄譯 -- 四版 -- 新北市:立緒文化事業有限公司, 民
108.01
面； 公分. -- (新世紀叢書)
譯自：A History of God

ISBN 978-986-360-125-8(平裝)

1. 上帝

242.1 107022564

神的歷史
A History of God

出版——立緒文化事業有限公司（於中華民國 84 年元月由郝碧蓮、鍾惠民創辦）
作者——凱倫 · 阿姆斯壯（Karen Armstrong）
譯者——蔡昌雄

發行人——郝碧蓮
顧問——鍾惠民

地址——新北市新店區中央六街 62 號 1 樓
電話——(02) 2219-2173
傳真——(02) 2219-4998
E-mail Address —— service@ncp.com.tw
劃撥帳號—— 1839142-0 號 立緒文化事業有限公司帳戶
行政院新聞局局版臺業字第 6426 號

總經銷——大和書報圖書股份有限公司
電話——(02) 8990-2588
傳真——(02) 2290-1658
地址——新北市新莊區五工五路 2 號
排版——文芳印前事務公司
印刷——祥新印刷股份有限公司

法律顧問——敦旭法律事務所吳展旭律師

分類號碼—— 242.1
ISBN —— 978-986-360-125-8
出版日期——中華民國 85 年 11 月初版 一刷（1 ～ 2,200）
中華民國 85 年 12 月～ 96 年 9 月二版 一～九刷（1 ～ 10,300）
中華民國 101 年 6 月～ 105 年 1 月三版 一～三刷（1 ～ 2,200）
中華民國 108 年 1 月～ 109 年 2 月四版 一～二刷（1 ～ 1,500）
中華民國 110 年 12 月四版 三刷（1,501 ～ 2,000）

定價◎ 460 元（平裝）

大都文化 閱讀卡

姓　名：

地　址：□□□

電　話：(　　)　　　　傳　眞：(　　)

E-mail ：

您購買的書名：

購書書店：＿＿＿＿市（縣）＿＿＿＿＿書店

■您習慣以何種方式購書？

□逛書店 □劃撥郵購 □電話訂購 □傳真訂購 □銷售人員推薦
□團體訂購 □網路訂購 □讀書會 □演講活動 □其他＿＿＿

■您從何處得知本書消息？

□書店 □報章雜誌 □廣播節目 □電視節目 □銷售人員推薦
□師友介紹 □廣告信函 □書訊 □網路 □其他＿＿＿

■您的基本資料：

性別：□男 □女　婚姻：□已婚 □未婚　年齡：民國＿＿＿年次

職業：□製造業 □銷售業 □金融業 □資訊業 □學生
□大眾傳播 □自由業 □服務業 □軍警 □公 □教 □家管
□其他＿＿＿

教育程度：□高中以下 □專科 □大學 □研究所及以上

建議事項：

愛戀智慧 閱讀大師

廣告回信
北區郵政管理局登記證 北臺字8448號
免貼郵票

立緒文化事業有限公司　收

新北市231

新店區中央六街62號一樓

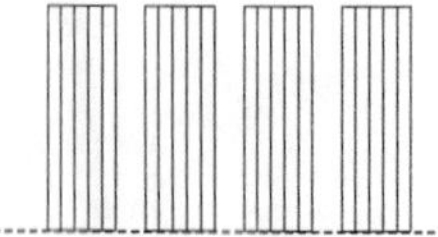

請沿虛線摺下裝訂，謝謝！

感謝您購買立緒文化的書籍

為提供讀者更好的服務，現在填妥各項資訊，寄回閱讀卡（免貼郵票），或者歡迎上網http://www.facebook.com/ncp231即可收到最新書訊及不定期優惠訊息。